李健民考古与文物论文集

李健民 著

中国社会科学出版社

图书在版编目(CIP)数据

李健民考古与文物论文集／李健民著 . —北京：中国社会科学出版社，2020. 9
ISBN 978 – 7 – 5203 – 7232 – 9

Ⅰ. ①李…　Ⅱ. ①李…　Ⅲ. ①考古学—文集　Ⅳ. ①K870. 4 – 53
中国版本图书馆 CIP 数据核字（2020）第 175344 号

出 版 人　赵剑英
责任编辑　郭　鹏
责任校对　刘　俊
责任印制　李寡寡

出　　　版　中国社会科学出版社
社　　　址　北京鼓楼西大街甲 158 号
邮　　　编　100720
网　　　址　http://www.csspw.cn
发 行 部　010 – 84083685
门 市 部　010 – 84029450
经　　　销　新华书店及其他书店

印　　　刷　北京明恒达印务有限公司
装　　　订　廊坊市广阳区广增装订厂
版　　　次　2020 年 9 月第 1 版
印　　　次　2020 年 9 月第 1 次印刷

开　　　本　787 × 1092　1/16
印　　　张　22. 5
插　　　页　7
字　　　数　416 千字
定　　　价　128. 00 元

李健民

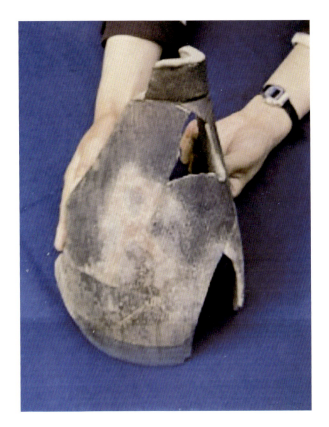

作者手执陶寺遗址发掘出土的朱书扁壶

三、青铜戈的发现与分布

青铜戈在中国境内的二十一个省区有发现，地点至少在二百五十六处以上。青铜戈绝大多数出土于墓葬，也有的出土于窖藏，个别的出土于地层之中。本文收集的资料毫无疑问有出土地点的青铜戈。因为已发表的资料中，著录青铜戈的型式不明，数目不清，所以对出土青铜戈的数量只好进行概略的统计。按我手中的统计，有明确出土地点的青铜戈超过二千五百六十件，其中A类戈和B类戈分别为五百二十余件和一千三百二十余件，C类戈约四百件，D类戈约一百八十余件，异型戈二件。另外有一百三十件左右，我无法发现，我想略过去，无法判明型式A类戈多达八百余件，B类戈以Ⅲ型为大宗，即Ⅰ式所占比例最大，C类和D类戈则以Ⅰ式A或Ⅱ式为多，本数各项青铜戈的具体数目，详见附表。如果把传世品也依本表的标准来统计在内，青铜戈的数量会更大，对青铜戈出土数量所作

作者母亲誊写的《中国古代青铜戈》手稿

1968 年作者于北京大学考古系毕业时与同学合影（作者左一）

1975 年作者在辽宁锦州博物馆工作时与妻子和女儿合影

1978 年作者到安徽出差在黄山留影

1985 年作者在山西考古队工作(作者左二)

1995 年作者与祖母在故居留影

2000 年中国社会科学院领导视察本院考古研究所（作者左一）

2000 年作者与本院考古研究所同仁合影（作者左一）

2001 年作者参加"海峡两岸论坛会"在台北 101 大楼留影

2002 年作者出差到贵州,在黄果树瀑布留影

2003 年作者与北京大学师生合影(作者左二)

2005 年作者退休照片

2017 年作者参加先秦史学会组织的学术研讨会(作者第一排右五)

2018 年作者参加中国收藏家协会举办的艺术品
评估师研修班开班仪式（作者第一排右四）

自　序

　　20 世纪 60 年代，我就读于北京大学历史系考古专业，自此开始跨入中国考古学的神圣殿堂。大学毕业后，在辽宁锦州博物馆任职期间，对地方文物保护工作有了比较深刻的了解。我的第一篇学术文章《辽宁兴城县杨河发现青铜器》，发表于《考古》1978 年第 6 期。在当时"文化大革命"才结束不久，文博工作刚初步恢复的情况下，我的文章不仅幸运地得到夏鼐先生的认可，而且成为本人于同年调入中国社会科学院考古研究所①的"敲门砖"。

　　在考古研究所，我被分配至夏商周研究室山西工作队，参加对山西襄汾陶寺新石器时代晚期遗址的考古发掘。在我参加发掘的 1978 年至 1984 年期间，亲身经历了大型墓出土随葬彩绘蟠龙陶盘、鼍鼓、特磬等礼乐器，以及发现迄今所知中国最早的人工冶铸金属制品铜铃、毛笔朱书文字扁壶的欢乐情景。陶寺遗址延续的时间长，文化内涵丰富，地层堆积深厚，遗迹打破关系繁复，这不仅使我必须掌握高水平的田野发掘技术，而且也极大地提高了对新石器时代考古学的认知水平。1984 年初冬发现的毛笔朱书"文"和"尧"字陶扁壶，对中国文明起源探索意义深远。然而限于当时某些客观原因，这一重大的考古发现未能及时公布于世。直至 2001 年 1 月，受《中国社会科学院古代文明研究中心通讯》之约，我为创刊号撰写专稿，才得以将其正式发表，并立即引起学术界的广泛关注和热烈讨论。陶寺遗址出土彩绘陶盘上的蟠龙纹图案与陶扁壶上的"文"字，经我提议，组合为古代文明研究中心的标识物。

　　1981 年秋季，我被临时抽调参加在湖北大冶铜绿山东周矿冶遗址的发掘。铜绿山古矿冶遗址以其宏大的规模和极其丰富的文化内涵，以及通过多学科综合研究所揭示的采矿、冶炼水平，为国内外学术界瞩目。铜绿山古矿冶遗址的发掘进一步开阔了我田野考古的学术视野，也为我日后参与《中国考古学·两周卷》编著，撰写其中第十章《东周时期的生产技术》提前做出坚实的铺垫。

---

　　①　在本书有时简称"考古所"或"考古研究所"。

作为考古工作者，不仅要参加田野发掘，而且要发表文章，阐述自己的学术见解，否则会被讥讽为掘土匠。我关注的新石器时代和夏商周考古已公开发表大量的发掘资料，可寻觅的焦点课题也不可胜数。本着从易到难的原则，我从小题目入手，结合民族学和民俗学资料，诠释考古发掘揭示的古代宗教文化遗存的深刻内涵，撰写了《略谈我国新石器时代的人祭遗存》《我国新石器时代断指习俗试探》等文章。进而又撰写了《大汶口墓葬出土的酒器》和《东下冯"龙山文化早期遗存"的再认识》等具有新的学术观点的文章，开始引起学术界的重视。其中前者被列为山东大学考古系的辅助教材，后者则在《考古》上很快发表。皇天不负有心人，我终于取得了初步的学术成果，并开始摸索符合自身特点的学术研究途径和规律。

"戎"是古代国家政治中与祭祀同等重要的大事。兵器是戎的表象物。商周时期主战兵器首推青铜戈，其次是青铜矛，出土资料繁复，但是相关研究尚欠深入。由此我萌生了将青铜兵器作为大课题，以青铜戈、矛为突破的切入点，进行系统研究的构想，撰写了《中国古代青铜戈》，以及论述青铜兵器的系列文章。因为对青铜兵器的深入研究，学术观点也确有创新见解，在考古界已具一定的知名度，我多次被北京大学文博学院聘为博士生论文答辩委员会委员。

玉器是中华民族优秀文化遗产的一朵奇葩。我对玉文化丰富而深邃的文化内涵情有独钟。2001年为在台北举办的"海峡两岸古玉学会议"提交了《论夏商周玉戈及相关问题》，指出青铜戈出于实战需要，演进较快且杀伤力渐大，玉戈作为仪仗主要用于祭祀，演进缓慢滞后。玉戈与青铜戈的对比研究，实际上是从一个重要侧面对"国之大事，惟祀与戎"深邃含义的诠释。

考古学是人文社会科学，考古学追求的终极目标是认知并传承中华民族优秀文化遗产，对广大人民群众进行历史唯物主义和爱国主义教育。我应改版后的《中国社会科学报》之约，于2009年8月27日发表《奚仲造车考》，指出夏代奚仲造车，不仅文献记载明确，而且有考古资料佐证，因而在我国古代社会的历史进程中具有划时代的意义。2012年是农历壬辰龙年，中央电视台网络台约我作了题为《龙年谈龙》的访谈节目，并在春节期间播出。我依据大量考古资料结合古代文献，对丰富的龙文化内涵以及浓厚的历史意义和深远的现实意义作了全面阐述。

我十分关注并积极投入文物保护工作。2000年4月，保利艺术博物馆和北京市文物公司以4893万元巨款分别购买了香港索斯比和佳士德拍卖行拍卖的1860年被英法联军劫掠的圆明园乾隆御制錾花铜猴首、牛首和虎首，以及乾隆款酱地描金粉彩镂空六方套瓶。2003 年 9 月香港信德集团董事局主席何鸿燊先生又斥资 700 万元购入圆明园猪首和马首，并将其赠送给保利艺术博物馆，国内众多媒体对此大加赞赏。我认为高价回购被帝国主义劫掠的圆明园文物是二次被劫掠，其做法是错误的。国内媒体盲目吹捧，实属误导群众。为辨明这场"国宝回归"事件的大是大非，我于 2004 年 3 月 9 日和 11 日在《中国社会科学院报》发表《中国文物流失海外与国宝回归热的反思》上下篇长文，详细阐述自己的观点。2009 年 2 月 25 日，佳士德拍卖行在法国巴黎又一次拍卖圆明园鼠首和兔首铜像。历史大有重演之势。我立即在中国社会科学院考古研究所网站上发表《坚决反对"回购"圆明园兽首铜像》的文章，中国社会科学院网站也转载了该文，并引起北京电视台的关注，对我进行专访，在《晚间新闻》播出，尖锐揭露佳士德拍卖行的错误行径。国家文物局发表声明严厉谴责佳士德拍卖行，全国各大新闻媒体也异口同声地反对回购兽首铜像。佳士德拍卖行拍卖圆明园鼠首、兔首铜像的闹剧最后以流拍而告终。我积极参与文物保护工作，为捍卫祖国的尊严竭尽微薄之力，并得到社会的认可，我深感欣慰。

退休后，我认为应该将自己平生所学反馈给社会，遂应多家教育部门的邀请，讲授"中国考古学通论"和"青铜器鉴赏""中国古代玉器鉴赏"等课程，使学员对古代文物知识的学习具有严谨的科学性。我视考古为生命和灵魂，但自认为不是迂腐的书呆子。学以致用，有益社会，是我人生的准则。我愿在充满艰辛与欢乐的道路上持续前行直至永远。

李健民

2020 年 1 月

目　　录

一　史前

二　夏商周

三　青铜兵器与玉石仪仗用具

四 社评

一

史　前

陶寺遗址出土的朱书"文"字扁壶[*]

山西襄汾陶寺遗址是我国新石器时代晚期的大型聚落遗址，面积约 4 平方公里。陶寺文化的时间，经碳十四年代测定，距今约为 4600 年至 4000 年左右，大体相当于我国古史传说中的尧、舜、禹时期。1978 年至 1984 年，以及 2000 年春、秋两季，中国社会科学院考古研究所山西队与山西省临汾地区文化局联合组成考古队，在陶寺遗址的发掘中取得丰硕成果，揭露出大面积的墓地和居住址，进而发现了古城址，并出土了许多珍贵遗物，从而确立了中原地区龙山时代的陶寺文化。陶寺文化遗存目前被划分为早、中、晚三期。

多年来，陶寺遗址屡有重要发现，尤其是朱书"文"字扁壶的出土，为探索中国早期文明和国家的形成提供了极其重要的物证，进而引起学术界的广泛关注。本文就朱书"文"字扁壶的相关资料加以叙述，希冀加深对陶寺文化的认识与研究。

朱书"文"字扁壶出土于陶寺遗址灰坑 H3403，为残器（图 1-1），存留口沿及部分腹片。泥质灰陶，侈口，斜颈，颈、腹间分界明显，腹一面略平，另侧明显鼓凸，鋬作桥形，双鋬相连在口部鼓凸一侧。器表饰竖条细篮纹，双鋬面各有凹槽两道。口长径 20.8 厘米、短径 9.2 厘米、腹最宽 24.8 厘米、残高 27.4 厘米。朱书"文"字偏于扁壶鼓凸面一侧，有笔锋，似为毛笔类工具所书。另在扁平的一面尚有两个朱书符号，不识。又沿扁壶残器断茬边缘涂朱一周，当为扁壶残破后所描绘。

扁壶在陶寺遗址出土数量极多。陶寺文化居住址水井底部，均见有扁壶碎片的堆积层，可知是一种汲水器。其造型的基本特征是口部和腹部均呈一面鼓凸，另一面扁平，或微凹，以利入水，颈或口部设泥鋬，便于系绳。扁壶皆为手制，其延用时间与陶寺文化遗址相始终，是陶寺遗址典型器之一，扁壶形制演变系列清楚，早期扁壶口部和腹部的剖面为椭圆形，晚期近半球形；早期扁

---

* 该文发表于《中国社会科学院古代文明研究中心通讯》2001 年第 1 期，本书略做体例修改。

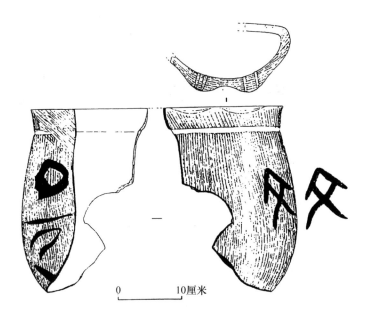

0   10厘米

图1-1　山西陶寺遗址出土朱书"文"字扁壶（H3403）及"文"字摹本

壶颈、腹分界不明显，晚期呈束颈状；早期扁壶器錾在颈部两侧，为舌形或柱形，晚期錾在口部鼓凸一侧，錾为桥形，且双錾呈平面相连；中期扁壶则为过渡形式，突出特点是錾升至口部鼓凸一侧，略外斜，双錾不相连接。出土朱书"文"字扁壶的灰坑 H3403，属陶寺遗址晚期。朱书"文"字扁壶亦具陶寺文化晚期扁壶的典型特征，距今约4000余年。

殷墟甲骨卜辞中已见"文"字（《殷墟粹编》三六一）。陶寺遗址出土扁壶上的"文"字，与之几无差异。殷墟甲骨文具有较为成熟的文字系统，已非文字产生的初始阶段。陶寺遗址出土扁壶上的文字，有关专家一致确认为"文"字无疑，由此进一步证明甲骨文早在商代以前就有很长时间的发展史。

文字是人类社会发展到一定阶段的产物。陶寺遗址发现朱书"文"字有着深刻的历史背景。陶寺遗址以其规模宏大的居住址和墓地，丰富的文化内涵，尤其是曾出土铜铃，近来又发现古城址，表明当时的社会生产力已达到史前时期的较高水平，从而为文字的产生奠定了硕实的物质和文化底蕴。

在陶寺文化居住址中发现很多小型房址，周围有道路、水井、陶窑和较密集的灰坑。居住址早期灰坑中出土的夯土碎块和刻划白灰墙皮，说明附近曾存在大型建筑。

陶寺文化居民的公共墓地，在居住地的东南，日前已发掘1300多座墓，大部分属于陶寺文化早期。所有墓葬均为长方形土坑竖穴墓，除很少的二次葬、屈肢葬和个别俯身葬外，一般是仰身直肢单人葬，头向东南，排列整齐。墓葬可分为大、中、小三等。大型墓仅6座，不及墓葬总数的1%，中型墓占墓葬总数的近10%，小型墓则占90%左右。埋葬在大墓里面的是首领级人物。这种大墓一般长3.2米、宽2.5米左右，有木棺，棺底垫以朱砂。随葬品丰富而精致，有彩绘龙纹陶盘、鼍鼓、土鼓、特磬等礼乐器物，有成套木器，还有精美的玉石器物及整只的猪等。随葬物品多的可达到一二百件。其中一座规格略小的大墓，无鼍鼓、土鼓和特磬。埋葬在中型墓里面的，是首领的妻妾或权贵。这种墓略小于大墓，长2.5米、宽1.5米左右，墓内也有木棺。随葬有成组陶器、少量木器以及一些较精美的玉石器和用以标志财富的猪下颌骨等。埋葬在小墓中的是一般成员，这些小墓仅可容身，多数没有葬具。有的用席殓尸，只有少数墓随葬一二件小型器物，大多数墓没有任何随葬品。从上述情况可以想见，当时社会实际上已经划分出阶级。高踞于一般成员之上的首领和权贵，是社会上的统治阶级，他们拥有多量财产，掌握着军事、祭祀的大权。而处于社会下层的是一般成员，他们备受奴役与剥削，生活贫困，是社会中的被统治阶级。

陶寺遗址已经出现铜器，在一座规模不大的墓中，发现一件铃形小型铜器，长6.3厘米、高27厘米、壁厚0.3厘米。这是一件红铜铸造器，含铜量为97.8%。遗址早期文化层中，曾发现过同样形制的陶器。这件铜器的发现，为探讨中国早期铜器的冶铸，提供了重要的证据。

陶寺古城是陶寺遗址近年来的又一重大发现。夯土墙分主体和基槽两部分。夯层分9大层，11小层，厚薄不均匀。值得注意的是，古城址附近的灰坑中发现许多残毁的白灰墙皮，残块上可见清晰刻划的大圆圈和戳刺纹，表明城址内很可能有大型的建筑基址。若此，则古城已非一般聚落，很可能是当地的权力中心所在。陶寺遗址已发现大型墓地，并出土铜铃和书写"文"字的扁壶，现在又发现城址，因而对中国早期文明和国家形成的探索具有不可低估的意义。

临汾古为平阳，史有尧都平阳之说。《汉书·地理志下》："河东土地平易，有盐铁之饶，本唐尧所居。"又师古注引应邵曰，平阳，"尧都也，在平河之阳"。《后汉书·郡国志》：河东郡平阳，"尧都此"。注云："《晋地道记》曰有尧城。"《帝王世纪》："帝尧，陶唐氏，……以火承木，都平阳。置敢谏之鼓。"《山西省辑要》卷二平阳古城下："在临汾西南，尧都平阳。"帝尧所都之平阳应在今临汾一带。陶寺村位于临汾市西南22公里。陶寺墓地在时间上主要属于陶寺文化早期，其年代上限距今约4600年。陶寺遗址的地望、年代以及文化内涵，尤其是早期墓地与古城的发现，为正当其时的尧都平阳说提供了重要的考古学佐证。

晋南自古有夏墟之称。《左传》昭公元年记：后帝"迁实沈于大夏，主参，唐人是因，以服事夏商。……及成王灭唐，而封大叔焉，故参为晋星"。定公四年："昔武王克商，成王定之，选建明德以蕃屏周"，"分唐叔以大路……命以唐诰而封于夏虚，启以夏政，疆以戎索"。又昭公十五年："唐叔受之，以处参虚。"由此可见，大夏、夏虚、参虚应是从广义所指的同一地域。晋国始封于唐，夏商时期的唐国在夏虚，故说是"命以唐诰而封于夏虚"。与襄汾县毗邻的曲沃县曲村—天马遗址发现了西周时期的晋国贵族墓地，证实这里便是晋国早期都邑，从而可以确信霍山以南、绛山以北，以汾、浍交汇地带为中心的方圆数十里范围内，当即晋始封地——唐之所在，也可认为是大夏、夏虚的中心区域。这同《晋世家》称"唐在河、汾之东方百里"及《史记·郑世家》集解引服虔说"大夏在汾、浍之间"的地理方位完全符合。陶寺文化广泛分布于临汾、襄汾、侯马、翼城、曲沃、绛县、新绛、稷山、河津、霍县、洪洞、浮山等地，与上述晋始封地大致相合，而范围更为广大。尤以崇山（今俗称塔儿山）周围、汾浍之间大型遗址较多，如曲沃、翼城之间的方城—南石遗址，两处面积均在百万平方米以上。陶寺遗址在崇山西侧，同曲村—天马的直线距离不过20公里。据现在通行的中国历史年表，夏代的起始年为公元前21世纪。陶寺遗址的下限已进入夏纪年之内，陶寺遗址与晋始封地曲村—天马相距甚近，自当在夏墟的中心地域。此外，陶寺大墓中出有彩绘龙盘，也是部分学者把陶寺文化作为夏文化探索主要对象之一的重要原因。据考证，夏族即以龙为图腾。龙也是中华民族发祥的象征。

《史记·夏本纪》："夏禹，名曰文命。"《大戴礼记·帝系》："鲧产文命，是为禹。"又《五帝德》引孔子曰："高阳之孙，鲧之子也，曰文命。"皆以文命为禹名。由上述文献可知文命与夏之先祖禹具有密切的联系。陶寺遗址的朱书"文"字扁壶，距今约4000余年，正当夏禹之世。地处夏墟中心地域陶寺遗址出土扁壶上的"文"字与禹名"文命"之"文"相同，当非偶然巧合。殷墟文字刻于甲骨之上，方得以传世。更多的书写于织物、竹、木类载体上的古代文字早已朽没。陶寺文字书写于陶器上，方得以幸存。相信随着今后陶寺遗址发掘工作的进一步开展，能有更多的文字面世。陶寺扁壶另一腹面上的两个符号，尚不识，亦期盼专家、学者指点迷津。

陶寺遗址出土 4000 年前
扁壶朱书文字成功破译[*]

——将汉字的成熟期至少推进至距今 4000 年前

山西襄汾陶寺遗址是我国新石器时代晚期的大型聚落遗址。中国社会科学院考古研究所山西队和山西省临汾地区文化局联合组成的考古队多年来对陶寺遗址进行大规模的田野发掘，屡有重要发现，尤其是出土扁壶上的朱书文字，为中国古代文明的探源提供了极其重要的物证（李健民：《陶寺遗址出土的朱书"文"字扁壶》，《中国社会科学院古代文明研究中心通讯》第 1 期，即创刊号）。

扁壶是陶寺遗址常见的一种汲水用的陶器，其造型的基本特征是口部和腹部均呈二面鼓凸，另一面扁平或微凹，以利入水，颈或口部设泥鋬，便于系绳。扁壶皆为泥质灰陶，手制，其使用时间与陶寺文化相始终。出土朱书文字扁壶的灰坑，属陶寺遗址晚期。

朱书文字扁壶为残器，存留口沿及部分腹片。朱书"文"字偏于扁壶鼓凸面一侧，另在扁平的一面尚有一组朱书文字符号，又沿扁壶残器断茬边缘涂朱一周，当为扁壶残破后所描绘。朱书文字有笔锋，似为毛笔类工具所书。

陶寺遗址出土扁壶上的朱书文字引起学术界的广泛关注，已有学者对此进行深入研究并取得显著成果。

罗琨先生《陶寺陶文考》（见《中国社会科学院古代文明研究中心通讯》第 2 期），对"文"字做详备考述，认为殷墟卜辞中，"文"主要用为先王的尊号，周代金文中，"文"表示有文德之人，用其引申义。

何驽先生曾撰文《陶寺遗址扁壶"文字"新探》，将扁壶背面原来被看作两个符号的朱书视为一个字，认为其字符分上、中、下三部分：上部是有转角的"◇"，即土字，中部为一横画，下部为"门"字，合起来就是古"尧"

---

* 该文发表于《北京晚报》2007 年 6 月 22 日，本书略做体例修改。

字，即古史传说中五帝之一的帝尧名号。

葛英会先生《破译帝尧名号，推进文明探源》（见北京大学震旦古代文明研究中心编《古代文明研究通讯》第三十二期）以为，何驽先生的见解符合该字构型的分析和判断，并引用先秦文字的相关资料，对古"尧"字的构字方式、形体演变提出申论，指出该字确是一个人字与土字相加的复合字，乃目前已知尧字最古老的一种写法，进一步阐明尧字的本意当如《诗·小雅·车辖》"高山仰止，景行行止"所咏，言尧是高德明行，为人仰慕的圣王。

陶寺遗址的时间，经碳十四年代测定，距今约4600年至4000年左右，大体相当于我国古史传说中的尧舜禹时期。史载，帝尧所都之平阳应在今临汾一带。陶寺村位于临汾西南22公里。陶寺遗址已揭露出大面积的墓地和居住址，大型墓出土随葬的彩绘蟠龙陶盘、鼍鼓、土鼓、特磬等礼乐器物，并出土铜铃，进而发现古城。凡此，陶寺遗址的地望、年代以及文化内涵，为正当其时的尧都平阳说提供了重要的考古学佐证。由此亦可知陶寺遗址出土朱书"文""尧"字扁壶绝非偶然。

世人一般认为殷墟甲骨文是中国最早的文字。实际上，殷墟甲骨文具有较为成熟的文字系统，已非文字的初始阶段。殷墟文字刻于甲骨之上，得以传世，而年代更早的书写于织物、竹、木类载体上的古代文字则极易朽没。陶寺文字书写于陶器之上，方得以幸存。诸多考古发掘的资料表明，文字是新石器时代社会晚期阶段的产物，具有一定的社会经济生产力和深厚的历史文化背景。陶寺遗址发现朱书文字并成功破译，将汉字的成熟期至少推进至距今4000年前，是探索中国古代文明起源的重大突破。

中国是具有悠久历史的文明古国。在从古至今的历史长河中，中华民族的灿烂文明持续发展从未间断，并为后世传留下丰富多彩的历史文化遗存。弘扬中华民族优秀文化传统，探索中国古代文明的起源，不仅是史学界的神圣使命，也为广大人民群众所关注。历史是人民创造的，有关中国古代历史的重大考古发现和具突破性的学术研究成果，也应尽快公之于广大人民群众。

陶寺文化与尧都平阳[*]

陶寺文化是中国黄河中游地区的新石器时代晚期文化。从 1978 年开始中国社会科学院考古研究所和临汾地区文化局合作发掘的山西襄汾陶寺遗址先曾称为中原龙山文化陶寺类型,后命名为陶寺文化。主要分布在晋南的汾河下游和浍河流域。年代距今 4600 年至 4000 年。目前被划分为早、中、晚三期。陶寺聚落遗址规模宏大,文化内涵丰富多彩,达到中国史前时期社会发展的最高水平。陶寺文化的发现和确立,对探索中国古代文明起源和早期国家的形成具有重大的学术意义。

一 经济生活

主要从事农耕,种植的农作物以粟为主,许多窖穴内遗留很厚的炭化粟粒堆积。已经掌握高水平的凿井技术,最深的水井超过十三、四米,近底部并施以木构框架式护壁。饲养的家畜有猪、牛、羊、狗等,以猪的数量最多。大、中型墓常见以整猪或数十乃至 130 余枚猪下颌骨随葬。

手工业已经从农业中分离出来成为独立的生产部门。制陶、漆木加工、琢玉、纺织等具有很高水平,金属冶铸业也开始出现。陶窑属横穴式。一座陶窑双层箅的结构为史前时期所罕见。同一时期的数座窑距离较近,表明当时陶器的制作是有一定规模的集中生产。陶器以夹砂灰陶和泥质灰陶为主,主要器型有釜灶、斝、鼎、鬲、罐、盆、豆、壶、瓶等。墓中随葬的泥质陶器多施红、黄、白色彩绘,均为豆、壶、瓶等。均为烧成后着色,图案有圆点、条带、几何花纹、涡纹、云纹、龙纹、动物纹等。发现一座烧制石灰的窑址,属竖穴窑结构。与在房址和窖穴底部多见涂抹白灰面的现象相印证,反映当时白灰已经得到广泛应用。漆木器种类繁多,有鼓、案、几、俎、盘、豆、盆、斗、仓形

---

* 该文发表于《这里最早叫"中国"》,北岳文艺出版社 2017 年版,本书略做体例修改。

器等。木鼓作直筒形，蒙以鳄鱼皮，即古文献中所称的鼍鼓。木器表面多遗留炭黑色胶状物，很有可能是生漆。其上再以红、白、绿、蓝、黄诸色绘出繁缛的图案，斑斓耀目。斫、剡、刮、削、拼合等技术运用娴熟。木作工具有斧、锛、凿、锲等。大型墓随葬成组大小、宽窄配套的石锛，最多达 13 件，可知木作工艺具有很高的专业化水平。玉器有璧、环、琮、钺、组合头饰等。纺织品主要是麻类织物，发现于墓葬之中，或铺垫敛衾裹尸，或覆盖包裹随葬器物。有的织物痕迹上还可以见到黄、白、灰等多种颜色，可知当时的织染已具有一定水平。突出的是发现青铜环和红铜铃各一件，其中铜铃含铜量 97.8%，是中国古代迄今所知最早人工合范铸造的铜器，因而在中国古代金属冶铸史上具有划时代的意义。

二 聚落和建筑

陶寺文化遗址已发现 70 余处，以晋南的崇山周围、汾浍之间一带遗址密度为大，且多见大型遗址，其中曲沃与翼城之间的方城—南石遗址面积 230 万平方米。陶寺遗址的面积最大，达 400 万平方米，并形成以陶寺遗址为中心的大规模聚落群。

陶寺古城是中国目前发现最大的一座史前城址，城址平面大体呈圆角长方形，城内面积至少在 200 万平方米以上，基本包括了陶寺遗址的中心地区。陶寺古城内已发现大面积的夯土建筑基址。其中一座基址平面呈大半圆形，外缘半径 25 米，总面积 1400 平方米左右。台基上有呈半环形布列的 13 个夯土柱基础以及 12 道缝隙，中央有一个生土台芯，应为观测点。初步认定其为天文观测和举行相应祭祀活动的重要遗址。陶寺遗址发现许多小型房址，周围有道路、水井、陶窑和密集的灰坑。灰坑中出土许多夯土碎块和刻划几何图案的白灰墙皮，说明附近曾存在大型建筑。小型房址有窑洞、半地穴式和平地起建三种，以前二者居多。居室面积 4—10 平方米不等，当为小家庭所居住。发现自地面向下挖掘而成的天井式院落，窑洞掏挖在天井周壁，或两孔窑并列，或两窑相对。天井侧壁有通往地面的半环形坡道。圆形袋状坑底平整，为了防止潮湿，有的在坑底撒草木灰，或在周壁涂抹白灰，坑内往往遗留器物及炭化的粮食颗粒，显然是用于储物的窖穴。还有一种圆形或椭圆形的大坑，沿周壁侧多有供上下的坡道，当是用以储物的大型窖穴，或供圈养家畜之用。

三　墓地和葬制

陶寺公共墓地在居住址的东南，已发掘1300余座墓，其时间大部分属于陶寺文化早期。墓葬皆为长方形土坑竖穴，多数是仰身直肢单人葬。墓地划分为不同的茔域。同一茔域内的墓葬多成排分布，位列较为齐整，说明当时地表很可能有坟丘或标识。墓葬可分为大、中、小三等。大型墓仅6座，不及墓葬总数的1%；中型墓占墓葬总数的近10%；小型墓则约占90%。大型墓长3.2米、宽2.5米左右，有木棺，棺底铺朱砂。随葬品丰富而精致，有成套彩绘漆木器和陶器，还有玉石器和整猪等。大型墓又可分为甲、乙两种。甲种大墓随葬彩绘蟠龙陶盘和鼍鼓、特磬等重器，乙种大墓则随葬有彩绘蟠龙陶盘。此种差异很可能是墓主人男女性别不同的反映。中型墓长2.5米、宽1.5米左右，墓内也有木棺，随葬成组的陶器、少量的木器，以及一些精美的玉石器和猪下颌骨等。小墓仅可容身，多数没有葬具，以席殓尸，仅少数墓随葬一、二件小型器物，大多数墓没有任何随葬品。这三种不同规格墓葬墓主的身份当分别为首领人物、贵族和平民，其数量上的明显差异反映着当时社会中统治阶级与被统治阶级的比例关系。临汾下靳墓地已发掘墓葬533座，时代大致在陶寺文化早期。墓地的布局可以分为若干墓组，有的墓组内连接成较长的墓列，这些特点与陶寺墓地大体一致，但目前尚未发现高规格的大墓。

四　精神文化

陶寺墓地大、中型墓依照等级高低，随葬规格不同的成套礼器，并形成一定的规则，从而开创了商周礼乐制度的先河。礼器的构成包括用以陈设的案、几，鼍鼓、特磬组成的乐器，以及各种炊器、食器、酒器等。大、中型墓所用礼器的件数、规格、结构、尺寸和精美程度也有显著的差异。需要强调指出的是，大型墓随葬陶盘上的彩绘蟠龙，是一种复合动物的形象，为陶寺文化先民所崇奉的部落图腾。文字是人类社会发展到一定阶段的产物。陶寺遗址出土一件陶扁壶上的毛笔朱书"文"字，与殷墟甲骨卜辞中的"文"字几无差异。扁壶上另一组朱书符号被视为一个字，即古"尧"字，是古史传说中五帝之一的帝尧名号。陶寺文化先民已有占卜的习俗，陶寺遗址发现30余枚卜骨，用的是牛或猪的肩胛骨，一般未经整治，少数有钻孔，多数灼而不凿不钻。

五 社会发展状况与古史探索

陶寺文化墓地划分茔域的做法，表明人们生前以氏族为单位聚族而居，死后依然以氏族为单位聚族而葬。大、中、小型墓葬的显著差异，反映当时贫富分化极为悬殊，实际上已经划分出阶级。高踞于一般成员之上的首领和权贵，是社会的统治阶级，他们拥有大量财产，掌握着军事、祭祀的大权。而处于社会下层的一般成员，备受奴役与剥削，生活十分贫困，是社会中的被统治阶级。陶寺遗址已发现大规模城址，城内并有大型建筑基址，加之大型墓葬出土王权象征的礼乐器鼍鼓和特磬，以及部落图腾的标志物彩绘蟠龙陶盘，确可推

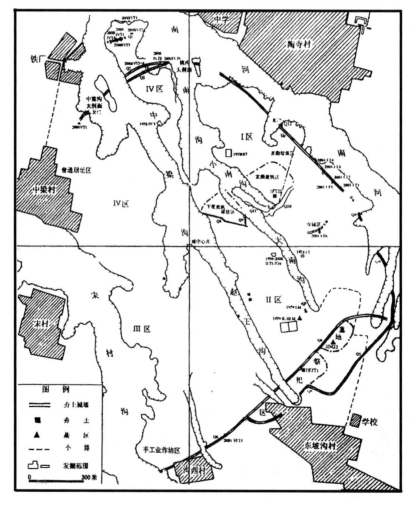

图 1-2 陶寺城址平面图

12

断古城已非一般聚落，很可能是当地权力中心之所在。

临汾古为平阳，史有尧都平阳之说。陶寺遗址位于临汾西南22公里。陶寺墓地年代的上限约为距今4600年。陶寺遗址的地望、年代以及文化内涵，尤其是早期墓地和古城以及陶扁壶上朱书文字的发现，为正当其时的尧都平阳说提供了重要佐证。晋南自古有夏墟之称。陶寺遗址的下限已进入夏纪年，陶寺遗址正在夏墟的中心地域，加之陶寺先民崇奉龙的习俗，与文献记载夏人以龙为图腾相一致，故此，以陶寺遗址为代表的陶寺文化自当是探索夏文化的重要对象。陶寺文化处于原始氏族社会解体时期，已开始迈入早期文明社会的门槛。

图1-3　陶寺城址早期墓地局部

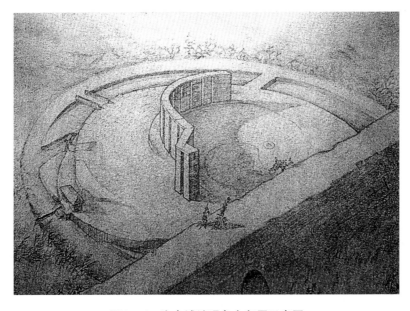

图1-4　陶寺城址观象台复原示意图

图1-5 彩绘龙纹陶盘（JS62 M3072:6）　　图1-6 铜铃（M3296:1）

陶寺遗址出土的玉石钺及相关问题[*]

一 玉石钺的发现与命名

陶寺文化是中国黄河中游流域的新石器时代晚期文化。山西陶寺遗址已发现居住址、墓地和城址。遗址文化内涵丰富,颇具代表性。陶寺文化的年代大体在距今4600年至4000年之间,约当中国古史传说中的尧舜禹时期。

玉石琢磨是陶寺文化社会经济中发达的手工业生产部门。遗址内出土的玉石器总数已逾千件,品类丰富,包括乐器、工具、装饰品等。钺是玉石器中之大宗,出土数量近百件,在1978年至1984年发掘的1300余座墓葬之中,见于80座大中小型墓葬,包括大型墓3座、中型墓7座,小型墓70座。一般每座墓随葬1件,少数有2件至5件。绝大多数出于男性墓中。墓主人属女性的仅见3例。钺于墓中的出土位置,多在墓主人骨骸股骨一侧,或两股骨间,少数在胸腹部。

对陶寺遗址出土的玉石钺的命名有一个认识过程。1978年陶寺遗址开始发掘的墓葬皆属小型,一般无随葬品,仅少数墓随葬玉石器。其中体扁而长、宽窄不等、一端双面刃、另端中部钻孔的玉石器较为常见。依据以往对类似器物的判断,推定为铲。随着田野发掘工作的持续进行,遗迹、遗物不断丰富,有关的实际资料渐多。经对出土位置逐一观察,发现其在墓中绝大多数为横向放置,故推测原来是垂直装柄。M1364的发掘使这一推测得以确认。^① M1364为一小型墓,墓主人成年男性,骨骸右侧横置一件玉石器(图1-7,1),明显遗留饰红彩的木柄痕迹。据此,则确认其为钺。

铲和钺装柄方式上的不同,在很大程度上决定了二者功能上的重大区别。

---

* 该文发表于《有实其积》,《纪念山西省考古研究所六十华诞文集》,山西人民出版社2012年版,本书略做体例修改。

① 中国社会科学院考古研究所山西工作队、临汾地区文化局:《1978—1980年山西临汾陶寺墓地发掘简报》,《考古》1983年第1期。

铲作为挖掘用的生产工具，须竖向装柄方可使用。河南陕县庙底沟遗址的石铲，上部中央的竖向条形糙面，是石铲竖向装柄所遗留的痕迹。[①] 而钺则横向垂直装柄，这就表明其必然具有砍劈的功能。陶寺遗址出土的钺，约 30 件的刃部有明显或不甚明显的使用痕迹，占出土总数的 30% 左右，可见相当比例的钺是作为实用器而存在的。值得注意的是，斜刃钺多有使用痕迹。这说明，其原本可能亦为平刃，经过长期使用，遂成斜刃。钺在墓主人为男性的大型墓内与其他生产工具共出，也有助于确认其生产工具的性质，并可深入认识玉石质生产工具的配套组合。大型墓 M3002 随葬品的玉石质生产工具组合为钺 4 件、斧 7 件、锛 13 件，另有研磨盘、棒一套。大型墓 M3015 随葬的玉石质生产工具组合为钺 4 件、锛 6 件，另有研磨盘、棒一套。引人注目的是，M3002 还出土有多件石镞和石殳，皆为武器。M2001 虽然也随葬玉石质的斧、锛和研磨盘、棒，却未见钺，亦未见武器。这就从一个重要侧面反映出，钺在作为生产工具的同时，很可能也具有武器的功能。

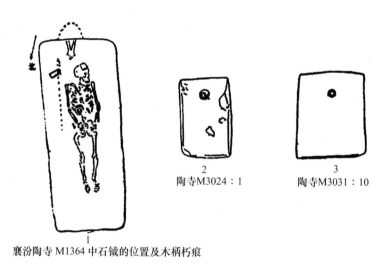

1
襄汾陶寺 M1364 中石钺的位置及木柄朽痕

2
陶寺 M3024∶1

3
陶寺 M3031∶10

图 1-7　襄汾陶寺遗址石钺

钺的质料，经鉴定，属假玉，即大理岩、蛇纹石、叶纹石等居多，近 60 件；属软玉，即透闪石或阳起石等 10 余件；属石质，即各种灰岩、页岩、角岩等近 30 件。器物均磨制，多数并经抛光处理。钺的平面形状大部分为横置之梯形，一侧端窄，另侧端刃部较宽，少数为长方形。钺的中部近侧端处有一至数个钻孔。钺的长度以 10 厘米—17 厘米者居多，最短的 9.1 厘米，最长的

① 中国科学院考古研究所：《庙底沟与三里桥》，科学出版社 1959 年版。

19.8 厘米；宽度则以 5 厘米—8 厘米者常见，最窄的 3.6 厘米，最宽的 19.4 厘米。钺的刃部形状有平刃、弧刃、圆刃和斜刃四种，以平刃者为多。

M3015：2，玉钺，褐绿色，状近长方形，上端单面钻孔，下端双面弧状。M3024：1（图 1 - 7，2），石钺，灰绿色，上端对钻成孔，下端略呈弧形，双面刃。M3013：10（图 1 - 7，3），石钺，灰绿色，上窄下宽，状如梯形。

二　新石器时代各地区玉石钺的发现

在中国新石器时代，玉石钺的分布范围很广。就地域而言，主要分布在长江中下游地区、黄河下游地区和黄河中游地区。钺初始皆为石质，用于劈砍工具，以后逐渐转化为武器和仪仗，其材料或为玉质。

长江中下游地区，就目前所知的资料，较早的是圆盘型石钺，多见于河姆渡文化和马家浜文化遗址中，代表了该地区石钺的原始形态。河姆渡 T18①：3，体呈椭圆盘状，器身厚重，磨制不精。中部一圆孔，双面弧刃，刃角明显，刃口有因使用而崩裂的豁口（图 1 - 8，1）①。梯形或长方形石钺，主要见于崧泽文化和良渚文化遗址。崧泽文化张陵山下层墓出土标本，梯形，上端一圆孔，双面弧刃，拱背，体扁薄，磨制精细（图 1 - 8，2）②。良渚文化寺墩 M3：42，玉质（图 1 - 8，3）③。亚腰形玉石钺，见于崧泽文化、良渚文化和薛家岗文化遗址中。薛家岗 M4：1，中间有一大圆孔，一侧有一小孔（图 1 - 8，4）④。玉石钺，主要见于良渚文化遗址中。如三条桥尚 2 一件标本，体呈亚腰形，长内，上端一孔，弧刃较长，两侧角上翘（图 1 - 8，5）⑤。

黄河下游地区玉石钺多为梯形或长方形，见于大汶口文化和龙山文化遗址。大汶口文化莒县杭头 M8：8，玛瑙质，平面梯形，上部一圆孔，双面平刃（图 1 - 9，1）⑥。龙山文化临朐朱封 M202：8，玉质，长方形（图 1 - 9，2）⑦。

黄河中游地区的玉石钺，最早见于仰韶文化遗址，为梯形或长方形，但数量不多。陶寺文化遗址玉石钺较为流行，亦以梯形和长方形为常见。

---

① 浙江省文物管理委员会、浙江省博物馆：《河姆渡遗址第一期发掘报告》，《考古学报》1978 年第 1 期。

② 上海市文物管理委员会：《青蒲福泉山遗址崧泽文化遗存》，《考古学报》1990 年第 3 期。

③ 南京博物院：《1982 年江苏常州武进寺墩遗址的发掘》，《考古》1984 年第 2 期。

④ 安徽省文物考古研究所：《潜山薛家岗》，文物出版社 2004 年版。

⑤ 赵陵山考古队：《江苏昆山赵陵山遗址第一、二次发掘简报》，见《东方文明之光》，海南国际新闻出版中心 1996 年版。

⑥ 山东省文物考古研究所等：《山东莒县杭头遗址》，《考古》1988 年第 12 期。

⑦ 中国社会科学院考古研究所山东队：《山东临朐朱封龙山文化墓葬》，《考古》1990 年第 7 期。

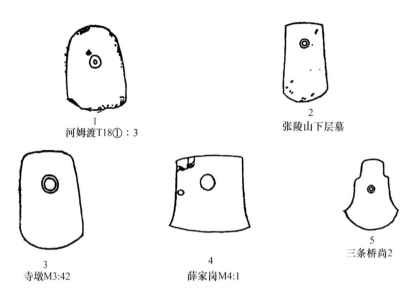

1
河姆渡T18①:3

2
张陵山下层墓

3
寺墩M3:42

4
薛家岗M4:1

5
三条桥尚2

图1-8 长江中下游地区石钺

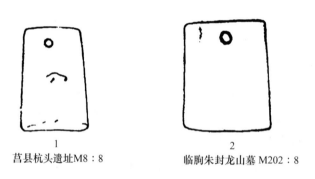

1
莒县杭头遗址M8:8

2
临朐朱封龙山墓 M202:8

图1-9 黄河下游地区石钺

纵观新石器时代玉石钺，以长江中下游地区出现为最早，且玉石钺的类型丰富，演变系列亦较清晰。玉石钺的用途，由生产工具逐渐转化为武器和仪仗。梯形玉石钺和长方形玉石钺，是遍布于长江中下游以及黄河中下游流域的玉石钺的主要形式，也是玉石钺自生产工具逐渐向武器和仪仗转化的中间形式，其质料亦由石质向玉石兼具转化，充分显示出玉石钺功能的转化过程。

三 玉石钺所反映的社会文化内涵

山东大汶口文化晚期至山东龙山文化时期，诸大型墓的随葬品十分丰富，其中不乏玉石钺，而为小型墓所鲜见。因钺多未开口，故当非实用器。研究者认为："在大汶口文化晚期阶段和山东龙山文化时期，山东地区墓葬随葬玉钺的现象说明，当时的氏族社会中产生了贫富分化，氏族成员间形成了不同社会阶层后，玉钺才被有意识地随葬于墓室相对较大、随葬物品也相对丰富的大墓中。玉钺是用来表明墓主人生前的身份等级、社会地位，并拥有一定的社会支配权利的标志。玉钺多掌握在当时社会组织中的上层人物手中，玉钺的功能起到了'权杖'的作用。"①

与之呈鲜明的对比，陶寺文化时期随葬玉石钺并非大型墓主人的专利。诸多小型墓随葬玉石钺的现象也十分普遍。可见，就陶寺文化时期而言，玉石钺并不具有明显的权杖之类表示身份、地位的象征意义。陶寺文化时期贫富分化的现象较大汶口文化晚期至山东龙山文化时期有过之而无不及。其表现形式为已开始出现礼乐制度的雏形。占墓葬总数不足10%的大型墓随葬大量的彩绘漆木陶器，更拥有鼍鼓、土鼓、特磬、龙盘等礼乐重器，表明其生前当为部落首领级人物。占10%左右的中型墓随葬彩绘漆木陶器数量较少，不见礼乐重器，表明其生前当为部落权贵。占墓葬总数近90%的小型墓，多无随葬品，仅有少量玉石钺或玉石璧环类器物随葬，表明其生前为氏族社会下层平民。陶寺文化遗址已经发现城址，并出土铜铃和朱书文字扁壶，说明这里是部族中心聚落权力机构的所在地。其延续的年代、丰富的文化内涵以及地望等，与古史中有关尧舜禹的传说多有接近，因而对探索文明起源和国家的出现具有重大的意义，以钺为代表的玉石器在陶寺文化内涵中占有重要的地位，但是集中体现陶寺文化内涵最高水平，并表明部族首领和权贵身份、地位的标志物，却是鼍鼓、土鼓、特磬等礼乐器，以及色彩斑斓的彩绘漆木陶器，与大汶口文化晚期和山东龙山文化中具有显赫地位及作用的标志物玉石钺有所不同，而这正充分反映出中国史前文化多元化一体发展趋向的真实历程。

---

① 徐其中：《山东地区史前文化中的玉钺》，《考古》1951年第7期。

红山文化与陶寺文化埋葬习俗
及历史渊源的比较研究[*]

    红山文化与陶寺文化是分布地域不同，在时间上也有早晚之别的两种史前文化。红山文化分布于辽西，其年代距今约 6000 余年至 5000 年。陶寺文化分布于晋南，其年代距今约 4600 年至 4000 年。红山文化是北方地区史前时期最兴盛的考古学文化，陶寺文化则是中原地区史前时期最兴盛的考古学文化。红山文化与陶寺文化在时间上虽早晚有别，但是红山文化年代的下限与陶寺文化年代的上限较为接近。红山文化以玉器著称，陶寺文化则以彩绘陶木器闻名于世。红山文化与陶寺文化的埋葬习俗在很大程度上突出反映了各自文化内涵的特色。辽西地区继红山文化而起的小河沿文化，无论是分布地域，还是文化内涵，皆有明显的衰颓之势。而陶寺文化与小河沿文化在时间上大体相当。红山文化与陶寺文化在中国古代文明起源和形成的历史进程中处于重要地位。有关红山文化与陶寺文化埋葬习俗及其历史源流的比较研究，有助于加深对中国古代文明多元一体融会发展过程的认识。

一　红山文化的埋葬习俗

    据不完全统计，目前已发现并经过正式发掘的红山文化墓地有：辽宁阜新

---

* 该文发表于《玉根国脉》（一），《2011 岫岩玉与中国玉文化学术研讨会论文集》，科学出版社
2011 年版，本书略做体例修改。

胡头沟①，凌源、建平牛河梁②③④⑤⑥，凌源城子山⑦，喀左东山嘴⑧；内蒙古林西白音长汗⑨，克什克腾旗南台子⑩等。

现已发掘的红山文化墓葬以内蒙古林西白音长汗墓地的年代为早。经发掘的墓葬共 7 座。正居山顶中心部位的 M5 有石砌圆圈，其余诸墓皆为积石墓。多为单人葬，双人合葬墓仅一例。随葬品未见日用陶器，均为装饰品，有玉玦、玉蝉、穿孔贝壳、亚腰贝饰、仿贝石臂钏、贝钏、石珠、石质螺纹棒饰、小型动物玉头饰、锥状石核等。发掘者认为，"与牛河梁积石冢相比，不见玉猪龙、勾云形玉佩、玉箍形器等大型玉雕，具有一定的原始性。这批墓的年代可能较早，初步认为是早期红山文化墓葬"。该遗址的发掘者之一郭治中其后对此又有新的认识。⑪ 他指出，兴隆洼文化墓葬的一种类型，"这种墓地也很有特点，总是选择在遗址附近山岗的顶部，地表有明显的石砌围圈或积石，墓葬有土坑和石板砌棺两种形式。随葬品多为生前饰物，少见陶器，其中随葬的玉玦、玉管、玉蝉等，可谓最早的玉器制品"。故此，白音长汗墓地的年代的确定还很可能有进一步探讨的余地。内蒙古克什克腾旗南台子 M7 是一座较大的积石墓，墓主人头骨两耳畔各有一块玉玦，大小不一，上肢骨西侧有一磨制石凿，西侧手部握一贝壳。M13 随葬之字纹简形罐、敞口钵，以及石磨盘、棒、斧等。鉴于目前所知红山文化早期墓葬的资料较少，对红山文化早期墓葬的认识尚待进一步深入。

迄今发掘的多数红山文化墓葬的年代大体皆偏晚。其中以辽宁牛河梁遗址的红山文化墓葬最具代表性。牛河梁遗址已发掘的红山文化墓葬分属于第二、三、五和十六地点。

---

① 方殿春、刘葆华：《辽宁阜新县胡头沟红山文化玉器墓的发现》，《文物》1984 年第 6 期。

② 辽宁省文物考古研究所：《辽宁牛河梁红山文化"女神庙"与积石冢群发掘简报》，《文物》1986 年第 8 期。

③ 辽宁省文物考古研究所：《辽宁牛河梁第二地点四号冢筒形器墓的发掘》，《文物》1997 年第 8 期。

④ 辽宁省文物考古研究所：《辽宁牛河梁第二地点一号冢 21 号墓发掘简报》，《文物》1997 年第 8 期。

⑤ 魏凡：《牛河梁红山文化第三地点积石冢石棺墓》，《辽海文物学刊》1994 年第 1 期。

⑥ 辽宁省文物考古研究所：《辽宁牛河梁第五地点一号冢中心大墓（M1）发掘简报》，《文物》1997 年第 8 期。

⑦ 李恭笃：《辽宁凌源县三官甸子城子山遗址试掘报告》，《考古》1986 年第 6 期。

⑧ 郭大顺、张克举：《辽宁省喀左县东山嘴红山文化建筑群址发掘简报》，《文物》1984 年第 11 期。

⑨ 内蒙古自治区文物考古研究所：《内蒙古林西县白音长汗新石器时代遗址发掘简报》，《考古》1993 年第 7 期。

⑩ 内蒙古文物考古研究所：《克什克腾旗南台子遗址发掘简报》，见内蒙古文物考古研究所编《内蒙古文物考古文集·第一辑》，中国大百科全书出版社 1994 年版。

⑪ 郭治中：《内蒙古东部区新石器——青铜时代的考古发现与研究》，见内蒙古文物考古研究所编《内蒙古文物考古文集·第二辑》，中国大百科全书出版社 1997 年版。

牛河梁红山文化第二地点共揭露出 6 个大型积石建筑单元。以圆形祭坛为中心，其他 5 座积石冢丘分别排列其东西两翼和北侧。积石冢内大小墓有别。墓外常见排列彩陶筒形器。墓内多以石板、石块为葬具。一般为单人仰身直肢葬，还有多人合葬以及二次葬等。多数墓只随葬玉器，少数墓随葬陶器。

一号冢发掘墓葬 26 座，其中随葬玉器墓 15 座。未见随葬陶器墓。M4 出土 3 件随葬品，有玉箍形器 1 件、猪龙形玉饰 2 件。M15 随葬品 5 件，玉箍形器、玉璧各 1 件，玉环 3 件。M21 出土玉器最多，共计 20 件，包括菱形饰、箍形器、勾玉形佩、管箍状器、龟、竹节状器、兽面牌饰、镯各 1 件，双联璧 2 件，璧 10 件。二号冢中央一座大墓，早年被盗扰。

四号冢至今已发掘 16 座墓葬，其中只随葬玉器墓 5 座，随葬玉器和陶器墓 1 座，只随葬陶器墓 3 座。另 7 座墓未见随葬品。M5、M6 随葬双耳彩陶盖罐各 1 件。M7 随葬双耳陶罐 1 件，另 1 件为扣于其上的陶钵。因为这批随葬陶器墓其所在层位叠压在四号冢主体积石建筑之下，当属该冢年代最早的一批墓葬。

牛河梁第三地点积石冢，盘踞山头，冢内各墓不见成排立置的彩陶筒形器。共发掘 10 座墓，其中只随葬玉器墓 3 座，无随葬品墓 7 座，未见随葬陶器墓。M7 随葬品 3 件，箍形玉饰、玉镯、大串珠各 1 件。M3 随葬品 4 件，玉璧、环各一件，玉镯 2 件。M9 随葬品 2 件，玉镯、凸弦纹玉饰各 1 件。M7 位置几近积石冢中心，墓主人为男性，其他墓环绕 M7 四周分布。

牛河梁第五地点发现略呈东西排列的 3 座积石冢，一号冢正位于各冢分布的圆丘顶部。发掘 2 座墓，一座被扰动，另一座 M1 在 1 号冢的正中。M1 随葬玉器 7 件，鼓形箍、勾云形佩、镯各 1 件，璧、龟各 2 件。龟分别出于死者左、右手部位。

牛河梁第十六地点，即凌源城子山积石冢，发现墓葬 3 座，其中随葬玉器墓 2 座，无随葬品墓 1 座。积石冢中心 M2 随葬玉器 9 件，有勾云形佩、马蹄形箍、竹节形饰、鸟各 1 件，钺 2 件、璧 3 件。M1 于扰土中发现双猪首三孔器 1 件。

辽宁阜新胡头沟红山文化遗址 M1 出土的玉器也较多。M1 位于山头的石围圈中心部位以下，随葬品已流散，收集玉器 15 件，有勾云形佩、鸟、璧、环各 1 件，龟、鸮各 2 件，珠 3 件，棒形器 4 件。

考古资料表明，牛河梁遗址是辽西地区一处由庙、坛、冢组合而成的重要祭祀场所。女神庙居于中心最显著的位置，遥对"猪山"，积石冢环绕四周，并以三圈淡红色石柱围起圆形祭坛。这种祭祀性建筑的宏大规模以及营造的庄严肃穆的神圣气氛，说明牛河梁祭祀遗址当时的功用已经不仅限于墓祭，而是可用于举行各种宗教仪式的祭祀中心。

牛河梁遗址四处地点已发现的近 60 座墓葬中，有随葬品的墓共 30 座，包括只随葬玉器的墓 26 座，只随葬陶器的墓 3 座，随葬玉器和陶器的墓 1 座。第二地点二号冢 M1、第三地点 M7、第五地点一号冢 M1 和第十六地点 M2 皆为积石冢中央部位的大墓，除第二地点二号冢 M1 已被盗扰，随葬品无存外，其余三处地点的大墓均只随葬玉器，且有箍形玉器或勾云形玉佩。第二地点一号积石冢 M21 虽非中央大墓，但随葬玉器多达 20 件，其中亦包括箍形玉器和勾云形玉佩。这些只随葬玉器的墓显然具有陈祭的性质。随葬的玉器不但数量多，工艺精良，而且玉器的摆放有一定的位置，且往往成对出现，似是遵循一定的规范。如头的两侧多各有一件玉璧，玉龟则置于左右手中。中国古代先民笃信美玉具有通贯天地的灵性，是人世与神灵联系的媒介。牛河梁红山文化墓葬以玉为葬的习俗，已经具有以玉为礼的深刻含义，充分反映宗教信仰在红山文化先民的生活中占有极其重要的地位。联系牛河梁女神庙高居山丘之顶，遥对"猪山"，且发现女神塑像，以及随葬玉器中的鸟、龟、鱼等动物形佩饰，可知红山先民信奉的是尊崇自然的山川万物以及人类祖先的原始宗教。

关于随葬玉器墓的墓主人身份，发掘者有所认识。牛河梁第三地点积石冢中央大墓 M7 墓主人男性，随葬玉器为箍形饰、镯和大串珠。M3 墓主人女性，随葬玉器为璧、环、镯。这两组玉器的构成品类有所差异，主要区别在于有无箍形玉饰，或可反映出男女在随葬玉器上的性别的差异。对牛河梁第十六地点积石冢中央大墓随葬 9 件玉器的墓主人身份，发掘者认为，死者并非一般氏族居民，应是有一定社会地位和权势的氏族首领。石棺之讲究，葬品之珍贵，死后埋葬在遗址的中心部位，显而易见，普通的氏族成员难得这种优厚的待遇。至于牛河梁第二地点四号冢只随葬陶器墓的墓主人身份，发掘者认为随葬的双耳彩陶罐，罐体大而规整，纹饰色彩艳丽，为红山文化彩陶器所罕见，应非日用生活用器，当属一种专用祭祀器。随葬这种彩陶罐可能与墓主人的身份有关。也有学者认为[1]，这种彩陶瓮是红山文化常见陶器，曾发现有绘龙鳞纹彩绘的实例，作为随葬品也应具有礼器性质。这种既非以成组陶器也非以一般生活用具随葬，而是随葬单一的大型贮盛器的做法，当反映这种陶器作用的专一性。由于随葬这类陶器的墓在牛河梁积石冢墓葬中等级较低，看来这类陶瓮只能是低等级的身份固定的一类人的专用随葬品。

---

[1] 郭大顺：《红山文化的"唯玉为葬"与辽河文明起源特征再认识》，《文物》1997 年第 8 期。

二 陶寺文化的埋葬习俗

陶寺文化墓地目前已发现并经正式发掘的有山西襄汾陶寺[1]和临汾下靳[2]两处地点。

襄汾陶寺文化墓地位于遗址的东南，迄今为止已发掘1300多座墓葬，其时间大部分属于陶寺文化早期。所有墓葬均为长方形土坑竖穴，除很少的二次葬、屈肢葬和个别的俯身葬之外，一般是仰身直肢单人葬，头向东南，排列整齐。不同的氏族葬区在墓葬规模和坑位密度等方面存在着差别。有的氏族葬区，在入葬早晚不同的墓之间，呈现出错综复杂的叠压打破关系。最多的一组打破关系涉及160多座墓。墓葬可分为大、中、小三等。大型墓仅6座，不及墓葬总数的1%，中型墓占墓葬总数的近10%，小型墓则占90%左右。这三种不同规格的墓葬在数量上的比例，就像座上小下大的金字塔，反映着当时社会中统治阶级与被统治阶级的比例关系。

埋葬在大墓里面的是氏族首领级的人物。这种大墓长3米、宽2米左右，有木棺，棺底垫以朱砂。随葬品丰富精致，有彩绘龙纹陶盘、鼍鼓、石磬等礼乐器物，有成套的漆木器，还有玉石、骨器和肢解的整猪等，多达一二百件。因墓主人男女性别的不同，随葬品的种类又有所区别。M3015墓圹长3.12米、宽2.65米。残留木棺痕迹，棺底铺朱砂。墓主人为成年男性。墓室存留随葬器物183件，包括陶器14件，有罐、壶、斝、灶、异形器，其中罐、壶或有彩绘；漆木器28件，有仓形器、豆、盘、斗、俎、箱、鼍鼓，大多施彩绘；玉器2件，有双孔刀和璧环；石器129件，多为石镞，还有钺、V形刀、磨盘、磨棒等；骨镞10件。此外，还有30件随葬品扰至邻近的灰坑中。M2001，墓圹长2.9米、宽2.52米。葬具为木棺，两端分置于两根枕木之上，棺内撒朱砂。墓主人为成年女性。随葬品77件，包括陶器31件，有罐、盘、豆、瓶、斝、盆、壶、尊等，其中许多器物或有彩绘；漆木器29件，有案、仓形器、几、俎、豆、盆等，大多施彩绘；玉器1件，为绿松石镶嵌的臂环；V形石刀3件；骨器7件，有笄和匕；蚌器2件及器形不明的饰物2件和彩绘痕迹2处。

---

① 中国社会科学院考古研究所山西工作队、临汾地区文化局：《1978—1980年山西襄汾陶寺墓地发掘简报》，《考古》1980年第1期。

② 山西省临汾行署文化局、中国社会科学院考古研究所山西工作队：《山西临汾下靳村陶寺文化墓地发掘报告》，《考古学报》1999年第4期。

埋葬在中型墓里面的，是氏族权贵。这种墓略小于大墓，长2.5米、宽1.5米左右。墓内也有木棺。随葬有成组陶器、少量木器以及一些玉、石器和用以标志财富的猪下颌骨等。M2180，此墓尚保留生土二层台，墓圹长2.45米、宽1.08米。墓主人成年男性。墓室内随葬器物46件，包括陶器14件，有盆、罐、瓶、尊、壶、豆、斝，大多施彩绘；石器20件，有刀和镞；此外，在二层台上随葬猪下颌骨14副。M2092，墓圹长2.7米、宽1.98米。墓主人成年女性。随葬器物24件，包括陶器16件，有斝、壶、罐、豆、瓶、灶，大多施彩绘；木器5件，有案、俎等。此外还有许多猪肋骨。M3168，墓圹长2.75米、宽1.25米。墓主人男性。随葬品为各类玉石装饰品，头顶有长条形、曲尺形小玉饰3件，颈胸部佩戴串饰1件，由26枚管状石珠组成，右手部位有1件由绿松石、兽牙及石璧环镶嵌而成的腕饰，左手处有石琮1件。

埋葬在小墓里的是氏族的一般成员。这些小墓仅可容身，多数没有葬具，有的用席殓尸，只有少数墓随葬一、二件小型器物，大多数墓没有任何随葬品。M1360，墓圹长2.22米、宽0.83米。墓主人男性。头端壁龛内置猪下颌骨1副。M2061，墓圹长1.97米、宽0.58米。墓主人女性。随葬浅腹盆1件。

此外，陶寺墓地内还发现5座埋有羊、鹿、獐等动物骨架的葬坑。此种葬俗应与墓葬二层台上摆放猪下颌骨的现象相同，亦属于牺牲的性质。

临汾下靳墓地的时代相当于陶寺文化早期或略晚，其文化内涵也与陶寺文化早期大体一致。现已清理墓葬500余座，其埋葬情况与陶寺墓地中、小型墓接近。

陶寺文化墓地的发掘资料表明，当时社会尽管仍然保留着氏族的形式，但实际上已经划分出阶级。高踞于一般氏族成员之上的首领和权贵，是社会上的统治阶级，他们拥有大量财产，掌握着军事和祭祀的大权。而处于社会下层的是一般氏族成员，他们深受奴役与剥削，生活贫困，是社会中的被统治阶级。氏族形式成为阶级压迫的工具。

陶寺墓地大、中型墓依照等级高低，随葬规格不同的成套礼器，并形成一定的规则，从而开创了商周礼乐制度的先河。礼器的构成包括用于陈设的案、几和鼍鼓、特磬组成的乐器，以及各种饮器、食器、酒器等。大、中型墓所用礼器的件数、规格、结构、尺寸和精美程度也有显著差异。大型墓随葬陶盘上的彩绘蟠龙，是一种复合动物的形象，为陶寺文化先民所崇奉的部落图腾。

三 红山文化与陶寺文化埋葬习俗及历史源流的比较

史前时期的埋葬习俗，是古代先民意识形态的反映。红山文化和陶寺文化先民皆崇奉原始宗教，但是崇奉的程度与表现形式有所不同。红山文化先民以巨大的人力、物力，修庙、设坛、建冢，构成宏大的用于祭祀的群体建筑。可见宗教祭祀活动在红山文化先民的日常生活中占有相当重要的地位。墓祭仅是其频繁的宗教活动的一部分。而陶寺文化先民则偏重于在死者入葬时举行祭祀活动。陶寺墓地位于遗址东南隅的崇山（俗称塔儿山）西麓。崇山雄伟高峻。陶寺先民墓葬头向多朝东南，以枕借山势。但经广泛踏查，附近山峦和遗址内，尚未见史前时期庙、坛类的祭祀性建筑。

红山文化先民和陶寺文化先民都奉行自然崇拜和祖先崇拜。其中，红山文化先民供奉的玉龙与陶寺文化先民供奉的陶盘上的彩绘蟠龙皆非自然界的实物。玉龙形饰是红山文化遗址中出土的最具特征的典型器物。但是目前所知，红山文化墓葬中尚少见玉龙形饰。见诸报道的主要有牛河梁第二地点一号冢M4 出土的 2 件玉猪龙饰。所以玉龙形饰在红山文化墓葬的随葬品中所处的地位和影响，还有待对今后更多的考古资料进行深入探讨。而陶寺遗址已发掘的六座大墓中，四座出土彩绘蟠龙纹陶盘。另外两座大墓，因被严重扰动，随葬品多有缺失。陶寺文化蟠龙是鼍、蛇之类动物的复合体。蟠龙以图腾的形象，为陶寺先民所顶礼膜拜。蟠龙纹陶盘也是拥有者权力和地位的象征。红山文化先民借助玉贯通天地的灵性，以玉为祭，注重精神上与神的沟通。陶寺先民则以陶器、漆木器以及猪等为祭品，注重以生活器具和食品与神沟通。红山文化墓地积石冢中心大墓墓主人是执掌祭祀的神权人物，以随葬玉器品类的高贵和做工的精良，体现出拥有者的权势和地位。陶寺文化大墓的墓主人则以占有大量的陶器、漆木器，尤其是鼍鼓、特磬、龙盘等礼乐器，体现出权势和地位。陶寺文化虽有较高水平的玉石制造业，大中型墓也常见随葬璧、环、镯、琮、串饰和钺等玉器，但是与陶、木器相比，玉器在随葬品中并不占有重要地位。

红山文化与陶寺文化埋葬习俗的差异，究其原因，在于两种考古学文化各自所处的地域而造成不同的历史文化背景。红山文化分布的辽西，大体在中国东北地区的南缘，多山岭、丘陵，少平原，雨水不足，日照期短。而陶寺文化所处中原腹地的晋南，地理环境和自然环境好于辽西，日照时间长，雨水比较充沛，土质肥沃。不同的地理自然环境无疑对其地史前文化的内涵和发展产生明显的影响。

在红山文化之前，辽西地区有兴隆洼文化和赵宝沟文化。兴隆洼文化盛行居室葬，有生者、死者共居一室的现象。所以，居室葬的房子兼具居住、祭祀之功能。这或是红山文化庙、坛、冢汇建一处之先河。1992 年，对兴隆洼遗址进行的第五次发掘中，[①] 出土了包括匕、斧、锛在内的小型玉器，而以玦为主。M117，墓主人双耳部位各有一件环状玉玦。兴隆洼文化玉器的发现，为红山文化玉器群找到直接的源头。兴隆洼文化玉器是迄今为止中国年代最早的玉器，把我国使用玉器的年代上推至距今 8000 年。兴隆洼文化遗址不仅出土许多农业生产工具，如石铲、石锄等，还发现大量的细石器。兴隆洼遗址M118 出土多达 715 件压制小石叶，此外兴隆洼遗址出土的骨器类数量众多，有骨刀、骨椎、骨鱼镖。凡此，反映兴隆洼文化的经济生产，于农业之外，渔猎和采集经济也占有重要地位。上述情况表明，兴隆洼文化先民的经济生产和社会生活对自然界有较大的依赖性，受自然条件的制约也比较大，这很可能正是兴隆洼文化先民笃信原始宗教而以玉作为贯通天地的祭品，祈求神灵保佑平安的重要原因。

兴隆洼文化之后，辽西地区继起的是赵宝沟文化。目前，尚未发现赵宝沟文化的墓葬。遗址内所见玉器也很少。

在晋南地区，陶寺文化之前有仰韶文化和庙底沟二期文化。晋南的仰韶文化墓葬尚少有发现。芮城东庄村仰韶文化遗址发掘的 5 座墓葬，[②] 包括瓮棺葬1 座，单人葬土坑墓 2 座，双人或多人葬土坑墓 2 座，皆未见随葬品。关中地区的西安半坡遗址仰韶文化墓葬，[③] 多为仰身直肢，另有少量二次葬和多人合葬。有随葬品的墓不及二分之一，随葬品数量不多，各墓间差别不大。随葬陶器以 5、6 件者为常见，合葬墓随葬品较多，四人合葬者随葬 17 件。基本组合为罐、钵、尖底瓶或壶。渭南史家仰韶文化墓葬，[④] 以多人二次合葬为主，少者人骨 4 具，多者 51 具，一般为 20 具左右。绝大多数墓有随葬品，主要为钵、罐、葫芦瓶。晋南的庙底沟二期文化墓葬也发现不多。豫西陕县庙底沟遗址发掘的庙底沟二期墓葬，[⑤] 均为单人竖穴墓，仅 2 座有随葬品，每墓 1 个小

---

① 中国社会科学院考古研究所内蒙古工作队：《内蒙古敖汉旗兴隆洼聚落遗址 1992 年发掘简报》，《考古》1997 年第 1 期。

② 中国社会科学院考古研究所山西工作队：《山西芮城东庄村和西王村遗址的发掘》，《考古学报》1973 年第 1 期。

③ 中国社会科学院考古研究所、陕西省西安半坡博物馆：《西安半坡——原始氏族公社聚落遗址》，文物出版社 1963 年版。

④ 西安半坡博物馆、渭南县文化馆：《陕西渭南史家新石器时代遗址》，《考古》1978 年第 1 期。

⑤ 中国社会科学院考古研究所：《庙底沟与三里桥》，科学出版社 1959 年版。

陶杯。

中原地区的自然条件宜于农耕，人们生活来源相对稳定，氏族权贵的生活水平自然较高，因而也更注重物质生活享受。陶器对红山文化和陶寺文化先民而言，都是不可或缺的必备日用品。但是陶寺文化氏族权贵对陶器需求的数量和种类似较红山文化氏族权贵为甚。红山文化遗址出土陶器的种类简单，有筒形罐、斜口器、瓮、豆、带盖罐等。积石冢中心大墓未见陶器随葬，少数墓虽有陶器随葬，也仅1、2件。而陶寺文化大中型墓盛行以陶器随葬，器类丰富多样，有鼎、单耳罐、大口罐、折腹罐、小口折肩罐、双耳罐、壶、尊、瓶、折腹盆、浅腹盆、钵、盘、三足盘、豆、簋、盉、异形器等，其中不乏酒器。此外还有各种木器，如案、俎、几、盘、豆、盆、碗、斗、勺、杯、觚、仓形器、桶形器、鼍鼓等。上述陶木器，包括炊厨用具、盛器、食器、饮器、乐器和家具。陶寺文化大中型墓随葬陶木器，不仅是财富和权力地位的象征，也是氏族权贵生前奢侈享受的真实写照。以陶器和木器等生活器具随葬，充分反映陶寺文化先民敬奉祖先神灵的虔诚务实之心。

纵观辽西和中原地区史前文化，其埋葬习俗所反映出的两地先民的意识形态，辽西的红山文化史前先民侧重于以玉器随葬，中原的陶寺文化先民则侧重于以陶器和木器随葬。辽西的红山文化史前先民以玉器为媒介，注重在精神上与神灵沟通；而中原的陶寺文化史前先民则以陶器和木器为媒介，注重在实际生活的必需品上与神灵相沟通。红山文化和陶寺文化埋葬习俗的差异，如上文的分析，有着各自深刻的历史文化渊源。

辽西地区于红山文化之后继起的小河沿文化，其埋葬习俗出现向中原趋近的倾向。内蒙古赤峰瓮牛特旗大南沟二处墓地共发现83座后红山文化（即小河沿文化）墓葬，[①] 随葬品不仅有传统的璧、环、璜、管、珠类玉饰，还有筒形罐、钵、盆、盂、豆、壶、侈口盆和器座等陶器。其中部分钵、豆、壶等器类为彩陶或朱绘。以陶器为随葬品的墓葬多达63座，随葬陶器在5件以上的有8座墓，其中随葬陶器最多的M67达14件。这种以陶器为随葬品现象的盛行，显然与受到中原埋葬习俗的影响有关。

辽西地区小河沿文化之后的夏家店下层文化，与中原地区龙山时代陶寺文化之后的二里头文化，其年代的上限大体一致，已进入中国古代文明形成期。二里头文化是夏文化，已为学术界所公认。内蒙古赤峰大甸子遗址夏家店下层

---

① 辽宁省文物考古研究所、赤峰市博物馆：《大南沟——后红山文化墓地发掘报告》，科学出版社1998年版。

文化墓葬[①]与河南偃师二里头文化墓葬[②]的埋葬习俗颇多相近之处。两种文化的随葬品皆以陶器和玉器为大宗。尤为引人注目的是大甸子墓葬中，出土了鬶、爵、盉等陶器，与二里头文化的同类典型器物十分相似。这不仅表明夏家店下层文化与二里头文化的年代大体相当，而且反映两种文化之间有着密切的关系。上述陶酒器多有彩绘，当具有礼器性质。这表明自陶寺文化延续而来的礼制，对夏家店下层文化有着强烈的影响。

概言之，通过对红山文化和陶寺文化埋葬习俗及历史源流的对比研究，可以看出，辽西的史前文化和中原的史前文化，虽有不同的历史文化背景，但是殊途同归。经过彼此不断的交流、融合，最终与中国大地诸多史前文化，促成中国古代文明多元一体格局的形成。

---

① 中国社会科学院考古研究所：《大甸子——夏家店下层文化遗址与墓地发掘报告》，科学出版社1996年版。

② 中国社会科学院考古研究所：《偃师二里头——1959—1978年考古发掘报告》，中国大百科全书出版社1999年版。

大汶口文化墓葬出土的酒器*

1959 年，在山东省大汶口遗址发掘了 133 座墓葬，① 117 座随葬有陶器。其中 42 座墓葬出土陶杯 171 件，主要分筒形杯、单把杯和高柄杯三大类。筒形杯、单把杯的容量较大，当为饮水器。高柄杯则容量较小，除饮酒外，显然不适于其他用途。《大汶口》报告推测这种器物很可能是酒器。

本文依据《大汶口》报告中的材料，对大汶口墓葬中出土的高柄杯和其他酒器进行初步的分析，并就此探讨我国古代酿酒的历史。

高柄杯是大汶口墓葬陶器群中最具特征的器物之一，多为泥质，有灰陶、黑陶、红陶和白陶，还有少量的夹砂灰陶。器形多样，可分八式（图 1 - 10）。Ⅰ 式至 Ⅵ 式，上部呈杯状或盘状，下部为喇叭形圈足或假圈足。有的杯口沿下装一对鸟喙形装饰，有的杯壁饰凸凹棱纹，也有的柄、足镂圆孔或柄刻弦纹。Ⅶ、Ⅷ 两式，杯口上有覆豆式盖或覆豆式高柄盖。柄或盖上多有圆形、椭圆形、半圆形、三角形和菱形等镂孔，有些镂孔并组成各种几何图案。高柄杯中部皆有高柄，便于饮酒时擎持。

大汶口墓葬中出土的壶（包括彩陶壶），按通常当为贮水器。但通过对大汶口墓葬出土的陶器组合的分析，发现 23 座随葬高柄杯的墓葬中，21 座有壶与高柄杯并存，约占随葬高柄杯墓葬总数的 91%。壶最多者，如 M60 出 11 件。此外，45 座不见高柄杯的墓也有壶，约占随葬陶器（但不见高柄杯墓葬）总数的 48%，由此不难看出，凡有高柄杯的墓葬几乎都有壶，而不见高柄杯的墓葬，则不一定有壶（表 1 - 1）。可见壶的用途于贮水之外，更多的用于贮酒，成为比较固定的贮酒器。大汶口墓葬出土的壶，器形多异，有双鼻壶、无鼻壶和宽肩壶等。多为泥质，有灰陶、黑陶、白陶和红陶，也有夹砂灰、红陶。双鼻壶，颈部装对称横耳或竖鼻，个别的装在肩部，分为五式。② 在墓葬

---

* 该文发表于《考古与文物》1984 年第 6 期，本书略做体例修改。

① 山东省文物管理处、济南市博物馆：《大汶口》。

② 原报告中将双鼻壶和背壶各分为五式，但在叙述中均误称为六式。

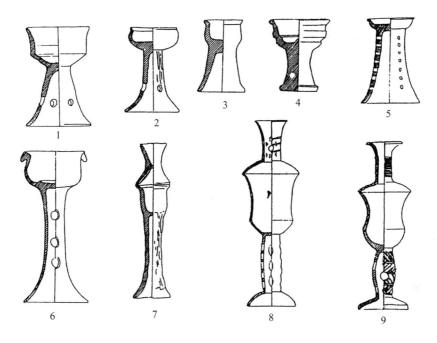

图 1－10　高柄杯

1—7. I—Ⅶ式，8、9. Ⅷ式

中与高柄杯共存的有Ⅰ、Ⅱ、Ⅳ、Ⅴ式（图1－11）。无鼻壶，分九式。除Ⅲ式外，其余八式（图1－12）与高柄杯均有共存。宽肩壶，侈口，高颈，宽圆肩或折肩，肩腹往往饰凸弦纹，多为大型壶，制作规整。分七式。除Ⅰ式外，其余六式（图1－13）与高柄杯亦均有共存。彩陶壶，除一件为夹砂灰陶外，皆为泥质红陶。外表全部经过磨光，大都施有红色陶衣。画彩有红色、黑色和黑白兼用三种，都是烧前绘好的，触水不脱。图案新颖别致，有弦纹、连弧纹、圆点带纹、连三角网纹、连涡纹、连三角形、连菱形等。彩陶壶亦形制多样，分六式。Ⅴ、Ⅵ式（图1－14，1、2）与高柄杯共存。

表 1－1　　　　　　　　高柄杯及共存的有关陶器统计表

墓号	分期	高柄杯	壶	背壶	鬹	盉
94	早	1 Ⅰ（黑）	2 双Ⅰ（红）、无Ⅱ（黑）	1 Ⅰ（彩）		
111	早	1 Ⅴ（灰）	3 无Ⅰ（夹灰）、无Ⅰ（实红）	1 Ⅱ（灰）		1
22	中	1 Ⅱ（灰）	1 无Ⅳ（灰）	1 Ⅲ（灰）		
49	中	1 Ⅱ（灰）				
67	中	2 Ⅳ、Ⅴ（灰）	1 无Ⅳ（灰）	1 Ⅲ（灰）		1

续表

墓号	分期	高柄杯	壶	背壶	鬶	盂
98	中	5 Ⅳ、Ⅴ（灰）、Ⅲ（夹灰）	3 双Ⅳ、无Ⅳ（灰）	1 Ⅲ（灰）	3	1
1	晚	21 Ⅵ（白）	1 宽Ⅱ（白）			
3	晚	5 Ⅵ（灰）	2 Ⅵ（彩）、无Ⅴ（灰）			
4	晚	2 Ⅳ（灰）	2 Ⅵ（彩）、宽Ⅱ（灰）			1
5	晚	1 Ⅴ（灰）	1 无Ⅳ（黑）			
10	晚	6 Ⅵ（白）、Ⅷ（黑）	7 双Ⅰ（灰）、无Ⅶ、宽Ⅵ（白）	7 Ⅳ（白）、Ⅱ（彩）	2	2
24	晚	2 Ⅳ、Ⅴ（灰）	1 Ⅴ（彩）	1 Ⅲ（灰）		
25	晚	16 Ⅶ（白）、Ⅷ（黑）	3 无Ⅳ（黑）、宽Ⅳ（白）	3 Ⅴ（白）、Ⅴ（灰）	2	
47	晚	16 Ⅵ（灰）、Ⅳ（红）、Ⅵ（白）、Ⅲ（夹灰）	3 无Ⅴ、宽Ⅳ（灰）无Ⅴ（白）	4 Ⅲ、Ⅳ（灰）、Ⅳ（白）	3	3
60	晚	5 Ⅵ、Ⅶ（白）、Ⅵ（灰）、Ⅷ（黑）	11 宽Ⅳ、宽Ⅴ（白）、宽Ⅶ（夹红）	6 Ⅴ（白）		
64	晚	3 Ⅵ（白）	2 宽Ⅲ、Ⅵ（白）			
72	晚	1 Ⅳ（白）	4 双Ⅴ（白）、无Ⅵ（红）		1	1
77	晚	1 Ⅴ（灰）				
105	晚	2 Ⅳ、Ⅴ（灰）	1 宽Ⅲ（灰）	1 Ⅳ（灰）		
117	晚	14 Ⅵ（白）	7 宽Ⅳ（灰）、宽Ⅳ（白）、Ⅵ（彩）	16 Ⅳ、Ⅴ（白）	2	
124	晚	1 Ⅵ（红）	1 宽Ⅱ（夹灰）	1 Ⅲ（灰）		
125	晚	4 Ⅴ（黑）、Ⅴ（灰）	3 无Ⅷ、宽Ⅵ（灰）	1 Ⅲ（灰）		1
126	晚	1 Ⅵ（白）	3 无Ⅶ（白）、宽Ⅴ（灰）	14 Ⅲ（灰）、Ⅳ（白）		

注：双，双鼻壶；无，无鼻壶；宽，宽肩壶。

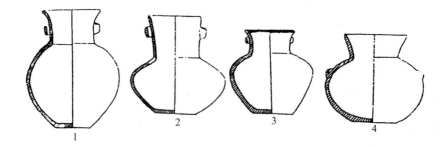

图 1-11 双鼻壶

1. Ⅰ式 2. Ⅱ式 3. Ⅳ式 4. Ⅴ式

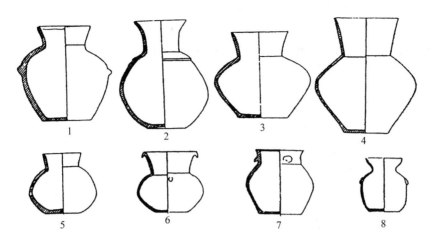

图1-12　无鼻壶

1、2. Ⅰ、Ⅱ式　3—8. Ⅳ—Ⅹ式

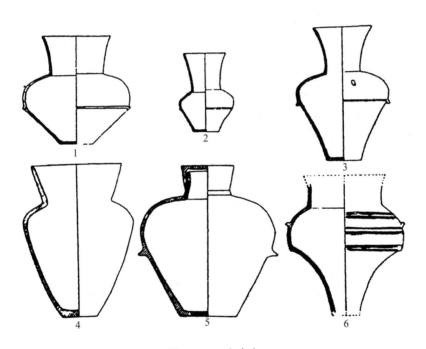

图1-13　宽肩壶

1—6. Ⅰ—Ⅵ式

大汶口遗址15座出土背壶（包括彩陶背壶）的墓葬，有高柄杯共存，约占随葬高柄杯墓葬总数的65%。另有25座墓葬也有背壶，仅占随葬陶器但不见高柄杯墓葬总数的27%。可见背壶于携水之外，亦多携酒，以备外出时饮用。背壶均为泥质，有灰陶、红陶或白陶之分。背壶，颈长短不等，深腹，平底，腹上部两侧装竖耳一对，稍偏于一侧，以便背负，另侧有突纽一个，多为鸟喙形。分五式。①　Ⅱ、Ⅲ、Ⅳ、Ⅴ式（图1-15）与高柄杯共存。彩陶背壶皆为泥质红陶。画彩分黑色和黑白兼用二种。有连三角网纹、菱形网纹、连三角纹、涡纹、弦纹、圆点纹等。分二式（图1-14，3、4），与高柄杯均有共存。

　　大汶口遗址133座墓葬之中，118座墓葬可分早、中、晚三期，其中117座随葬陶器，另15座未随葬陶器，期属不明。《大汶口》报告中认为："由于大汶口文化多见小容量的高柄杯，在晚期墓葬中又往往同鬶、盉共出，人们猜想这种高柄杯可能是一种酒器。"因高柄杯容量小而推测为酒器，颇有道理。但从高柄杯与鬶、盉在晚期墓葬中的组合，却看不出鬶、盉与高柄杯之间有什么明显的联系。随葬高柄杯的17座晚期墓葬之中，鬶与高柄杯及盉与高柄杯共存的墓葬各为5座，仅各占随葬高柄杯晚期墓葬总数的29%。鬶、盉同与高柄杯共存的墓葬有3座。而不见高柄杯的8座晚期墓葬中，却3座有鬶，比例为37.5%。不见高柄杯的晚期墓葬中，虽然没有盉，但是早、中期不见高柄杯的墓葬中，分别有6座和2座有盉。故以高柄杯与鬶、盉的共存关系来推断高柄杯为酒器，似嫌根据不足。因为大汶口墓葬中，与高柄杯共存鬶、盉的墓葬不多，也尚难推断此时的鬶、盉是否为比较固定的酒器。

　　大汶口墓葬中随葬高柄杯的现象，为探讨我国酿酒的起源提供了重要线索。大汶口墓葬中随葬高柄杯情况的变化，是与大汶口墓葬早、中、晚三期所反映的社会生产力发展的水平相适应的。

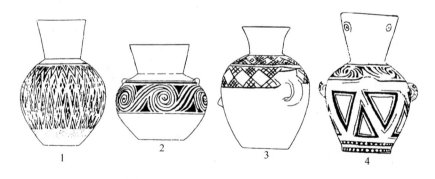

图1-14　彩陶壶、彩陶背壶

1、2．Ⅴ、Ⅵ式彩陶壶　3、4．Ⅰ、Ⅱ式彩陶背壶

———————————

①　原报告中将双鼻壶和背壶各分为五式，但在叙述中均误称为六式。

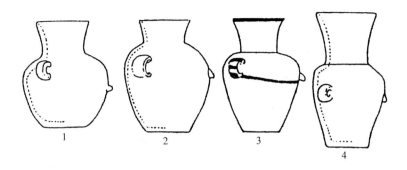

图 1－15　背壶

1—4.　Ⅰ—Ⅴ式

大汶口早期墓葬中,有磨制的石斧、石铲、石锛、石凿。石铲体厚,弧刃,略呈舌形。另外还有骨、角、牙、蚌质的镰、矛、镞、镖、锥、凿、匕等。陶器为手制,以红陶居多。早期74座墓葬之中,73座随葬陶器,仅两座各随葬高柄杯1件,为Ⅰ式和Ⅴ式,陶质为黑陶和灰陶。可以看出,此时农业生产虽已达到一定水平,但渔猎仍占相当比重。因剩余粮食不多,酿酒的规模还很小。

中期墓随葬的石制和骨、角、牙、蚌制的生产工具,与早期相似。陶器仍为手制,灰陶比例渐大。19座中期墓葬之中,4座分别随葬高柄杯1—5件,共9件,有Ⅱ式、Ⅲ式、Ⅳ式和Ⅴ式,为灰陶和夹砂灰陶。反映此时农业生产提供酿酒之用的剩余粮食略有增加,制陶技术也有进步。

晚期墓中随葬的石制生产工具,较为精进。石铲体薄,齐刃,长方形,甚为锋利,并出现了有段石锛,骨、角、牙、蚌制生产工具仍然较多。陶器造型渐趋美观规整,灰陶的比例很大,有的陶器出现了轮制的迹象。随葬高柄杯的墓葬以及随葬高柄杯的数量显著增加,高柄杯的形制多样。25座晚期墓葬之中,17座随葬高柄杯共82件,有Ⅰ式至Ⅷ式。陶质也较前复杂,于黑陶、灰陶、夹砂灰陶之外,还有红陶和白陶。泥质黑陶高柄杯制作最为精巧,陶质细腻,胎身轻薄,漆黑发亮,造型美观匀称,不仅实用,而且是十分珍贵的艺术品。墓葬中高柄杯的数量,少者1件,多者14件,乃至16件。反映此时农业生产和制陶技术都已达到较高的水平,渔猎在生活中仍占有重要地位,粮食多有剩余,饮酒已盛行成风。M117随葬高柄杯14件,此外还有壶7件和背壶16件,显然超出一人使用的需要,当为墓主人生前聚众宴饮所用。

概言之,大汶口随葬高柄杯的墓葬数目和高柄杯的数量从少到多,陶质和器型渐趋复杂，制陶工艺水平也越来越高，与社会生产力发展的水平密切相关。农业生产所能提供剩余粮食的多少，确是以粮食酿酒的规模由小而大的先决条件。专用饮酒器高柄杯，也正是酿酒存在的重要标志。

高柄杯是大汶口文化遗址中普遍存在的典型器物，除大汶口之外，刘林①、大墩子②、西夏侯③、东海峪④等大汶口文化遗址中，也都出有高柄杯，其形制和纹饰与大汶口墓葬的高柄杯十分相近。

大汶口文化主要分布在黄河下游地区，可分早、中、晚三期。大汶口文化早期以刘林墓地为代表，至迟在公元前4500年左右开始，其时间与中原地区仰韶文化庙底沟类型相近；大汶口文化中期以大汶口墓地早、中期为代表；大汶口文化晚期以大汶口墓地晚期为代表，与中原地区庙底沟二期文化大体同时，约在公元前2300年前后过渡为典型龙山文化。⑤

我国古代以粮食酿酒的起源，是否如有的同志所指出的与农业同时或稍晚，⑥ 因目前缺乏确凿的材料证明，难以推断。依据本文对大汶口墓葬中出土的高柄杯所做的分析，以及大汶口文化早期即已存在高柄杯的现象，可以判定，我国以粮食酿酒的历史当早在龙山文化之前，⑦ 至迟在距今6500年的大汶口文化早期就已经开始。

---

① 第二次发掘报告墓葬遗物部分中的1件Ⅱ式圈足杯，敞口，杯身甚矮，喇叭形高柄圈足，柄部有两周竹节状凸棱，亦可称之为高柄杯。

② 南京博物院：《江苏邳县四户镇大墩子遗址探掘报告》，《考古学报》1964年第2期。

③ 中国科学院考古研究所山东队：《山东曲阜西夏侯遗址第一次发掘报告》，《考古学报》1964年第2期。

④ 山东省博物馆、日照县文化馆东海峪发掘小组：《1975年东海峪遗址的发掘》，《考古》1976年第6期。

⑤ 高广仁：《试论大汶口文化的分期》，《考古学报》1978年第4期。

⑥ 李仰松：《对我国酿酒起源的探讨》，《考古》1962年第1期。

⑦ 张子高：《论我国酿酒起源的时代问题》，《清华大学学报》7卷第2期。方扬：《论我国酿酒当始于龙山文化》，《考古》1964年第2期。张、方文中，均认为我国酿酒起源于龙山文化时期。

东下冯"龙山文化早期遗存"的再认识[*]

山西夏县东下冯新石器时代文化遗址，经过较大规模的正式发掘，为研究晋南地区新石器时代文化提供了十分宝贵的实物资料。《考古学报》1983 年第 1 期发表的《山西夏县东下冯龙山文化遗址》一文，将东下冯龙山文化遗存分为早、晚两期。对于东下冯"龙山文化早期遗存"的性质，我认为似可作进一步的分期。本文依据发掘报告中有关东下冯"龙山文化早期遗存"的资料（主要是陶器）试作粗浅分析，并提出一些不成熟的看法，错误之处敬希指正。

东下冯"龙山文化早期遗存"，陶器以红陶居多，约占陶片总数的 60%。其中泥质红陶约占 40%，夹砂红陶约占 20%，夹砂褐陶约占 15%，灰陶较少。此种陶系的组成，与山西芮城西王村[①]上层龙山早期，以及山西平陆盘南村[②]、河南陕县庙底沟[③]龙山早期陶器的陶系情况差异甚大。西王村龙山早期 H18，陶器质料以夹砂灰陶和泥质灰陶为主，还有少量泥质黑陶，但未见红陶。盘南村龙山早期 H1，陶器质料以夹砂粗灰陶和泥质灰陶所占比例最大，夹砂粗红陶较少，泥质红陶最少。庙底沟龙山早期夹砂粗灰陶和泥质灰陶所占比例高达 97.07%，泥质红陶只占 2.05%，细泥黑陶占 0.88%，未见夹砂红陶。东下冯"龙山早期"陶系的组成却与西王村中层仰韶晚期较为接近。西王村仰韶晚期，红陶占 84.02%，灰陶较少。其中泥质红陶占 41.21%，与东下冯泥质红陶所占比例相若，但夹砂红陶占 42.81%，较东下冯夹砂红陶所占比例为大。河南郑州大河村[④]三期为仰韶晚期，红陶占 60%，东下冯"龙山早期"与之基本相同。但对大河村三期（T11③、④）陶片所作的统计表明，泥质红陶比例为 56%，夹砂红陶为 4%，与东下冯"龙山早期"泥质红陶和夹砂红陶所占比例

* 该文发表于《考古》1984 年第 6 期，本书略做体例修改。

① 中国科学院考古研究所山西工作队：《山西芮城东庄村和西王村遗址的发掘》，《考古学报》1973 年第 1 期。

② 黄河水库考古队河南分队：《山西平陆新石器时代遗址复查试掘简报》，《考古》1960 年第 8 期。

③ 中国科学院考古研究所：《庙底沟与三里桥》，科学出版社 1959 年版。

④ 郑州市博物馆：《郑州大河村遗址发掘报告》，《考古学报》1979 年第 3 期。

有所不同。

西王村、盘南村和庙底沟龙山早期陶器，陶质均以灰陶为主。西王村、大河村仰韶晚期陶器，陶质均以红陶为主。这一事实说明龙山早期与仰韶晚期陶器在陶质上存有明显的差异，即龙山早期陶器的陶质以灰陶为主，仰韶晚期陶器的陶质则以红陶为主。东下冯"龙山早期"陶器，在泥质红陶和夹砂红陶所占比例上与西王村、大河村仰韶晚期虽然有某些差异，但陶质以红陶为主却是一致的。因此，所谓东下冯"龙山早期遗存"的性质还有商榷的余地。从已公布的陶器标本分析，东下冯"龙山早期"陶器包含有仰韶晚期的成分。"龙山早期遗存"主要是灰坑，有的也应归属于仰韶晚期（下文于此将作具体分析）。东下冯"龙山早期"陶器以红陶为主，当是反映了仰韶晚期陶系的特征，而不是龙山早期陶系的特征。这很可能是将东下冯仰韶晚期单位（如灰坑等）当作龙山早期遗存而进行统计的结果。

联系地层堆积的情况，并结合陶器标本分析，至少有一部分灰坑，如H206和H227等，是可以进行再分期的。据T209—210西壁地层剖面图和T222、223北壁地层剖面图，H206和H227分别叠压于所在探方的第4层或4B层之下，应是所在探方内最早的遗迹。发掘报告把第4层和4B层连同被它们所叠压的H206和H227都归入"龙山早期"，似与实际不相符。

H206发表陶器标本三件，计尖底瓶、豆、小碗各一件（图1－16，1、2、9）。H206:2 I式尖底瓶泥质红陶，钝角尖底，饰斜篮纹。西王村仰韶晚期尖底瓶亦为泥质红陶，底尖呈直角或钝角，器表多饰横篮纹。H206:4豆，泥质黑陶，其形状与西王村仰韶晚期H4②:14豆很近似，二者豆盘均为敛口，折腹，折棱外凸，折角上凹纹一道，皆素面磨光。H206:5小碗，泥质灰陶，大口，尖圆唇，斜腹，平底，素面。H206还有磨制彩陶片两件，泥质红陶，器形上宽下窄略似舌状；H206:7，上端是黑彩方格网状纹，下为四道平行线纹，其间有三角形纹；H206:8，黑彩横竖平行线纹各二道。郑州大河村第三期（仰韶晚期）泥质红陶 II式罐（F19:5）、偃师县南砦仰韶晚期泥质红陶敛口折唇罐[1]，均以黑彩绘网纹和平行线纹，其作风与之类似。

H227发表五件陶器标本，计长筒罐一、圆腹罐二、碗二（图1－16，5、6、10、11、12）。H227:2长筒罐，夹砂红陶，饰线绳纹（原报告如此）。H227:5圆腹罐，夹砂红陶，饰大方格纹和附加堆纹。据已发表的资料，夹砂红陶瓮、罐类器是仰韶文化时期流行的器物，仰韶晚期仍然常见，但至龙山早

---

① 中国科学院考古研究所洛阳发掘队：《伊河下游几处新石器遗址的调查》，《考古》1964年第1期。

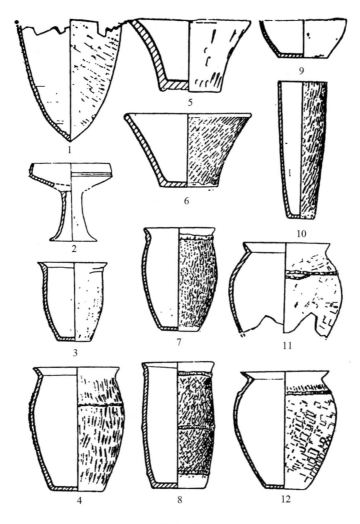

图 1-16

1. Ⅰ式尖底瓶（H206：2） 2. 豆（H206：4） 3. Ⅰ式腰鼓形罐（F251：1） 4、7. Ⅱ式腰鼓形罐（T：224④：4、T203③：1） 5、6. 碗（H227：5、H227：4） 8. 筒形罐（H232：2）
9. 小碗（H206：5） 10. 长筒罐（H227：2） 11、12. 圆腹罐（H227：5、H227：4）

期已基本消失。H227：4 圆腹罐，夹砂灰陶，器形与 H227：5 圆腹罐类似，二者皆为敛口，折沿，尖圆唇，圆鼓腹，最大腹径偏上，腹下部瘦削，平底，肩部饰附加堆纹，器表饰大方格纹。西王村仰韶晚期 H3③：2 小口罐口沿，亦为夹砂灰陶，形状基本类同。H227：4、5（重号）碗，均为夹砂红陶，敞口，方圆唇，斜腹，平底，饰绳纹。

H206 和 H227 陶器标本多为红陶，并屡见与西王村仰韶晚期类似的器形。以黑彩绘方格网状纹和平行线纹，也是仰韶晚期陶器的作风。由此，应把上述二单位从笼统的所谓"龙山早期"遗迹中区分出来，把它们划归仰韶晚期为宜。

此外还有一些灰坑，仅公布一、二件陶器标本，在未见其他陶器标本的情况下，难以确定这些单位的归属。但有的陶器标本，如 H232：2 筒形罐（图 1－16，8），具有仰韶文化的特点，夹砂褐陶，口微侈，窄沿外折，筒形深腹，腹最大径在中部，平底，饰线纹和附加堆纹。一般来说，线纹是盛行于仰韶文化时期的一种陶器纹饰，与龙山及其以后的绳纹差异甚大。在庙底沟仰韶灰坑中，饰线纹陶片所占比例高达 50.88%（兼饰其他纹饰者未计算在内），居诸种纹饰之首。仰韶晚期，饰线纹的作风虽已衰落，但仍有一定的比重。西王村仰韶晚期，线纹占 4.78%，少于绳纹（兼饰附加堆纹）、素面、篮纹，尚多于划纹、方格纹、镂孔、弦纹。至龙山早期，线纹已绝迹。西王村龙山早期不见线纹，盘南村和庙底沟龙山早期也不见线纹。所以线纹的存在与否，亦是区分仰韶文化与龙山文化陶器的重要标志之一。

东下冯某些灰坑，如 H224 确属龙山早期。H224 陶器标本四件，计深腹罐、钵、筒形杯、小杯各一件（图 1－17，1、5、6、7）。H224：4 Ⅱ式深腹罐，夹砂灰陶，饰竖绳纹和附加堆纹。西王村仰韶晚期夹砂灰陶器的纹饰有划纹和弦纹，但所占比例很小，多为素面，未见饰绳纹者。已识别的东下冯仰韶晚期夹砂灰陶器亦未见饰绳纹者。西王村龙山早期则有饰绳纹和附加堆纹的夹砂灰陶罐（T4③：1），器形为敛口，沿外斜折，腹鼓而深。东下冯 H224：4 Ⅱ式深腹罐与之类似。

H225、H230、H260 的陶器标本，也都具有龙山早期的作风，与仰韶晚期陶器有一定区别。H225：1 Ⅲ式腰鼓形罐（图 1－17，2），泥质灰陶，饰斜篮纹。H230：1 Ⅲ式尖底瓶（图 1－17，9），泥质褐陶，饰斜、横篮纹和附加堆纹。H230：3 Ⅰ式腰鼓形罐（图 1－17，3），夹砂灰陶，饰竖绳纹和附加堆纹。H260：17 Ⅰ式钵（图 1－17，4），泥质灰陶，饰斜篮纹。H260：18 小罐（图 1－17，8），夹砂褐陶，饰横篮纹。上述陶器的陶质与纹饰的组合，均为西王村仰韶晚期所不见，亦为已识别的东下冯仰韶晚期所不见，当是东下冯龙山早期的陶器特征。

还需指出，H208、H215、H302 等灰坑中，具有仰韶晚期特点的陶器和具有龙山早期特点的陶器共存。

H208 陶器标本最多，共九件，计小口高领瓶一、尖底瓶一、折沿罐一、筒形罐一、深腹罐二，圆肩罐一、钵一、器底一（图 1－18，1、2、3、4、6、14、15、16、17）。其中 H208：2 Ⅱ式尖底瓶，泥质红陶，饰横篮纹，圈底中心成尖状，与西王村仰韶晚期饰横篮纹、底尖呈钝角的泥质红陶尖底瓶，及上文已辨识出的东下冯仰韶晚期饰斜篮纹、底尖呈钝角的泥质红陶Ⅰ式尖底瓶（H206：2）类似。另外，H208：1 小口高领瓶，泥质灰陶，饰横篮纹；H208：5 筒形罐，夹砂褐陶，饰横篮纹和附加堆纹；H208：8Ⅱ式深腹罐，夹砂褐陶，饰斜篮纹和附加堆纹；H208：11 圆肩罐，泥质黑陶；H208：12Ⅱ式钵，泥质黑陶，素面磨光，这些陶器均为西王村和东下冯仰韶晚期所不见。

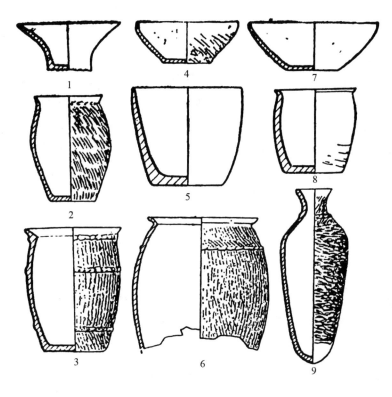

图 1 - 17

1. 小杯（H224：11）　2.Ⅲ式腰鼓形罐（H225：1）　3.Ⅰ式腰鼓形罐（H230：3）　4.Ⅰ式钵（H260：17）　5. 筒形杯（H224：10）　6.Ⅱ式深腹罐（H224：4）　7.Ⅰ式钵（H224：9）　8. 小罐（H260：18）　9.Ⅲ式尖底瓶（H230：1）

H215 陶器标本六件，计彩陶折沿罐一、腰鼓形罐一、折腹罐一、束颈圆肩罐一、钵二（图 1 - 18，7、9、10、11、12、13）。其中 H215：6 折腹罐，夹砂灰陶，饰线纹，具有仰韶晚期作风。H215：2Ⅰ式腰鼓形罐，夹砂褐陶，饰斜篮纹和附加堆纹，具有龙山早期作风。H215：1 彩陶折沿罐，泥质红陶，敛口，束颈，折沿，鼓腹。沿下饰红彩网纹，上腹部又用红彩画平行线纹数道。网纹图案在大河村遗址自三期开始出现，延用到四期末。大河村四期（过渡期）Ⅲ式罐（T1④：17），泥质灰陶，敛口，折沿，束颈，鼓腹，平底，沿下饰红彩网纹，腹部饰红彩⌒、X和短线纹。其器形与东下冯 H215：1 彩陶折沿罐类似，二者红彩网纹的作风亦相近。东下冯彩陶罐只有上腹残片，网纹下是否还有其他图案不得而知。网纹图案延续的时间很长，盘南村和庙底沟龙山早期也存在，但网纹显粗疏，与东下冯仰韶晚期较细密的网纹图案有所不同。

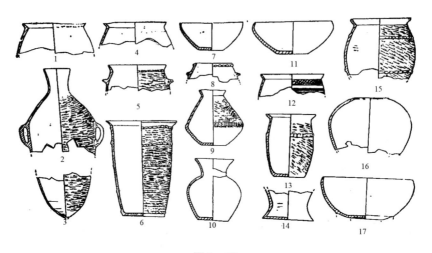

图 1 - 18

1. Ⅲ式深腹罐（H208：10）　2. 小口高领瓶（H208：1）　3. Ⅱ式尖底瓶（H208：2）　4、12. 折沿罐（H208：4、H215：1）5.Ⅰ式深腹罐（H302：4）　6. 筒形罐（H208：5）　7、11.Ⅰ、Ⅲ式钵（H215：8、H215：9）　8. 敛口罐（H302：2）　9. 折腹罐（H215：6）　10. 束颈圆肩罐（H215：7）　13.Ⅰ式腰鼓形罐（H215：2）　14. 器底（H208：13）　15.Ⅱ式深腹罐（H208：8）　16. 圆肩罐（H208：11）　17.Ⅱ式钵（H208：12）

　　H302，具有仰韶晚期特点的夹砂红陶敛口罐（H302：2）（图 1 - 18，8），与具有龙山早期特点的夹砂褐陶饰横篮纹和附加堆纹的Ⅰ式深腹罐（H302：4）（图 1 - 18，5）共存。

　　晚期单位中杂有早期的遗物，此种现象在考古发掘中并不乏见。问题的关键在于，我们应予以正确的识别。如东下冯有的所谓"龙山早期"陶器标本，出自龙山晚期遗迹之中，但实际却是仰韶晚期遗物。如 F251：1Ⅰ式腰鼓形罐（图 1 - 16，3），为夹砂褐陶，饰线纹。也有的陶器标本出自文化层中，如Ⅱ式腰鼓形罐（T224④：4、T203③：1），均为夹砂红陶，前者饰竖绳纹和附加堆纹，后者饰斜竖篮文和附加堆文（图 1 - 16，4、7）。这两件陶器标本也具有仰韶晚期作风，但却分别出自龙山晚期堆积（第 3 期）和龙山早期堆积（第

4 层）。

H208、H215 和 H302 等龙山早期灰坑中，也显然杂有仰韶晚期遗物。H208：2 II 式泥质红陶尖底瓶、H215：6 线纹折腹罐、H215：1 彩陶折沿罐、H302：2 夹砂红陶敛口罐，都具有仰韶晚期遗风。

综上所述，从已公布的陶器标本分析，东下冯"龙山早期遗存"可以区分为仰韶晚期和龙山早期。东下冯仰韶晚期至龙山早期是一个相当长的发展过程。

东下冯仰韶晚期，陶器的质料以红陶为主，有泥质和夹砂红陶，泥质和夹砂灰陶，夹砂褐陶和泥质黑陶。纹饰有绳纹、线纹、篮纹、方格纹、附加堆纹、弦纹、彩陶和素面磨光等。器形有尖底瓶、长筒罐、筒形罐、圆腹罐、腰鼓形罐、深腹罐、彩陶折沿罐、敛口罐、豆、碗和彩陶钵等。

东下冯龙山早期，陶器的质料以灰、褐陶为主，有泥质和夹砂灰陶，泥质和夹砂褐陶，还有泥质黑陶和泥质红陶。红陶已经很少。纹饰有绳纹、篮纹、附加堆纹和素面磨光等。器形有尖底瓶、小口高领瓶、筒形罐、圆肩罐、束颈圆肩罐、腰鼓形罐、深腹罐、小罐、折肩壶、筒形杯、小杯、钵等。

发掘报告中提到"龙山早期"陶器还有盆、鼎。因未见盆的标本，鼎也只见鼎足，又系采集之遗物，无地层证据，故本文对其归属暂不论及。

东下冯仰韶晚期和龙山早期陶器的继承关系在器类方面表现比较明显。器类大体一致，主要有尖底瓶、罐、钵（碗）等。罐的种类繁多，是生活中习用的炊器和盛贮器，其中以折沿、敛口、深鼓腹的罐类器为最常见。二者之间的差异主要表现在陶质和纹饰的变化上。红陶在仰韶晚期居多，龙山早期已经很少。灰、褐陶在仰韶晚期所占比例不大，至龙山早期已占多数。仰韶晚期夹砂红陶罐类器有长筒罐、圆腹罐、腰鼓形罐和敛口罐，龙山早期不见夹砂红陶罐。在纹饰方面，仰韶晚期的线纹，至龙山早期已经消失。仰韶晚期，篮纹施于红陶器，如泥质红陶尖底瓶和夹砂红陶腰鼓形罐。龙山早期，篮纹不施于红陶器，而施于泥质灰陶小口高领瓶和泥质灰陶腰鼓形罐、钵，以及泥质褐陶尖底瓶和夹砂褐陶筒形罐、深腹罐、腰鼓形罐、小罐。仰韶晚期，绳纹施于夹砂红陶器，如腰鼓形罐和碗。龙山早期，绳纹则施于夹砂灰陶腰鼓形罐和深腹罐。

东下冯仰韶晚期，篮纹和绳纹施于红陶器，西王村仰韶晚期亦如此。据西王村仰韶晚期陶质、器表统计表（T4），绳纹兼饰附加堆纹只见施于夹砂红陶器，约占陶片总数的 41.82%。篮纹只见施于泥质红陶器，约占陶片总数的 21.99%。篮纹和绳纹施于红陶器，当是晋南仰韶晚期陶器的重要特征。

东下冯仰韶晚期、龙山早期陶器，在同类器的器形方面也有一定的区别。仰韶晚期的尖底瓶底部呈钝角尖底，龙山早期尖底瓶底部则为圜底，其底尖已消失。仰韶晚期的筒形罐，如 H232：2，口微侈，沿较窄，腹最大径在中部，与口径大致相等。龙山早期的筒形罐，如 H208：5，口外侈较前者为大，沿较宽，腹最大径在上部，较口径为小。圆腹罐是仰韶晚期最富特征的器物之一。龙山早期的深腹罐虽与之有某些相近之处，如敛口，折沿，鼓腹。但圆腹罐的敛口较深腹罐为甚，腹部也较深腹罐为鼓，有明显的肩部。圆腹罐腹最大径偏上，深腹罐则近中部。夹砂红陶长筒罐和泥质黑陶折腹罐，也是仰韶晚期的典型器物，至龙山早期即已消失。

概言之，所谓东下冯"龙山文化早期遗存"，实际上可区分为仰韶晚期和龙山早期这两个性质不同但又有承继关系的发展阶段。因为二者的面貌颇多近似之处，某些龙山早期遗存中又杂有仰韶晚期的遗物，所以对这两种文化遗存性质的判别，自然容易出现偏差。

东下冯仰韶—龙山文化遗址的发掘资料表明，仰韶文化向龙山文化的过渡，在陶器的陶质和纹饰的变化上表现比较突出，器形也有一定的差异，从而为研究晋南地区的新石器时代文化，提供了重要的线索。

略谈我国新石器时代的人祭遗存[*]

人祭是以人作祭祀时的祭品。这种野蛮的宗教习俗，最早起源于原始社会，曾存在于世界许多原始部族，并一直延续到阶级社会。甚至到现代，某些地区的少数民族仍存在人祭的遗风。

我国古代也曾实行人祭，文献对此多有记载，其遗迹，考古发掘也有所见。据考古材料，我国的新石器时代，已有人祭的现象。

一

仰韶文化半坡遗址，在第 1 号"房址西部的居住面下面，发现有一个带盖的粗陶罐，当为修建房子时有意埋入的，在南壁下的灰层中，发现一个人头骨，旁边还有一个破碎的粗陶罐"[1]（图 1 - 19）。这是目前所知我国最早的以人头骨奠基的人祭遗存。

原始社会，人们把土地看作是巨大的神物而加以崇拜。古代多称地神为"地母"或"大祖母大地"。古希腊传说中，就称地神为"地母"（Gais）。我国古代，地神称为"后土"。据考证，[2]"后土"为女性，故与"地母"的说法相符。《礼记·郊特牲》云："社，祭土而主阴气也。""社"，指的也是地神，很明显暗示地神为女性。

地神具有女性意义，应起源于原始社会的母系氏族社会阶段。我国的仰韶文化时期，妇女从事农业，制作陶器，并主管日常生活。男子则从事渔猎。因为当时处于母系家族对偶婚的阶段，夫妻结合不稳定，故子女的世系按女子计算。妇女具有较高的社会地位，受到人们的尊敬，社会上盛行女性崇拜。原始人类认为大地养育万物，犹如母亲，故赋予地神以女性的概念。

---

* 该文发表于《中原文物》1981 年第 3 期，本书略做体例修改。
① 中国科学院考古研究所、陕西省西安半坡博物馆：《西安半坡》，文物出版社 1963 年版。
② 详见丁山《中国古代宗教与神话考》，龙门联合书局 1961 年版。

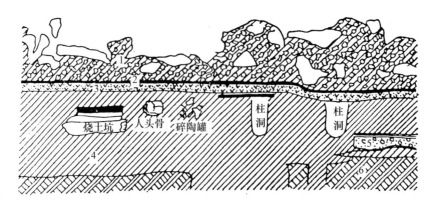

图 1-19 第一号大长方形房址居住面下的人头和堆积情况

1. 灰土夹红烧土块 2. 路土 3. 草记 4. 灰土 5. 砂土 6. 黑褐色土

人们在耕地播种或掘土建筑时，担心伤害地神的躯体，引起地神动怒，招致对自己的惩罚。所以在动土时，往往要举行宗教仪式，表示虔诚之心，希冀得到地神的宽恕。祭祀时的祭品，有日常器皿和粮食、牲畜，甚至杀害人性，供神享用。

原始宗教认为，"血，特别是人的血，是玉液琼浆，它把人同神以及人同人联系起来"①。"人是神灵最受欢迎的牺牲。"② 神吃人的意识，起源于原始社会初期，人类因饥饿而引起的食人之风。半坡遗址居住面下面和墙壁下面白灰层中的祖陶罐，是供地神使用的盛贮之器。白灰层中的人头骨，则表示以人的血肉供地神食用。

从民族志有关人祭的材料来看，半坡遗址为房屋奠基的人头，可能是当地部族在与敌对部族的血族复仇冲突中，砍杀敌人所得。恩格斯指出："个人依靠氏族来保护自己的安全，而且也能做到这一点；凡伤害个人的，便是伤害了整个氏族。因而，从氏族的血族关系中便产生了那为易洛魁人所绝对承认的血族复仇的义务。假使一个氏族成员被外族人杀害了，那么被害者的全氏族必须实行血族复仇。"③ 我国的佤族就受这个原则的支配。由于佤族对原始宗教的信仰很深，盛行"猎头祭谷"的习俗，使这种血族复仇的冲突更加频繁和激烈。为了祈求五谷丰收，他们从敌对部族砍求人头供祭在木鼓房内。（图 1-20）这

---

① ［法］拉法格：《宗教与资本》，生活·读书·新知三联书店 1963 年版，第 31 页。

② 同上。

③ 恩格斯：《家庭、私有制和国家的起源》，《马克思恩格斯全集》（第 21 卷），人民出版社 1965 年版，第 101 页。

一活动通常是在春播前举行，但若不能及时猎到人头，可延至秋收之前。① 猎头祭谷，必然招致敌对部族的报复，因为他们也同样奉守血族复仇的原则。这样，彼此的仇杀往往就世代相传，很难和解。

环绕着半坡遗址的居住区，有一条上宽下窄的围沟，北部一段上口宽约 6—8 米，底部宽度 1—3 米，深 5—6 米。② 这样大规模的围沟，显然不仅是为了防止野兽的骚扰，更主要的是为了防止异族的侵袭。从这条大围沟的发现，联系到以人头骨为建造房屋奠基，可以充分证明仰韶文化时期已经存在猎头祭祀的原始宗教习俗，各个部族之间的血族复仇也是经常的，并且十分激烈。

图 1 - 20　木鼓房，房内是木鼓，房顶上的竹竿内放着祭"谷魂"的人头

半坡遗址第 1 号房子为长方形，面积约 160 平方米，是半坡遗址发现的 46 座房子中最大的一座，其位置又在聚落中心。所以，这里很可能是部族首领的住所，也是氏族、部落议事，或举行宗教仪式的场所。③ 正因为这座房子十分重要，所以在开始建造时，曾举行过以人头奠基，祭祀地神的仪式。

二

龙山文化时期的人祭遗存，也曾有发现。河北邯郸涧沟的一座"房基内发现人头骨四具，有砍伤与剥皮痕，显系死后又经剥皮的"④。这四具人头骨也是血族复仇的牺牲品，被用于祭祀地神，在建造房屋时，埋入房基内。砍下敌人的头颅并剥取头皮的做法，印第安人和斯基泰人曾经实行。他们剥取敌人的头皮作为战利品。⑤ 托列斯海峡（今译托雷斯海峡）附近岛屿上的土著民族多有猎头的习俗。他们把敌人的头颅作为战利品，以显示自己的勇敢，并将人头

①　中国科学院民族研究所云南少数民族社会历史调查组：《佤族简史简志合编》初稿，第 64 页。
②　中国科学院考古研究所、陕西省西安半坡博物馆：《西安半坡》，文物出版社 1963 年版。
③　同上。
④　北京大学、河北省文化局邯郸考古发掘队：《1957 年邯郸发掘简报》，《考古》1959 年第 10 期。
⑤　[苏联] 柯斯文：《原始文化史纲》，人民出版社 1955 年版，第 150 页。

骨作一番处理，然后贮存起来。（图1-21）"直至最近，这些民族还是猎人头。当一个敌人被杀的时候，就用一把竹刀割下他的头，再用一根藤吊索穿入下颌骨下面，携回家中。那人头被悬挂于火上，而且将所有的头发都烧掉。当进行这个手续的时候，村庄上所有年轻姑娘都聚集拢来。并且在火的近旁围成一圈——但不是围绕着火跳舞，始终唱着歌。然后将人头拿开，并且将所有的肉取掉，把头骨洗涤以后，用一个雕刻的木钉插进头骨里面，以便将头骨悬挂于房屋的正柱上"①。邯郸涧沟龙山文化遗址房基内的人头骨有剥皮痕迹，说明当时这里的部族也可能像印第安人和斯基泰人那样，有剥取敌人头皮作为战利品的习俗。至于头骨上的砍伤痕迹，则可能是被杀者致死的原因，也可能是像托列斯海峡附近岛屿的土著居民这样，将死者的头颅砍下后，又对头颅作了一些处理所致。

图1-21 一所房屋中的头盖战利品

人类为了祈求神灵赐福免祸，有时以外族的小孩，甚至以自己头生的儿子作为祭品，这是人祭的一种最残酷的形式，也是人类所付出的重大牺牲。

河南汤阴白营龙山文化遗址，曾经发现9座小孩罐葬，小孩年龄都在五岁以下。这些小孩多葬于房基墙外西侧以及房基的东侧和南侧，这种葬俗可能与母亲舍不得子女远离自己，所以埋在住处附近有关。至于"埋在居住面下填土中的小孩罐葬，可能与建房时奠基有关"②。

① ［英］海顿（A. C. Haddoh）：《南洋猎头民族考察记》，商务印书馆1937年版，第112—113页。
② 安阳地区文物管理委员会：《河南汤阴白营龙山文化遗址》，《考古》1980年第3期。

以小孩作祭品，是世界许多地区都曾存在过的宗教习俗。在印度的康达（Ko-Hga），人们把外地的小孩偷来，精心喂养，然后插满鲜花，穿得漂漂亮亮的，吊死在树上。小孩的尸体被切开，分给大家，埋在田地里，以此祈求来年粮食丰收。①《出埃及记》中记载，上帝命令人们："你要把你的第一批谷物和你第一次榨出的酒献给我，不可迟延；你要把头生的儿子献给我，你的牛羊也是如此……"

汤阴白营龙山文化遗址，埋在居住面下填土中的小孩，看来也是建房时祭祀地神的祭品。房主人以祈求地神保佑自己在这座房屋内居住时平安无事。因为小孩的尸体以罐作葬具，并非砍杀后草率掩埋，故推测有可能是房主人的子女。

许多龙山文化遗址都发现了仰韶文化时期少见的乱葬坑或灰坑中埋人的现象。河北邯郸涧沟龙山文化遗址的一个乱葬坑中，有大小男女 10 副人骨架。在一个水井中埋有 5 层男女老少的人骨架，或身首分离，或作挣扎状。死者有的被杀死，有的则是被活埋的。② 客省庄二期文化遗址的一个灰坑中埋有 5 具人骨架。③

龙山文化处于父系氏族社会阶段，已是原始社会末期。当时农业和畜牧业较仰韶文化时期有所发展，制陶技术也有提高。婚姻形态已进入一夫一妻制，子女的世系按男子计算。男子在生产和生活中居于主导地位，妇女则主要从事家内劳动，社会地位大为下降。由于生产力的发展，社会财富增多，私有制的萌芽开始出现。此时各个部族间的血族复仇，经常因掠夺对方的粮食和牲畜而引起。从许多龙山文化遗址发现乱葬坑或灰坑中埋人的情况来看，这种部族间的血族复仇，其规模之大，次数之多，远远超过了仰韶文化时期，被杀者男女老少都有，有的被砍头，有的被活埋，人骨架又往往叠压数层，这些人显然是被俘虏后集中杀害的。这种杀害俘虏的做法，说明当时的社会生产力水平毕竟十分低下，利用俘虏从事生产劳动的价值不大，因而没有留存的必要。另一方面，因为当时各部族间的冲突一般都具有血族复仇的性质，所以这种集中杀害俘虏的做法，也很可能具有祭祀本族战死者灵魂的性质。

据民族志的材料，许多原始部族在祭祀土地、山川、河流、太阳等自然物，以及动植物图腾、死者的灵魂时，都有以人作祭品的现象。我国新石器时代的人祭遗存目前还发现不多，难以窥其全貌。今后随着考古工作的深入发展，将使我们能更全面地了解人祭这种原始的宗教习俗。

---

① ［法］沙利·安什林：《宗教的起源》，生活·读书·新知三联书店 1964 年版，第 105—106 页。
② 北京大学、河北省文化局邯郸考古发掘队：《1957 年邯郸发掘简报》，《考古》1959 年第 10 期。
③ 中国科学院考古研究所：《沣西发掘报告》，文物出版社 1963 年版。

我国新石器时代断指习俗试探[*]

　　我国新石器时代一些墓葬中的尸骨有断指的现象，这种习俗为研究我国原始社会人类的意识形态，提供了十分重要的线索。本文结合有关的民族学和民俗学材料，对断指习俗的意义及起源，试做初步的探索。

　　仰韶文化西安半坡氏族部落墓地中，死者的骨骼上有的缺少手指骨，但在随葬陶器中，或在墓坑填土中，却往往发现零星的手指骨。"例如 M8 在距腿骨以上 0.2 米的填土中有几块指骨；M31 和 M59 手指骨皆缺；M67 手指足趾皆残缺；M27 陶钵内发现指骨一节；M153 在随葬陶器间夹一块趾骨。"此外，还有特殊的一例，是将下腿骨切断后，与大腿骨放在一起埋葬。[①] 仰韶文化临潼姜寨遗址[②]和甘肃仰韶文化永昌鸳鸯池墓地的墓葬中，[③] 也有将死者的手指或足趾骨割下来放入随葬陶器内的现象。

　　摩尔根对断指的习俗曾有解释。他说，在克洛部落中，"若是某人赠送一礼物予其友人后而死，其友人必须举行某种为众所公认的哀悼行为，如当举行葬仪之际切断手指一节，不然须将礼物归还于死亡的赠送者之氏族"。他指出："这种哀悼行为的习惯，在克洛部落中是很普通的，并且在举行巫术集会——一种宗教上的大仪典之时，也作为其宗教上的祭献。悬挂在巫术集会中为着专门收容祭献的篮子，我曾被告诉说，五十个并且有时一百个手指关节，都曾收集过。在上密苏里的克洛部落驻屯地中，我曾看见过由这种习惯而切断手指关节的许多男女。"[④] 石兴邦先生认为："半坡氏族部落的断指或割体，也许与此同义，也许含有另一种意义。或是与死者诀别，表示关切悼念之意，等等。"[⑤]

　　[*] 该文发表于《考古与文物》1982 年第 6 期，本书略做体例修改。

　　① 中国科学院考古研究所、陕西省西安半坡博物馆：《西安半坡》，文物出版社 1963 年版。
　　② 西安半坡博物馆、临潼县文化馆：《1972 年春临潼姜寨遗址发掘简报》，《考古》1973 年第 3 期。
　　③ 甘肃省博物馆文物工作队武威地区文物普查队：《永昌鸳鸯池新石器时代墓地的发掘》，《考古》1974 年第 5 期。
　　④ ［美］摩尔根：《古代社会》，杨东莼、张粟原、冯汉骥译，商务印书馆 1971 年版，第 270 页。
　　⑤ 石兴邦：《半坡氏族公社》，陕西人民出版社 1979 年版，第 128 页。

断指的意义，诚如以上所述。究其根源，断指的做法，当产生于原始人类所信奉的血祭观念。

原始人类相信万物有灵，灵魂不死。原始人类除对自然力，如风、雨、雷、闪电等，对自然物，如日、月、山、石、河流，以及动植物等崇拜之外，对死者和祖先的鬼魂也进行崇拜。其目的都是为了祈求赐福免祸。祈求的方式，多是进行祷告，并供上祭品，祷告的对象被人格化，并赋予神的形象。祭品有日常器皿及粮食、牲畜等，供神使用和飨食。新中国成立前，我国某些少数民族的经济发展十分落后，其社会形态尚处于原始社会末期向阶级社会过渡的农村公社时期，从他们流行的习俗中，尚可窥探到原始宗教的遗迹。西双版纳布朗山的布朗族盛行自然崇拜和祖先崇拜，普遍信仰鬼神。他们称鬼为"色架"或"呷架"，称神为"代袜么·代袜那"，由于布朗族长期居住在山区，祭祀山神就成为他们自然崇拜的主要内容。为了讨好山神，免得它变成老虎吞噬人类，或降灾难于人间，老曼娥寨布朗族每年傣历四月要由巫师"白摩"主祭，献饭、菜、鸡及数对腊条，并向它行"苏玛"（傣语，即磕头礼）。此外，对森林、水、火等也进行祭祀。布朗族社会中还保留着家族公社残余形式的父系大家族，布朗族称之为"嘎滚"。每个"嘎滚"都有一个为众人所共同奉祀的祖先——"代袜么·代袜那"神，它代表家族内已死去的所有男女祖先神灵。每当人们生、老、病、死、节庆或迁徙的时候，都要向"代袜那"神祭祀祷告，祈求赐予家族成员以幸福。布朗人祭祀祖先的典礼以傣历十月举行的"赕什拉"最为隆重，这是布朗族原始宗教佛教影响而形成的一种全寨性的宗教活动。届时，全寨必须停止生产，祭祀两日。第一天，各户请佛爷和尚在芭蕉叶上书写亡故父母、兄弟、子女的名字，各家将一对腊条、一朵花、各种蔬菜、玉麦、黄瓜、葫芦、南瓜、冬瓜、糯米粑粑以及蒸熟的猪肉，用芭蕉叶分成四个小包，分别送往坟地、寨头、寨心和佛寺各一包。次日，各户将崭新的布衣服、桶裙、裤子、包头巾、草烟、烟斗、背篾等物，送往佛寺，供死去的父母享用。此外，还要出钱、米请佛爷诵经，并用纸、布、竹等制成佛塔。[①]

为了表示对死者的尊敬和悼念，并求得死者鬼魂的保护，人们通常要为死者举行隆重的葬仪。居丧的人大都改变平日的常态。剪发的留而后剪，辫发或束发的改为散发。衣服则故意反穿，有时完全脱掉衣服，或在身上涂抹黑、白等颜色。居丧者又常断食。古希腊亚历山大大帝（马其顿王）在位时，丧礼极

---

① 王树五：《论布朗山布朗族的原始宗教》，《研究集刊》1980 年第 1 期。

重。太傅赫斐斯欣死，大帝甚哀。下令全国，不但人剃发，骡子去毛，连城上之女墙亦毁去。古波斯的习俗与此相似，遇国王之丧，除国人剃发外，骡马亦除毛。①

古人在为死者举行葬仪之时，往往还要杀牲，甚至杀人进行血祭。因为按照原始宗教的信念，鬼魂嗜血，见血则安。"血，特别是人的血，是玉液琼浆，它把人同神以及人同人联系起来。"② 我国古代文献对血祭的意义多有阐述。《周礼·春官宗伯》："以血祭祭社稷，五祀、五岳。"注云："此皆地祇，祭地可知也。阴祀自血起，贵气臭也。社稷，土谷之神，有德者配食焉。"金鹗《燔柴瘗埋考》申其意曰："血祭，盖以血滴于地，如郁鬯之灌地也。气为阳，血为阴，故以烟气上升而祀天，以牲血下降而祭地，阴阳各从其类也。"商代继承了原始社会野蛮的血祭习俗，并使其发展到骇人听闻的程度。甲骨文中的 豆、豆、⊙，即是以血滴于土上之象形。1976 年，在安阳武官村北地殷王陵墓区的发掘中，共清理 191 座祭祀坑，其中用于牺牲的禽兽有马 2 匹，猪一只，狗 10 余只，鹰 5 只，约 20 个个体左右。被屠杀的人牲多达 1178 人。③

血祭以毁身，即伤残自己的身体，流出鲜血，这种自我惩罚的行为最虔诚。古希脂士帕太邦人遇国王之丧，不分主仆，不论男女，皆以针刺面，流血方止。借此表明自己的忧心，并可求悦于死者的鬼魂。古代秘鲁人认为神非血不飨，神之飨血，当各随其旨意，有飨食人割臂所流之血者，有飨食人刺目所流之血者，更有飨食人刺舌所流之血者。④ 美国西部草原的喀罗人，当一个人死去之后，其族人用颜色涂绘死者的尸体，并给他穿上好衣服。送葬者排列成队，在鼓乐的引导下走向坟地。在死者入葬之时，人们唱着，跳着，号叫着，割掉自己的指关节，割破大腿，从手腕上撕下一条条皮肉，戳破头皮，直至全身鲜血淋漓。⑤ 我国某些少数民族也有以流血的行为哀悼死去亲人的习俗。《黔记》曰，仡僮苗"亲死不棺，反歌唱。镶木板，敛而停之。及葬，子女哭，必出血。守坟三日而还"。

断指是原始部族为追悼死者而采取的一种残酷的自我牺牲行为。喀罗人割掉自己的指关节，以及上文所述克洛部落以断指追悼赠送礼物的死去友人之习

① ［美］林乐知：《全地五大洲女俗通考》，任保罗译，华美书局 1903 年版。
② ［法］拉法格：《宗教和资本》，王子野译，生活·读书·新知三联书店 1963 年版，第 31 页。
③ 安阳亦工亦农文物考古短训班、中国科学院考古研究所安阳发掘队：《安阳殷墟奴隶祭祀坑的发掘》，《考古》1977 年第 1 期。
④ ［美］林乐知：《全地五大洲女俗通考》，任保罗译，华美书局 1903 年版。
⑤ ［美］乔治·彼得·穆达克：《我们当代的原始民族》，童恩正译，四川省民族研究所 1980 年版。

俗，即是以断指的行为表示与死者诀别，并用断指的血肉以飨死者的鬼魂，报答死者生前对亲友的情意。

另外，应该指出的是，某些古人为追悼死者而敲掉自己牙齿的习俗，也是出于如同断指那样的血祭观念。夏威夷人在国王去世后，为了表示其哀痛之深，常常将头发剃去，或是拔掉一撮头发，并且把门牙敲断，以及用火烧自己身体的一部分，等等。卡美哈美哈一世死后，某酋长将自己的牙齿敲掉。他说："因为牙齿少了两颗，其他的牙齿便非常可悲，然此后再也无法得到新牙了。"[①] 我国仡佬族也有以断齿的行为追悼死去亲人的习俗。《广西通志》："仡佬来自黔中，棺而不瘗，置岩穴间，高者绝地千尺。父母死，则子妇各折二齿，投棺以为诀，名打牙仡佬。"

崇奉血祭观念的某些原始部族，不仅在为死者举行葬仪之时，就是在举行宗教仪典之时，也要伤残身体，流血拜神。克洛部落的成员，砍下多达五十至一百个手指关节，放在专供祭献用的篮子中，即是以断指作为祭品。供神飨食，祈求得到神的庇佑。南洋群岛的某些岛屿，其土著居民，在遇灾祸病痛之时，也有断指拜神的习俗。通常是截去一节小指。所以岛上居民很少有不缺小指的。即使是酋长之母，因疼痛难忍，亦截指献神，求免其死。截指还有俗例，初次截去一节小指，如果没有效应，还要继续截指。第二次截去次指（即第四指），第三次和第四次分别截去另一只手的小指和第四指。如仍不见效，则以石磨截指之处，流血之多，可想而知。但一般不截中指。[②]

半坡墓地所呈现的断指现象表明，半坡原始居民可能曾存在如喀罗人和克洛部落以断指追悼死去亲友的习俗，或如克洛部落以及南洋群岛断指拜神的习俗，抑或二者兼有之。有的墓葬中死者缺残指骨，但在墓葬填土中，或在随葬陶器中，却有零星指骨的现象，说明断指拜神的做法，不仅在人们生前施行，而且在人们死后，很可能也有施行。姜寨遗址 M10 中，一个年约 55 岁左右的男性尸骨，右脚的四节趾骨被割下来放入随葬的陶罐内。鸳鸯池墓地 M42 为四人合葬墓，随葬的彩陶罐内有二节手指骨，彩陶瓮内也有人的脚趾骨。砍断脚趾，应与砍断手指的意义相同。半坡墓地死者也有砍断脚趾的现象。由此可以推断，在死者入葬之际，将其手指或脚趾砍下，置于墓葬填土或随葬陶器中，供奉冥间的神明，以保佑死者在冥间的平安。

至于半坡墓地中，将下腿骨砍下，与大腿骨一起埋葬的做法，是否与断指

---

① 世界文明史、世界风物志联合编译小组：《世界风物志》，地球出版社 1977—1979 年版。

② ［美］林乐知：《全地五大洲女俗通考》，任保罗译，华美书局 1903 年版。

一样，同出于原始人类的血祭观念，或是有其他含义，因为从民族学和民俗学材料中，尚未发现充足的证据，故难以作出推断。

概言之，断指的习俗不仅在世界许多地区，而且在我国古代，都曾存在。虽然地域和时代不同，但是原始人类出于对原始宗教的信仰而采取的措施却十分相似。根据半坡、姜寨和鸳鸯池等地的材料，可知我国古代断指习俗的起源甚早，至少可以追溯到新石器时代的仰韶文化时期，从而为研究我国原始人类的宗教信仰提供了十分重要的资料。

目前，我国新石器时代有关断指的考古材料还发现不多，所以对流行断指习俗的地域及这种习俗延续的时间，难以作出进一步的分析，尚有待于今后考古发掘不断补充新的材料。由于距今时代久远，加之后代各种原因的扰动和破坏，新石器时代墓葬中的尸骨往往保存较差，断指之类的割体现象在清理墓葬时也容易被忽视，今后的考古发掘中对此应多予注意。

二

夏商周

奚仲造车考[*]

夏代奚仲是古代中华民族的圣贤。奚仲造车，对我国古代社会的交通，乃至军事发展，都具有重大意义。古代文献对奚仲造车多有记载，其中以先秦文献的记载成书年代为早。此外，考古发掘也提供了相关的佐证。

考古发掘的资料表明，夏代确实已有双轮车出现。1994 年，在河南偃师二里头遗址Ⅻ区北部，考古人员发现一段二里头文化三期的双轮车的辙印，轨距约 1.2 米。车辙的发现，证明二里头文化时期确实已经有了双轮车，其轨距与 1996 年在河南偃师商城东北隅发现的商代早期车轨大致相当。此外，在郑州商城遗址曾出土两件铸造青铜车軎的陶范。二里头文化已被学术界确认为夏文化。可见，夏代与早商时期的双轮车之间有着不可割裂的传承关系。在河南安阳殷墟已经发现许多商代晚期的马车实物，结构相当完整，证明当时的造车技术已比较成熟。关于其技术的渊源，学术界曾有各种说法。二里头文化车辙的发现，为商代晚期双轮车制造技术找到一个合理的源头。近年来，全国各地掀起认证名人故里的热潮。这是传承并弘扬中华古代优秀文化遗产的可喜现象。但是相关文献记载准确，并得到考古佐证者，却为数有限，乃至纷争不断，难以确认。奚仲造车，不仅文献记载准确，而且有考古发掘出土夏代车辙的证据，实属难能可贵。尤其令人欣喜的是，古薛国故地，山东滕州前掌大晚商墓地发现多座车马坑。商晚期距夏代不过数百年，此项重要的考古发现为确认奚仲造车以及奚仲受封于薛，提供了弥足珍贵的实物证据。

关于车发明的渊源，研究者认为车的发明过程较可能是由徒手搬运重物，发展至用圆木棍垫在下面拖拉重物，从而导致车轮和车的发明。最初的车轮是由一块整木制成，称为"辁"，以后逐渐发展成有辐条的轮子。《荀子·解蔽篇》："奚仲作车乘。"注："黄帝时已有车服，故谓之轩辕。此云奚仲者，亦改制也"表明，车的产生并非一朝一夕之功，而是有一个相当长的过程。原始

---

* 该文发表于《中国社会科学报》2019 年 8 月 27 日，本书略做体例修改。

社会末期很可能已有车的雏形，至奚仲时加以改良，并设专门的官吏监督制造。

奚仲造车创造了我国古代最早的陆路交通工具，其历史功绩人所共识。不唯如此，奚仲造车的贡献还在于，车的发明促进了牵引动力——马的引进与使用推广。

家马的起源是学术界长期探索的重大课题，近年的研究已有显著进展。在我国南、北方旧石器时代的遗址里都发现有马的化石。但至新石器时代，出土马骨的遗址却发现极少。记录较清楚的仅有属于黄河中下游地区的陕西西安半坡遗址、河南汤阴白营遗址和山东历城城子崖遗址等。而且这些遗址发现的马骨标本都很少。与此同时的其他仰韶文化、龙山文化遗址均罕见马的骨骼。故此推测，如果在我国黄河中下游地区的新石器时代确实存在马的话，其与当时的人类也几乎没有什么关系。迄今为止，夏代晚期的二里头文化遗址和商代早、中期遗址出土的动物骨骼中也未见马的骨骼。

朱开沟遗址位于内蒙古自治区鄂尔多斯市伊金霍洛旗纳林塔乡朱开沟村，地处鄂尔多斯高原东部。朱开沟遗址文化层大体分为五个阶段。其中，第一阶段为新石器时代晚期，第二阶段为新石器时代晚期至夏代的过渡期，第三、四阶段相当于夏代早晚期，第五阶段相当于商代二里岗文化阶段，整个遗存前后延续约 800 年，完整地经历了新石器时代晚期至青铜时代早期的全过程。朱开沟遗址发掘中提取了大量的动物骨骼，经北京大学考古系鉴定动物种类以家畜为主，野生动物较少。由此可见，朱开沟文化的家畜饲养在当时是仅次于农业的另一大产业部门。朱开沟遗址第一阶段至第五阶段，长达 800 年之久的文化遗存中未见一例马骨标本。可见在迟至相当于商代二里岗期的朱开沟遗址仍没有马的存在，这当是不争的事实。

马骨的真正发现是到了商代晚期，即在属于商代晚期的河南安阳殷墟遗址里发现马坑和车马坑，里面葬有完整的马。与其年代比较接近的山东滕州前掌大遗址也发现车马坑，出土了完整的马骨架。可见此时，驯马驾车已成为比较普遍的现象（图 2 - 1）。

目前学术界公认的最早的家马出自中亚咸海以北草原内的安德罗沃文化层，距今约 4000—3000 年，大体相当于我国的夏商时期。奚仲造车为夏代，而夏代的二里头文化遗址并未见马骨，可知当时车辆的牵引当为人力或牛力，而非马力。但人力车难以多载，牛力亦不能疾行。夏代和商早、中期因生产力所限，车的使用并不广泛。而商晚期国力强盛，尤其是连年对外征伐，加之社会政治、经济、文化交流频繁，战车和乘车的需求骤增，人力或牛力牵引显然

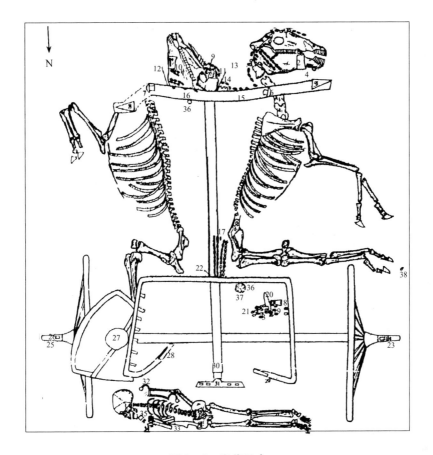

图 2 - 1　殷代马车

已不能适应形势。马驾车，不但可负重，亦可疾行。故此，商晚期，家马引入，马驾车即应运而生。马驾车的出现，车的创造是关键。车的制作乃历史之必然。但若无夏代奚仲造车，制作车的时间很可能延迟，马驾车的出现亦当更晚。

目前已发现的商晚期马车都是木质双轮单辕车，辕前端有一驾马的衡，载人的车舆位于辕后部轴的上方。除车轮以外，其他几个部件均附少量的青铜零件、饰件。据车马坑内出土的遗物，可将商代晚期马车的用途分为两类：一类是战车。在已发现的商代晚期车马坑中，有 18 座放置了兵器，常见铜戈，这种车当为用于作战的战车。此外，在已发现的车马坑中，许多车舆中不见武器，推测可能是供贵族出行的乘车。战车与乘车在结构上无甚明显的差异。

甲骨文中已有车字，并有多种写法。《说文》："车，舆轮之总名，夏后时，奚仲所造。象形。凡车之属皆从车。" 1989 年，在殷墟郭家庄的发掘中，发现一座羊坑 M148，内埋二羊一人，二羊头部附近皆有车构件。上述迹象表明，当时应有羊牵引的小车。

概言之，车是人类代步的交通工具。奚仲造车，进而出现马驾车，极大地促进了我国古代陆路交通，乃至军事的发展，在我国古代社会的进程中具有划时代的历史意义。我们纪念奚仲造车，不仅感念奚仲的伟大历史功绩，而且要更充分地发挥中华民族的聪明才智，力争对人类社会的发展作出新的贡献。

辽宁兴城县杨河发现青铜器[*]

1976年2月，辽宁省兴城县碱厂公社杨河大队出土一批青铜器。

杨河大队处于山丘地带，西北距碱厂公社3.6公里，东距兴城县28.2公里。烟台河自村西碱厂水库向东南流去。这批青铜器是社员在村西约1.3公里处碱厂水库旁的小山（群众俗称长条山）东坡上打石头时，于石缝的淤土中发现的。据社员讲述，铜器出土时很集中，看来是当时有意搁置而遗留下来的。

青铜器共六件，分兵器和工具两类。兵器两件，有銎内戈一件，通长18.2厘米。戈端有锋，两侧有刃。中间起脊，横贯器身。援长10.1厘米。銎孔椭圆形，其径上细下粗，相差约0.1厘米。上径为2.5厘米、1.6厘米。内向下弯曲，两侧有凸起的棱。内长8.1厘米。内的后缘有刃，刃宽3.4厘米，有明显的砍伐痕迹。最近，我们在兴城县又征集到两件出土地点不明的銎内戈，与此戈形制相似，但其内的后缘均无刃。铜戚一件，通长14.4厘米。刃呈弧形，宽4厘米，有明显缺损痕迹。銎上端残缺，銎孔椭圆形。内部作椭圆形柱状，与銎垂直，长1.5厘米。自柱形内的基部有三道直线纹呈放射状与援上的轮形纹相连。三道直线纹之间有乳钉两排，每排七枚。轮形纹正中有一小圆穿，轮形纹与穿之间环绕十枚乳钉。

工具四件，有环首刀三件。其中一件通长20.8厘米、宽2.2厘米、背厚0.4厘米，有下栏，柄部及柄栏交接处有椭圆形穿大小各一，柄首呈环状。一件尖残，长15.5厘米、宽1.8厘米、背厚0.4厘米，有下栏，柄部铸羽状纹。柄首亦呈环状。另一件尖残，长23.2厘米、宽2.9厘米、背厚0.8厘米，有下栏，柄部铸羽状纹，柄首椭圆形，外侧有三钉凸出。钩形器一件，通长31厘米，弯曲成钩状，剖面呈略有弧度的三角形。

兴城县杨河这种类型的青铜兵器和工具，以前在河北青龙县抄道沟（见《考古》1962年第12期）、山西石楼二郎坡（见《文物参考资料》1958年第

---

* 该文发表于《考古》1978年第6期，本书略做体例修改。

1 期）、后兰家沟（见《文物》1962 年 4、5 合集）和保德县林遮峪（见《文物》1972 年第 4 期）等地都发现过。杨河的銎内戈、铜戚、环首刀与抄道沟的曲柄匕形器、铜戚、环首刀有相似之处，杨河的环首刀与二郎坡、后兰家沟的环柄削；杨河的铜戚与林遮谷的铜斧，都有相似之处。抄道沟发现的青铜器中，还有一件鹿首铜弯刀，其柄首的造型和风格与 1976 年殷墟"妇好"墓中的龙首刀（见《考古学报》1977 年第 2 期）颇为类似，看来受商文化的影响是很大的。另外，杨河、抄道沟、二郎坡和后兰家沟的环首刀或环柄削，不仅彼此相近，而且和小屯出土的商代铜刀（见《中国考古学报》第四册）也十分相近。综上所述，杨河的这批青铜器，既反映了我国北方早期青铜文化的特点，又表现出中原地区商文化的影响，推断其时代应相当于商，从地域上看，可能与夏家店下层文化有直接关系。

孤竹寻音：农耕与草原的交汇^{*}

孤竹国是中国商周历史上北方地区燕山南麓的文明古国。商末，孤竹伯夷叔齐让国，叩马谏伐，耻食周粟，甘饿首阳的典故，广为后世称道，久传不衰。孤竹国也因此名闻天下。孤竹虽地处北陲，但与中原王朝的关系十分密切。有关孤竹国丰富文化内涵的深入研究，对于华夏文明多元一体格局形成和发展的认知，具有十分重要的历史意义，因而长期以来为学界所关注。

一　廓清孤竹国时空范围

商代是孤竹国初始和兴盛时期。"孤竹"一名亦作"觚竹"，最早见于殷商甲骨文。甲骨卜辞中关于孤竹氏的活动也有所记载。学界对孤竹国的名字有多种解释。一般认为，"觚"是青铜制作的盛酒器具，为代表王室贵族身份地位的重要礼器；"竹"则指用以记事的竹简。"觚竹"合称为国名，尽显尊贵高雅合义。然而，商代记事的载体迄今所见主要有甲骨和青铜器，而未见竹简，故上述看法尚待出土文物证实。此外，还有国姓、家姓说。"孤"为国姓，一般用作古代帝王的简称。《礼记·王藻》中有"小国之君曰孤"之谓，后有"立功展事，开国称孤"之说；"竹"为家姓，用作百姓的姓氏。

关于孤竹国都之所在，学界多据《史记·周本纪》正义引《括地志》："孤竹故城在平州卢龙县南十二里，殷时诸侯国也。"因此，河北省卢龙县当为古孤竹国都所在地。然细查之，孤竹国都在时间上可分前后两期，建置地点并非一处。前期都城遗址在今滦县老城，后期迁至孤竹城。历代关于"卢龙"的记载多指"古卢龙县境"，而非"今卢龙县境"。

武丁是商朝第 23 任国君，其时国力鼎盛，史称"武丁中兴"。武丁向四方用兵，疆域大展，臣下建功受封。按规制，封侯者必有封地。《一统志》记载：

---

* 该文发表于《中国社会科学报》2018 年 3 月 20 日，本书略做体例修改。

"武丁析孤竹之黄洛，以封诸侯。"故黄洛城被另析为"殷时诸侯国"。孤竹国乃择地另建都城，即今古孤竹城旧址。此地长期属古卢龙县，位于滦河西岸的孙薛营村北，1946年7月划归滦县。该城1957年以前尚存，1958年因修建水利工程而被拆毁。

《史记·殷本纪》记载："契为子姓，其后分封，以国为姓，有殷氏、来氏、宋氏、空桐氏，稚氏、北殷氏、目夷氏。"这与《通志·氏族略》所云"墨胎氏，子姓"相合。"目夷氏"也作"墨胎氏""墨台氏"，说明孤竹当为殷商国族。

二 探析孤竹国衰落原因

据《史记》等文献所载，商汤时孤竹立国，至齐桓公兵伐山戎、孤竹而还，孤竹国兴衰历程约千年。学界对孤竹国兴衰的缘由有过深入探讨。孤竹所属的墨胎氏与商始祖契皆为子姓，同根同宗，水乳交融。孤竹国远离殷都，但对商王朝仍具相当大的影响力。孤竹国君被商王授任亚职，即仅次于王的职务。商前期，北方的戎狄逐渐强大，屡取南进之势。孤竹国的存在，为商朝防御北方的侵扰设置了坚固的屏障，因而作出过重大的贡献。

甲骨文中多见"妇竹""妻竹""竹妾"等文字，这是对孤竹女子嫁与商王室为妇者的称谓。而"母竹"，则说明"妇竹"为商王室生育了子嗣。这种嫡血姻亲关系，使孤竹在商王室更具非同一般的地位。学界多认为，孤竹国的疆域在今京津塘一带，属孤竹国势力的中心所在，但实际上孤竹国的影响已远达辽西。辽西屡见出土的具有孤竹国特色的文化遗物，更是确凿的明证。辽宁喀左县北洞先后发现相邻近的两处青铜器窖藏，出土的一件涡纹铜罍，从形制上看属商代晚期。该器铭文"父丁孤竹亚微"，为后世保留了弥足珍贵的商末孤竹国王的相关信息。据考证，伯夷祖父为父丁，即墨胎微。其中之亚是尊称，和古文献里的"亚父"同义，表示尊荣之意。

孤竹国由盛转衰的节点发生在周武王伐纣之际。殷末，帝纣荒淫无道，天怒人怨。周武王顺应民意，率众诸侯伐纣。孤竹国伯夷、叔齐却依然效忠商王，从而酿成叩马谏伐，不食周粟，饿死首阳的历史悲剧。商殷王朝既灭，其嫡亲的诸侯国当然会受到牵累，正所谓"覆巢之下，岂有完卵"？像孤竹这样的殷商核心诸侯国更难为周王朝所容。孤竹国从此开始走下坡路，自在预料之中。

武王封同为姬姓的召公奭于燕，都城在今北京房山琉璃河，其子克就国理政。燕国的疆域在今河北和辽西，也是孤竹国掌控和影响力所及的地区。燕与孤竹利益攸关，矛盾和争斗日益加剧。孤竹不甘降为燕国的附庸，乃与宿敌山戎联盟，对抗燕国。《史记·齐太公世家》："二十三年，山戎伐燕，燕告急于齐。齐桓公救燕，遂伐山戎，至于孤竹而还。"孤竹国乃亡。

伯夷与叔齐是孤竹国储君级的王室贵族，他们的事迹对后世影响很大。对于伯夷、叔齐的言行事迹，历来褒贬不一，但褒者居多。伯夷、叔齐让国的故事为后世广为传颂。他们恭谦礼让、忠孝廉洁、追求正义、崇尚气节的行为奠定了中华民族礼仪之邦的基础，是中华文明优秀传统的思想主脉，即使在今日也仍有积极的意义。但是，对于领兵伐纣的周武王，他们"叩马而谏"，将周武王正义的行动，简单视为"以暴易暴兮，不知其非矣"，却是明显错判形势，未能顺应历史潮流，应予舍弃。古人受历史条件局限，作为不尽完美。对此，我们应予以客观全面的分析，传承其积极的因素。

三　定位孤竹国考古学文化

夏商时期，燕山地区的物质文化遗存在考古学上曾统称为夏家店下层文化。近年来，随着考古资料的不断丰富，对夏家店下层文化及燕山地区相关考古学文化的认识也逐渐深入，学术观点更加明晰。《中国考古学·夏商卷》（中国社会科学院考古研究所编著，中国社会科学出版社 2003 年版）指出，夏家店下层文化分布于燕山之北。而燕山之南夏商时期的考古学文化则为大坨头文化和围坊三期文化。故此，地处燕山南麓的孤竹国文化遗存，似不宜归属夏家店下层文化的范畴。西周初年，燕国正式受封为诸侯。自此，燕山以南，今京津塘广大地区尽在燕国实际掌控之中，孤竹国已沦为燕国的附庸。

大坨头文化和围坊三期文化皆分布于燕山南麓的京津塘地区。就年代而言，大坨头文化居前，围坊三期文化随后。两种文化相似之处在于，出土陶器皆有鬲、甗、尊、罐、钵等，均流行喇叭形铜或金耳环；二者之间也存在差异，大坨头文化的鬲有折肩和鼓腹鬲两种，围坊三期的鬲则不见折肩者，鼓腹鬲的领部皆较高。围坊三期文化还出现了鼓腹敛口壶、敛口钵等新器形。这两种文化最大的区别在于，围坊三期墓随葬品中已见铜鼎和铜簋等礼器。

大坨头文化与围坊三期文化内涵相近的因素清晰表明了二者之间的承袭关系，文化内涵的差异则表明围坊三期文化自身的发展，以及受到殷商文化势力强烈影响而发生的变化。在廓清燕山南麓地区大坨头文化和围坊三期文化的年代序列与承袭关系之后，上述与孤竹国文化时空范围大体相合的考古学文化性质的认定，也就基本明晰了，即大坨头文化和围坊三期文化正值孤竹国初始和兴盛期。

四　北方文化因素影响深远

大坨头文化遗址以唐山小官庄和北京房山刘李店墓葬最为典型。唐山小官庄发现的六座墓葬皆为长方形石棺墓，东西朝向。有的石棺足端外附设足箱，以放置随葬品。随葬品以陶器为主，其组合为鬲、尊、罐。少数墓中还出土喇叭形铜耳环。房山刘李店发现的大坨头文化墓葬为长方形土坑竖穴墓。随葬品陶器组合为簋、罐，皆置于足端。二号墓中还随葬有喇叭形铜耳环和铜指环。

北京平谷刘家河村发现的围坊三期文化墓葬虽然已遭破坏，但出土随葬品仍十分丰富，有金、铜、玉、陶、铁等器物40多件。其中，金、铜、铁器堪称瑰宝，是迄今北京地区已发现的年代最早的商代中晚期文物，具有重要的历史、科学、工艺价值。16件青铜器中，以三羊罍、鸟柱龟鱼纹盘的工艺水平最高，堪称同时期青铜器中的杰作。此外，铜器还有方鼎、弦纹圆鼎、鬲、瓶、爵、卣、斝、罍、瓿、盘、盂和当卢、人面形饰等，金器有耳环、臂钏等，玉器有柄形器、璜等，还有弥足珍贵的铁刃铜钺。该钺是采用天然陨铁，加热后锻打成薄刃，再用青铜浇铸而成的兵器，是我国最早用铁的证明。

平谷刘家河墓葬所出青铜礼器的造型与纹饰风格，具有明显的商代中晚期青铜器的特点。如云雷纹小方鼎的形制、花纹，与郑州出土的两件大方鼎相近；弦纹鼎、鬲、甗及鸟兽鱼尾纹盘、盂的形制与湖北盘龙城李家嘴墓出土的器物基本相同；饕餮纹鼎具有郑州二里岗上层器物的特点；三羊罍与郑州白家庄二号墓所出铜罍相似；铁刃铜钺与河北藁城台西村出土的基本近同；人面纹铜饰与安阳西北岗出土的人面纹铜饰相似。与上述商文化因素伴存的，还有属于北方草原文化因索的器物。如金臂钏和金耳环等，明显与内蒙古地区夏家店下层文化同类器物相似。

分析表明，平谷刘家河这批青铜器遗存，至少包含两种文化因素，但以中原商文化因素为主。根据该墓所出青铜礼器的总体特征，推定为商代中晚期的孤竹国文化遗存，大体属于商文化的范畴。据出土的工艺精致的金臂钏和金耳环，还有象征权力的铁刃铜钺，以及16件成组的青铜礼器分析来看，该墓的主人应是孤竹国一位握有军权的国君级人物（图2-2）。

河北滦县后迁义遗址出土的青铜礼器见于报道的有3件鼎和1件簋。鼎皆为深鼓腹，双耳对称置于口沿上，三实柱足垂直附立于腹底。其中，1件鼎饰

图2-2 北京平谷刘家河墓葬出土三羊罍、鸟柱龟鱼纹盘、方鼎、金耳环

云雷纹和斜方格纹，1件鼎饰饕餮纹，另1件鼎为素面，上腹饰凸扉棱。簋壁面满饰乳丁纹。后迁义遗址出土的鼎和簋，其形制和纹饰均具典型的殷商文化同类青铜器特征，是围坊三期文化的晚期遗存。后迁义遗址还出土了三角形援有銎铜戈，是北方草原文化受殷商文化影响而出现的青铜兵器。

大坨头文化和围坊三期文化遗址出土的大量种类丰富的陶器，具有典型的定居农耕文化特征，而喇叭形铜或金耳环，以及金臂钏和三角形援有銎戈，则是北方草原游牧文化的代表性器物。考古资料表明，农耕文化是孤竹国文化的主体，同时又受到北方少数民族地区文化的强烈影响。

中国是历史悠久的文明古国，连绵的中华传统文化从未中断。中原自夏商之始，是中华古代文化的主流地区，其文化内涵实为多元一体聚合之大成。孤竹国文化是中原农耕文化与北方游牧文化融合的缩影，因而在中华古代文明的形成和发展过程中占有重要地位。

藏礼于器：夏商周青铜器礼制思想[*]

青铜礼器的体制是青铜文化的核心内涵。通常所说的青铜礼器，一般泛指饪食器、酒器和水器等。此外，乐器也在礼器之列。青铜礼器为王室及上层贵族所专用，其组合与数量的差异是划分权利和地位区别的重要表象，从而形成等级森严的礼制。在《周礼》和《仪礼》等文献中，具体记载了西周青铜器的礼制。考古发掘所获的实物资料，为研究青铜器礼制提供了确凿的证据，具有重要学术意义。

夏商周是中国古代历史上的青铜时代。夏代是中国青铜时代的初始期。考古发掘所见的夏代青铜礼器的品类和数量有限，对其青铜器的礼制也不甚明了。相当于夏代晚期的二里头文化遗址出土的青铜礼器，见于公开报道的资料，合计有鼎1件、爵13件、斝3件、盉1件，说明饪食器与酒器是最早的青铜礼器组合。

商晚期是青铜时代的兴盛期。以河南安阳小屯为中心的殷墟出土的青铜礼器品类丰富，数量也比较多。殷墟妇好墓是迄今所见规格最高的商王室贵族墓葬。妇好墓出土青铜器共468件，其中礼器196件，包括饪食器、酒器和水器等，占总数的44.8%。品类有鼎、甗、簋、彝、尊、觥、壶、瓿、卣、罍、缶、斝、盉、觯、瓠、爵、斗、盂、盘、罐等。

鼎是最重要的器类，妇好墓出土有方鼎5件、圆鼎26件，其他器物以酒器为主，数量多寡不一。瓠的数量最大，达53件，其次为爵40件、斝12件。由此可知，在殷商时期，上层贵族饮酒成风。当时青铜器的礼制似未成定例，而是依重器（主要是鼎）及酒器品类和数量的多寡，来区分墓主人地位之高低。

西周是青铜礼器制度的成熟期。西周的青铜礼器大体延续了商晚期青铜礼

---

* 该文发表于《中国社会科学报》2014年11月26日，本书略做体例修改。

器的品类，但有所增减。突出的变化在于，西周酒器无论品类还是数量都明显衰减。此外，又出现匜、盨、簠、钟等新器物。据文献记载，西周的青铜礼器以鼎、簋的数量组合为典型代表，各级别差异已有定制。在宴飨和祭祀时，鼎、簋分别以奇数和偶数组合搭配使用。天子九鼎八簋、诸侯七鼎六簋、大夫五鼎四簋、元士三鼎二簋。

迄今为止，西周的天子墓并未发现，相关情况不得而知。诸侯国君的墓葬，考古发掘则多有进行。晋侯墓地位于山西临汾曲沃天马—曲村，共发现 9 组晋侯及其夫人墓葬。晋侯墓地随葬的青铜礼器大都用 5 件鼎、4 件簋、2 件方壶，甗、盘、匜（盉）各 1 件和一两套编钟等。晋侯夫人墓多为 3 件鼎、2 件簋、2 件圆壶和盘、匜（盉）各 1 件。

但上述情况不可一概而论。晋侯墓地 M91 共出土 35 件青铜礼器，其中鼎 7 件、簋 5 件，另有编钟 7 件。该墓葬的年代在西周晚期，墓主人当为晋侯喜父。考古发掘的资料表明，诸侯国君享用的青铜礼器与礼书关于西周礼器制度的记载大体接近，但普遍遵行就低不就高的原则。

东周时期，周王室衰微。诸侯割据，战乱频繁。与此同时，列国青铜器数量激增。诸侯、卿大夫，甚至家臣，竞相铸造青铜器，以此显示权力和财富。随着青铜礼器制度的破坏，青铜器的使用更加广泛，不仅限于王室和上层贵族，而且已深入社会生活的各个领域。

位于安徽寿县的蔡侯墓出土青铜器 486 件。其中礼器和生活用器 90 余件，含镬鼎 1 件、升鼎 7 件、带盖鼎 10 件、簋 8 件、鬲 8 件，其他如簠、敦、豆、迮、方壶、缶、鉴、盘等均为偶数。此外，出土乐器 32 件，含甬钟 12 件、编钟 9 件、编镈 8 件。关于墓主人属哪一代诸侯，尚存争议，而以昭侯申（前 518—前 491）说较为可信。当时，作为小国的蔡国，介于相互争霸的吴、楚两大国之间，处境十分艰难。然而，蔡侯随葬的青铜礼器仍十分丰盛奢侈，僭越礼制若此，可见"礼崩乐坏"风气之烈。

概言之，夏商周青铜礼器制度的发展经历了初始、成制和衰亡的过程。青铜礼器的品类、形制、纹饰乃至铸造工艺也由简单到复杂、低级到高级，是夏商周青铜时代真实、精髓的缩影，为后世传留下光辉灿烂的文化遗产，因而在中华民族发展的历程中占有极其重要的地位，具有深远的历史文化意义（图 2 - 3、图 2 - 4、图 2 - 5）。

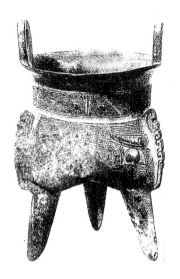

图2-3　商代青铜鬲

图2-4　广东四会鸟旦山出土战国青铜鼎

图2-5　商代嵌绿松石饕餮纹罍

东周时期的生产技术 [*]

一　中国人工冶铁技术的开端

冶铁技术的发明，在人类历史上具有划时代的意义。铁制生产工具的广泛应用，标志着新的生产力的出现，因而极大地促进了社会经济的发展。我国的人工冶铁技术始于何时，是学术界长期探讨的重要课题。随着考古发掘工作的深入开展，大量铁器不断出土，加之科学检测手段日臻完备，我国应用人工冶铁制品起始时间的研究已取得显著成果。

人类对铁的认识和使用是从陨铁开始的。以陨铁加工成的制品含有较高的镍和钴，并且有高低镍钴分层，这在人工冶铁条件下是不可能形成的。据考古资料，早在公元前 14 世纪左右，商代的先民就已经对陨铁进行加工，并制成兵器。[①]

1990 年 3 月至 1991 年 5 月，在河南三门峡市上村岭虢国墓地的考古发掘中，M2001 出土了一件玉柄铁剑和一件铜内铁援戈，M2009 出土一件铜骸铁叶矛。经北京科技大学冶金与材料史研究所鉴定，铜内铁援戈是块炼铁制品，玉柄铁剑和铜骸铁叶矛是块炼铁渗碳钢制品。[②] 这两座墓均为国君级大墓。M2001 墓主人为虢季，M2009 墓主人为虢仲。铁剑的铜柄镶以美玉及绿松石，戈、矛铜柄部亦镶嵌绿松石，表明人工冶铁为贵重和稀少的材料，是早期出现的特征。关于 M2001 和 M2009 两座大墓的年代，大致在西周晚期。玉柄铁剑、铜内铁援戈和铜骸铁叶矛应为西周晚期之物。

---

[*]　该文发表于《中国考古学·两周卷》，中国社会科学出版社 2004 年版，本书略做体例修改。

① 　A. 李众：《关于藁城商代铜钺铁刃的分析》，《考古学报》1976 年第 2 期。

　B. 北京市文物管理处：《北京市平谷县发现商代墓葬》，《文物》1977 年第 11 期。

② 　韩妆玢、姜涛、王保林：《虢国墓出土铁刃铜器的鉴定与研究》，《三门峡虢国墓》，文物出版社 1999 年版。

研究结果表明，块炼铁制品是最早的人工冶铁制品。块炼铁是在较低温度（800—1000℃）下，用木炭还原铁矿石，得到比较纯净，但质地疏松的铁块。经过锻打，可以制作出适用的器物。这种炼铁方法称为块炼铁法。由于铁的还原未经液态，故又称为低温固态还原法。以块炼铁为原料，锻成所需物件，并在炭火中长时间的反复锻打，使块炼铁渗碳钢变硬，从而创造出块炼铁渗碳钢技术。三门峡上村岭虢国墓地 M2001 和 M2009 出土的玉柄铁剑、铜内铁援戈和铜骹铁叶矛即以固态还原法冶炼的块炼铁制成，并应用了块炼铁渗碳钢技术。M2001 和 M2009 的考古新发现，将中原地区使用人工冶铁制品的时间提前到西周晚期。

值得注意的是，新疆地区发现的某些考古文化遗存经碳十四测定表明，约在公元前 1000 年至前 500 年，即相当于我国内地的西周至春秋时期，已经使用铁器。而且从新疆东部的哈密，经中部的和静、轮台，直至最西边的帕米尔高原塔什库尔干等地都曾发现铁器，有剑、刀、锥、釜、戒指、残铁块等，发掘者判定均属人工冶铁制品。[①] 国际学术界一般认为，公元前 14 世纪以前的西亚地区已经发明冶铁术。所以，新疆冶铁制品的出现很可能与西亚有密切关系。不过新疆出土的这些早期铁器均未作过技术分析鉴定，具体成分和性质还不清楚。此外，学术界对出土铁器的遗址和墓葬年代的判定也尚存歧见。故此，对新疆早期铁器的认识还有待科学鉴定，新疆早期铁器与中原铁器的关系也需深入探讨。

二 春秋时期的铁器

迄今为止，出土春秋时期铁器的地点有 10 余处，见于甘肃、宁夏、山西、山东、河南、江苏、湖北、湖南等省。出土铁器之中，农具有锸、锄、铲、耙、镢等，手工业工具有锛、削、凿、斧等，用具有鼎，以及刀、剑等兵器。陕西宝鸡益门村 M2 春秋晚期墓出土的铁器多达 20 余件，有金柄铁剑（图 2 - 6）、金环首铁刀（图 2 - 7）、金方首铁刀和金环首料背铁刃刀等。[②]

春秋时期的铁器多为块炼铁制品。湖南长沙杨家山 M65 出土的春秋晚期钢

---

① 陈戈：《新疆出土的早期铁器——兼谈我国开始使用铁器的时间问题》，《苏秉琦考古五十五年论文集》，文物出版社 1989 年版。

② 宝鸡市考古工作队：《宝鸡市益门村二号春秋墓发掘简报》，《文物》1993 年第 10 期。

剑（图 2-8），通长 38.4 厘米，金相组织为铁素体基体及碳化物，是含碳 0.5% 左右的退火中碳钢。在剑身断面上可以观察到反复锻打的层次，约 7—9 层。[①] 此外，江苏六合程桥 M2 出土的铁条也是块炼铁锻制而成。[②]

春秋早期开始出现生铁制品。生铁是在较高温度（1146℃）下，用木炭还原铁矿石得到含碳量较高（超过 2%）的液态铁，这种炼铁方法称作高温液态还原法。液态生铁可以直接铸造各种器物，并能批量生产，因而明显提高了生产效率。我国早在商代就发展起来的炼铜技术，为冶炼生铁术的出现创造了坚实的基础，促使我国古代人工冶铁很快从低温固态还原法跃进到高温液态还原法，从块炼铁跃进到可以直接用于铸造的生铁。山西天马—曲村遗址发掘出土春秋早期铁条一件、春秋中期铁条两件，均为残器。[③] 经鉴定，其金相组织均显示为过共晶白口铁，显示出生铁与块炼铁同时发展是中华民族古代钢铁技术发展的独特途径。春秋时期的生铁制品已多有所见。长沙杨家山 M65 出土的春秋晚期鼎形器为生铁所制（图 2-8），其金相组织是莱氏体共晶白口铁。长沙窑岭 M15 出土的春秋战国之际铁鼎（图 2-8），重量已超过 3 公斤，亦为生铁铸造，基体为亚共晶生铁组织，并析出少量条状菊花形石墨。[④] 六合程桥 M1 出土的铁块，经鉴定，也是白口铁。[⑤] 早期生铁多为白口铁。白口铁中的碳主要呈渗碳体状态，性脆而硬。春秋晚期的生铁制品常见白口铁，正是早期生铁的特征。

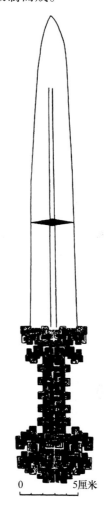

0   5厘米

图 2-6　宝鸡益门出土金柄铁剑（M2：1）

① 长沙铁路车站建设工程文物发掘队：《长沙新发现春秋晚期的钢剑和铁器》，《文物》1978 年第 10 期。

② 南京博物院：《江苏六合程桥二号东周墓》，《考古》1974 年第 2 期。

③ 北京大学考古学系商周组、山西省考古研究所：《天马—曲村》，科学出版社 2000 年版。

④ 长沙铁路车站建设工程文物发掘队：《长沙新发现春秋晚期的钢剑和铁器》，《文物》1978 年第 10 期。

⑤ 江苏省文管会、南京博物院：《江苏六合程桥东周墓》，《考古》1965 年第 3 期。

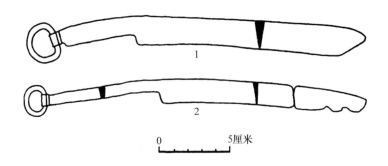

图2-7　宝鸡益门出土金环首铁刀
1. M2:4　2. M2:18

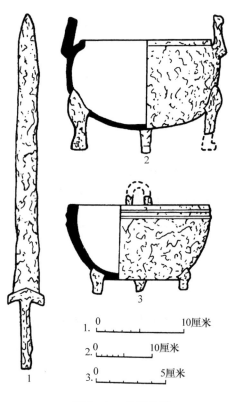

图2-8　东周铁器
1. 钢剑（杨家山 M65）　2. 铁鼎（窑岭 M15）　3. 铁鼎（杨家山 M65）

　　西亚和欧洲块炼铁技术出现的时间虽然早于中国，但是迟至13、14 世纪才掌握冶炼生铁的技术。中国发现最早的生铁制品至少比西方提前1800 余年。

三　战国时期的铁器

战国是铁器广泛应用的时期。铁矿大规模开发，铁器也大批量生产。铁器的使用已渗入到社会经济生活的各个领域。据初步统计，战国铁器的出土地点（含冶铸铁遗址）已超过 350 处，见于黑龙江、吉林、辽宁、内蒙古、河北、河南、山西、山东、陕西、甘肃、宁夏、新疆、湖北、湖南、安徽、江西、江苏、浙江、广东、广西、四川、云南、贵州等 23 个省、自治区。秦、楚、燕、齐、赵、魏、韩诸国的广大地区都有铁器出土。其中楚国所辖的湖北、湖南出土铁器的地点多达 70 余处，燕国辖地河北的地点有 40 余处。湖南长沙约有 200 余座战国楚墓出土铁器。

战国时期的铁农具和手工工具的种类与春秋时期大致相同。铁兵器和用具的种类则更为繁杂。铁兵器有剑、戟、矛、刀、匕首、镞、弩机、胄等，铁制用具有鼎、釜、盘、权、带钩、环、管、钉、车器等，甚至出现颈锁、脚镣等刑具。

战国时期的铁器中，生产工具所占比例很大。200 余处出土铁器的地点见有铁制生产工具，其中铁农具数量较多。河南洛阳东周王城 62 号战国粮仓出土的铁农具和手工工具有 32 种 126 件，总重量达 400 余公斤。[1] 辽宁抚顺莲花堡燕国遗址出土铁器 80 件，全部是生产工具，其中农具约占 85%。[2]

铁兵器逐渐取代铜兵器是战国兵器的时代特征。1965 年发掘的河北易县燕下都 M44，是一座战国武士丛葬坑，现存人骨 22 具。墓中埋葬的死者可能与一次战争或屠杀有关。墓中共出土铁器 79 件，包括剑 15 件、矛 19 件、戟 12 件、镈 11 件、刀 1 件、匕首 4 件、胄 1 件、锄 1 件、镢 4 件、带钩 3 件和几件零星器物（图 2－9），另有铁廓底座铜弩机 1 件、铁铤铜镞 19 件。青铜兵器仅剑、戈各 1 件。这些武器分散于死者的身旁，推断是死者生前所使用。上述统计，可能反映出在当时战争中所使用的铜、铁兵器的比例。[3] 燕下都 M44 出土的铁制兵器，尺寸多较长大，有较强的杀伤力。"卜"字形铁戟形制进步，已初步具有汉代兵器的作风。墓中出土的铁胄，系用 89 片铁片连缀而成（图 2－9）。它的编法是上层压下层，前片压后片，全高 26 厘米。类似的甲胄在燕下都屡有出土。铁胄的出现，表明当时已有铁制防护装备。

① 洛阳博物馆：《洛阳战国粮仓试掘纪略》，《文物》1981 年第 11 期。
② 王增新：《辽宁抚顺市莲花堡遗址发掘简报》，《考古》1964 年第 6 期。
③ 河北省文物管理处：《河北易县燕下都 44 号墓发掘报告》，《考古》1975 年第 4 期。

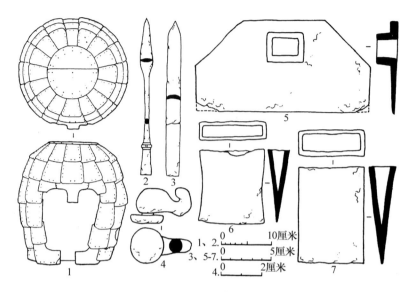

图 2-9 易县燕下都 M44 出土铁器

1. 胄（M44：2）　2. 矛（M44：69）　3. 匕首（M44：75）　4. 带钩（M44：81）　5. 锄
（M44：13）　6. 钁（M44：80）　7. 钁（M44：32）

铁器在一个遗址或一个墓群中大批量出土的现象十分普遍，铁生产工具多见于墓葬的填土之中。河南辉县固围村魏国贵族墓中出土的生产工具钁、锄、铲等数十件，几乎全部见于墓道或墓室的填土中。① 长沙市郊发掘的小型土坑竖穴楚墓，铁铲和铁斧等也都出自墓室填土中，很可能为民工遗弃之物。② 大量的考古资料表明，在战国时期铁器已非珍稀之物。

社会经济的迅速发展，对高质量铁器的需求日益增加，促使人工冶铁技术不断提高。战国冶铁技术的进步突出表现在块炼铁渗碳钢和铸铁柔化退火工艺的推广，以及铁铸范的使用。

陕西西安半坡 M98 出土的一件铁凿，经检验推测其工艺过程是用含碳量较高的钢，经过多次加热锻打，逐步由表层至内部改变含碳量而制成的。③ 河北易县燕下都遗址 M44 出土的 79 件铁器中有锻件 57 件。对其中 6 件铁兵器的检测表明，除 1 件由块炼铁直接锻成外，其余剑、戟、矛、镞 5 件兵器均由块炼铁渗碳钢锻成，剑、戟并经过淬火。

① 中国科学院考古研究所：《辉县发掘报告》，科学出版社 1956 年版。
② 吴铭生：《长沙市郊战国墓与汉墓出土情况简介》，《文物参考资料》1956 年第 4 期。
③ 金学山：《西安半坡村战国墓葬》，《考古学报》1957 年第 3 期。

铸铁柔化技术，即铸铁退火处理技术，是中国古代铸铁技术的一项重要发明。由于生铁性脆，在使用生铁铸造工具过程中，势必促使人们寻找使铸铁具有韧性的方法，从而导致铸铁柔化技术的发明。将铸铁件加热并持续保温，使铸铁中的自由渗碳体分解，脱碳或石墨化，从而改善铸铁的脆性，并获得一定韧性，形成展性铸铁。据目前所知，至迟在战国早期，我国已发明铸铁柔化技术。1974 年，位于河南洛阳水泥制品厂的战国早期灰坑中出土铁锛 2 件、铁铲 1 件。铁铲已基本锈蚀，仅肩部有厚 1 毫米的金属残留。经金相检验证明是白口铁经柔化处理得到的展性铸铁，基本为纯铁素体脱碳层，有发展比较完善的团絮状退火石墨。铁锛已大部分锈蚀，仅銎部还残留部分金属。经金相鉴定，证明具生铁特有的莱氏体组织。靠近銎的表面尚存 1 毫米厚的珠光体带，使白口铁铸件具一定的韧性，可知也经过退火处理。[①] 战国中晚期的铁器，经金相检验发现为展性铸铁的实例更多。如 1957 年长沙出土的铁铲，[②] 大冶铜绿山出土的六角锄，[③] 易县燕下都 M44 出土的铁镈、六角锄和镈，均为展性铸铁。战国时期创造的铸铁锻化退火技术和展性铸铁工艺，极大地推进了战国乃至秦汉生产力的发展。在欧洲，展性铸铁的出现和应用是在 1720 年之后，晚于我国 2000 年以上。

对铜绿山和燕下都出土的两件六角锄进行的考察，可知当时还利用退火的技术，创造出表面为低碳纯铁，中心为硬度高的珠光体和莱氏体的复合铸铁器件，借以提高农具的性能，从而解决了某些农具要求有坚硬锋利耐磨的刃口而又具韧性的矛盾。在战国晚期，北起燕赵，南达荆楚的广袤范围内已普遍应用这种方法。

四 冶铸铁遗址

春秋时期的冶铸铁遗址尚未发现。战国时期的冶铸铁遗址则见于河北、河南和山东。河北发现的地点最多，以易县燕下都城址一带最为密集。此外还有兴隆寿王坟、邯郸市区赵王城[④]，平山三汲中山国灵寿城遗址[⑤]。河南的冶铸

① 李众：《中国封建社会前期钢铁冶炼技术发展探讨》，《考古学报》1975 年第 2 期。

② 华觉明、杨根、刘恩珠：《战国西汉铁器的金相学考察初步报告》，《考古学报》1960 年第 1 期。

③ 大冶钢厂冶军：《铜绿山古矿井遗址出土铁制及铜制工具的初步鉴定》，《文物》1975 年第 2 期。

④ A. 邯郸市文物管理所：《河北邯郸市区古遗址调查简报》，《考古》1980 年第 2 期。

　　B. 河北省文物管理处、邯郸市文物保管所：《赵都邯郸故城调查报告》，《考古学集刊》第 4 集，中国社会科学出版社 1984 年版。

⑤ 河北省文物研究所：《䂜墓——战国中山国国王之墓》，文物出版社 1995 年版。

铁遗址则集中于新郑郑韩故城附近，[①] 还有登封古阳城[②] 和商水扶苏故城遗址。[③] 山东的冶铸铁遗址见于临淄齐国故城[④]、滕县薛国故城[⑤] 和曲阜鲁国故城[⑥]。

许多战国冶铸铁遗址的规模很大。1961—1962 年在易县燕下都故城发现冶铸铁作坊四处，21、23 号遗址分处于虚粮冢以东，5 号遗址在高陌村西北，18 号遗址在武阳台西北，皆发现有大量铁块、炼铁渣、炉渣、红烧土、草泥土和草灰等。23 号是遗址中面积最大的一处，约 17 万平方米，在南半部采集有两块炼铁锅残片以及其他铸铁遗物多件。18 号遗址发现铁镟铤，此处可能为兵器作坊。

河南登封阳城战国冶铸铁遗址，始于战国早期，盛于战国晚期，延续至汉代以后。遗址范围 23 万平方米，发掘面积 400 平方米。出土遗物有熔铁炉残块、鼓风管残块、铸模、铸范及铁器，还发现烘范窑、退火脱碳炉。熔炉壁残块有单一材料和复合材料两种。单一材料熔炉壁是用草拌泥或夹砂泥材料多层次构筑而成。复合材料熔炉由里及外各层是：细砂质炉衬层、粗砂质炉圈层、草泥质层、泥质或砂质炉砖层、草泥炉表层。熔炉的结构，自上而下由炉口、炉腹、炉缸、炉基组成。各部位的残块均有发现。从发掘所获熔炉残存遗物的分析结果可以看出，战国早期的熔铁炉形制是沿袭当时的熔铜炉形制而来。由于熔铁的温度较高，所以不断对熔铁炉壁的厚度、使用材料和结构等进行一系列的改进。至战国中期，创造出具有复合材料的、结构比较完善的熔铁竖炉，并沿用到汉代。

春秋晚期以陶范铸造铁器。陶范的使用只能是一次性的。但是制作陶范需大量重复的劳动，这自然影响生产效率。战国时期在采用陶范的同时又发明了铁范，使铸造工艺出现很大变化。河北、江西等地都出土有铁质铸范。1953 年河北兴隆寿王坟遗址出土铁范共 42 副 87 件，重量超过 95 公斤，其中锄范 3 件、双镰范 2 件、镢范 47 件、斧范 30 件（图 2 - 10）、双凿范 2 件、

①　A. 刘东亚：《河南新郑仓城发现战国铸铁器范》，《考古》1962 年第 3 期。

　　B. 河南省博物馆新郑工作站、新郑县文化馆：《河南新郑郑韩故城的钻探和试掘》，《文物参考资料丛刊》3，文物出版社 1980 年版。

②　河南省文物研究所、中国历史博物馆考古部：《登封王城岗与阳城》，文物出版社 1992 年版。

③　商水县文物管理委员会：《河南商水战国城址调查》，《考古》1983 年第 9 期。

④　群力：《临淄齐国故城勘探纪要》，《文物》1972 年第 5 期。

⑤　庄冬明：《滕县古薛城发现战国时代冶铁遗址》，《文物参考资料》1957 年第 5 期。

⑥　山东省文物考古研究所、山东省博物馆、济宁地区文物组、曲阜县文管会：《曲阜鲁国故城》，齐鲁书社 1982 年版。

车具范 2 件。铁范分内范、外范、单合范和双合范多种。[①] 1959 年河北磁县也出土战国铁范。[②] 1976 年江西新建大塘赤岸山战国遗址出土 1 件铁斧范，背面带环钮。[③] 铁范的造型和结构合理，本身就是质量精良的白口铁铸件。用这种范铸造出的铁器，表面不粗糙，一般不用再加工，并且这种硬型模具使用寿命长，较之陶范可大幅度提高劳动生产率。

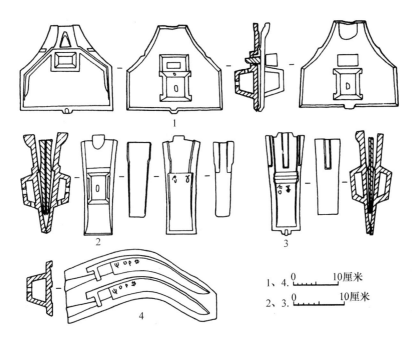

图 2 - 10　兴隆寿王坟出土铁质铸范

1. 锄范　2. 镢范　3. 斧范　4. 双镰范

　　登封阳城的铸模可分为铸制金属模具的陶模和翻制泥芯的陶模两大类。翻制泥芯的陶模数量居多，有镢芯模、锄芯模、斧芯模等。翻制镢芯的陶模又分单腔镢芯模和二腔镢芯模两种，有芯座或无芯座。铸范按质料分陶范和石范两种，石范较少。器类则以镢、锄等农业生产工具的铸范最多（图 2 - 11），约占出土铸范总数的 90% 以上。此外还出土条材范和板材范等。陶范多羼合砂质和植物质粉末。战国晚期粗砂质范的数量增多，并普遍使用红、褐等色涂料。此外，出土残铁器 1158 块，重 110 公斤，以镢、锄和板材最多。

① 郑绍宗：《热河兴隆发现的战国生产工具铸范》，《考古通讯》1956 年第 1 期。
② 河北省文管处：《磁县下潘汪遗址发掘报告》，《考古学报》1975 年第 1 期。
③ 彭适凡：《江西先秦农业考古》，《农业考古》1985 年第 2 期。

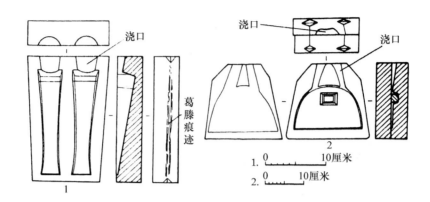

图 2 - 11　登封阳城出土陶质铸范

1. 二腔镂模（YZHT5①：5）　　2. 半圆形锄范（YZHT6L3：70）

随着冶铁技术的进步，东周时期的冶铁生产规模不断扩大。冶铁业的收入可观，是重要的财政来源。冶铁业的生产能力和技术水平也是国力强弱的显著标志。所以，列国政府多设置官吏，直接控制冶铁生产。战国年间，许多富商大贾也经营冶铁业，并将铁器作为商品，来往于列国之间广泛贸易，以获取巨额利润。冶铁业和铁器贸易是战国工商业的重要支柱。

东周时期历经人工冶铁的初始阶段和发展时期，在我国的冶金史上占有十分重要的地位。铁制生产工具逐渐取代青铜生产工具，使手工业，尤其是农业生产发生重大变革。铁犁的应用使牛耕进一步推广，精耕细作渐趋形成。铁制生产工具的大量铸造，也使大规模水利设施得以建设，从而大幅度提高了农作物的产量。铁器的广泛应用促进了封建经济的形成和发展，对封建制度的确立有着不可低估的意义。

东周时期，周王室衰微，诸侯割据，战乱频繁。与此同时，列国青铜器数量激增。诸侯、卿大夫，甚至家臣，竞相铸造青铜器，以此显示权力和财富。随着礼乐制度的破坏，青铜器的使用更为广泛，已深入社会生活的各个领域，地方色彩也日渐浓厚。诸侯、贵族墓葬中出土的青铜器，种类丰富，制作精良，不仅有许多大型的青铜容器和成套的乐器，还有灯、炉、带钩、铜镜等生活用具，以及玺印、符节、度量衡、货币等。铁兵器虽然已经出现，但是青铜戈、矛、剑、镞、弩机等仍占相当大的比例。青铜建筑构件在窖藏中也多有发现。山西侯马上马晋墓[1]，河南陕县后川[2]和辉县魏墓[3]，山西长治分水岭韩墓[4]，河北平山中山王墓[5]，安徽寿县蔡侯墓[6]，湖北随县曾侯乙墓[7]，河南淅川下寺[8]和信阳长台关楚墓[9]等东周墓葬都出土大批青铜器，为世人所瞩目。湖北当阳赵家湖以中小型墓葬为主的楚墓群[10]，迄今已清理近300座，出土青铜器1000余件，从一个侧面反映了楚国的社会阶级状况。大量的考古资料表明，东周时期青铜器较西周时期青铜器，无论在铸造技术，还是在装饰工艺上，都有明显的创新和进步。尽管时有战乱纷争，东周时期的青铜文化仍呈现高度繁荣的局面。

五 矿冶遗址

东周时期的铜矿冶遗址见于报道的地点，多分布在长江流域，主要有湖北大冶铜绿山[11]、阳新港下[12]，湖南麻阳九曲湾[13]，江西瑞昌铜岭[14]等处。其中，铜绿山古矿冶遗址以其宏大的规模和极其丰富的内涵，以及通过多学科综合研究所揭示的采矿、冶炼水平，为国内外学术界所瞩目。

1. 铜绿山矿冶遗址

位于湖北大冶县西约3公里处，包括铜绿山、大岩阴山、小岩阴山、柯锡太村、螺蛳塘、乌鸦卜林塘等处，南北长2公里，东西宽1公里。古矿井附近

① 山西省考古研究所：《上马墓地》，文物出版社1994年版。

② 中国社会科学院考古研究所：《陕县东周秦汉墓》，科学出版社1994年版。

③ 中国科学院考古研究所：《辉县发掘报告》，科学出版社1956年版。

④ A. 山西省文物管理委员会：《山西长治分水岭古墓的清理》，《考古学报》1957年第1期。

B. 山西省文物管理委员会、山西省考古研究所：《山西长治分水岭战国墓第二次发掘》，《考古》1964年第3期。

C. 边修成：《山西长治分水岭126号墓发掘报告》，《文物》1972年第4期。

D. 山西省文物工作委员会晋南工作组、山西省长治博物馆：《长治分水岭269、270号东周墓》，《考古学报》1974年第2期。

⑤ 河北省文物研究所：《䶮墓——战国中山国国王之墓》，文物出版社1995年版。

⑥ 安徽省文物管理委员会、安徽省博物馆：《寿县蔡侯墓出土遗物》，科学出版社1966年版。

⑦ 湖北省博物馆：《曾侯乙墓》，文物出版社1989年版。

⑧ 河南省文物研究所、河南省丹江库区文物发掘队：《淅川下寺春秋楚墓》，文物出版社1991年版。

⑨ 河南省文物研究所：《信阳楚墓》，文物出版社1986年版。

⑩ 湖北省宜昌地区博物馆、北京大学考古系：《当阳赵家湖楚墓》，文物出版社1992年版。

⑪ A. 夏鼐、殷玮璋：《湖北铜绿山古铜矿》，《考古学报》1982年第1期。

B. 黄石市博物馆：《铜绿山古矿冶遗址》，文物出版社1999年版。

⑫ 港下古铜矿遗址发掘小组：《湖北阳新港下古矿井遗址发掘简报》，《考古》1988年第1期。

⑬ 湖南省博物馆、麻阳铜矿：《湖南麻阳战国时期古矿井清理简报》，《考古》1985年第2期。

⑭ 江西省文物考古研究所铜岭遗址发掘队：《江西瑞昌铜岭商周矿冶遗址第一期发掘简报》，《江西文物》1990年第3期。

有古炼炉遗存，因被古代炉渣掩埋而保留下来。炉渣覆盖层厚达 1 米多，占地 14 万平方米左右，总量估计约 40 万吨。由此推算，累计产铜不少于 5—10 万吨。古矿井的年代，经碳十四测定，大致可分为两个时期。早期约在春秋或更早，晚期则自战国延续至西汉。古矿井多集中在大理岩和火成岩的接触带上。接触带的铜矿石主要有孔雀石、硅孔雀石、赤铜矿和自然铜等。因岩石破碎，含铜品位高，易于开采。已知的 12 个矿体中即有 9 个被古人所开采。1973—1985 年对 6 个矿体进行考古发掘，共清理出地下采矿区 7 处，采矿井巷近 400 条，炼铜区 3 处，炼炉多座，出土许多用于采掘、运载、提升、排水的铜、铁、竹、木、石等生产工具，以及陶器、铜锭和铜兵器等遗物。

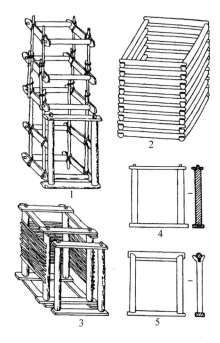

图 2-12 大冶铜绿山矿冶遗址木质框架支护结构

1. 早期竖井框架 2. 晚期竖井框架

3. 马头门 4. 早期横巷框架 5. 晚期横巷框架

古矿井的结构有竖井、横巷等形式。竖井由当时的地面垂直向下开拓，深达 40—50 米。竖井挖掘至含富铜矿之处，便向侧壁开掘横巷。横巷有的接近水平，有的则呈倾斜状。这种情况与矿脉走向及排水等原因有关。横巷的底部常见向下挖掘的竖井。由于井口并不直通地面故称之为盲井，这些盲井大多用于向深处采掘矿石，但并不排除其中有的作为储水仓的可能。为防止井巷周壁发生崩塌，危及安全生产，在采掘过程中，须对井巷加以支护。早期竖井的支护为木构方形框架，以四根木料用榫卯法互相穿接而成（图 2-12），凿有榫眼的木料两端还削出尖头，以便楔入井壁而使框架得以固定。框架与井壁之间还围衬席子、木板等物，并以竹索、木棍夹卡。整座竖井即以这种方形框架逐层平行叠压而成。斜井少见，所用框架的形制与竖井基本相同。晚期竖井的木构框架主要以"密集法搭口式"构成（图 2-12），与早期竖井榫卯式框架的结构有所不同。它是把圆木的两端砍出台阶状搭口榫，由四根搭接成一副方框。整个竖井用这样的方框层层叠压而成。早期竖井马头门所用圆木料较细，晚期木料粗大（图 2-12），出现方形木柱。马头门与横巷连接的一侧或两侧留出通道口，其余侧面皆衬以横向的圆木棍或木板作围护。早期横巷的支护也是以榫卯法构成的方形框架。两侧的立柱为圆木，圆木的两端出圆柱形榫，以榫卯法同上面的横梁和下面的地栿相连接（图2－12）。立柱的外侧以木棍等作为背板。横梁之上则以排列整齐的木棍构成顶板。在横巷的拐弯或两条横巷连接处，顶板多作十字交错排列。晚期横巷的支护框架也不用榫卯法。横梁置于两侧立柱上端的支杈上。为防止立柱内倾，在横梁下紧贴一根"内撑木"，两端抵紧木柱。地栿的两端则以搭口式与立柱相接（图2－12）。晚期的框架一般较早期高大，表明井巷的净采掘面增大，矿井支架承受压力也相应增加，因而是采掘技术进步的反映。

Ⅶ号矿体1号点的发掘揭露出一组古代采矿时开拓的采掘网。这组已清理的井巷由7条横巷围绕3座竖井作扇面形展开，横巷的底部又掘出7座盲井，同时还发现完整的排水系统（图2－13）。上述井巷及排水道的组合，充分反映当时的采掘工艺，具有相当高的水平。古代矿工在采掘中已掌握提升、排水、通风诸方面的技术。

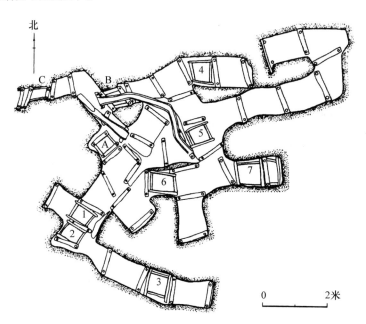

图2－13 大冶铜绿山矿冶遗址一组井巷平面图

A—C. 竖井 1—7. 盲井

竖井底部和横巷中出土的一些采掘工具，有石锤、木铲，以及金属制的凿、锄、斧、锤、耙等（图2－14）。早期的金属工具为铜制，晚期的为铁制。此外，在巷道中还发现一些生活用具，如木制耳杯、葫芦瓢、竹篮和陶器残片等，其中竹篮的数量较多，当为盛置食物之用。

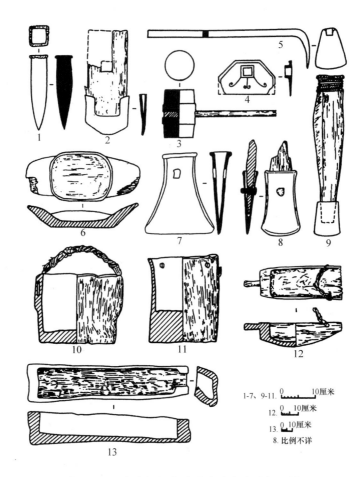

图 2－14　大冶铜绿山矿冶遗址出土采掘工具

1. 铁凿　2. 凹形铁锄　3. 铁锤　4. 铁锄　5. 铁耙　6. 船形木斗　7—9. 铁斧　10、11. 木桶
12. 木瓢　13. 木水槽

　　矿井的提升工具，出土物有木钩、绳索、平衡石、辘轳等。发现的一根辘轳轴，全长 250 厘米，轴木两端砍成较小的轴头，可以安放在井口两侧支架的立柱上。轴木两端近轴头处各有两排环绕一圈疏密不同的长方孔，孔眼可以插入长方形木条。木钩在早晚期的井巷中均有所见。钩柄上或刻出浅槽，以便扎绑绳索。发现的装载工具有竹篮、竹篓、藤篓、木桶等。提升采用分段式，即从盲井至横巷，再由横巷经竖井至地面。

　　矿井的排水系统有两种形式。一种是利用废弃的巷道或专设泄水巷道。泄水巷道一般较采掘用巷道矮小。另一种是在横巷一侧贴背板的地方铺设排水木槽（图 2－14），每节水槽的长度为 65—260 厘米不等。各节水槽相互连接，置于地栿之上，以一定的高差向水仓或排水井流去。每两节水槽的连接处，均涂一层青灰膏泥，以防渗漏。当水槽通过提升矿石的竖井和主巷时，为了不影响采掘和运输，就在水槽上边铺垫一层木板，使之成为暗槽，其设计颇具匠心。为了将水仓中积满的水排出地面，便以木瓢戽水，盛于木桶（图2-14）中，经竖井提升至地面。此外，还采用充填巷道的方法，防堵和减少地下水的浸灌。

为了促使空气流通，以维持矿工在井巷内长时间从事繁重劳动的能力，除依靠井口高低不同产生的气压差所形成的自然气流，以调节空气外，及早关闭废巷也是促使新鲜空气顺利通向深处采掘面的重要措施。

古矿井所在范围内，矿石的含铜品位是不平衡的。依循舍贫矿、取富矿的原则，古代矿工不仅以目力选矿，还利用类似"淘金斗"那样的船形木斗（图2-14）进行"重力选矿"，鉴定矿石品位的高低，以确定开采方向。采掘很可能凭借经验对矿石就地进行目力鉴定，将筛选出的富矿石运送至地面，贫矿和毛石则充填废巷，从而减少不必要的运输，使生产效率大为提高。

古矿井附近发现的几座古代炼炉，从地层和出土物推定，均属春秋时期。炉型为炼铜竖炉，它包括炉基、炉缸和炉身三部分（图2-15）。炉基在当时的地表之下，内设"一"字形或"T"形风沟（又称防潮沟）。风沟的沟壁经过烘烤，质地坚硬。沟底或残留木炭、灰烬。炉缸筑在炉基之上，炉缸的截面呈椭圆形或长方形。炉缸内径在40—70厘米之间。炉缸的侧壁设金门和鼓风口。金门的形状，内宽外窄，内低外高。因炉身倒塌，其高度已不可知。古炼炉周围的工作面上还发现当年搭盖棚架时遗留的柱穴，碎矿石用的石砧和石球以及陶罐、铜锛、铜块、炉渣、矿石等。

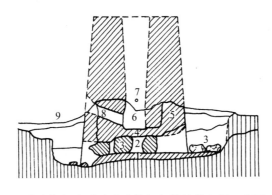

图2-15　大冶铜绿山矿冶遗址炼铜竖炉结构复原示意图（剖面）

1. 炉基　2. 风沟　3. 风沟垫石　4. 炉缸底　5. 炉壁　6. 炉缸　7. 风眼　8. 金门　9. 工作面

仿古模拟生产的实验结果表明，铜绿山发现的炼铜竖炉，其冶炼工艺是铜的氧化矿还原熔炼。使用这种竖炉炼铜，只要保证必要的风压、风量，使炉内木炭燃烧充分，就能进行正常的冶炼过程。渣和铜的排放都通过金门。由于渣、铜的比重不同，铜液沉在炉缸下部，渣则浮在上部。排放时，只需在金门的上部或下部分别开口，即可将渣和铜排放炉外。实验表明，这种竖炉可以连续投料、连续排渣和连续放铜，不间断地进行冶炼。竖炉具有较高的功效，并易于检修。

古炉周围发现的炉渣，大多冷凝成薄片状，表面有水波纹样，说明古炉渣排放时的流动性很好。据分析，古炉渣的含铜量为 0.7%，其他化学成分也相当稳定，酸度适宜，渣型合理，反映当时的冶铜技术已达到较高的水平。

铜绿山古铜矿的开采、冶炼与青铜器铸造业是分地进行的。矿山脚下多次采集到重约 1.5 公斤的圆饼形铜锭，可能就是古代外运时遗失所致。此外，采矿与冶炼业之间已经有所分工，甚至其内部还有更细致的分工。

2. 阳新港下矿冶遗址

位于湖北阳新富池镇鸡笼山之东，北距长江不足 10 公里。1985—1986 年曾进行正式发掘。阳新港下遗址发现支护框架为"口"字形和"曰"字形的两种竖井和平巷。"曰"字形框架，有五根圆木构件。四根圆木较粗，直径约为 25 厘来，另一根圆木较细，直径约为 15 厘米。两根较长的圆木两端砍削成凹叉状，由里向外分别撑住两根较短的圆木，构成一组长方形框架，以支护竖井四壁。因两长边跨度较大，便在中间加一根横撑木。井框支架便成为"曰"字形。"曰"字形框架用于口部较大的竖井，对矿井上下提升的影响不大。此种形式的支护为铜绿山古矿井所不见。经碳十四测定，阳新港下古矿冶遗址的年代约当西周晚期至春秋早期。

3. 麻阳矿冶遗址

位于湖南湘西沅麻盆地的九曲湾，南依沅水支流辰水。麻阳铜矿是以自然铜为主的砂岩型富铜矿床，自然铜含量占铜矿物总量的 85%。1982 年发掘清理古矿井 14 处，其中露天采坑 1 处，出土许多木、铁制工具及陶器等。麻阳古铜矿的开采是发现矿脉露头后沿矿脉下掘进行的。"老窿"露采遗址保存部分迹象，其余古矿井仅可见井下采掘遗迹。依据古矿井内出土的大口粗颈绳纹圆底陶罐、圆柱形柄浅盘式陶鬲的形制特征以及碳十四测定的数据，推定麻阳古矿冶遗址的年代为战国时期。

4. 铜岭矿冶遗址

位于江西瑞昌市西北，与湖北大冶铜绿山古矿冶遗址相距仅约百余公里。

铜岭古矿冶遗址不仅存留地下采矿系统，还保存着露天采矿遗迹。1988 年发掘所见的井、巷支护形式基本相同。竖井采用间隔框架支护，平巷采用间隔排架式支护。框架外侧与围岩间隙中衬以木板或木棍，以防止围岩脱落。发掘中出土许多生产工具和生活用具。铜器有斧、凿，木器有辘轳、锨、铲、盘、钩、水槽等，竹器有盘和筐。冶铜遗址在矿区附近，可见大量炼渣堆积和成片的红烧土层。炼渣多呈片状，色黑，表面有波纹，表明炉况正常，炉渣排放时有较好的流动性。根据出土的陶器以及碳十四测定的数据，推断铜岭古矿冶遗址年代的上限为商代二里岗期，下限为春秋时期。

5. 林西大井矿冶遗址

位于内蒙古大兴安岭南麓西拉木伦河上游[①]。1976 年于方圆 2.5 平方公里的范围内发现 40 余条古采坑，最长的达 500 米。采坑均准确地开凿在品位很高的矿脉上，以充填法开掘，即于采矿的同时，又把废石填在废弃的矿坑内。山坡上石制工具遍布，可见当时矿址规模之大。以石制工具露天开采，说明当时的生产尚处于较落后的状态。采石工具种类繁多，大小各异。大型的石锤重达 7.5 公斤，还有中小型石锤以及斧形、片状、凿形石钎等。铜凿仅发现 1 件。炼炉有马蹄形、多孔串炉等多种，炉门开在低洼的西北方向，还发现马首状鼓风管。炼炉旁堆放着均匀的碎矿石块。上述现象表明，当时的矿工已经掌握了一定的开采、选矿和冶炼技术。矿址内发现 7 块残陶范，外范 5 块，内范 2 块，皆泥质。其中 1 件呈半圆柱状，可能是鼎足的内范。1 件外范内壁残留铜渣。由此估计，矿址内也可能有铸铜作坊。第 5 号古矿坑上部有房址三座，所出陶鬲属夏家店上层文化，结合对炼炉旁采集木碳标本测定的碳十四数据，推定大井古铜矿的时代应当在西周中期至春秋早期。

六 铸铜遗址和铸造技术

铸铜遗址在山西侯马[②]，河南新郑[③]，河北易县[④]，山东临淄[⑤]、曲阜[⑥]，湖

---

① 辽宁省博物馆文物工作队：《辽宁林西县大井古铜矿 1976 年试掘简报》，《文物资料丛刊》7，文物出版社 1983 年版。

② 山西省考古研究所：《侯马铸铜遗址》，文物出版社 1993 年版。

③ 河南省博物馆新郑工作站、新郑县文化馆：《河南新郑郑韩故城的钻探和试掘》，《文物资料丛刊》3，文物出版社 1980 年版。

④ 河北省文化局文物工作队：《河北易县燕下都故城勘探和试掘》，《考古学报》1965 年第 1 期。

⑤ 群力：《临淄齐国故城勘探纪要》，《文物》1972 年第 5 期。

⑥ 中国科学院考古研究所山东工作队、曲阜县文物管理委员会：《山东曲阜考古调查试掘简报》，《考古》1965 年第 12 期。

北江陵等地的东周城址及其附近均有发现。其中以侯马铸铜遗址的发掘规模最大，收获也最丰富。侯马铸铜遗址位于侯马市西北牛村古城南，面积4.7万多平方米。年代为春秋中期偏晚到战国早期。遗址内发现房址、水井、灰坑、窖穴、陶窑、烘范窑以及熔铜炉、鼓风管、坩埚、陶范、铜锭、铅锭等遗存。据此可以大体了解当时从选料、制范到合范、浇铸等铸造铜器各项工序的技艺水平。陶范的数量多达5万余块，其中完整或能配套的近千件。陶范铸件种类有礼器、乐器、兵器、工具、车马器、货币和生活用具等，可辨识的器形有鼎、鬲、壶、簠、豆、鉴、舟、匜、编钟、剑、戈、矛、镞、镢、铲、凿、车軎、当卢、空首布、带钩、镜等。陶范的纹饰繁复，包括人形、蟠螭、兽面、龙、凤、虎、牛、花朵、垂叶、绚索、云纹、三角菱形纹等25种。其中蟠螭纹最为常见。侯马铸铜遗址陶范花纹在传统纹饰的基础上，又有许多新的发展变化。繁缛华丽的怪异蟠螭动物形象；构图简洁、生动活泼的写实动物纹；以及各种几何纹纹样，皆具鲜明的时代特色和地域特色，也为其后的三晋青铜器所继承。

东周时期的青铜铸造仍以泥范法为主，传统的浑铸、分铸技术进步提高，多种方法综合利用。失蜡法、叠铸法以及模印范铸法的出现是东周时期青铜铸造工艺的重大进步。

用复合范组型铸造复杂的器物是商代以来的传统方法。东周时期甬钟的制造使复合范组型铸造技术得到充分的发挥。为使甬钟音质纯正，和谐，钟体和枚不宜铸接或焊接，而需一次浑铸而成。以曾侯乙墓编钟中层第三组的甬钟为例（图2-16），甬钟的铸型由甬部铸范、泥芯和钟体铸范、泥芯组成。为保证装配准确，钟体泥芯正中划有十字线，铸后在钟腔留有相应的铸痕。整个铸型分两段四个层次，使用范芯136块，一次浇铸成形。[1] 制型过程中，需用模具12种。为使大量的泥范不干裂，焙烧不变形，陶范拼合严密，制作技艺之高，难度之大，可以想见。

东周时期的青铜器还广泛采用传统的分铸法，但在技术上有所进步。突出表现在先铸法的发展。先铸法在商代已经产生，即先铸附件再放入陶范和器体铸接的分铸方法。一般采用榫卯式的铸接，多用于斝、尊的柱帽与器体的连接。自春秋时期开始，鼎等大型器物的铸造也采用先铸法。[2] 鼎足先铸，将足的泥芯挖去一部分，在和鼎体铸接时形成机械连接。采取这种连接方式，由于

---

① 华觉明：《中国古代金属技术——铜和铁造就的文明》，大象出版社1999年版。

② 同上。

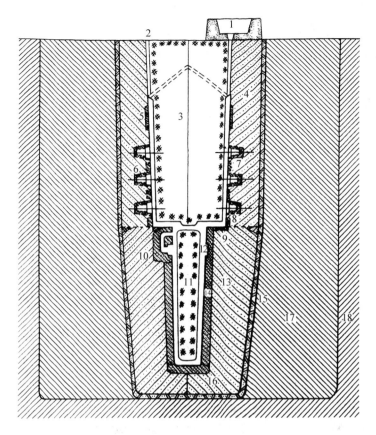

图 2 - 16 随县曾侯乙墓出土铜甬钟的铸造工艺示意图

1. 浇口范 2. 排气孔道 3. 钟体泥芯 4. 钟体铸范 5. 鼓部花纹范片 6. 枚分范 7. 篆带花
纹范片 8. 钟缘花纹范片 9. 舞部范片 10. 幹范 11. 甬芯 12. 钟甬 13. 甬范 14. 甬部分范
15. 草拌泥层 16. 衡范 17. 填土 18. 夯土

鼎底壁薄而凸块较厚大，又被泥芯和鼎足紧固，断裂部位是在鼎足与鼎腹的结合部。这种连接相当牢固，因而被长期沿用。战国时期，耳、足先铸已成定式。寿县蔡侯鼎即以此法铸造。

东周时期的青铜器铸造不仅分铸鼎的耳、足等小附件，而且还分铸大件的器体。曾侯乙墓的两件大尊缶，从内外壁可以明显看出是分两次铸成的。先铸器身的上半部，浇铸时，器的口部朝下，在器身上半部加下半身的范、芯，然后浇铸。从器的内壁可以清楚地看出浇铸下半部溢漫出来的铜液，包住上半身衔接的部位，故此有人称之为"包铸法"。为使铸接部位衔接牢固，器的内外壁在衔接处都明显加厚，器身外部表现为凸起一周很粗的凸弦纹。曾侯乙墓的两件联禁大壶则是分三节铸造的。

分铸焊接法和分铸销接法是东周出现的新技术。分铸焊接法有铜焊、铅锡合金焊接等多种，在曾侯乙墓铜器上皆有应用。铜焊是将熔融的铜合金浇铸于两个或多个部件的结合处，使被焊件局部加热，并与焊接合金连接起来，类似于后世所称的大焊。铜焊的熔点高，强度大。曾侯乙墓的铜焊技术已十分成熟，如联禁大壶的龙耳即以铜焊与主体相接。以铅锡合金焊接的曾侯乙墓铜尊圈足的焊料含铅 41.4%，锡 53.41%。铅锡合金熔点低，以其为焊料多用于受力较小，不需要很高联结强度的部位，操作亦较铜焊简便。分铸销接法见于湖北当阳赵家湖楚墓出土的铜簋（图 2–17）。簋耳与簋体分别铸造，以销钉将二者连接固定为一体。

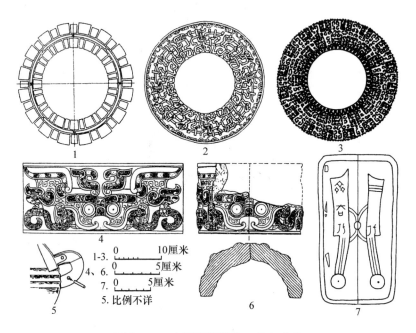

图 2–17 东周铜器铸造工艺和陶范

1. 铜尊（曾侯乙墓 C.38）颈部透空附饰花纹组成示意图　2. 铜尊（曾侯乙墓 C.38）颈部透空附饰连接示意图　3. 铜尊（曾侯乙墓 C.38）上视图　4. 兽面衔虺纹陶模（侯马铸铜遗址ⅡT86③：23）纹样展开　5. 铜簋（当阳赵家湖）耳、体分铸销接示意图　6. 兽面衔虺纹陶模（侯马铸铜遗址ⅡT86③：23）　7. 齐刀币陶范盒（临淄出土）

多种方法的综合利用，是东周青铜器铸造的特色。曾侯乙墓出土的建鼓底座，以翻转腾跃的群龙穿插攀附构成，巧妙地运用分铸、铜焊和铅锡焊，经修正加工而成，是综合利用多种技术铸造的典型器物。

失蜡法的出现，是铸造史上的重大突破。失蜡法即熔模铸造法。失蜡法解决了铸造浮雕、镂孔等造型复杂器物的技术难题，铸件无范缝，纹饰清晰。关于我国失蜡法的起始年代，学术界尚无定论。湖北随县曾侯乙墓和河南淅川下寺楚墓发掘所获资料，使学术界对我国失蜡法的起始年代有了新的认识。曾侯乙墓的尊、盘大多数部件都有用组合陶范的可能，唯独器颈透空附饰必须使用熔模。[1] 在战国初期的技术条件下，模料当是用蜂蜡一类材料制成的。鉴于各花纹元件整齐划一，有可能用模具成批制作蜡质元件，在模具中按预定图案组合，然后逐层连接蜡梗和蜡条使其成整体结构。铸型经干燥、脱蜡、烘烤、浇铸、修正等工序，得到成品（图2-17）。淅川下寺 M1 所出铜盏的耳、足和盖钮，M2 所出铜禁的主体及兽形附饰也以失蜡法铸造。淅川下寺 M1、M2 的年代为春秋晚期。中国失蜡铸造法的起源，至迟当在春秋晚期以前。

叠铸工艺目前可上溯至春秋晚期。叠铸，即将许多相同的陶范叠合组装，用同一个浇铸系统进行浇铸。既节省金属和造型材料，又减少造型面积，从而提高生产效率。山西侯马铸铜遗址出土的叠铸范，两面都有型腔，属于较原始的卧式叠铸。[2] 战国时期的叠铸工艺广为应用于货币的大量铸造。齐国故城临淄出土的两件齐刀币铜范盒，[3] 与罗振玉《古器物范图录》中著录的一件相同（图2-17）。该范盒呈长方形，四面弧角，正面周围有较厚的边框，底部分列两枚齐法化模，两模一正一反，翻制的两片泥范恰好组成一副铸型，每副铸型有两个齐法化的型腔。范盒中心的圆柱形成叠铸范的直浇口，四旁的分叉则形成内浇道，两侧的榫卯用以定位。

模印范铸法始见于春秋。首先制出一个规格化的模具，然后翻印出许多同样花纹的范，拼合后浇铸成的器物表面即出现连续重复的纹样。模印范铸法减少了雕刻精细花纹的工作量，使生产效率大为提高，是制范工艺的重要改革。山西侯马铸铜遗址就出土许多图案繁复的纹样模（图2-17）。

七　铜器的装饰工艺

在东周时期，镶嵌、填漆、错红铜、错金银、包金、贴金、鎏金银等装饰工艺盛行。战国中晚期，又常将多种工艺集于一器，使青铜器色彩纷呈。此外，刻纹也是东周时期出现的新工艺。殷商和西周镶嵌绿松石的青铜器主要是兵器和小型器物。春秋时期绿松石镶嵌的青铜器范围逐渐扩大。战国时期镶嵌工艺广泛应用于各种器物，镶嵌绿松石的大型青铜器多有所见。如河北平山中

①　华觉明：《中国古代金属技术——铜和铁造就的文明》，大象出版社 1999 年版。
②　华觉明：《中国古代的叠铸技术》，《中国冶铸史论集》，文物出版社 1986 年版。
③　王献唐：《齐国铸钱的三个阶段》，《考古》1963 年第 11 期。

山王墓出土的牺尊，首、身由绿松石与银丝相配，构成绚丽的图案。此外，镶嵌物还有孔雀石、琉璃、玉、玛瑙等，皆在青铜器表面铸就的纹槽中嵌进。

以漆填嵌于青铜器表面纹槽的装饰工艺始见于商代晚期。河南罗山蟒张商代墓出土铜鼎的云纹、夔纹、涡纹和蝉纹即以黑漆填嵌。① 战国时期青铜器的填漆工艺更达到高超的水平。河北平山 M6 出土的银首人俑灯，俑身服饰为填黑漆和红漆的卷云纹。② 湖北江陵望山 M2 出土的变形龙纹铜尊，腹部及盖面均有錾刻的变形龙纹，刻线内皆填黑漆，经过错磨，极似金银错。③ 同墓出土的铜缶腹部所饰圆涡纹，亦填漆而成。

金属错嵌工艺包括错铜、错金和错银。其工艺是将金、银、铜等不同金属细条或丝镶嵌于青铜器的纹槽中，捶打坚实后再加磨错。

错红铜工艺在春秋晚期和战国早期已臻成熟。山西浑源李峪村出土的春秋时期青铜豆，④ 器表以红铜嵌错两组狩猎纹。河南汲县山彪镇战国墓出土的错红铜水陆攻战纹铜鉴（图 2－18），图案内容丰富，分上、中、下三层。⑤ 陕西凤翔高王寺窖藏出土的战国时期青铜壶，以红铜嵌错出射猎、宴饮和歌舞的动人场景。⑥

错金工艺出现的时间约为春秋晚期，或稍早，用于错嵌铭文，如江陵马山 M5 出土的吴王夫差矛。战国时期错金工艺水平进一步提高，错嵌的花纹和文字更为繁复精致。长治分水岭 M126 出土的舟（图 2－18），饰错金蟠螭纹、斜角云纹、垂叶纹，是错金铜器的上佳之作。随县曾侯乙墓出土的编钟、兵器上的铭文和花纹，磬架、车器、鹿角、立鹤上的花纹等皆错金而成。安徽寿县出土的鄂君启节是楚怀王六年（公元前 323 年）发给鄂君启的符节，⑦ 以错金篆铭。其中舟节一枚达 165 字，车节一枚 150 字，是目前发现错金铭文最多的器物。

错银工艺的出现较晚，洛阳中州路车马坑中出土的错银铜器⑧已属战国早期。辉县固围村战国墓出土的错银器物，多为车马器和各种饰物。河北平山中山王墓出土的一对双翼神兽（图 2－18），周身纹饰以错银的漫卷云纹为主，

---

① 信阳地区文管会、罗山县文化馆：《河南罗山县蟒张商代墓地第一次发掘简报》，《考古》1981年第 2 期。

② 巫鸿：《谈几件中山国器物的造型与装饰》，《文物》1979 年第 5 期。

③ 史树青：《我国古代的金错工艺》，《文物》1979 年第 5 期。

④ 容庚、张维持：《殷周青铜器通论》，科学出版社 1958 年版。

⑤ 郭宝钧：《山彪镇与琉璃阁》，科学出版社 1959 年版。

⑥ 韩伟、曹明檀：《陕西凤翔高王寺战国窖藏》，《文物》1981 年第 1 期。

⑦ 殷涤非、罗长铭：《寿县出土的鄂君启金节》，《文物参考资料》1958 年第 4 期。

⑧ 洛阳市博物馆：《洛阳中州路战国车马坑》，《考古》1974 年第 3 期。

气韵生动，栩栩如生。

战国中期以后，错金、错银工艺多同时使用。平山中山王墓出土的错金银器数量众多。虎噬鹿器座上（图2-18），周身错金银的猛虎叼咬一只呈拼命挣扎状的错金银幼鹿。此外还有错金银神兽、牛屏风插座、犀屏风插座和龙凤方案等。

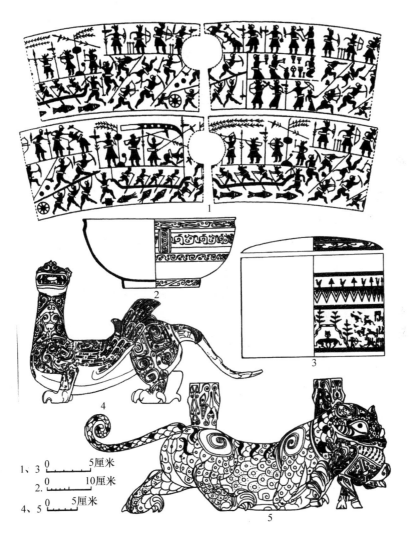

图2-18　东周铜器的装饰工艺

1. 铜鉴（山彪镇 M1：56）上的错红铜水陆攻战纹　2. 铜舟（分水岭 M126）上的错金蟠螭纹

3. 铜奁（琉璃阁 M1：51）上的刻纹　4. 错银双翼铜神兽（中山王墓 XK：58）　5. 错金银虎噬鹿铜器座（中山王墓 DK：23）

黄金具有良好的延展性，不易氧化，色泽鲜明，可制成金箔和金丝，用以装饰器物。包金工艺至春秋晚期、战国早期趋于兴盛。如安徽寿县蔡侯墓包金瑹饰、山东临淄郎家庄 M1 包金铜贝①、河南陕县后川 M2040 包金铜管络饰泡等。此时又出现贴金技术。辉县琉璃阁 M60 出土的青铜剑剑首、茎以及格上皆贴有一层厚约 0.2 毫米的金箔。从剑格与剑首正面已剥落的金箔可以看出，薄金叶是从整张金箔中按所要张贴的剑体部位形状剪下，然后贴至剑上的，而后用槌仔细敲打，与剑紧贴。贴金纹饰上又镶嵌绿松石作为兽眼或虫眼，色彩鲜艳，光泽可鉴。湖北随县曾侯乙墓的马饰、山西长治分水岭 M12 的铜泡和车軎等亦皆施贴金工艺。包银器物甚为少见，所知者如辉县固围村 M3 的包银铜泡。

鎏金工艺出现于春秋、战国之际。其加工方法是把黄金碎片在坩埚中加热至 400℃ 左右，然后熔于汞中（金、汞比例约为 3∶7 或 2∶8），将制成的金汞合剂涂抹在铜器表面，经火烤使汞蒸发，金便牢固地附于铜器表面。山东曲阜春秋、战国之际的 M3 出土的鎏金长臂猿是目前所知最早的鎏金铜器。② 战国中晚期，鎏金器逐渐多见。河南信阳长台关楚墓以及洛阳烧沟附近的战国墓中，都曾出土鎏金铜带钩。③

刻纹工艺出现于春秋早期，以战国时期为多见。以写实内容为图案的刻纹铜器数量最多。江苏镇江王家山春秋晚期墓出土的铜鉴④，六合和仁战国早期墓出土的铜匜⑤，河南辉县赵固战国中期墓出土的铜奁⑥等，其刻纹图案，有人物、鸟兽、台榭楼阁、车马，以及宴乐、歌舞与战斗等场景。辉县琉璃阁战国中期墓出土的铜奁，即以刚劲的线条，刻划出宴乐射猎的景象（图 2-18），内容充实，风格明快。

玉器雕琢是东周时期重要的手工行业。东周玉器承袭商殷、西周的传统，制玉技术向精巧、华丽的新工艺方向发展。经历春秋早、中期的过渡，至春秋、战国之际，制玉技术已有长足的进步。战国时期玉器种类丰富多样，造型优美，纹饰绚丽繁缛，不仅镂雕及连锁技术精湛，而且制玉与金银细工结合，创造出许多精美的上乘佳作。

东周玉器见于报道的出土地点已逾百处，大体在中原地区的周、虢、三

①　山东省博物馆：《临淄郎家庄一号东周殉人墓》，《考古学报》1977 年第 1 期。
②　山东省文物考古研究所、山东省博物馆、济宁地区文物组、曲阜县文管会：《曲阜鲁国故城》，齐鲁书社 1982 年版。
③　王仲殊：《洛阳烧沟附近的战国墓葬》，《考古学报》1954 年第 8 期。
④　镇江博物馆：《江苏镇江谏壁王家山东周墓》，《文物》1987 年第 12 期。
⑤　吴山菁：《江苏六合县和仁东周墓》，《考古》1977 年第 5 期。
⑥　郭宝钧：《山彪镇与琉璃阁》，科学出版社 1959 年版。

晋、齐、鲁、燕诸国；关中地区的秦国；江汉地区的楚国及邻近诸侯国三个区域。东周玉器作坊遗址已发现多处，一般在列国的都城附近。由于铁制工具的广泛使用，推动了制玉工具，尤其是砣具的改进，加之开始采用硬度大的金刚砂粉作为磨料，使东周的制玉技术进一步提高。

八　春秋时期的玉器

春秋列国的玉器既有共同的时代风格，又有日渐浓厚的地方色彩。河南洛阳中州路西工段东周墓[1]，陕县上村岭虢国墓[2]；山西侯马秦村盟誓遗址[3]，太原金胜村赵卿墓[4]；陕西凤翔秦公墓地[5]；河南淅川下寺楚墓[6]，光山宝相寺黄君孟夫妇墓[7]；江苏吴县严山吴国窖藏[8]等处出土的玉器，可大致代表春秋制玉工艺的时代风格和地区特色。

河南洛阳是周平王东迁后的王都，附近分布很多的东周墓葬群。1954年，在洛阳中州路西工段，共发掘春秋墓73座，包括春秋早期墓6座、中期墓30座、晚期墓37座。其中47座墓随葬玉石器，质料有玉、玉髓、玛瑙、绿松石和大理石等多种。这些玉石器以片状者居多，立体的很少。成组的玉石器，在数量上由少渐多，形制亦由简单趋于复杂。春秋早期的M2415出土的玉兽面，体扁平，上宽下窄，下部雕琢阴线纹的眉、目、口、鼻、须和向左右伸张的角，上端琢阴线双勾云纹。春秋晚期的M2729，墓主人两耳各附片状石玦和水晶，绿松石珠，面部覆盖长方形石片，颈饰为水晶和绿松石串珠，腹部佩玉为齿边玉璜。上述墓葬虽然等级不高，但或多或少地用玉石器随葬，足以说明玉作业的普及。即使在平民的生活中玉器也占有相当重要的地位。洛阳中州路春秋墓玉石器的特点是，随葬的饰物多以石代玉，墓主人生前佩戴的装饰品虽以玉制作，但纹饰较为简单。

1956年冬至1957年，在河南陕县上村岭虢国墓地发掘的西周晚期至春秋

① 中国科学院考古研究所：《洛阳中州路（西工段）》，科学出版社1959年版。
② 中国科学院考古研究所：《上村岭虢国墓地》，科学出版社1959年版。
③ 山西省文物工作委员会：《侯马盟书》，科学出版社1976年版。
④ 山西省考古研究所、太原市文物管理委员会：《太原晋国赵卿墓》，文物出版社1996年版。
⑤ 赵丛苍：《记凤翔出土的春秋秦国玉器》，《文物》1986年第9期。
⑥ 河南省文物研究所、河南省丹江库区考古发掘队、淅川县博物馆：《淅川下寺春秋楚墓》，文物出版社1991年版。
⑦ 河南信阳地区文管会、光山县文管会：《春秋早期黄君孟夫妇墓发掘报告》，《考古》1984年第4期。
⑧ 吴县文物管理委员会：《江苏吴县春秋吴国玉器窖藏》，《文物》1988年第11期。

早期的 234 座墓葬中，出土玉、鸡血石等装饰品近 2000 件，器形有璧、璜、玦、环、簪、带饰、串饰等，其中鱼形、龙形、两头兽形、马蹄形、蚕形、卵形和牙形等串饰数量甚多，可视为虢国玉器的代表性品类。虢国玉器少见立体圆雕，多呈片状，纹饰也比较简单，与洛阳中州路春秋墓葬出土的玉石器相近。M1820 是座随葬装饰品非常丰富的墓葬，椁盖放有石戈、石璧，棺椁间放一组青铜器和一组串饰。墓主人耳部有玉玦，口中放着 5 件碎石片和 2 件石贝，颈部挂串饰。颈饰由 101 枚鸡血色石珠、10 枚马蹄形石片、1 枚椭圆形玉片和 2 枚小石饰组成。鸡血色石珠用双线串成两行，每隔若干珠子，以双线并穿入 1 枚马蹄形玉片。马蹄形玉片正面刻双阴线和勾连纹。椭圆形玉片垂于整组项饰的下方，正面刻双阴线和勾连纹。颈饰红白相间，色彩绚丽，是虢国墓地出土玉器中最为精致的串饰，具有珍贵的艺术价值。

1965 年，在山西侯马秦村发现晋国盟誓遗址，其年代属春秋晚期。出土的500 余件盟书中，三分之一为玉石质料，有圭、璜形及不规则形。在存放盟书的竖坎壁龛里，还放置祭玉，有璧、圭、璋、环、璜、珑、珮、玦、刀、戈、瑁、笏等。多以青玉、白玉等琢磨而成。璧、圭较常见的片状者更薄，璜的边缘加宽，呈扇面状扩大，显示出晋国玉工切割和琢磨技术的高超水平。太原金胜村春秋晚期赵卿墓出土玉石器 545 件，器形有璧、环、圭、璋、瑗、玦、珮（图 2 - 19）、剑珌、玛瑙杯、水晶珠串饰等。青褐色的玉剑珌器表雕琢蟠虺纹、龙首、鹅身、鱼尾等多种动物形象，并施以镂空工艺。青白色的玉盾形饰（图 2 - 19），正中起十字脊，将器表分成四区，满布卧蚕纹，两侧边透雕出长方形穿孔。赵卿墓还出土一件未完成最后工序的半成品玉环，玉的侧缘尚存切割时遗留的毛茬，表面可见雕琢前描画的部分勾云纹底稿。此环的加工痕迹，可提供晋国玉工制作璧、环类玉器的工艺流程大体是：选料，切片，成型，钻孔，器表磨碾光滑，在玉表面起纹样底稿，琢磨内外边缘轮廓线和纹样。

1978 年发掘的河南淅川下寺楚国贵族墓中出土百余件玉器，时代多属春秋晚期。玉器的种类有璧、璜、玦、簪、牌（图 2 - 19）、角形饰和虎、兔等动物形玉饰。这批玉器在楚国玉器中是迄今所知年代较早的，工艺精致，不乏珍品。春秋晚期 M1 出土的一对虎形璜（图 2 - 19），其工艺最具特色。玉料黄色，虎呈卧姿，身体蜷曲。玉工以剔地的技法雕琢出虎身躯上的纹饰，又以粗细不同的阴线纹装饰虎的头尾和耳目。二虎颜色、形体完全相同。虎身上仍留有切割的痕迹，很可能用同一件玉料从中平剖而成。春秋晚期 M10 出土的一件铁匕首上接有一个玉柄，以汉白玉雕成，表面饰卷曲纹和卷云纹，皆阴刻于器表。顶端钻銎，以纳匕首。属于春秋早、中期的楚国墓葬目前发现尚少，出土玉器的工艺水平也不高。但是春秋晚期楚国的琢玉技术却有明显进步，数量也骤然增多。究其原因，当是楚国以强大武力，兼并邻国，进而充分吸收先进文化所致。例如黄国的玉作工艺十分发达，但国小势微，春秋中期被楚成王所灭，其先进的玉作工艺自然流入楚国。

1983年发掘的河南光山宝相寺春秋早期黄君孟夫妇墓出土玉器185件。品种有璧、环、璜、玦、虎鸟珮、蚕蛾饰、人头雕饰等（图2-19）。黄氏墓玉器多为薄片状，刻划线条以双勾阴线为主，保留了西周玉器流行的云纹、涡纹、卷曲纹、蝉纹、虎纹、鸟纹等纹样，又出现春秋早期以后至战国流行的繁缛的蟠虺纹。束绢纹，形似一束缚扎的绫罗，仅见于黄氏墓出土的牌形玉饰上，因而独具特色。玉器中立体圆雕虽少，但玉雕人头、兽头和鸳鸯都是难得的艺术珍品。尤其是玉雕人头，以黄褐色玉料制成，高3.8厘米，宽2.5厘米，厚1.8厘米。头戴冠，眼圆睁，蒜头鼻，口微张（图2-19），形象生动逼真，已脱离殷代立体玉人象征性的图案化的作风。殷代和西周玉璧一般纹饰较为简单。黄氏墓出土的玉璧一面光素，一面饰细密的蟠虺纹，开创一代新风。黄国玉器以小巧精致著称，这与其国力单弱，又缺乏玉料资源有关，但玉工技艺却十分高超。

1986年，江苏吴县严山东麓出土一批春秋晚期吴国宫廷的玉器窖藏，出土玉器402件。种类有璧、环、璜、琮、镯、珌、珑、玦、管、珠及各类玉佩饰（图2-19）等。纹饰有卷云纹、绚纹、弦纹、鳞纹、羽状纹、几何纹以及形态不同的蟠虺纹、蟠螭纹、兽面纹、夔纹、鸟纹等。纹饰的雕琢多采用减地浅浮雕，西周流行阴刻一面坡线的手法已很少见到。由于玉料来之不易，吴国玉工常以前世玉器改制其他作品。吴国窖藏中出土多件良渚文化的璧和琮。其中一件琮作为玉料经切割仅余半爿，另一半已改制成别的器物。由此亦可见璧、琮在春秋已逐渐失去礼天祭地的作用。改制前代玉器的现象在列国多有发现，如大器改成小器，或璧改环，环改璜等。器物形状虽然变动但大多仍残留原器的纹饰。因纹饰的轮廓走向难免与改制成的新器物的造型有所抵牾，故易于辨识。吴国玉器中的创新作品以两件拱形器最具特色。一件双系拱形脊饰，其整体造型突破了固定单一的传统形式。在瓦状形器身上下两端，分别琢成兽头系与连接活动环。兽面形象作省略处理，突出圆目与宽嘴。下端系、环之间活榫相连。器身中脊凸起，四角作圆弧处理。形态简洁生动，衔接巧妙自然。这种在器物上配以双系活环，形成既独立又连为一体的造型开创了后世多节玉作的先河。另一件鹦鹉首拱形饰（图2-19），用筒瓦形玉坯料加工而成。玉工将其两端琢成互相对称的侧面鹦鹉头像，身躯部分为适应玉坯弧度作了压缩和省略，表现出强烈的图案意识。两端鹦鹉首的形象则突出勾喙、肉冠及眼部，其尺寸远大于实际比例。作品在写实的基础上加以夸张处理的表现手法形成吴国玉器独特的造型风格。

纵观春秋时期的玉器，早中期玉器延续殷代和西周遗风，玉器种类以璧、环、璜等传统礼器和动物形佩饰为常见；玉器的纹饰比较简单，多采用阴线一面坡的雕刻手法。晚期礼器所占比例明显减少，佩饰激增，并出现玉剑珌、玛瑙杯等新的种类；玉器纹饰趋于繁缛华丽，刻划手法向减地浅浮雕的方向发展。列国玉器的琢制工艺较西周时期有明显提高，就出土资料而言，尤以中原的晋国，关中的秦国和江汉地区的黄国、吴国最为突出。吴国宫廷玉器窖藏出土的双系活环拱形脊饰是具划时代意义的玉作佳品。

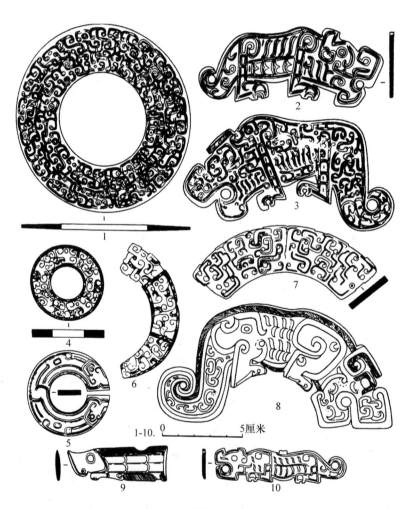

图 2 - 19　春秋玉器（之一）

1. 璧（光山 G1：B1）　2. 虎（光山 G2：27B105、106）　3. 虎（光山 G1：B13）　4. 璧（吴县 2：12）　5. 玦（光山 G2：25B24、25）　6. 珑（吴县 2：61：1）　7. 璜（光山 G2：25B2）　8. 虎（淅川 M1：3）　9. 鱼（光山 G2：25B23）　10. 虎（光山 G2：25B10）

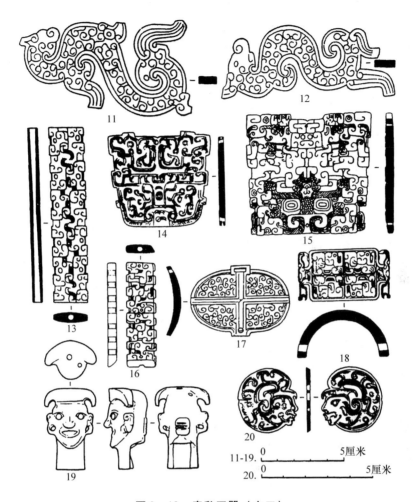

图 2-19 春秋玉器（之二）

11. 珮（太原 M251：453） 12. 珮（太原 M251：445） 13. 珮（吴县 J2：71） 14. 兽面（光山 G1：B5） 15. 牌（淅川 M1：12） 16. 珮（吴县 J2：80） 17. 珮（太原 M251：357） 18. 饰件（吴县 J2：93） 19. 人头（光山 G2：27B107） 20. 人头饰（光山 G1：B8-9）

九 战国时期的玉器

战国时期是制玉工艺高度发展的辉煌时期，达到殷周以来新的高峰，在中国玉器史上占有十分重要的位置。河北平山中山王墓[①]；山东曲阜鲁国故城[②]；

---

① 河北省文物研究所：《𰯼墓——战国中山国国王之墓》，文物出版社 1995 年版。
② 山东省文物考古研究所、山东省博物馆、济宁地区文物组、曲阜县文管会：《曲阜鲁国故城》，齐鲁书社 1982 年版。

河南辉县固围村魏墓①，信阳楚墓②，叶县楚墓③；湖北随县曾侯乙墓④等处出土的玉器最具代表性，它们从不同侧面反映出战国制玉工艺的高超水平。

1974—1978年，在河北平山三汲发掘的30座墓葬中，中山王室墓虽经早年盗掘和焚烧，仍出土3000余件玉器，其质料有各种颜色的玉、水晶、玛瑙和彩石。以浮雕作品居多，圆雕少见。纹饰以阴刻为主，也采用阴起、凸凹透雕等工艺。玉器的种类有珮、环、璜、玦、饰版、串饰、玉人、剑珌、带钩、梳、鼻塞等（图2-20）。各种纹饰的玉版最富特色，皆以隐起的雕琢技法，使龙、凤等动物图案呈半浮雕状现于版面之上，给人以既神秘又自然的感觉。M6出土的战国晚期玉龙纹版，墨玉，长方形，扁平体。图案为隐起雕琢的四龙纹对称蟠绕形象。图案充分利用有限的版面，设计别具匠心。雕琢玉版饰为中山国所独创，尚未见于其他诸侯国的玉制品。M1出土数十件有墨书文字的玉器。书写玉器的名称、某人姓名或纪事。例如"它玉珩""它玉环""它玉琥""桓子""集子"等，为研究战国玉器的用途、定名提供了难得的实物资料。M1出土的墨玉带钩，通体青色间墨点。首尾俱琢隐起兽头，身呈弓形，表面琢变形夔纹和斜格纹，并饰以细如发毫的阴线勾勒的各种几何纹饰。这种隐起主纹，配以发丝刻划的技法，是中山国玉器的典型作风。

山东曲阜鲁国故城乙组东周墓葬，已发掘16座。其中战国早、中期的M3、M52、M58出土的玉器最为丰富，有璧、环、璜、玦、组玉珮、镶嵌绿松石带钩（图2-20）、玉马、玉博具等。M3出土的玉马（图2-20），呈青色，杂棕色斑纹。马为立姿，昂首竖耳，口微张，举目前视，马尾挽髻，四肢略短，前腿直立，后腿微曲，立于方座之上。玉马造型生动逼真，雕琢精细，艺术手法简洁，是鲁国玉器的代表作。M52出土的一组玉博具，呈青棕色，共6枚，均为立体正方形，皆磨去棱角，器表光素无纹。同墓还出土象牙博具、筷形牙筹、筷形银筹等，是研究鲁国上层贵族娱乐生活的重要实物资料。

1950年末至1951年初发掘的河南辉县固围村战国中期魏王室墓和祭祀坑内出土许多玉器，有环、璜、珮饰、玉鸟、圭、简册，以及金嵌玉琉璃珠、银带钩等。M1的两个祭祀坑皆以朱色绢铺垫坑底。1号坑东侧放置玉环、蓝白色料珠和玉柄饰2件。2号坑北侧壁龛内藏玉器、料珠等105件。其中玉册以

① 中国科学院考古研究所：《辉县发掘报告》，科学出版社1956年版。
② 河南省文物研究所：《信阳楚墓》，文物出版社1986年版。
③ 河南省文物研究所、平顶山市文物管理委员会、叶县文化馆：《河南省叶县旧县一号墓的清理》，《华夏考古》1988年第3期。
④ 湖北省博物馆：《曾侯乙墓》，文物出版社1980年版。

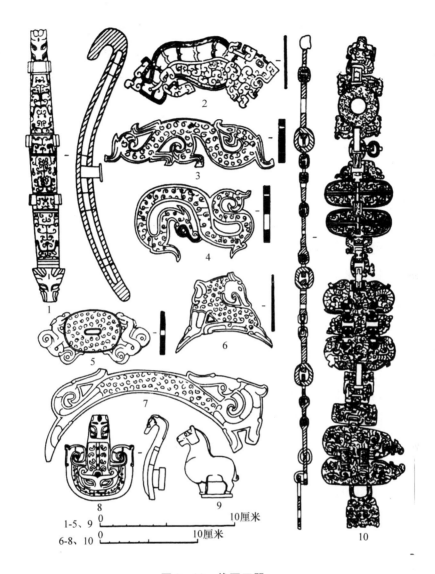

图 2 - 20　战国玉器

1. 带钩（曲阜 M3∶9）　　2. 虎形珮（平山嚳墓 XK∶333）　　3. 龙形珮（平山嚳墓 XK∶324）

4. 龙形珮（平山嚳基 XK∶326）　　5. 虎耳谷纹璧（平山嚳墓 XK∶361）　　6. 虎形珮（平山嚳墓

XK∶490）　7. 龙形珮（平山嚳墓 XK∶504）　　8. 带钩（曲阜 M58∶31）　　9. 马（曲阜 M3∶8）

10. 龙凤珮饰（随县曾侯乙墓 EC11∶65）

青玉白斑半透明的简片编成，片长约 22.5 厘米，宽 1.2 厘米，厚 0.11 厘米，
50 片编为一册。这种完整的战国玉册尚属首次发现。龙形大玉璜呈弧形，外
距全长 20.2 厘米，由 7 块玉和 2 个鎏金兽头组成。龙身皆饰勾连纹，两端各
雕龙头，昂首前视。龙形璜以铜条贯穿其中，连为一体。铜件露出龙口的部

分，又制成鎏金小兽头，口衔椭圆形透雕勾连纹玉片。龙形大玉璜构思奇巧，雕琢细腻，堪称"玉器冠冕"，是战国玉器中的精品。M5 出土的包金镶玉琉璃珠银带钩，长 18.4 厘米，表面为包金蟠龙嵌以白玉玦和料珠，银托底，钩部用白玉雕琢成回首鸭头状。此器可视为魏国玉器中复合工艺制作的代表性物件。

1957 年发掘的河南信阳 M1，时代属于战国中期。出土玉器有璧、璜、双夔龙纹珮、错金嵌玉铁带钩、错金带钩等 40 件。玉双夔龙纹珮，呈白色泛黄，体扁平，扇面形。主纹由连体的双夔龙和牛首纹组成。双夔龙相背连尾，躯体蜷曲。牛首位于夔龙下方以口衔龙身。夔龙爪、牛首双目皆镂空，可供穿系。玉工以隐起的技法使佩饰表面呈浅浮雕状，并以阴线雕曲线纹、勾云纹和小方格纹，装饰夔龙的颈侧和牛首的面部，使佩饰分外华丽。这件夔龙佩饰反映出楚国工匠掌握了娴熟的玉雕琢工艺。错金嵌玉铁带钩，呈扁条形，钩端为错金鸟兽，器身镶嵌蟠虺纹金质浮雕四块，其中一块作三角形，表面铸两螭一首浮雕，另有三块作方形，表面铸蟠螭盘绕，旁立一兽。另有三块青色卧蚕纹方玉，分别镶嵌在金雕饰之间，带钩的周边饰以金银错细线、菱形、三角勾云纹等装饰。带钩的主体材料虽系铁质，但加之金、玉等不同材料，以错金、镶嵌、雕琢、铸造等极其复杂的工艺流程，创造出精美的艺术杰作。

河南叶县 M1 出土玉器 14 件，有璧、璜、玉条形饰、龙形璜等。其中以玉龙形璜工艺最为卓绝。璜呈碧绿色，镂空透雕蟠绕的四龙、四凤、二蛇，表面阴刻极细的网纹、线纹和卷云纹。这件玲珑剔透的佩饰，润泽晶莹，造型优美，是一件难得的艺术珍品。

1978 年湖北随县擂鼓墩战国早期曾侯乙墓的发掘，是战国考古的重大发现。墓中出土的玉、石器共 528 件。器类繁多，有璧、玦、环、璜、琮、镯、带钩、珮、挂饰、剑、管、玉人，葬玉中包括牛、羊、狗、鸡、鱼、口塞、握等。其中以四节龙凤玉珮和十六节龙凤玉珮造型最为精致。四节玉佩呈青白色，体扁平，以一块玉料透雕出三环四节而成，中间为活环，三环首尾相接，组成龙纹。各节雕镂龙凤布列左右。珮上端中部钻一小孔，可以穿绶系珮。两面均以细线刻划出龙凤眼、角、冠、嘴、爪、鳞甲和羽毛。第二节上刻四条龙纹。十六节珮（图 2-20），亦呈青白色。全器为长带形，分五组主体构件，套扣成似龙状的整体。其中有四个活环，以金属榫插接。另八个活环取镂空技法制作，不可拆卸。各节构件的主纹为龙、凤和兽面，兼备正侧面的形象。主纹表面再饰蚕纹，杂以弦纹、绹索纹，繁缛华丽。此器集切割、平雕、分雕、阴刻、剔地、透镂、接榫、碾磨等多种工艺于一体，难度超绝。玉玲共 21 件，器小如豆，皆仿生圆雕，其中 12 件工艺最精，且形象逼真。玉牛翘首，弯角张口，挺胸收腹，腰脊微凸，四足分立。玉羊昂首竖角，臀部略高，四足直立。玉猪昂首撅嘴，躯体窄长，颈部阴刻鬃毛，腹部下垂。玉犬昂首张口，竖耳挺胸，作吠叫状。玉鸭扁嘴微张，翅尾雕阴线翎毛，双足分立。诸器形体颇小，玉工琢制难以控制，但独具匠心，仍然达到栩栩如生的艺术效果。

战国时期玉器的应用范围较春秋时期更为扩大。除传统礼器和珮饰外，生活器皿明显增加。纹饰繁缛而又富于变化，是战国玉器的突出特征。春秋以前的素璧，战国时已极少见，取而代之的是各种饰纹璧。既有单一的谷纹、乳丁纹、蒲纹璧，也有变化多端的龙纹、鸟纹、谷纹等混合纹璧。中山国王室墓的墨玉带钩，表面饰隐起夔纹和斜格纹为主纹，加饰以发丝刻划的几何纹，其繁复华丽的程度，令人惊叹。战国玉器已逐渐摆脱商代和西周玉器的图案艺术风格向写实方向发展。由于琢玉技术和工具的进步，战国玉器的镂空和连锁工艺流行，玉器雕琢与金银错、鎏金等细工巧妙结合，并广泛应用。战国时期各地玉器中的精绝之品甚多，其中以曾侯乙墓出土的四节和十六节龙凤玉佩饰最为杰出，是战国玉器划时代意义的代表作。

东周时期，各诸侯国鼓励发展蚕桑和丝绸的生产，加之铁器的推广使用，促进手工机具的不断革新，丝织技术迅速提高，丝织物的品种也更加丰富多样，成为中国丝绸史上的重要发展时期。

古代总称丝绸为帛或缯。考古发掘所见东周时期的丝绸大致有绢、纱、绨、缣、绉、罗、组、绦、绮、锦、绣等品种。[1]

绢是平纹组织、经纬线细密的丝织品。织物表面均匀平整，质地轻薄，织造工艺比较简单，是东周丝绸中最常见的品种。绢的称谓很多，素、纨、缟等指的是绢中的精品。

纱的结构稀疏，丝线纤细，是轻薄方孔的平纹丝织物。

绨为厚实、缜密而有光泽的平纹丝织物，多染成各种颜色，经纬线较粗。

缣的经丝或纬丝是双根的细线，为重平组织的并丝织品，因而结构较绢致密。

绉这种平纹素织物的特征是不仅有纱一样的方孔，而且表面起细致、均匀呈粟形细小颗粒状的皱纹，故又称縠。

罗是纬丝相互平行排列，而经丝分为绞经和地经两组，相互扭绞，与纬丝交织而成的极为轻薄的丝织品，表面呈均匀的椒孔状。

---

① 朱新予：《中国丝绸史·通论》，纺织出版社 1992 年版。

组无纬线，只用丝质经线斜向交叉纺织而成。

绦是一种丝织窄带，按组织结构可分为纬线起花绦和针织绦两类。纬线起花绦有两色或更多色的纬线，其中一种为地纬，其他为花纬。针织绦，是把丝线弯曲成线圈，并串连起来而成的绦带。古籍中又称之为扁绪或纠。

绮类是提花丝织物，以织纹在平纹地上起斜纹花。花纹结构因不顺经纬方向而倾斜。在织物外观上具有一定的小花纹效果。这种丝织物在织造时一般是素白的，织成后再染色。绮的组织比平纹复杂，属较为贵重的丝织品。

锦类是一种绚丽多彩的提花织物。以彩色丝线或彩色丝线加织纹来显示花纹和图案，其色彩大都在两种以上，少数也有单色的。锦的花纹表现力强，织纹复杂，图案精美，上述特点使之兼具实用和观赏的性能，因而显得十分珍贵。

刺绣是在丝织物上以绣花针添附各色丝线，绣出繁复华美的彩色花纹或图案。刺绣是以针代笔的绘画艺术品，故其观赏性也更高于锦。

十　春秋时期的丝绸

春秋时期丝绸迄今见于报道的考古发现不多，主要出土地点有河南光山宝相寺[1]、安徽舒城凤凰嘴[2]、山东临淄郎家庄[3]。

1983 年发掘的河南光山宝相寺春秋早期黄君孟夫妇墓中发现 6 件丝织品残片。其中紫色绣绢 2 件，一件残存长 21 厘米，宽 17 厘米（图 2－21），另一件残长 22 厘米，宽 16 厘米。绢的质地比较均匀，以锁绣针法绣窃曲纹，纹饰互不雷同，未见稿线，可能是绣工信手而作。绣线三色或四色。绣纹颜色上下行交替，有的绣纹呈斜向排列。绢一件，经纬线密度为每平方厘米 82.5 根和 43 根。另三件为缣织物，经线双根，偶见 3 根，经纬线均加捻。

1971—1972 年发掘的山东临淄郎家庄 M1 春秋晚期墓出土绢、锦、刺绣等丝织品。绢为平纹组织，每平方厘米经线 76 根，纬线 36 根。锦为经二重组织，每平方厘米约经线 56×2 根，纬线 32 根。不同颜色的两组经丝互换位置起花，是典型的两色织锦。刺绣为绢地，经纬线密度每平方厘米 48 根和 43根。经碾砑加工，织物不仅表面平滑，而且看不出明显的孔隙。锁绣法，以二

① 河南信阳地区文管会、光山县文管会：《春秋早期黄君孟夫妇墓发掘报告》，《考古》1984 年第 4 期。
② 安徽省文化局文物工作队：《安徽舒城出土的铜器》，《考古》1964 年第 10 期。
③ 山东省博物馆：《临淄郎家庄一号东周殉人墓》，《考古学报》1977 年第 1 期。

道至三道并成块面花纹。绣工风格粗放疏朗，针脚长短不甚整齐。用丝也略分粗细，目的在于增强纹饰的表现力。

图2-21　东周丝绸织物的图案

1. 动物花卉纹绣绢（望山 M2）　2. 凤鸟纹刺绣（包山 M2）　3. 二色大菱形纹锦（包山 M2）　4. 紫色绣绢（光山黄君孟墓）　5. 蟠龙飞凤纹绣（马山 M1）

十一　战国时期的丝绸

有关战国时期丝绸的考古资料比较丰富，见于报道的出土地点主要在湖南和湖北，尤以长沙附近最为集中，有五里牌[①]、左家公山[②]、杨家湾[③]、左家塘[④]、广济桥[⑤]、浏城桥[⑥]等。湖北的出土地点则有江陵雨台山[⑦]、马山[⑧]、望

①　中国科学院考古研究所：《长沙发掘报告》，科学出版社1975年版。
②　湖南省文物管理委员会：《长沙左家公山的战国木椁墓》，《文物参考资料》1954年第12期。
③　湖南省文物管理委员会：《长沙杨家湾M2006号墓清理简报》，《文物参考资料》1954年第12期；《长沙出土的三座大型木椁墓》，《考古学报》1957年第1期。
④　熊传新：《长沙新发现的战国丝织物》，《文物》1975年第2期。
⑤　湖南省文物管理委员会：《长沙广济桥第五号战国木椁墓清理简报》，《文物》1957年第2期。
⑥　湖南省博物馆：《长沙浏城桥一号墓》，《考古学报》1972年第1期。
⑦　湖北省荆州地区博物馆：《江陵雨台山楚墓》，文物出版社1984年版。
⑧　湖北省荆州地区博物馆：《江陵马山一号楚墓》，文物出版社1985年版。

山①，荆门包山②和随县擂鼓墩③等。此外，河南信阳长台关④也有丝绸出土。

1978 年发掘的湖北随县擂鼓墩战国早期曾侯乙墓出土丝织品 217 块，品种有绢、纱、锦、绣等四种。用绢的地方较多，有死者身着的衣衾，椁板上的铺盖物，还有装饰品和穿缀系结的带子等。经过鉴定的 5 块残绢，均为深棕色，经纬密度最大的一块为每平方厘米 104 根和 36 根，较春秋时期的绢细密。纱为丝麻交织，是迄今所知我国最早的混纺织物。麻线主要是苎麻纤维，亦夹有大麻纤维。纱的经线用丝和麻相间排列，纬线则均用丝。经纬密度一般为每平方厘米 30 根和 25 根。纱孔方正且较均匀。用纱制作的织物似为纱袋，可能用来装漆瑟。较完整的一件，原裁成长方形，四边缘向内卷二层，再对折缝合，仅留出口。锦，经鉴定是单层暗花织物，其经纬线颜色仅一种。锦的图案经拼合为连续的菱形花纹。龙纹绣以深棕色绢为绣地，表面有明显的畦纹。经纬密度每平方厘米 96 根和 24 根。彩锁绣法，以单链状环套的基本针法绣花蕾，又采用 2 根和 4 根绣线并列绣成满布的卷曲纹，使花纹更加突兀而丰富。

1957 年在湖南长沙左家塘发掘的一座战国中期楚墓中出土了一批质地保存较好的丝织品，颜色依然十分鲜艳。绢、纱和锦皆用于包裹死者的衣衾。绢为黄、棕、褐色，其组织为单层平纹。黄色绢的经纬密度为每平方厘米 75 根和 45 根，棕色绢的经纬密度为 84 根和 60 根，褐色绢的经纬密度与黄色绢相同。纱为藕色手帕，单层平纹，并有稀疏的方孔眼。锦的纹样繁缛，有深棕地红黄色菱纹锦 3 块，褐地矩纹锦的黄绢边上墨书"女五氏"三字，锦面上盖长方形朱印一枚。推测很可能是当时织造者姓氏和丝织业作坊的标识。各纹样织锦的组织结构为二重经锦组织或三重经锦组织。朱条暗花对龙对凤纹锦的经纬线，其朱色彩条系采用矿物颜料朱砂染成（所谓"石染"），其他的采用植物染料染成（所谓"草染"）。这些都是研究古代染织工艺有价值的资料。

1965—1966 年在湖北江陵望山发掘的两座战国中期楚墓出土一批丝织品，有绢地绣、锦地绣和彩绦锦。M1 的花卉纹绢绣，绣地是浅棕色平纹绢，经纬密度每平方厘米 36 根和 27 根，与湖北随县曾侯乙墓出土的龙纹绣地绢的致密度比较，应属平纹粗绢。在粗经粗纬构成的矩形纹绢地上用棕色丝线，以开口和闭口锁绣两种针法，绣出卷曲花卉图案。M2 出土的动物花卉纹绢绣，在浅

① 湖北省文物考古研究所：《江陵望山沙冢楚墓》，文物出版社 1996 年版。
② 湖北省荆沙铁路考古队：《包山楚墓》，文物出版社 1991 年版。
③ 湖北省博物馆：《曾侯乙墓》，文物出版社 1980 年版。
④ 河南省文物局文物工作队第一队：《我国考古史上的空前发现——信阳长台关发掘一座战国大墓》，《文物参考资料》1957 年第 9 期。

黄色绢地上绣出一个长方形边框，用棕色绣线，亦以开口和闭口锁绣两种针法，绣出四组动物花卉纹图案（图2-21）。绣纹粗细相配，绣技精巧娴熟。这种在长方形边框中绣动物花卉的组合纹样，在东周丝绸中尚属首次发现。绣品的纹饰与同墓出土的木雕漆器花纹特征比较接近，充分显示出楚文化的艺术风格，M1出土的菱纹锦绣的绣地是石字纹锦，经线的颜色有甲乙两种，也称两色锦。甲经深棕色，乙经是土黄色起出花纹。由于其单元纹样酷似"石"字，故称为石字纹锦。在锦面按画稿以后世称为钉线绣的技法，用双股深棕色线绣出波浪形图案。望山M1出土的对兽纹彩绣锦，是作为铜剑上的包裹物而被存留下来的。由棕色和浅棕色两种彩线组成双色暗花锦，主要纹饰为鲜见的虎状阴阳对兽。

1986—1987年发掘的湖北荆门包山M2出土衣衾15件，以及网、器封、系带、纱罩和扇形绢等丝织物。丝织品的种类则有绢、纱、绮、锦、组、绦、绣等。绢的用量最大，有棕、黑、褐色绢和条纹绢。绢的经纬线粗细和疏密度差距较大。密度最大的绢是凤鸟纹绣夹衾的绢地，经纬密度为每平方厘米104根和47根。密度最小的绢是内棺盖上残存的深棕色绢衣缘，经纬密度为每平方厘米30根和15根。大体上看，经纬密度较小的绢，多用作器封和中小型衾的面或里。经纬密度较大的组，多用作绣地或衣里、衣面。纱的颜色有褐色、灰褐色、棕色、深棕色、黑色、土黄色等多种，主要作器物封口的内层，也有少量用作小衾的里、面或纱罩。绮仅残存1件，用作凤鸟纹绣夹衾的里，花纹呈菱形。锦，根据经线配色的不同，可分作二色锦和三色锦，颜色有土黄、深棕和深红，多用作衾面和衣物的缘。依纹样又可区分为小菱形纹锦、大菱形纹锦和凤鸟凫几何纹锦。大菱形纹锦的纹样组合较复杂。一种为二色，大菱形内填充中、小型菱形纹、耳环形菱纹、曲折形、三角形、Z形、S形、V形等小纹样（图2-21）。第二种亦为二色，基调为大菱形，其内所填纹样大致与第一种相同，唯多出一种相背对称麦穗纹样。第三种为三色，由连贯的大菱形纹组成。大菱形纹内所填小纹样除与第一种相同者外，还有矩形纹样。刺绣均为单色绢地，花纹锁绣。残存绣品共3件，主要用于衾及器物包裹。绣线一般由双股合成，颜色有深红色、深棕色、土黄色。部分绣品花纹相同而用针风格有别，可知整匹绣品常由多人完成。绣品的花纹以龙、凤为主，但在图案的配置上有所变化。一种为一凤三龙相蟠纹绣，另一种为凤鸟纹绣（图2-21），第三种为一凤三龙相嬉纹绣。包山M2出土的组为经线交叉纺织的单色带状织物，主要用作带饰。绦已炭化严重，纺织方法不清。

1982年发掘的湖北江陵马山M1，出土的丝织品种类丰富，几乎包括东周时期丝织品的全部品种，是东周丝织品的一次最集中的重要发现。出自棺内的衣衾共19件，计绵袍8件、单衣3件、夹衣1件、单裙2件、绵绔1件、绵衾3件、绵1件。此外还有巾、镜衣、囊、枕套、棺套，以及木俑身着的衣裙等。丝织品的种类有绢、绨、纱、罗、绮、锦、绦、组、绣等。

在出土的衣物中，以绢的用量最大，颜色以黄色居多，还有藕色、灰白色、深棕色、深褐色、红棕色等。绢的疏密度差异很大。用作衾里经纬密度最稀疏的灰白色绢为每平方厘米44根和32根。绨仅见于麻鞋面，土黄色。外观经线密集，呈明显的纬向凸条，光泽好，并有正反两面相同的效果。纱，保存较好的是竹笥中用作巾的深褐色纱。素罗，灰白色，用作绣地，见于龙凤虎纹绣罗单衣。彩条纹绮，外观为顺经线方向排列的深红、黑土黄三色相间的窄长条，用于蟠龙飞凤纹绣浅黄绢面衾的上缘和一凤一龙相蟠纹绣紫红绢面单衣。出土的锦都是平纹地经线提花织物，根据织造时经线所配用的不同颜色，又可分为二色锦和三色锦两大类。二色锦的组织比较稀疏，三色锦则紧密、厚实。锦的用量仅次于绢，多用于衣衾的面和缘。锦的纹样以几何形图案为主题，有菱形、S形、六边形等，其中菱形纹最富于变化。动物纹，有龙、凤鸟、麒麟等。另外还有人物纹。这些纹样有序地结合在一起，加上巧妙的配色，形成五彩缤纷，花纹多变的图案。依纹样的不同组合，可分为塔形纹锦、凤鸟凫几何纹锦、凤鸟菱形纹锦、条纹锦、小菱形纹锦、十字菱形纹锦、大菱形纹锦、几何纹锦、舞人动物纹锦等9种。其中前六种为二色锦，后三种为三色锦。绣品共21件，花纹各不相同，主要用作衣衾的面和缘。绣地以绢为主，只有一件绣品以罗为地。刺绣的针法为锁绣。花纹的主体部分一般用多行锁绣将绣地完全覆盖。有些部位以单行或数行锁绣排成稀疏的线条。所见绣线的颜色有棕、红棕、深棕、深红、朱红、橘红、浅黄、金黄、土黄、黄绿、绿黄、钴蓝。刺绣花纹的主题是龙和凤，但其形态各异，绝不雷同。图案编排富于变化，有蟠龙飞凤纹（图2-21）、对凤对龙纹、龙凤相蟠纹、舞凤逐龙纹、舞凤飞龙纹、龙凤相搏纹、飞凤纹、凤鸟纹、凤鸟花卉纹、凤鸟践蛇纹、龙凤虎纹等。在一些衣物上保留有墨书文字和朱印文，多位于织物的幅边。墨书有"门""柬"等字。印文皆不清晰。绦是用于装饰衣物的一种丝织窄带，分为纬线起花绦和针织绦两种。前者花纬的织入方法有"抛梭法"和"穿绕法"，见于衣袍的领；后者均以手工编织而成，有横向连接组织绦和复合组织绦之分，见于衾面和袍面。

十二　东周时期丝绸工业的发展

从新石器时代平纹丝织品的发现，可知原始素织机已经投入使用。商代的绮类丝织品则须以提花机具才能织造。西周锦的出现和东周锦的大量生产，进一步表明当时已经有了比较先进的提花织锦机。《诗经·小雅·大东》："杼柚其空。"朱熹《诗集传》解释说："杼，持纬者也，柚，受经者也。"杼是缠上纬线的梭子，柚便是缠上经线的机轴。轴端要安装棘齿（轴牙）以固定轴子。这种可旋转、调整的轴子是我国首先用于织机上的。西方古代的织机，不论竖直式，或是平放式的，经线两端均固定，经线长度有限，因之布帛的长度受到很大制约。我国的织机，提花织物的经线可延长，牵经就织，入筘和穿综的次数减少，节时省工，生产效率大为提高。所以，机轴之能旋转，以卷经线和布帛，是织机上一个重要的技术改进。[①]

春秋时期的丝绸资料目前所见虽然不多，但是有一定的时代和地区特征。春秋早期黄君孟夫妇墓发现的缣织物，从经线偶见三根，纬线偶见双根分析，其生产技术尚处于肇始阶段，因而是我国纺织史研究中极为重要的实物标本。

山东的丝绸业在东周时期已十分发达。齐都临淄成为北方丝绸业的生产中心，其织作技术具有很高的水平。临淄郎家庄春秋晚期墓出土的锦，是经线起花的平纹重组织织物，不同颜色的两组经线互换位置起花，通体作小单位的几何纹样，为早期织锦的通式，在织造工艺方面已臻于成熟。绣花的绢地经碾砑加工，织物不仅表面平滑，而且无明显的孔隙。在此前的绢类中尚属少见。

战国丝绸的出土遗物多见于楚墓。曾国长期附属于楚国，所以曾侯乙墓出土的丝绸大体也应归于楚国丝绸的范畴。故此，迄今所见的战国丝绸，实际上主要也就是楚国的丝绸。战国时期楚国辖境以外地区的丝绸发现较少、保存欠佳，对其织造水平的认识，尚待今后的考古发现。

绨、组、绦是战国时期出现的丝绸新品种，绨、组出土遗物所见甚少，绦在马山 M1 中出土的数量则较多。纬线起花绦和针织绦是战国丝织技术的重要创造。针织绦带结构复杂，除横向连接组织外，还应用提花技术，编织方法巧妙，把我国针织技术起源的历史提前到公元前 3 世纪左右。

---

① 夏鼐：《我国古代蚕、桑、丝、绸的历史》，《考古》1972 年第 2 期。

　　绢在战国丝绸中用量最大，其织造技术不断提高。曾侯乙墓的绢，经纬密度最大的为每平方厘米104根和36根。马山M1的绢，经纬密度最大者更达到每平方厘米158根和70根，远比春秋时期的绢细密。染色绢的品种也有所增加。包山M2的一种条纹绢，黑色与褐色，或黑色与土黄色相间，是染色绢中的精品。

　　锦是楚国丝绸最富特色的种类之一，长沙左家塘、荆门包山、江陵望山、马山等地楚墓出土的锦，不仅有二色锦还有三色锦，大体以黄、棕、红色丝线织造而成。在传统的连续菱形纹的基础上，构图又创新意。左家塘墓有朱条暗花对龙对凤纹锦，望山M1有对兽纹彩绦锦。马山M1的锦种类最多，二色锦有塔形纹锦等6种，三色锦有舞人动物纹锦等3种。舞人动物纹锦的纹样横贯全幅，织造时使用143个提花综，充分反映当时已有相当先进的提花织机和娴熟的织造技术。

　　楚国的刺绣绚丽多彩，代表了楚国丝绸工艺的高水平。刺绣多以绢为地，以罗为地者也偶有所见。望山M1出土的石字菱纹锦绣，证明锦上添花（绣）在战国时期确已出现。楚绣的纹样多以龙凤为主题，包山M2刺绣有一凤三龙相蟠的纹样，马山M1出土的11种刺绣纹样之中，龙凤共存的纹样多达6种。此外，望山M1石字菱纹绣和M2的凤鸟花卉纹绣的图案也别具一格。楚国刺绣多采用通常习见的锁绣法。望山M1石字菱纹绣则采用钉线绣法。学术界过去一般认为钉线绣法在辽宁法库县叶茂台辽墓（公元960年左右）出土的对鹿花卉纹绣帽和盘金银绣香囊上才初次使用。望山M1的发现将钉线绣技法的使用年代大为提前。马山M1的21件绣品，花纹各不相同，绣地以绢为主，只一件绣品以罗为地。其刺绣技术集中代表了楚绣的风格。针法虽然比较单一，但锁扣十分均匀、整齐、线条流畅。较多地运用改变线条方向、排列方式、稀疏密度的方法来表现各种禽兽的细部，突破了单调、呆板的传统，给人以生动、多变之感。刺绣纹样的构图讲究对称平衡，动静结合，色彩搭配适当。图案的内容充满神话色彩，鲜明地反映了楚文化浪漫主义的特色，对后世刺绣的发展产生深刻的影响。

　　漆器生产是东周时期重要的手工业。在商殷和西周漆器的基础上，东周时期的漆器制作又有新的发展。尤其是战国时期漆器，不仅分布地域广，产量大，品种多，面且制作技术十分精湛。其中，以楚国出土的漆器数量最多。楚国漆器造型新颖，作风华丽，制作精致，反映战国时期的髹漆工艺已达到了很高水平，在我国漆器发展史上占有重要的位置。

十三　春秋时期的漆器

据目前所知的资料，春秋时期漆器的出土地点主要有：河南陕县上村岭[①]，光山宝相寺[②]；湖北当阳曹家岗[③]、赵巷[④]、襄阳山湾[⑤]；山东临淄郎家庄[⑥]；山西长治分水岭[⑦]，长子牛家坡[⑧]等。

1957 年发掘的河南三门峡陕县虢国墓地 M1704 春秋早期墓出土的 4 件漆豆，盘壁外侧均镶有 6 个蚌泡。另 2 件漆豆和 4 件漆盘分别出自 M1702 和 M1707，均已残毁。

1983 年发掘的河南光山宝相寺春秋早期黄君孟夫妇墓的木棺，通体髹黑漆，周边皆以朱漆勾绘窃曲纹。随葬的漆器有豆、斗、盖等。

1984 年发掘的湖北当阳曹家岗 M5 春秋中期墓随葬的漆瑟，以朱黑色彩绘的龙凤为主体，间配勾连雷纹等图案，纹饰繁复，色彩鲜明（图 2 - 22）。

1988 年发掘的湖北当阳赵巷 M4 春秋中期墓随葬的方壶、簋、豆、俎、镇墓兽、瑟等漆器，多以整块木料刳成，髹黑漆地，绘红色花纹，并间以金、银、黄色勾画点染，色彩艳丽，层次感强。俎面髹红漆，以红漆描绘 12 组 30 只瑞兽珍禽。瑞兽为鹿头，四肢修长，偶蹄，长尾，身饰珠点纹。有的生枝杈状角，有的无角，体态亦有肥壮或细长，匍匐或弓背之别。珍禽昂首，长颈，短身，翘尾，变形长腿，身饰珠点纹。

1971—1972 年发掘的山东临淄郎家庄 M1 春秋晚期墓出土的漆器有豆、镇墓兽、器皿等。这批漆器均朽蚀过甚，大体能辨识的图案有长方形和圆形两类，基本都是黑地朱彩，个别是红地黑彩，偶见白色勾边。题材有几何图案和写实两种。一件圆形漆器的写实图案最为生动逼真。图案分内外两层，中心圆内绘三兽翻滚，相咬嬉戏；外层作屋宇之下两人，其一双手举物过首，另一双手接物状，间以鸟、鸡、花草填补空隙（图 2 - 22）。

————————

① 中国科学院考古研究所：《上村岭虢国墓地》，科学出版社 1959 年版。
② 河南信阳地区文管会、光山县文管会：《春秋早期黄君孟夫妇墓发掘报告》，《考古》1984 年第 4 期。
③ 湖北省宜昌地区博物馆：《当阳曹家岗 5 号楚墓》，《考古学报》1988 年第 4 期。
④ 宜昌地区博物馆：《湖北当阳赵巷 4 号春秋墓发掘简报》，《文物》1990 年第 10 期。
⑤ 湖北省博物馆：《襄阳山湾东周墓葬发掘报告》，《江汉考古》1983 年第 2 期。
⑥ 山东省博物馆：《临淄郎家庄一号东周殉人墓》，《考古学报》1977 年第 1 期。
⑦ 山西省文物工作委员会晋东南工作组、山西省长治市博物馆：《长治分水岭 269、270 号东周墓》，《考古学报》1974 年第 2 期。
⑧ 山西省考古研究所：《山西长子县东周墓》，《考古学报》1984 年第 4 期。

图 2 - 22　春秋漆器的彩绘图案

1. 瑟（曹家岗 M5：13）　2. 圆形器（郎家庄 M1：54）

　　1972 年发掘的山西长治分水岭 M269 和 M270 春秋晚期墓随葬的漆箱，多为朱地黑彩，也有少量的黑地朱彩，画面为互相蟠绕的龙纹图案，以及蟠虺、窃曲纹等。

　　1977 年发掘的山西长子 M7 春秋晚期墓出土的漆器独具特色，不仅有常见的盒，还有舟、扁壶等少见的器形。

　　春秋时期漆器的制作工艺承袭西周漆器的作风，仍存留早期漆器的某些特征。例如，上村岭 M1704 漆豆盘壁外侧皆镶嵌 6 个蚌泡。光山宝相寺黄君孟夫妇墓棺上所绘的窃曲纹，则是西周中期以后开始流行的铜器花纹。当阳赵巷 M4 的漆器，木胎较厚，多以整木刳成，花纹粗放。镇墓兽雕刻简单，仅具雏形。但春秋时期的漆器也有明显的进步。如漆器彩绘图案的主题更加丰富，艺术风格也更为生动。当阳曹家岗 M5 漆瑟上的龙凤、勾连纹图案继承和发展了传统的作风，绘画技法十分细腻。临淄郎家庄 M1 出土的圆形漆器上的图案是一幅生活气息浓郁的绘画。在直径仅 19 厘米的圆周内共绘出 4 座对称的房宇、12 个人物、4 株花草、4 只飞禽和 12 只鸡。这是古代绘画艺术中描绘建筑和人物，题材新颖，时间较早的写实图案。图中的禽、鸟、花草不仅恰当地填补了画面，使之更为严谨，而且也有效地烘托了主题，增加了画面的生活气息。

十四　战国时期的漆器

战国时期，冶铁技术的改进使木作工具更为犀利，促进了木胎漆器生产的发展。夹贮胎等新的漆器品种也开始出现。漆器的应用已广泛深入社会生活的各个领域。目前发现的战国漆器大部分见于南方，以楚国的中心腹地湖北江陵附近出土最多，有雨台山[①]、太晖观[②]、天星观[③]、拍马山[④]、望山[⑤]、溪峨山[⑥]、马山[⑦]等地点。湖北荆门包山[⑧]、当阳赵家湖[⑨]，湖南长沙浏城桥[⑩]，河南信阳长台关[⑪]等地的楚墓中，漆器亦多有出土。此外，湖北随县曾侯乙墓[⑫]出土漆器的数量也很大。湖北云梦[⑬]战国晚期秦墓出土漆器是秦漆器的重要发现。相比之下，北方出土战国漆器的地点则较少，主要有河南泌阳官庄[⑭]，河北平山中山王墓[⑮]，山东栖霞[⑯]等。

---

① 荆州地区博物馆：《江陵雨台山楚墓》，文物出版社 1984 年版。
② 湖北省博物馆：《湖北江陵太晖观楚墓清理简报》，《考古》1973 年第 6 期。
③ 湖北省荆州地区博物馆：《江陵天星观 1 号墓》，《考古学报》1982 年第 1 期。
④ 湖北省博物馆、荆州地区博物馆发掘小组、江陵县文物工作组：《湖北江陵拍马山楚墓发掘简报》，《考古》1973 年第 3 期。
⑤ 湖北省文物考古研究所：《江陵望山沙冢楚墓》，文物出版社 1996 年版。
⑥ 湖北省博物馆江陵工作站：《江陵溪峨山楚墓》，《考古》1984 年第 6 期。
⑦ 湖北省荆州地区博物馆：《江陵马山一号楚墓》，文物出版社 1985 年版。
⑧ 湖北省荆沙铁路考古队：《包山楚墓》，文物出版社 1991 年版。
⑨ 湖北省宜昌地区博物馆、北京大学考古系：《当阳赵家湖楚墓》，文物出版社 1992 年版。
⑩ 湖南省博物馆：《长沙浏城桥一号墓》，《考古学报》1972 年第 1 期。
⑪ 河南省文物研究所：《信阳楚墓》，文物出版社 1986 年版。
⑫ 湖北省博物馆：《曾侯乙墓》，文物出版社 1989 年版。
⑬ A. 湖北孝感地区第二期亦工亦农文物考古训练班：《湖北云梦睡虎地十一座秦墓发掘简报》，《文物》1976 年第 9 期；《湖北云梦睡虎地十一号秦墓发掘简报》，《文物》1976 年第 6 期。
B. 云梦睡虎地秦墓编写组：《云梦睡虎地秦墓》，文物出版社 1981 年版。
C. 云梦县文物工作组：《湖北云梦睡虎地秦汉墓发掘简报》，《考古》1981 年第 1 期。
D. 湖北省博物馆：《1978 年云梦秦汉墓发掘报告》，《考古学报》1986 年第 4 期。
⑭ 驻马店地区文管会、泌阳县文教局：《河南泌阳秦墓》，《文物》1980 年第 9 期。
⑮ 河北省文物研究所：《䂺墓——战国中山国国王之墓》，文物出版社 1995 年版。
⑯ 山东省博物馆：《山东栖霞县战国墓》，《考古》1963 年第 8 期。

1975—1976 年发掘的湖北江陵雨台山 558 座东周墓，自春秋中期延续至战国晚期。其中 224 座墓出土漆器，绝大多数属战国时期。漆器的种类达 20 余种，900 多件，有耳杯、盒、卮、樽、豆、鼓、瑟、笙，以及镇墓兽、虎座飞鸟等。木胎的制作方法有斫制、镟制和雕刻三种。雕刻技术除用于器形制作之外，还用于纹饰的加工。复杂的器物往往分几部分做成，然后拼合为一个整体。一般在器表髹黑漆，内壁髹红漆。彩绘纹饰均施于黑漆地上，以金、黄、红、赭色居多。M427 出土的鸳鸯形漆豆（图 2 - 23），盖与豆盘合雕成一只鸳鸯，作盘颈侧视状，双翅收合，蹲爪，尾略翘。鸳鸯的各部位分用红、金、黄等色描绘，艳丽夺目。M471 战国早期墓出土的漆卮，器表满饰相绕的红、黄色彩蟠蛇。盖上的 8 蛇，其中 4 条红色蛇头伸向盖顶正中，4 条黄色蛇头伸向盖沿四周。卮身周边 12 条红、黄色彩蛇，亦相互蟠绕。此图案构思独特，别具匠心。M161 和 M554 战国中期墓出土的 2 件漆樽，其制作工艺与扣器接近。所谓扣器，就是将金属圈套箍在漆器的口沿或底部，起加固防护和装饰作用。雨台山楚墓的漆樽，盖作子母口，正中有一套环钮；器身较高，圆筒直壁，两侧有对称的铜铺首；底部附 3 只兽首形铜足。器内髹红漆，器表髹黑漆。这两件漆樽口沿外镶铜铺首，器底镶 3 只兽首形铜足，亦起到加固器身的作用。

1971 年发掘的湖南长沙浏城桥 M1 战国早期墓出土的一件漆几（图 2 - 23），通体髹黑漆。几面作长条形，用一块整木雕成。几面浅刻云纹，两端刻兽面，下各有圆柱状足，4 根直立承托几面，下插入几底横木，另 2 根从横木两端斜交叉于几面下部，使几足更牢。

1957—1958 年发掘的河南信阳两座战国中期墓，除铜、铁、陶、玉器和丝织品外，还出土大量的漆器，有俎、卮、杯、豆、壶、盒、案、几、床、枕、镇墓兽、俑等，造型精巧别致，图案绚丽多彩，光亮如新。M1 的漆器尤为典型，集中展示了楚国漆器的特色。其中的一件漆案，案面长方形，髹朱漆地，以绿、金、黑色绘 36 个圆涡纹，排列成 4 行，每行 9 个。案边缘绘金、黄、红、绿色交织成的连云纹。案的四隅各嵌铜角。案两侧镶嵌铜铺首衔环和蹄状矮足。漆床用竹、木为栏，以铜镶角，通体髹黑漆，床身周围绘朱色连云纹，床足透雕卷云纹。彩绘锦瑟是漆器中的佳品。在黑漆地上绘对称的连续金银彩变形卷云纹和作乐、宴享、狩猎图案。手持麈节，登坛做法的巫师，人面鸟身和鸟头人身的怪物，互相厮杀的龙蛇，两犬逐鹿，武士肩抬野兽，仆人跪地烹调，乐人弹瑟吹竹等场面，生动活泼，惟妙惟肖，充分展示出楚国画工高超的绘画技艺。

1965 年在湖北纪南城发掘的望山 M1、M2 及沙冢 M1 战国中期楚墓，出土

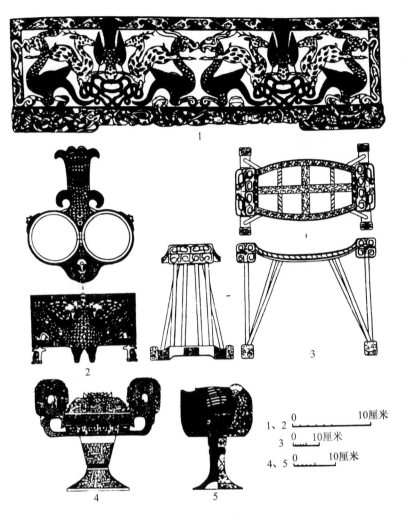

图 2 - 23　战国漆器

1. 座屏（望山 WM1：B84）　2. 双连杯（包山 M2：189）　3. 几（长沙浏城桥 M1）　4. 盖豆
（曾侯乙墓 E.118）　5. 鸳鸯豆（雨台山 M427：4）

200 余件漆木器，有酒具盒、豆、盘、壶、耳杯、勺、俎、案、座屏、瑟、镇
墓兽等。望山 M1 出土的彩绘木雕小座屏（图 2 - 23），屏座两端着地，中部悬
空，上承玲珑剔透的动物雕屏，巧夺天工，充分反映了楚国木雕与漆绘工艺的
高超水平。座屏上有凤、鸟、鹿各 4 只，蛙 2 只，小蛇 15 条和大蟒 26 条。各
种动物缠葛争斗，栩栩如生。座屏以黑漆为地，用红、蓝、黄、银灰色描绘凤
鸟的羽毛，鹿的梅花斑点，蟒、蛇的鳞片，以及卷云纹、兽头纹等。

1986—1987 年发掘的湖北荆门包山 M2 战国中晚期楚墓出土的双连杯（图

2-23），造型新奇，图案华丽。双连杯以竹、木结合制作，呈凤负双杯状。双翼在两杯的前壁展开，似飞翔状。凤首、腹嵌银8处，以堆漆法浮凸出器身。杯内髹红漆，外髹黑漆地，以红、黄、金色彩绘羽毛纹、波浪纹、圆圈纹、勾连云纹和蟠龙纹等。M2出土的子母口奁，通体红漆，外髹黑漆，用深红、橘红、土黄、棕褐、青等色彩绘各种纹饰。盖顶面为龙凤图案。盖外壁绘有26个人物、4乘车、10匹马、5株树、1头猪、2条狗和9只大雁组成的出行迎宾图，场面浩大，描绘细腻，是古代漆画中的杰作。

1982年发掘的湖北江陵马山M1战国中晚期楚墓出土的漆奁，盖顶为斫制的木胎，器壁为卷木胎。器表髹黑漆，内髹红漆，绘龙、凤和卷云纹图案。卷木成型，是将木片卷起做成器物的胎体。楚墓中奁、卮等的器壁一般均以此法制成。变挖制为卷制，不仅节省木料而且也使器物轻巧美观。马山M1出土的漆盘，为夹纻胎，器内外皆黑地朱绘各种云纹和凤鸟等图案，夹胎漆器是在以麻织品成型的胎体上反复多次涂抹漆灰。然后表面磨光，再髹漆彩绘。夹纻胎漆器胎薄体轻，美观实用，其成型技术也是楚国漆器胎体制造工艺的重大进步。

1978年发掘的湖北随县擂鼓墩战国早期曾侯乙墓出土大量漆木器，有箱、盒、豆、杯、桶、禁、案、几、架、琴、笙等。曾侯乙墓漆器胎体的木作工艺与楚器大体相似。胎体基本以木块或木板斫削或剜凿而成。有些较大件的器物，如箱、桶等，均为整木剜制。少数器物是各部件分别制作，再加以组装而成。如案的台面和腿，就是分别雕刻，然后拼组的。食具箱、酒具箱则以扣榫结合制成。为使器具牢固，在接榫部位还使用铅锡钉子砸实。纹饰的表现方法主要有两种。一种是浮雕或透雕，如案面、禁面四角是浮雕，禁面当中是透雕，有的浮雕还具明显的仿铜作风，如盖豆与禁上的附饰。另一种是彩绘，多以黑漆为地，再以朱漆、金漆（或黄漆）描绘图案。漆器的纹饰繁复多样，有成幅的绘画，如衣箱上的"后羿弋射"，鸳鸯盒上的羽毛纹，盖豆与禁之附饰上龙身的鳞甲纹等。曾侯乙墓许多漆器的设计极具巧思，将各种不同用途的器具成套组合，便于携带。如两件长方形黑漆箱，其外皆有穿绳的铜弯扣，器身当中皆以板分隔。C129漆箱两半部套装铜盒、铜鼎各1件；C60漆箱，一半置铜罐和铜勺各1件，另一半置三层方笼格形盒，其上又设小隔板，隔板的方孔内嵌高筒漆盒。盖豆是曾侯乙墓漆器中的雕镂精品（图2-23），工艺十分繁杂。盖顶及双耳皆浮雕缠绕的蟠龙，首、耳、目、口细致入微，形态逼真。曾侯乙墓的内外棺也颇具特色。外棺以10根青铜柱构成框架，嵌以10块木板。棺外髹黑漆，绘朱红、金黄色花纹。内棺以红漆为地绘金黄和黑色纹饰。手执双戟的守卫神像，或长须有角，或背生双翼，形态怪异，富神秘色彩。

1978年发掘的湖北江陵天星观 M1 战国中期楚墓出土的镇墓兽（图 2-24），高达 170 厘米，在同类漆器中属少见。镇墓兽由座、身、鹿角三部分榫接，方形座上立身首背向的双头兽，头各插双鹿角。兽首两侧和方座四侧各饰一衔环铺首。通体髹黑漆，红黄金三色绘兽面纹，颈部饰夔纹、勾连云纹，方座饰菱形纹、云纹、兽面纹。同出的还有虎座凤鸟悬鼓（图 2-24）。

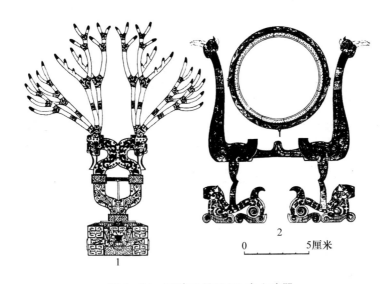

图 2-24　江陵天星观 M1 出土漆器

1. 镇墓兽（M1∶88）　　2. 虎座凤鸟悬鼓（M1∶135—137）

1975—1978 年，在湖北云梦睡虎地和大坟头先后进行了三次发掘，清理墓葬 49 座，时代为战国晚期至西汉初年，发掘者认为是秦人墓地。楚人多随葬陶礼器，而这些墓随葬的是陶生活用具，与秦人习俗相同。许多墓中随葬的铜蒜头壶、鍪、秦式鼎等器，也是秦人所用的传统器物。此外，出土竹简所载内容亦与秦人密切相关。随葬的漆器约 600 件，有圆盒、双耳长盒、盂、奁、卮、樽、扁壶、耳杯、凤形勺等。木胎的制作方法主要有挖、削、卷等。器物多内髹红漆，外髹黑漆，少数器物内外皆髹黑漆。大部分器物还在黑漆地上，用红、褐漆和金色绘凤纹、鸟纹、云气纹、卷云纹、柿纹、变形鸟纹和点纹等。许多漆器上还有烙印和针刻文字。品种繁多的漆器，大部分保存完好，色泽艳丽如新，花纹勾连交错，线条流畅，图案优美，反映秦漆器的工艺已经达到很高的水平。

1978 年在河南泌阳官庄 M3 秦墓发现的 2 件有纪年刻铭的漆圆盒，经考证，当是秦国所虏获的卫国漆器。南椁室出土的 1 件漆盒，器内髹红漆，略有黄色，器表髹黑漆，在黑漆地上用红、棕、黄色漆彩绘云气纹、变形凤纹、花朵纹和几何纹。北椁室出土的 1 件漆器，略有金黄色，器表髹黑漆微带灰色。在黑漆地上用红、褐、金黄色漆，彩绘云气纹、蟠龙纹、变体雷纹和几何鸟头花纹。

1974—1978 年河北平山中山国墓地出土的漆器虽已腐朽，但仍保留明显的痕迹和许多金属饰件，其中可判知器形者有鼎、豆、壶、盒、盘、盆、屏风、钟架、箱、镇墓兽等。器胎有木、夹纻等。如东库的一件漆扁壶的盖、口、足的铜扣内还残留朽木，长方形盆的数十层绢帛的朽痕，可知其为夹纻胎。

1957 年山东栖霞出土的漆器已成残片，在山东尚属漆器的首次发现。夹纻胎漆器为黑地朱红花纹，遗留镶饰的痕迹以及铆钉穿孔。

1996 年发掘的山东临淄齐国故都贵族墓地，以 M6 出土的漆器数量最多，有簋、豆、盖豆、壶、盘、罍等，与该墓同出的铜礼器及陶礼器的种类几乎相同。尤其是簋，应属礼器而非一般实用器。因此，这批漆器也当属礼器的性质。

战国时期的漆器较春秋时期有长足的进步。楚国的漆器制作尤为发达，不仅漆器生产数量巨大，而且具有很高的工艺水平。大中型楚墓中随葬的漆器动辄数十件，乃至上百件。小型楚墓随葬漆器的现象也十分普遍。说明漆器的使用已深入社会的基层。楚国漆器的种类繁多，生活用品有奁、盒、箱、几床；饮食用具有杯、盘、豆、壶，乐器有琴、瑟、笙、鼓，武器有弓、盾、甲胄，此外还有镇墓兽以及各种髹漆动物雕刻等。镇墓兽造型新颖，充满神秘色彩，是楚国漆器最富特征的典型器物。楚国漆器的木胎制作在沿用传统的斫制、镟制成型工艺的同时，又开始采用卷木成型的新技术。夹纻胎漆器具有不易变形和开裂的优点，而且开拓了漆器胎体用料的新途径，是楚国漆工的杰出创造。木胎雕刻成型是楚国漆器胎体制作工艺的特色。湖北长沙浏城桥 M1 出土的漆几，即以整木雕出几面，再与几足拼接成器。湖北江陵望山 M1 的彩绘透雕座屏，工艺卓绝。透雕的禽、兽、爬虫等动物形象逼真，栩栩如生，巧夺天工，堪称楚国透雕漆器的精品。楚国漆器的髹饰工艺在春秋时期的基础上又有进一步的提高，彩绘技艺更为成熟。楚国漆器彩绘使用最多的颜色是黑色和红色，以黑地朱绘为主，承袭了商周以来的传统，此外还有金、银、黄、绿、蓝、赭、黑、灰等多种颜色，形成楚国漆器艳丽多彩的风格。描金是彩绘的一种重要技法，楚国漆器的制作中多有使用。江陵雨台山 M427 出土的鸳鸯豆，鸳鸯的头部、双翅及豆上的许多纹饰都是以金色描绘的。楚国漆器彩绘的内容非常丰富，不仅有各种繁复的几何纹饰，还有表现人物、狩猎、宴享、歌舞以及禽兽的写实图案，形象生动，极富生活气息。荆门包山 M2 出土漆奁上的迎宾图，气势宏大，描绘逼真。楚人信巫鬼，重淫祀，许多漆器图案对此有所反映。信阳长台关 M1 出土彩绘漆瑟上的巫师作法图，即是颇具特色的代表作。楚国漆器附加铜饰件的技术在战国时期又有新的提高。扣器的装饰加固技术已经形成。雨台山楚墓漆樽的镶铜铺首和兽首形铜足，其制作工艺与扣器接近。曾侯乙墓出土漆器种类之多，数量之大，制作工艺之精，举世瞩目。曾国在战国之初即附属于楚国，曾侯乙墓漆器的制作工艺与楚国漆器也大体一致，所以理应归属楚国漆器的范畴。楚国漆器制造业的发达与其得天独厚的地理环境有直接关系。楚国地处长江中游流域，与黄河流域比较，气候温暖湿润，有利于漆树的生长，适宜漆器制造，易于生产光泽度强的高质量漆器。即使民间工匠，也得以熟练掌握漆器的生产技术。因而楚国漆器数量多，行销广，自然成为当时制造漆器的中心。

湖北云梦秦人墓所出漆器多有产地标识。睡虎地 M46 战国晚期墓 14 号漆圆盒的盖上以及外壁烙印文字为"咸庭"和"咸庭包"。M49 战国晚期墓 5 号彩绘漆圆奁外底烙印"咸庭"。上述事实清楚表明，这些漆器虽出土于湖北云梦，产地却在陕西咸阳，自当属秦国漆器。云梦 M46 随葬的漆器有圆盒、双耳圆盒、圆奁、盂、卮、耳杯。M49 随葬的漆器有扁壶、圆奁和耳杯。此种漆器的组合与楚漆器不同，却与巴蜀漆器十分接近。公元前 329 年，秦灭巴蜀后，在巴蜀漆器的影响下，秦国的漆器制造业有了迅速的发展。巴蜀漆器有标明产地的习惯，秦漆器也继承了这一传统作风。

迄今发现的北方地区战国漆器，无论是出土地点还是出土数量均远较南方为少。究其原因，一方面固然与楚墓埋葬时采用棺椁外封白膏泥等技术手段，使漆器易于保存有关；另一方面也客观反映出因大部分北方地区气候干燥，漆器生产难度较大，故此北方漆器的制作主要是为少数贵族提供奢侈品和礼器，生产及使用自然不如南方普及。北方漆器生产规模虽小，但因具有为统治阶层服务的性质，其工艺水平仍然很高。金属装饰和扣器工艺的应用，是北方漆器的重要特点。北方漆器以黑地朱绘为多见，彩绘的颜色还有黄、棕、褐、绿等，以云纹、雷纹、凤纹、蟠龙纹等构成单独或连续的图案，仍大体延续商周以来髹饰工艺的传统风格。

祥云大波那：云南青铜文化的守望之地[*]

今年 4 月下旬，我应邀参加祥云大波那铜棺墓发掘 50 周年的纪念活动。作为一名考古工作者，我亲身经历或见证了许多重大的考古发现，因为这毕竟是自己终生的事业，所以我大体尚能保持平和的心态。但是若提及祥云大波那铜棺墓的考古发现，尤其是亲临出土地，激动的心情还是难以抑制。

祥云大波那铜棺是迄今国内罕见且唯一保存完好的边远地区青铜文化孤品，虽然出土时间已过半个世纪，但是仍具有不可低估的历史意义。此次赴滇之行的另一个收获，是参访了大波那书苑。一个村级图书馆，以弘扬大波那青铜文化为己任，孜孜不倦地追寻白族的起源，并持续延传白族文脉，不仅藏书丰富，而且经常举办各种历史文化学术研讨活动，尤其注重对青少年进行历史唯物主义教育，因而赢得了社会各界的认可与尊敬。

一　云南青铜文化的孤品

云南地处中国西南隅，历史上曾经历过高度发达的青铜时代。云南各少数民族创造的青铜文化是中国古代灿烂历史的重要组成部分，在中华文明多元一体的发展进程中居于显著地位。1964 年发掘的祥云大波那铜棺墓是云南青铜文化中一朵绚丽的奇葩。

祥云大波那墓葬是一座竖穴土坑木椁铜棺墓。椁室用长 5 米的条形巨木叠架而成，椁外有排列密集的木桩，椁内放置铜棺和随葬品。铜棺为两面坡顶，呈长方状，整个棺由 7 块铜板扣合而成。棺两端的外壁装饰包括鹰、燕、虎、豹、野猪、鹿、马、水鸟等动物图案，两侧外壁和棺顶则饰几何形纹饰。随葬品多为青铜器，有矛、钺、剑等兵器，锄、斧、锛等工具和农具，鼓、环钮圆筒钟、葫芦笙等乐器，尊、杯、勺、豆、匕等生活用具，还有权杖以及干栏式

---

　　*　该文发表于《中国社会科学报》2014 年 6 月 6 日，本书略做体例修改。

房屋和马、牛、羊、猪、犬、鸡等模型。此外，另有锡手镯。据碳十四年代测定数据，墓葬的时代约为公元前4世纪前后，相当于中原地区的战国时期。

祥云大波那墓葬文化内涵丰富多彩。干栏式房屋形铜棺举世罕见，所附纹饰精美华丽，遍布的飞禽走兽图案形象逼真、栩栩如生，寓意先民与自然万物的完美和谐共处。随葬品种类繁多，兼及军事、生产、生活、娱乐用具，说明墓主人是享有军事、行政大权的君主级别的人物。其中，诸般兵器在内地皆可觅其渊源，差异主要在于独具特色的纹饰。葫芦笙则是滇文化的典型乐器。至于权杖，是权力集中的信物，流行于少数民族地区，为中原文化所少见。六种禽畜模型则反映了当地畜牧饲养业发达的状况，为先民提供了充足的生产和生活之需。与中原权贵墓随葬成套青铜礼器的习俗不同，大波那墓随葬的青铜生活器皿更注重实际应用。云南青铜文化颇具地方色彩，其产生既受中原文化的影响汲取中原文化因素，亦皆融注于本地的文化特色之中。祥云大波那铜棺墓葬风俗由此可见一斑（图2-25、图2-26）。

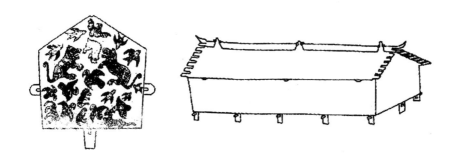

图2-25 祥云大波那铜棺线图

图2-26 祥云大波那书苑

二 追寻族属与白族历史文化

就先秦至汉代的云南历史文化而言，最具权威性的文献记载当属《史记·西南夷列传》。太史公曰："西南夷君长以什数，夜郎最大。其西，靡莫之属以什数，邛都最大，此皆魋结，耕田，有邑聚。其外，西自同师以东，北至楪榆，名为嶲昆明，皆编发，随畜迁徙，毋常处，毋君长，地方可数千里。"又："元封二年，天子发巴蜀兵击灭劳浸、靡莫，以兵临滇。滇王始首善，以故弗诛。滇王离难举国降，诸置吏入朝。于是以为益州郡，赐滇王印，复长其民。"云南先秦至汉代的考古学文化主要有滇池和洱海地区等类型。滇池地区经考古发掘的遗址主要有江川李家山和晋宁石寨山，其年代约当中原地区的春秋至西汉时期。洱海地区经考古发掘的遗址主要有楚雄万家坝和祥云大波那，约为中原地区的西周至战国时期。楚雄万家坝与祥云大波那所反映的文化面貌大体相近。结合《史记·西南夷列传》对这一地区古代民族习俗的记载，学术界多认为其族属应为梳椎髻、"耕田有邑居"的靡莫之属。也有的认为系编发的游牧部落（图2-27）。

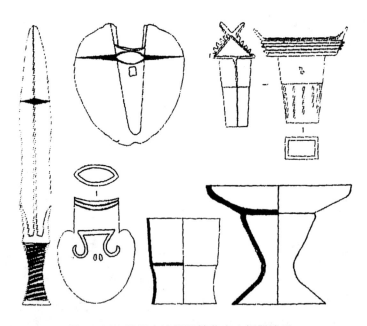

图2-27 祥云大波那铜棺墓出土铜器线图

祥云曾是"云南"之名的发祥地。汉武帝开滇时，"云南县"就于此设立，该地名直至民国才因省、县同名而改称祥云。大波那古称"大勃弄"，古白族语称"岛勃脑"。"岛"为大之意，"勃"为首领、尊长、祖先之意，

"脑"为方位、地方之意，连起来就是大首领所在的地方，即王所在的地方，是古人用汉字读音记录下来的古地名。

白族是大理最有影响力的少数民族，独特的民族文化源远流长，因而在滇文化历史发展的长河中占有十分重要的地位。关于白族的起源，学术界曾长期讨论，因缺乏相关文字记载，看法不尽相同。通过多年的研究，尤其是结合考古发掘资料，现在普遍倾向认为，白族是一个多源同流的少数民族共同体。白族是洱海地区的土著居民，融合了南下的氐羌族群的一支，西汉时期滇地归属中原管辖后，又逐渐融合了汉族移民而形成。祥云大波那铜棺墓和晋宁石寨山"滇王之印"的重大考古发现，使上述观点获得确凿的实物证据。

三　书苑传承优秀历史文化遗产

祥云大波那人杰地灵，历史文化丰富，源远流长。祥云大波那村民深以此为自豪，书苑即是传承祥云大波那优秀历史文化遗产的经典表象。祥云大波那书苑由大理白族自治州原人大副主任白族裔张如旺退休后经长期筹办，于2013年11月2日建成。本着"续接薪火，传承文脉，明慧通达，光弘桑梓"的宗旨，坚持"苑主导向，村管民用，内外协和，科学有序"的原则。建设期间得到省、州、县、村相关单位和村民的大力帮助与支持。

书苑建筑面积1000平方米，为东西向的白族"三坊一照壁"院落，与中华民族传统生肖、节令文化广场相融合，整体庄重典雅。目前藏书16000余册，还收藏了许多当地名人的书画作品。张如旺和家人捐资10万元，设立"文渊砺学金"，并接受社会贤达志愿捐助，专门用于奖励大波那村考取国家重点大学的青年学子。

大波那书苑已成祥云学者研讨白族及相关历史文化的重要学术场所。研究者在此查阅文献资料，撰写的文章多在县文联主办的《祥云文化》上发表。书苑实行免证阅读、免费借阅、读书有奖的管理方法，鼓励读者特别是青少年学生写读书心得体会，择其优秀者予以展览和褒奖，促进了良好的阅读和思考氛围。大波那书苑在当地青少年心目中是传播中华文明的神圣殿堂。

近期，大理白族自治州文物考古部门对祥云大波那进行了正式的考古勘探，确认该地为青铜时代大规模的聚落遗址，初步判定至少100余座古墓葬。经上报国家文物局获批正式发掘后，预计将有重大的考古新发现，接下来还要建立大波那青铜文化博物馆，加强对遗址的保护与利用。届时，祥云大波那铜棺墓的文化内涵和历史意义定将得到更深刻的解读。

三

青铜兵器与玉石仪仗用具

中国古代青铜戈[*]

  青铜戈是中国古代的一种重要金属兵器。青铜戈出现的时间早，沿用的时间长，分布的地域广，出土的数量也很大，是研究中国古代兵器史的重要课题。

  中国青铜戈自商代早期延续至东汉初年，其时间跨度长达 1600 余年。青铜戈分布的地域广袤，北自内蒙古、辽宁，南至云南、贵州和广西，西起甘肃、四川，东抵东南沿海诸省，从空间上讲 21 个省区都曾有发现（图 3-1）。中原是青铜戈的发源地，商、西周和东周是青铜戈流行的主要时期。本文所谓的中原指的是黄河流域中下游地区。边远地区的云南，也是青铜戈分布的重要地区，其流行时间迟至春秋中晚期到东汉初年。

  据初步统计，发现青铜戈的地点至少有 256 处。青铜戈绝大多数出自墓葬，也有的出于窖藏，个别的出于地层之中。本文收集的资料主要是确有出土地点的青铜戈。在发表的资料中，某些青铜戈的型式不明，数目不清，所以对青铜戈的数量只能进行概略的统计。按最保守的计算，有明确出土地点的青铜戈超过 2500 件。如果把传世品和未发表的标本也统计在内，其数量会更大。

  关于戈的记载，最早见于殷墟甲骨文一期，戈字作"market"[1] 也作"𠂤"[2]；三期作"𠂤"[3]。金文中有关戈的记载也很多，例如武官村大墓 E 九觚上所铸的复合徽号就包含戈的象形"𠂤"。对于戈的初步研究最早可追溯到《周礼·考工记》，书中对青铜戈的制作和规格均有叙述。北宋黄伯思的《铜戈辨》对青铜戈援、胡、内等部位的功用作了详尽的分析。历代学者对传世的青铜戈也早有收集和著述。但这些青铜戈都不是科学发掘所得，对其时代的判定往往出现偏差，所持的观点也不尽正确。

  现代考古学的研究建立在科学发掘所获实物资料的基础上。今人对青铜戈的

---

 * 该文发表于《考古学集刊》1991 年第 7 期（与吴加安合著，本人为第一作者），本书略做体例修改。

 ① 金祖同：《殷契遗珠》，四五八片，中法文化出版委员会影印本 1939 年版。

 ② 中国科学院考古研究所：《殷墟文字乙编》，七一○八片，科学出版社 1956 年版。

 ③ 郭沫若：《殷契粹编》，二二一片，1937 年。

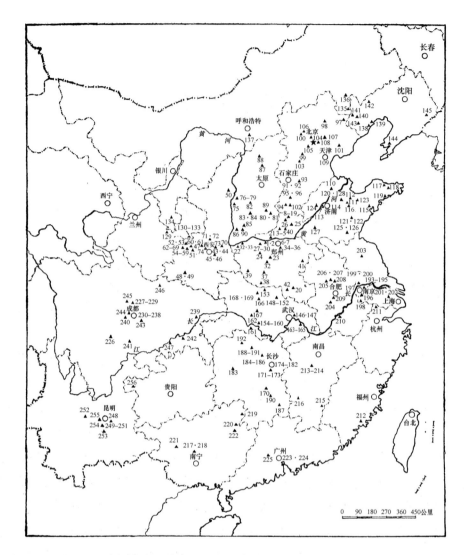

图 3 - 1　青铜戈出土地点示意图（具体出土地点见本文后面表 3 - 1）

　　1—42. 河南　43—74. 陕西　75—90. 山西　91—109. 河北（含北京、天津）110—128. 山东
129—133. 甘肃　134. 宁夏　135—137. 内蒙古自治区　138—145. 辽宁　146—169. 湖北　170—
192. 湖南　193—203. 江苏　204—210. 安徽　211. 浙江　212. 福建　213—216. 江西　217—
222. 广西　223—225. 广东　226—247. 四川　248—255. 云南　256. 贵州

　　研究文章甚多，认识也不断深入。但一般是对个别遗址，局部地区，或某一历史
阶段的青铜戈进行分析。国内学者，如周纬①，郭宝钧②，日本的梅原末治③，

　　①　周纬：《中国兵器史稿》，生活·读书·新知三联书店 1957 年版。
　　②　郭宝钧：《殷周的青铜武器》，《考古》1961 年第 2 期。
　　③　［日］梅原末治：《中国青铜器时代考古》，胡厚宣译，商务印书馆 1936 年版。

林已奈夫[①]等，都曾对中国古代青铜戈作过概括的论述，不乏精辟的见解。

戈的主要功能在于援下刃的勾割，故又称勾兵。此外，援上刃亦可推捣，前锋可啄击，胡刃可砍伐。穿和上下栏，则用于绑缚秘杆。内缘或有刃，亦具杀伤力。戈的种类繁多。若以内划分，则有直内、曲内、銎内的区别。有胡戈又有短胡、中胡、长胡之分。至于胡的长短，只是相对而言，并无统一尺度。常见短胡一穿，中胡二穿，长胡多穿。本文选用的标本，一般采用原报告的称谓。此外，戈各部位的名称也并不统一。为了研究方便，本文对青铜戈各部位的名称，尽量采用比较流行的说法，并加以图解说明（图3-2）。

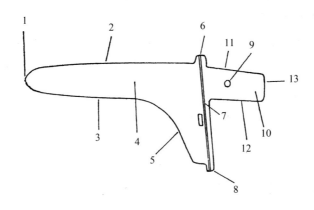

图 3 - 2　青铜戈部位名称

　　1. 前锋　2. 上刃　3. 下刃　4. 援　5. 胡　6. 上栏　7. 侧栏　8. 下栏　9. 穿　10. 内
11. 上缘　12. 下缘　13. 后锋

随着我国考古工作的深入开展，青铜戈陆续出土，前人所持的某些观点不断被突破。本文试图在前人研究成果的基础上，就已发表有确切出土地点的资料，按商、西周、东周的时代顺序，兼及边远地区诸文化中所含的青铜戈，进行全面的讨论。以加深对不同时代、不同地区、不同文化青铜戈特点的认识，并探讨青铜戈的演进、起源，以及相关的一些问题，希冀对中国古代兵器史的研究有所补益。

一　青铜戈的类型

青铜戈的数量多，形制繁杂。依据青铜戈的形制可分为五大类。即：A

---

①　［日］林已奈夫：《中国殷周时代の武器》，1972年。

类，长条形援无胡戈；B类，长条形援有胡戈；C类，三角形宽援戈；D类，三角形窄援戈；E类，有銎戈。各类戈又可分若干型式。基本上概括了中原以及边远地区不同文化、不同时代的青铜戈。

A类戈　长条形援，无胡。可分为二型。

AⅠ型　直内。按无栏或有栏又分为a、b二式。

AⅠa式　直内无栏。河南偃师二里头[1]Ⅲ区地层中出土一件（图3-3，12），援中起脊，内上一方穿，援、内分界不明显，内后四齿。

AⅠb式　直内有栏，形制与AⅠa式相近，但有上下栏或侧栏。偃师商城M1：3[4]（图3-3，13），援中起脊，内饰兽面纹。

AⅡ型　曲内。依无栏或有栏，分为a、b二式。

AⅡa式　曲内无栏。河南偃师二里头葬坑K3：2[1]（图3-3，2），援中起脊，援面由脊向刃斜抹而下，到近刃处又突起增厚，形成一道沟，曲内上一个穿，穿后铸凸起的云纹。

AⅡb式　曲内有栏。形制与AⅡa式相近，区别在于前者无栏。河南安阳武官村北M1：14[14]（图3-3，3），曲内有栏，饰饕餮纹。

B类戈　长条形援，有胡。可分为四型。

BⅠ型　直内无穿，援上刃与内上缘大体平行，或在同一水平直线上。分为二式。

BⅠa式　无上栏。甘肃灵台白草坡M7：1[95]（图3-3，7），长胡四穿，内上饰与缘平行的线纹。

BⅠb式　有上栏。河南浚县辛村M42：106[74]（图3-3，9），短胡一穿，援中起脊，援基饰虎头，双耳后伸，内后缘有倒刺。

BⅡ型　与BⅠ型戈大体相近，但内上有穿。分为三式。

BⅡa式　无上栏，长胡多穿，与BⅠa式相似。区别在于BⅠa式戈援锋刃略有弧度，内上无穿孔。BⅡa式戈援锋三角形，援上刃平直或内四，内上有穿孔。河南上村岭虢国墓地M1705：53[14]（图3-3，5），上刃平直，前锋呈三角形，长胡三穿，胡上有铭文"宫氏白子元相"，内后缘有缺。

BⅡb式　有上栏，短胡或中胡一穿，与BⅠb式戈相近，其明显特征是内上有一圆穿。陕西宝鸡竹园沟M4：108[82]（图3-3，15），短胡一穿，援基饰虎头，虎耳如双翼后伸，内上饰线纹。

BⅡc式　无上栏，援上刃呈外凸弧形。山西侯马上马村M13[135]出土的一件（图3-3，1），援身宽短，短胡二穿，内后部下缘有缺口。

BⅢ型　直内，内上有穿，少数的内尾呈勾镰形或鸡尾状，援上刃与内上

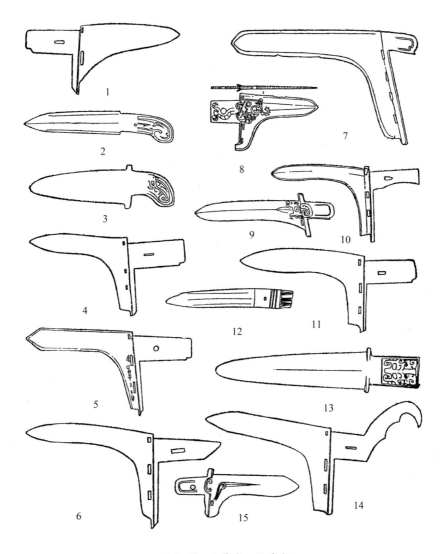

图3-3　A类戈　B类戈

1. BⅡc（侯马上马 M13）　2. AⅡa（二里头 K3：2）　3. AⅡb（武官村北 M1：14）　4. BⅢa（中州路 M2719：87）　5. BⅡa（上村岭 M1705：53）　6. BⅢc（辉县赵固 M1：24）　7. BⅠa（白草坡 M7：1）　8. BⅣ（成都百花潭）　9. BⅠb（辛村 M42：106）　10. BⅢd（易县燕下都）　11. BⅢb（中州路 M2717：148）　12. AⅠa（二里头）　13. AⅠb（偃师商城 M1：3）　14. BⅢe（中州路 M2717：146）　15. BⅡb（竹园沟 M4：108）

缘不平行，援身上扬。可分为五式。

BⅢa式　援上刃内凹或近平。河南洛阳中州路（西工段）M2719：87[124]（图3-3，4），援上刃内凹，长胡三穿。

BⅢb式　援上刃呈外凸弧形。洛阳中州路 M2717：148（图3-3，11），长胡三穿。

BⅢc式　内后缘为斜刃。河南辉县琉璃阁赵固区 M1：24[2]（图 3－3，6），援上刃外弧，长胡三穿。

BⅢd式　有上栏。河北易县燕下都 Z1：61[226]（图 3－3，10），援上刃略外弧，援中起脊，长胡三穿，内下缘凹刃。

BⅢe式　内末勾镰形或鸡尾状。河南洛阳中州路（西工段）M2717：146[124]（图 3－3，14），援上刃近平，长胡三穿，内末有刃，上扬若鸡尾。

BⅣ型　与 BⅡa 式相近，但援锋弧尖，不同于 BⅡa 式戈，锋尖作圭首状。援部饰虎纹或龙纹，口吐长舌为脊，有的虎耳后伸如双翼，胡下端或有后突之牙。四川百花潭中学的一件[189]（图 3－3，8），援后部浅雕虎首，张口吐舌，口内一圆孔，虎耳后伸如双翼，胡下端有后突之牙。此型戈为四川所特有。

C 类戈　三角形宽援，宽本，直内。受资料所限，均暂定为Ⅰ型。

CⅠ型　河北藁城台西村 C：2[10]（图 3－4，1），援脊饰兽面，栏侧上下各一长方穿，长方形直内，饰凤尾纹，内上一圆形穿孔。

D 类戈　三角形窄援，宽本，直内。此类戈是西南地区具有浓厚地方特征的一种类型。可分二型。

DⅠ型　援上下刃呈内凹曲线或稍外弧。分 a、b 二式。

DⅠa式　体略瘦长，援上下刃呈内凹曲线。四川彭县竹瓦街窖藏 16 号[69]（图 3－4，2），援饰饕餮纹，栏侧上下各一长方穿，直内上一椭圆穿，后缘内凹，亦有简单纹饰。

DⅠb式　援上下刃略外弧。四川大邑五龙[187]所出一件（图 3－4，4），援上饰四组变形云纹构成的兽面纹，另一面饰云雷纹和方菱、水波等巴蜀符号。

DⅡ型　有胡。分为 a、b 二式。

DⅡa式　上下刃弧形内曲，近栏处向外斜张，多呈肩状的短胡。少数微胡，肩部也不明显。援身窄长，而援本宽大。此种形式与 DⅠ型接近。云南江川李家山 M21：67[271]（图 3－4，3），援、内都略有偏歪，锋钝，援身中线起脊，铸双旋纹和凸起的变形饕餮纹，内上有双旋纹，后缘是不规则的连弧状。

DⅡb式　上胡短而下胡长，或仅有下胡。昆明大团山春秋、战国之际墓 M5：4[172]（图 3－4，5），直援方内，援起脊，脊两侧有凹槽，栏侧四穿。上胡明显短于下胡。有双翼后突，内后有缺。援铸连续回旋纹与菱形纹，内铸人形纹。

E 类戈　有銎。援的形式多与 A、B、C、D 类戈相近，但以銎纳秘，与其他各类戈不同。分五型。

EⅠ型 长条形援无胡,扁銎,有直内和曲内的区别。可分为a、b二式。

EⅠa式 直内。河南安阳武官村北M1:10[14](图3-4,6),前锋圆钝,援上刃微拱,下刃略内曲,内之前段为椭圆形銎。

EⅠb式 曲内。安阳小屯E16之锋刃57173(图3-4,10),磬折形曲内,前段为椭圆形銎,内两面饰三角纹。

EⅡ型 长条形援,有胡,扁銎。安阳殷墟西区M697:6(图3-4,7),援中有脊,中胡一穿,内前段为椭圆形銎,内后有刺。

EⅢ型 长条形援,筒状銎。标本,洛阳中州路(西工段)M2719:73(图3-4,8),援略上扬,上刃微内凹,援脊五穿,内作鸟兽合搏的透雕,胡为圆柱形,中空成銎,下部一穿。

EⅣ型 微胡或短胡,筒状銎。云南江川李家山M24:10(图3-4,9),援上下刃内曲,近援基处向外斜张,椭圆形柱状銎,内近方形,后缘中部内凹。援后部及銎、内上饰蛇形纹、太阳纹和菱形纹。

EV型 上短胡,下长胡,筒状銎。云南晋宁石寨山M21:31[272](图

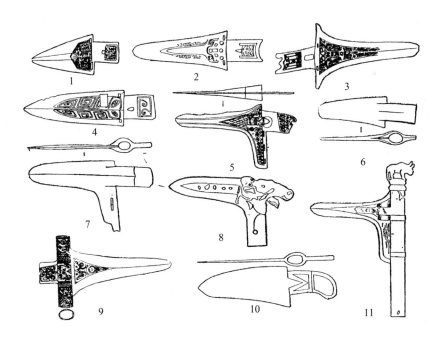

图3-4 C类戈 D类戈 E类戈

1.CⅠ(藁城台西C:2) 2.DⅠa(彭县16号) 3.DⅡa(江川李家山M21:67) 4.DⅠb(大邑五龙) 5.DⅡb(大团山M5:4) 6.EⅠa(武官村北M1:10) 7.EⅡ(殷墟西区M697:6) 8.EⅢ(中州路M2719:73) 9.EⅣ(江川李家山M24:10) 10.EⅠb(小屯E16) 11.EV(石寨山(M21:31)

3-4，11），援上下刃内曲，近援基处向外斜张，无内，柱状长銎，顶作铜鼓状，其上焊铸一立牛。

二　商代青铜戈

河南是中原的腹地，也是商王朝历代建都和活动的中心区域。本文所谓的中原，广义上是指黄河流域中下游地区。目前所知年代最早的青铜戈，出土于河南偃师二里头遗址三期地层和墓葬中[1]。属于商中期的辉县琉璃阁[2]、郑州铭功路[3]、偃师商城[4]、郑州商城[5]，也都出土过青铜戈。少者一件，多者三件。商晚期青铜戈出土数量明显增多，出土地点也有所增加，尤以商晚期王都所在地安阳殷墟附近最为密集，多达十余处。30 年代，安阳小屯的考古发掘中共出土 40 余件青铜戈，这是首次以科学手段获得的完整资料，从而开创了青铜戈研究的新局面。1969—1977 年，在殷墟西区发掘的 114 座墓葬中[32]，出土 224 件青铜戈，分属于殷墟二至四期，数量众多，实属难得的宝贵资料。此外，辉县琉璃阁[2]、罗山蟒张[33]、温县[34]、灵宝文底东桥[35]、宝丰[36]等地也有零星的发现。

河北南部与安阳毗邻，也是商王朝统治的重要区域。商中晚期的藁城台西[10]，商晚期的石家庄双庙 C[50]、武安赵窑[51]、邢台曹演庄 E[51]也都出土过青铜戈。

商代青铜戈，已发现 A、B、C、E 四类。除 D 类外，中国古代青铜戈的基本形态，在商代已经开始出现。

商代的 A 类戈有二型四式。

AⅠa 式　目前仅见于二里头Ⅱ区地层中出土的一件[1]，援中起脊，内上一方穿，援与内分界不明显，内后四齿（图 3-5，1）。这也是迄今所见时代最早的一件青铜戈。

AⅠb 式　最早的实物标本见于商中期琉璃阁二里岗期墓葬，M110：6，有上下栏和侧栏，显系由 AⅠa 式演进而来（图 3-5，2）。二里岗期的该式戈始见铭文和纹饰。偃师商城 M1：8，内两面饰饕餮纹。郑州二里岗上层的一件戈[6]，内一面饰漩涡纹，一面有铭文（图 3-5，3）。商晚期该式戈有的内部下缘出现小铁口或倒刺，如殷城西区 M692：17（图 3-5，4）。有的内后部镶嵌绿松石，如安阳三家庄东 M4：5[20]（图 3-5，5）。还有的内后部铸出族徽，如殷墟西区 M692：14（图 3-5，6）。

AⅡa 式河南偃师二里头三期葬坑 K3：2（图 3-5，7），直援曲内无栏，援

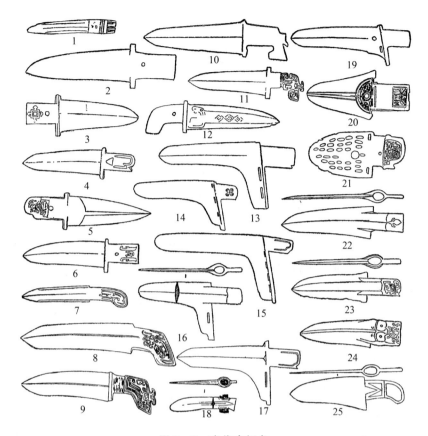

图 3 - 5　商代青铜戈

1. A I a（二里头）　2. A I b（辉县琉璃阁 M110：6）　3. A I b（郑州二里岗）　4. A I b（殷墟西区 M692：17）　5. A I b（安阳三家庄东 M4：5）　6. A I b（殷墟西区 M692：14）　7. A II a（二里头 K3：2）　8. A II a（殷墟西区 M1152：4）　9. A II a（殷墟西区 M656：1）　10. A II b（四盘磨 SPM3）　11. A II b（小屯村北 M18：40）　12. A II b（安阳妇好墓 772）　13. B I a（殷墟西区 M729：7）　14. B I a（殷墟西区 M216：2）　15. B I a（殷墟西区 M698：01）　16. E II（殷墟西区 M697：6）　17. B I b（殷墟西区 M1052：5）　18. E I a（藁城台西 M17：2）　19. B I b（殷墟西区 M53：2）　20. C I（殷墟西区 M279：1）　21. C I（殷墟西区 M4：1）　22. E I a（殷墟西区 M727：2）　23. E I a（殷墟西区 M172：5）　24. E I a（妇好墓 31 号）　25. E I b（小屯 E16 之锋刃 57）

中起脊，援面由脊向刃斜抹而下，到近刃处又凸起增厚，形成一道沟，刃与锋皆利，援略宽于内，援内交接处成直角。内上一单面钻孔的圆穿。穿与援之间有安秘痕迹。穿之后铸凸起的云纹，纹间凹槽中可能镶嵌过绿松石。此戈制作精细，既有实用价值，又是上乘的艺术品，也是迄今所知时代最早的青铜戈。与戈共存的随葬品还有铜戚、铜爵、圆泡形铜器等，共 6 件，亦是已知同类青铜器中的最早者。商中期的 A II a 式戈尚未发现。晚期主要出土于殷墟西区墓葬。有的内作磬折形，如 M1152：4（图 3 - 5，8）。有的内作鸟头形，如

M656：1（图3-5，9）。也有的内作方钩形，从范中取出后未经打磨，毛疵尚存，如M14：5。这些AⅡa式戈都极薄，无实用价值，是专供随葬之用的明器，此式戈仅见于商代。

AⅡb式　殷墟二期出现，有磬折曲内和镂空鸟头形曲内（亦称歧冠式曲内）。前者如妇好墓772[18]（图3-5，12），后者如安阳小屯村北M18：40[19]（图3-5，11）。殷墟三期又出现方钩形，如河南安阳四盘磨SPM3的一件标本[13]（图3-5，10）。该式戈的出现晚于AⅡa式戈，当自AⅡa式演进而来。AⅡb式戈存在的时间不长，仅见于商代晚期。

商代的B类戈仅见一型二式。

BⅠa式　殷墟三期已有发现。殷墟西区M819出土的一件，中胡三穿，未见标本。殷墟四期该式戈有的中胡二穿或三穿，如殷墟西区M729：7（图3-5，13）、M216：2（图3-5，14），内有四叶花纹。还有的长胡四穿，内下缘有倒刺或缺口，如M698：01（图3-5，15），内后部有与缘平行的双线纹。

BⅠb式　最早见于殷墟四期。殷墟西区M53：2（图3-5，19），微胡一穿，援基处又一圆穿。殷墟西区M1052：5（图3-5，17），胡较长，栏侧一长穿，内后部有两道与缘平行的双线纹，内后缘有倒刺。

商代C类戈仅一型。

CⅠ型　早在二里岗期至殷墟一期的过渡阶段已出现。如小屯M232之锋刃52，援身三角形，援和内上各一圆穿，援基两个椭圆形穿，内后部饰兽面纹。殷墟西区M279：1（图3-5，20），援面有半圆形、三叉形的凸线纹，援后部有夹秘用的两个弧形夹面。内后端有长方形凹口，内上有长方形阴线纹。殷墟西区M4：1（图3-5，21），援面呈舌状，有一大圆孔及二长方形穿，内较短，有刺，内上一小孔，饰阴线纹。此种戈标本少见，暂归此型一并叙述。

商代E类戈有二型二式。是A、B类戈的依附形态，即A、B类的内部有銎戈。

EⅠa式　以河北藁城台西商中期墓所出者为最早。M17：2（图3-5，18），援与内无显著分界，椭圆形銎，援中部起脊与内贯通，上刃较直，下刃内凹，锋端圆钝。殷墟妇好墓标本31（图3-5，24），援作长条三角形，前锋尖锐，内呈长方形，前段有杏核形銎，内后段有裂痕，上饰圆圈形纹。殷墟西区M172：5（图3-5，23），援中脊呈条状突起，内后有刺，内上饰目形花纹。M727：2（图3-5，22），内有铭文。

EⅠb式　仅见于殷墟小屯等少数商晚期地点。小屯E16之锋刃57（图3-5，25），磬折形曲内，前段为椭圆形銎，内两面饰鸟纹。

EⅡ型　最早见于商晚期殷墟西区 M697∶6（图3－5，16），中胡一穿，援中起脊，内前段为椭圆形銎，内后有刺。

商王朝中心区域以外，陕西、甘肃、山西、山东、江西、湖北、四川、广西、辽宁等地也发现了不少商代文化遗存。一般认为，这些地区远离商朝的统治中心，可能是当时的方国遗存。尽管这些遗存也有各自的一定文化特征，但其文化内涵的重要方面（主要指青铜容器），和商王朝中心地区同期文化遗存大体相同。已见有专文论述。[①] 这些遗存所含的青铜戈也多与商王朝中心地区青铜戈一致。但有些地区，如四川青铜戈的某些型式为商王朝中心地区所少见。

陕西出土青铜戈的地点有：西安老牛坡[7]、蓝田怀珍坊[9]、绥德墕头[45]、眉县小法仪[46]、礼泉朱马嘴[47]、长安沣西[48]、城固苏村[49]、城固五郎[47]、蓝田黄沟[8]。蓝田怀珍坊出土的鼎，深腹，圆锥足，在安阳小屯 M232，城固五郎等处也有发现，其时间大致在二里岗期向殷墟一期的过渡阶段。[②] 怀珍坊与鼎同出的还有 AⅠb 式和 CⅠ型戈。怀珍坊的 CⅠ型戈（图3－6，1），援身等腰三角形，援后部中间有一圆穿，援基上下各一长方穿，长方形内上一圭形穿。城固曾多次出土青铜器，其中青铜戈近百件。因未经正式发掘，又非一处出土，层位叠压关系不清。根据对一些青铜礼器，如鼎、簋、尊、罍、觯等分析，其时代有早晚之分。五郎所出的青铜器较早。苏村青铜器则与妇好墓时间接近。五郎出土 AⅡb 式和 CⅠ型戈各一件。CⅠ型戈援的两面饰双龙纹（图3－6，3）。苏村的 CⅠ型戈多达81件，超过商晚期其他地区 CⅠ型戈的总和。另有14件长胡四穿戈，均无上栏（图3－6，2）。此外，凤翔南指挥西村[64]、长安沣西[65]、扶风北吕[66]、岐山贺家村[67]等地还发现相当于商晚期的所谓先周文化遗存。就陶器而言，与商文化差异很大，但二者的青铜器却颇为接近。先周遗存中出土的青铜戈有 AⅡa 式、BⅠb 式和 CⅠ型，多与商戈相似。但也有的具明显的地方特点。如凤翔南指挥西村的先周墓葬 79M62∶4，出土一件 CⅠ型戈（图3－6，4），援下刃后端有向前的钩。这一作风在商文化该类戈中不见。

山西以石楼出土青铜戈的地点最多，如义牒[38]、二郎坡[40]、褚家峪[41]、后兰家沟[42]，以及永和[37]、长子[43]、灵石[44]等。青铜戈有 AⅠb、AⅡb、BⅠa式和 EⅡ型四种。其中以 AⅠb 式戈最多。二郎坡的戈为 AⅠb 式，伴出的

① 张长寿：《殷周时代的青铜容器》，《考古学报》1979 年第 3 期。
② 杨锡璋：《关于商代青铜戈、矛的一些问题》，《考古与文物》1986 年第 3 期。

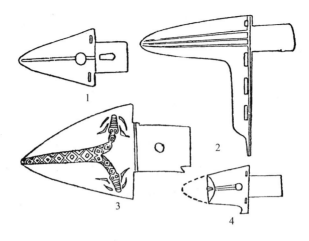

图 3-6　陕西青铜戈

1. C Ⅰ（蓝田怀珍坊）　2.B Ⅰ a（城固苏村）　3.C Ⅰ（城固五郎）　4.C Ⅰ（南指挥西村
79M62：4）

还有鼎、甗、觚、爵、斝、卣等青铜容器，以及钺、斧、削等工具，时间相当
于殷墟一、二期。① 后兰家沟与戈共出的青铜容器有爵、斝、觚、斗，工具有
蛇首匕、锛、削、凿，以及装饰品等。青铜容器的作风与殷墟大同小异。仅在
某些方面表现出不同的文化特征，如带铃觚、蛇首匕和弓形铜饰品等。青铜戈
则为殷墟常见型式。

　　山东出土青铜戈的地点有惠民[52]、益都苏埠屯[53]、寿光[54]、长清[55]、
济南大辛庄[56]等处，时间均为商晚期。大辛庄出土的陶器，长清出土的青铜
容器，多与殷墟同类器的造型和纹饰相同。其他地点的文化遗存也大致如此。
所出土的青铜戈有 A Ⅰ b、A Ⅱ b、B Ⅰ a、E Ⅰ a 式和 E Ⅱ 型，与殷墟同型式戈近
同，无明显的地方特点。

　　长江流域中下游地区的湖北、江西等地也有少量青铜戈。湖北黄陂矿山水
库[11]、黄陂盘龙城出土的戈[12]，时代较早。从青铜容器判断属二里岗期。以
上两处均出土 A Ⅰ b 式戈。盘龙城还出土过 A Ⅱ b 式戈。湖北随县浙河[57]，江
西吴城[58]，出土的青铜戈属 A Ⅰ b 式。

　　四川彭县竹瓦街窖藏[69][70][71]，除出土商周之际青铜容器外，还共存兵器
和工具。青铜戈既有中原的型式，也有富于本地区特征的援本宽大而援身窄瘦
的 D 类戈。关于巴蜀地区的青铜戈和其他边远地区诸文化的青铜戈，我们在后
面再加以讨论。

───────────────

　　①　张长寿：《殷周时代的青铜容器》，《考古学报》1979 年第 3 期。

A 类戈是商代青铜戈的主要形态。出土数量最多，达 400 余件。分布地域较广，其中心区域在河南。A 类戈出现的时间不仅最早，出土数量也多达 370 余件。基于此，可以认为，河南不仅是 A 类戈的发源地，也是中国古代青铜戈出现最早的地区之一。B 类戈出土约 40 件左右。主要分布在河南和陕西。河南和陕西都应是 B 类戈的发源地。C 类戈超过 100 件，出土数量以陕西为最多，大约 80 余件，主要分布在汉中地区。所以陕西可能是 C 类戈的发源地。E 类戈约 140 件左右，在商朝直接控制的河北最早出现，出土数量以河南为多，其中心地区在安阳附近。E 类戈的发源地应为河南、河北地区。据目前的资料，相当于商代的 C 类和 E 类戈在长江流域中下游地区尚很少发现。除四川的巴蜀文化之外，A 类戈并无明显的地方特点。这种典型的商文化兵器，在边远地区虽然只有少量存在，但分布范围较广，也在一定程度上反映出商王朝与所邻诸方国之间的联系。

三　西周青铜戈

据文献记载，周灭商之初，作丰、镐于沣河两岸，又营建东都洛邑，并在中原和长江流域中下游的广袤地区实行大分封，史称"封邦建国"，承继商文化发展起来的西周文化得以更广泛的传播，各地的文化面貌较商代更趋一致。

中原是西周王朝统治的主要区域。青铜戈的资料多来自这一地区。关中作为西周的王畿，青铜戈出土地点最为密集，特别是宝鸡、凤翔、岐山、扶风一带。河南仍是青铜戈分布的重要地区。山西、宁夏、山东、江苏、湖北、北京等地的青铜戈多与陕西、河南一致。福建、广西的闽粤文化，四川的巴蜀文化，以及辽宁、内蒙古的北方草原文化所含的青铜戈，则具有不同程度的地方色彩。

西周青铜戈的数量较商代增多，戈的型式也有所增加，但基本类别仍未超出商代的 A、B、C、E 四类戈。实际上有些戈的型式就是商戈的延续。商代的 AⅠb、BⅠa、BⅠb、CⅠ、EⅠa、EⅡ 六种型式的戈，在西周依然存在。

AⅠb 式戈，西周早期数量尚多，中期以后很少见到。陕西、河南、甘肃、江苏、浙江和北京都曾有出土。该式戈基本保持商代的作风，但也有些特点为商代 A 类戈所不见。如北京昌平白浮 M3：43[103]（图 3-7，1），援基两侧各饰一兽形夹面，后伸如翼，起固定戈柲的作用。这种双翼后伸的风格在西周 B 类戈中开始流行。

BⅠ型戈虽然在商晚期已经出现，但主要流行于西周早中期，以 BⅠb 式为多。ＢⅠ型戈主要分布于关中地区。西周晚期，ＢⅠ型戈已经不见。

ＢⅠa 式戈多为长胡三穿或四穿。内上流行线纹装饰，内下缘多有倒刺或缺口。灵台白草坡 M7：3[95]（图3－7，2），援锋圭首状，援基饰一兽头，内饰夔纹。

ＢⅠb 式戈，有的胡较短而无穿，如沣西张家坡 M111：2[78]（图3－7，6），援下刃出一波折。也有的一穿，如同地点的 M55：4（图3－7，3）。中胡戈一般是两穿，如灵台白草坡 M2：29（图3－7，4）。西周早期还出现一种援基有后伸双翼的戈，如白草坡 M2：12（图3－7，5），援基连胡部饰一虎形，口含剑形血槽，饰夔纹，虎耳后伸，恰如双翼。此种双翼后伸的作风，见于昌平白浮 ＡⅠb 式戈。沣西的 ＢⅠb 式戈也有此种样式。

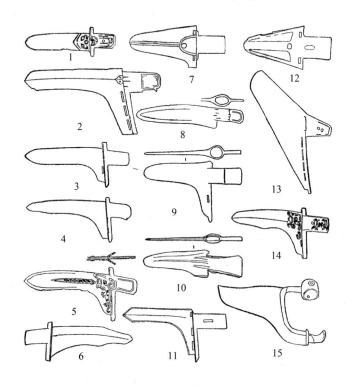

图3－7　西周青铜戈

1. ＡⅠb（昌平白浮 M3：43）　2. ＢⅠa（白草坡 M7：3）　3—6. ＢⅠb（沣西张家坡 M55：4、白草坡 M2：29、M2：12、张家坡 M111：2）　7、12. ＣⅠ（南指挥西村 80M10：1、白草坡 M7：2）　8、10. ＥⅠa（白草坡 M2：33、延庆西拨子村）　9. ＥⅡ（张家坡）　11. ＢⅡa（辛村 M17：99）　13、15. 异形戈（昌平白浮、高家堡）　14. ＢⅡb（沣西 K12：5）

ＣⅠ型戈，陕西、河南、甘肃、山东、湖南的个别地点曾有发现，但数量已经很少，西周以后基本不见。甘肃灵台白草坡 M7：2（图3－7，12），援身三角形，丁字形脊棱，援基一圆穿，上下两长方穿，内上一椭圆形孔，仍保持商代作风。凤翔南指挥西村 80M10：1（图 3 - 7，7），援基下端突出似下栏，仍沿袭先周文化青铜戈的地方特点。

EⅠa 式戈，西周已不多见。甘肃白草坡 M2：33（图 3 - 7，8），援身削形，锋部收杀，刃部有类似开刃的加工，椭圆形銎，饰弦纹，斜方内，内缘有缺口。北京延庆西拨子村的一件戈[116]（图 3 - 7，10），出自窖藏，援上下刃略向内凹，中间起脊。共存的器物比较复杂，有铜鼎、铜釜、铜锛、铜凿、铜匙、铜刀、铜锥、铜猎勾等。发掘者认为，窖藏的时间为西周、春秋之际。

EⅡ 型戈，目前仅见于长安张家坡[78]，中胡一穿（图 3 - 7，9），时间为西周早期。

除延续商代青铜戈的型式之外，西周的 B 类戈还出现了一种新的型式，大体与 BⅠ 型戈相近，但内上有穿。本文称之为 BⅡ 型，分为二式。

BⅡa 式戈，最早见于西周中期。宝鸡茹家庄 M1 出土 8 件青铜戈[107]，其中一件原报告称中胡无穿，援锋三角形。因标本照片不清，不知内上是否有穿。但此戈已基本具有 BⅡa 式戈的特征，即援锋三角形，援上刃平直。该墓时代被定为西周中期。西周晚期浚县辛村 M17：99（图 3 - 7，11），也是该式戈较早的一件标本。

BⅡb 式戈，与 BⅠb 式戈相近，但内上有一圆穿。沣西 K12：5[77]（图 3 - 7，14），下刃中部有波折状子刺，援基两面皆饰虎头形，相合则为一饕餮纹，内上一圆穿，并有阴线鸟纹作双鸟对立。BⅡb 式戈仅见于西周早中期。

有的戈形制特殊，本文称之为异形戈。陕西泾阳高家堡[92]出土的一件西周早期戈（图 3 - 7，15），援扁短如舌，胡末端有銎，援上端有箭。北京昌平白浮西周中期墓 M2 出土的一件戈（图 3 - 7，13），形如大砍刀，援与胡成一直线，内呈梯形，胡上四穿。

B 类戈是西周青铜戈的主要形态，出土数量至少在 200 件以上，以陕西出土地点最多，出土数量也最大。BⅡa 式戈虽然是新出现的型式，出土的地点和数量还很有限，但在西周晚期已成为 B 类戈的唯一型式。自商代延续下来的青铜戈的各种型式，至西周末多已消失。

四　东周青铜戈

春秋时期，诸侯国林立，战乱频繁，周王室名存实亡。南方的吴、越、楚国逐渐强大。青铜戈分布的主要区域也扩展到长江流域中下游地区。战国时期，七雄并立，中原是秦、齐、燕、三晋的统治区，长江流域中下游地区则为楚国所独霸。这两个地区仍是青铜戈分布的主要区域。除四川、云南等边远地区之外，各地流行的几乎都是 B 类戈。

春秋早期只有西周延续下来的 BⅡa 式戈，主要见于河南。陕县上村岭出土 23 件戈，其中有"虢太子元徒戈"等铭文，证明这里曾是西周、春秋之际的虢国墓地。虢国墓地的 BⅡa 式戈，多为长胡三穿。M1715:103（图 3-8，2），上刃略内凹，前锋呈三角形，长胡三穿，援下刃近胡处有一波折状子刺，内下缘一小缺口，仍具早期 B 类戈的遗风。M1721:17（图 3-8，1），援基饰人头，胡上铭文"元"。也有短胡二穿者，如 M1721:18，内上一圆穿。甘肃灵台景家庄的 M1:26[129]（图 3-8，3），援基有向前的双翼，与西周戈后伸的双翼其作用或有所区别。BⅡa 式戈在春秋中期以后渐少，战国已基本不见。

东周青铜戈，以 B 类为主，另有少量 E 类戈。除 BⅡa 式外，东周的其他各种青铜戈均系新出现的型式。其中包括 BⅡc 式，以及 BⅢ型的 a 至 e 式。

BⅡc 式　援上刃呈外凸的弧形。在春秋中期偏晚出现。只见于山西侯马上马[135]、安徽寿县[144]、湖北江陵泗场[152]等少数地点。延续的时间很短，仅到春秋晚期为止。侯马上马 M1:13（图 3-8，5），短胡二穿。

BⅢ型戈，是东周青铜戈最重要的型式。自春秋时期开始出现，至战国早期已基本取代 BⅡa 式和 BⅡc 式戈。BⅢ型戈在 BⅡ型戈的基础上产生。二者的主要区别在于 BⅡ型戈援上刃与内上缘大体平行，或在同一直线上。而 BⅢ型戈，则上刃与内上缘不平行，援身上扬。

BⅢ型戈分布地域甚广，遍及中原和长江流域的大部分地区。多见于墓葬，往往与青铜容器共出。也有的见于窖藏。有的戈上还刻有铭文，为研究东周各诸侯国的历史提供了十分宝贵的资料。河南洛阳中州路东周墓葬[124][173]，河南新郑郑韩故城[224]，山西长治分水岭韩国墓葬[179][199][230]，河南辉县琉璃阁、赵固、褚邱、山彪镇魏国墓葬[174]，河北易县燕下都埋藏坑[228]，山东临淄齐国墓葬[132]，湖北随县曾侯乙墓[181]，安徽舒城九里墩蔡侯墓[143]，湖北雨台山楚墓[150]，都是 BⅢ型戈的重要出土地点，关中秦墓出土的 BⅢ型戈，目前尚少见报道。但根据辽宁、广东、四川等地曾有秦纪年青铜戈出土的情况分析，BⅢ型戈在秦地也应有相当的数量。

BⅢ型戈的式别较多，有 a、b、c、d、e 五式。

BⅢa 式　与 BⅡa 式有直接的承继关系。二者援上刃皆近平或内凹，惟 BⅢa 式戈援上扬，而 BⅡa 式戈援上刃与内上缘大体平行，或在同一直线上。BⅢa 式以春秋中期山东海阳嘴子前村[131]出土者为最早（图 3-8，4），长胡三

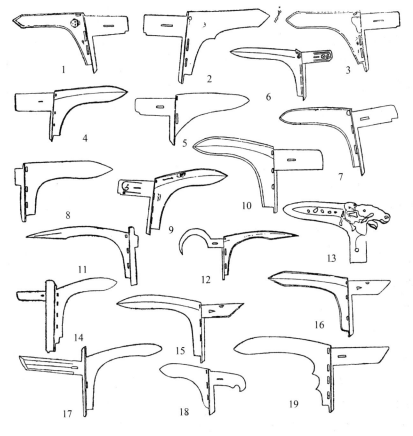

图 3-8 东周青铜戈

1—3.BⅡa（上村岭 M1721∶17、M1715∶103、景家庄 M1∶26） 4、6、8.BⅢa（山东海阳、六合和仁、中州路 M2717∶141） 5.BⅡc（侯马上马 M1∶13） 7、9、10、11.BⅢb（潍县 1 号、金家山 M43、长丰 M9∶39、天星观 M1） 12、18.BⅢc（天星观、滦平） 13.EⅢ（中州路 M2719∶73） 14、17.BⅢd（常德德山 M51∶1、拍马山 M14） 15、16、19.BⅢc（北辛堡 M1∶56、M2∶12、赵固 M1∶23）

穿，援上刃近平。同期的山东临淄所出 1 件[132]，中胡二穿，援基有铭文"高子戈"。春秋晚期的湖北江陵拍马山 M7[153] 所出的该式戈，长胡四穿，援上刃微凹，内后缘略成弧形，并有小缺口。战国时期的此式戈仍多为长胡三、四穿，戈上或有铭文。江苏、安徽的 BⅢa 式戈有明显的地方特征。如江苏六合和仁春秋、战国之际墓葬[169] 的 BⅢa 式戈（图 3-8,6），长胡四穿，援体窄瘦，栏侧上方圆穿附一鼻饰，内饰双勾纹和涡纹。与六合和仁墓葬大体同时的安徽舒城九里墩[143]、贵池[168]、淮南蔡家冈赵家孤堆[189]，江苏六合程桥[147] 等墓葬出土的 BⅢa 式戈，也多有鼻饰和双勾纹、涡纹。

BⅢb 式 始见于春秋中期偏晚。该式戈与 BⅡc 式戈接近，戈的上刃均呈弧形。惟 BⅢb 式戈援上扬。就目前所知的资料，二者始出的时间大致相近。所以，BⅢb 式戈与 BⅡc 式戈一样，均是 BⅡa 式戈演进过程中派生的分支。春秋中、晚期的山东潍县麓台村一号戈[136]（图 3 - 8，7），长胡三穿，内后缘有小缺口。BⅢb 式戈多为长胡三穿或四穿。战国早期长治分水岭 M126[179] 的 1件，援短而宽，长胡三穿，胡铭"口公之造戈"。春秋、战国之际的湖北金家山 M43[141] 所出的"许戈"（图 3 - 8，9），长胡四穿，援、胡上铭文"邘（许）止（之）訡（造）戈"，内上有错金鸟纹图案。战国晚期安徽长丰杨公 M9：39[246]（图 3 - 8，10），栏侧二穿为半圆形，内上一穿呈三角形。

BⅢc 式　多为长胡三穿，也有中胡三穿或长胡四穿的。系 BⅢa、BⅢb 式戈内后缘磨砺出刃。内缘也有二刃、三刃者。战国早期始见 BⅢc 式戈。河北怀来北辛堡 M1：56[175]（图 3 - 8，15），援细长上扬，略带弧度，中脊隆起，横断面呈菱形，长胡三穿，内两刃，后刃斜，内上两个三角形穿。M2：12（图 3 - 8，16），援较平直。河南辉县赵固区 M1：23（图 3 - 8，19），胡上有两个波折状子刺。

BⅢd 式　有上栏，内缘亦多有刃，也是 BⅢa 和 BⅢb 式戈的演进物，始见于战国早期。湖北江陵拍马山 M14 的 1 件（图 3 - 8，17），援上刃略呈弧形，与矛共出。湖南常德德山 M51：1[239]（图 3 - 8，14），长胡四穿。

BⅢe 式　戈的内末呈钩镰状，或鸡尾状，援部与 BⅢa、BⅢb 式近似。河北滦平虎什哈炮台山春秋、战国之际墓[163] 所出的 1 件最早。长胡三穿，援上刃近平，内呈鸡尾式（图 3 - 8，18）。战国时期 BⅢe 式戈内后部多上扬，又下弯成钩。洛阳中州路 M2717：146 的 1 件，内尾有刃并上扬。湖北江陵天星观 M1[204] 所出 4 件，内后部弯曲如镰（图 3 - 8，12）。

有的 BⅢ 型戈援上刃近平，内凹或略弧，内被整齐地切去大部，内上穿孔不存，或仅存残穿，显然是对 BⅢa、BⅢb 式戈加工所成。此种戈最早出于春秋中晚期，至战国晚期结束。河南淅川下寺春秋中、晚期墓所出的一件戈[134]，原报告称之无内，未见标本。战国早期洛阳中州路 M2717：141（图 3 - 8，8），长胡三穿，援上刃平直，短内无穿。战国中期湖北天星观 M1 所出的 1 件戈，原报告称为无内戈（图 3 - 8，11）。实际上是将内部切去，尚存很短的内根。湖北随县曾侯乙墓、安徽舒城九里墩蔡侯墓也出土过此种戈。短内戈通常与长内戈组成联装戟。

EⅢ 型戈　战国早期有少量存在。洛阳中州路 M2719：73（图 3 - 8，13），援略上扬，上刃微内凹，援脊五穿，内作鸟兽合搏的透雕，銎为圆柱形，下部一穿。

据不完全统计，BⅢ型戈的出土数量近800件。其中以BⅢa式所占比例最大，超过350件。BⅢb式次之，在200件以上。BⅢc式150件左右。这三种青铜戈出土地点最多，分布也最广，中原和长江流域中下游地区均有发现。BⅢd式戈约60件，主要见于河北、湖南、湖北等地。BⅢe式戈最少，仅有20件左右，见于河北、河南、湖北、湖南等地。

上述资料表明，BⅢ型戈的a、b、c式是东周各诸侯国普遍使用的青铜戈。BⅢd式为燕、楚兵器。燕国的青铜戈常附刻王名或纪年铭文，而且内下缘多有凹刃，易与楚戈识别。由BⅢa和BⅢb式改造而成的短内戈，则为曾、蔡、吴楚各国，以及周王室所特有。此外，曾、蔡、吴、楚青铜戈还流行双勾纹、涡纹和银斑纹等。吴、蔡二国的BⅢ型戈，栏侧上端多有鼻饰。这些均是明显区别于中原各诸侯国青铜戈的地方特色。

根据铭文判断，许多青铜戈并非出土地自产。青铜戈流散的原因固然很多，但最主要的途径是东周时期各国间连绵不断的战争和频繁的文化交流。例如"王子于戈"和"吴王夫差戈"是吴国兵器，前者出土于山西万荣庙前村[178]，后者出于安徽淮南蔡声侯墓[184]。蔡声侯墓还出土越王"者旨于赐"戈。[1] 类似的实例还有许多。

自战国秦汉之际，中原以及长江流域中下游地区的青铜戈急剧衰减，无论是出土地点，还是出土数量都很少。只延续少量的BⅢ型和EⅢ型戈。与以前的作风无甚大变化。西汉中期以后，青铜戈几乎绝迹。战国秦汉之际见有出土青铜戈的地点有湖北宜城楚皇城[206]、湖南长沙丝茅冲[269]两处。西汉早期有江苏三里墩[277]，山东红土山[274]、临沂银雀山[276]、淄博[275]四处。西汉中期只有满城[279]一处。

五　边远地区诸文化所含青铜戈

商、西周、东周，乃至秦汉时期的边远地区诸文化，如甘肃的寺洼文化，辽宁、内蒙古的北方草原文化，福建、广西的闽粤文化，四川的巴蜀文化，以及云南、贵州的滇黔文化等所含的青铜戈，有的与中原戈的形制相同，有的则富于鲜明的地方特色。对于后者，本文将其划分为区别于中原戈的不同型式或不同类别。对边远地区诸文化所含青铜戈的研究，有助于加深认识这些文化的全貌，以及与中原文化之间的联系。

---

① 陈梦家：《蔡器三记》，《考古》1963年第7期。

边远地区出土的青铜戈，与中原青铜戈近同者，是中原文化在这些地区传播的反映，有的戈实际上就是中原所产，主要的材料有如下几批。

甘肃庄浪徐家碾[68]出土的 B 类和 C 类戈（图 3 - 9，1：15），与殷周青铜戈作风一致，无明显地方特点。

辽宁兴城杨河发现的三件戈[63]，形制相同（图 3 - 9，2），与河北藁城台西商中期墓所出的 E Ⅰ a 式戈相近。辽宁锦西乌金塘[119]，内蒙古宁城南山根[117]（图 3 - 9，8）、昭乌达盟[118]出土的戈，则与河南上村岭虢国墓地的 B Ⅱ a 式戈类同。

战国时期，辽宁为燕国辖地。北票东官营子的一件戈[201]，胡部铭文为"郾王职作御司马"（图 3 - 9，4）。当为燕国兵器，属 B Ⅲ d 式。建昌的两件戈[232]，1 件内尾部铭文"屯留"，属 B Ⅲ c 式；另 1 件仅存内部，亦有铭文"訇"。"屯留"，战国时为韩地，位于今山西东南部长子县和屯留县之间。新金后元台的 1 件[57]（图 3 - 9，10），属 B Ⅲ c 式，内上铭文"廿一年启封命痹工师铩冶者"。据考证，为魏国所造①。宽甸的 1 件[233]，亦属 B Ⅲ c 式，内正面铭文"元年丞相斯造栎阳左工去疾工上□□"，内背面"武库"，栏下"石邑"，当为秦戈。这几件三晋和秦兵器在辽宁出土，当与秦始皇统一中国的历史有关。很可能是秦灭三晋后，又进军燕地，在灭燕过程中，或秦兵戍边所遗留。

广西灌阳新街所出土的戈[62]，饰夔纹和斜角雷纹。时代相当西周中期。广州逻冈[161]出的 1 件春秋时期的戈（图 3 - 9，6），直援较短，援上刃与内上缘连成一直线，胡很宽，栏侧四穿，两面通体饰同样的回旋纹，与遗址中的陶器花纹相同。这些戈的形制分别与中原地区的 A Ⅰ b、B Ⅱ a 式戈相近，不过纹饰作风有所差异。广州西汉早期墓中出土的青铜戈也与中原相似。

四川彭县竹瓦街窖藏[69][70][71]的青铜容器为商周之际型式，青铜戈 21 件，有 A 类和 C 类、D 类戈。直内无胡戈，长条形援，与中原的 A Ⅰ b 式戈相近。但援本近下栏处有一长方穿，援中脊或见长喙鸟纹，如 5 号戈（图 3 - 9，5），又与中原常见的同式戈略有区别。援本宽大戈，有的与中原的 C Ⅰ 型戈相同。如 18 号，内上有尖桃形穿戈（图 3 - 9，14）。成都交通巷的 1 件[102]（图 3 - 9，7），援身三角形，援基处有一圆形穿孔，长方内上亦有一圆穿，与商周 C Ⅰ 型戈近同。

四川发现的中原地区 B Ⅲ 型戈的 a、c、d 式，有的刻秦纪年铭文，有的则

---

① 黄盛璋：《旅大市所出启封戈铭的国别，地理及其相关问题》，《考古》1981 年第 4 期。

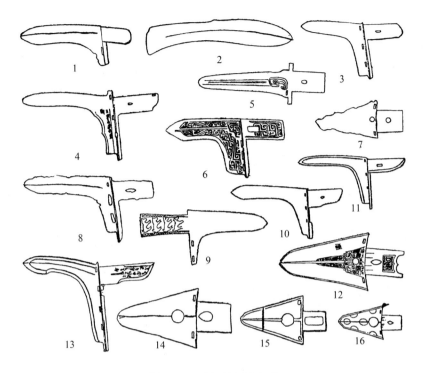

图 3-9 边远地区青铜戈

1. B Ⅰ a（寺洼 M20：7） 2. E Ⅰ a（兴城） 3. B Ⅲ a（金牛区 M1：6） 4. B Ⅲ d（北票） 5. A Ⅰ b（竹瓦街 5 号） 6. B Ⅱ a（广州逤冈） 7. C Ⅰ（交通巷） 8. B Ⅱ a（南山根 H101：17） 9. E Ⅱ（昭乌达盟） 10. B Ⅲ c（新金） 11. B Ⅲ c（冬笋坝） 12. C Ⅰ（新都） 13. B Ⅲ d（小田溪 M3：13） 14、15、16. C Ⅰ（竹瓦街 18 号、庄浪 M95：41、新都）

刻巴蜀符号。成都金牛区[254]M1：6（图 3-9，3），援略上扬，长胡三穿，内上一穿，内后端作弧形，与中原的 B Ⅲ a 式戈同。冬笋坝 M33：16[270]（图 3-9，11），内后缘斜刃，与中原 B Ⅲ c 式戈一致。小田溪 M3：13[253]（图 3-9，13），长胡四穿，有上栏，内缘三刃，与中原的 B Ⅲ d 式戈无甚差别。内上一面刻铭文，笔画纤细且浅，为"武，廿六年蜀月武造，东工师宦，丞业，工口"。当为秦昭王二十六年之戈，于秦灭巴蜀后所造。

战国时期，C Ⅰ 型戈在四川也有存在。新都战国早期墓出土大小两种 C Ⅰ 型戈[188]（图 3-9，12、16），皆三角形宽援，近前锋的侧刃略有弧度，援后部中间一大圆穿或一小圆穿，栏侧两长方穿，长方内，内上穿为圆形、橄榄形或椭圆形，内后缘平直，或呈凹连弧形。援上都有纹饰，具有地方色彩。纹样有圆圈纹、虎斑纹、饕餮纹等，还有圆形符号。内有四条平行线，或饰云雷纹。

以上是边远地区所见到的与中原相同或相近的各种型式青铜戈。同时我们还注意到在这一广大地区的考古学文化中，像夏家店上层文化、闽粤文化、巴蜀文化、滇黔文化所含的青铜戈，与中原青铜戈相比，具有不同程度的地方特征，尤以滇黔文化所含的青铜戈为甚。

昭乌达盟出土的 2 件有銎戈，虽与中原 EⅡ 型戈相近，但其中一件（图 3 - 9，9），中胡二穿，内两面各饰四小兽，是北方草原文化独特的风格。夏家店上层文化很可能是东胡民族的文化遗存。① 而这件戈，则可能是在中原铜戈的基础上加以改造而成，融合了东胡族文化的因素。

闽粤青铜文化的青铜戈，具有独特的地方色彩，与中原地区差异很大。福建南安大盈出土的 5 件[109]多残缺。其中一件，原报告定为Ⅱ式（图 3 - 10，3），与中原流行的 AⅠb 式戈较接近。另 3 件原报告定Ⅰ式，制作较粗糙（图 3 - 10，1），体微弧，援中有脊，长内，内端皆内凹。余一件定为Ⅲ式（图 3 - 10，2），援上下刃正反面相异，二穿，有内。这四件戈具有本文 A 类戈的一般特征，但与中原流行的同类戈有明显不同。本文分别将其定为 AⅢ型的 a、b 式。与戈共存的器物，例如铜戚、矛、匕首、锛、铃，以及玉戈、璜等，亦具鲜明的地方特点。原报告推测这批器物的时代可上溯到西周，下限延至春秋。有的同志认为，Ⅰ式戈约西周中晚或稍晚，Ⅱ式戈为西周中晚期。②

巴蜀文化是边远地区的一支非常重要的古代青铜文化。据现有资料，最早的青铜戈可上溯至商末周初。四川彭县竹瓦街窖藏中出土的一种戈，援本宽大，而援身呈窄瘦的三角形，其上下刃多内曲，援后部或有一圆穿，栏侧上下各一长方穿。长方形内，内后缘多平直，少数内凹，内上穿为圆形、尖桃形或椭圆形。援上一般饰饕餮纹、蝉纹或目纹等。如 16 号戈（图 3 - 10，4）。也有纹饰简单或不见纹饰，如报告中称之有小圆穿的戈（图 3 - 10，9）。这种戈与本文的 CⅠ 型戈不同，划分为 DⅠ 型。就 DⅠ 型戈而言，在比竹瓦街更早的其他遗存中还未发现过。这种具有鲜明地方特色的兵器，应是当地自产。相当于西周时期的 DⅠ 型戈在成都交通巷曾有出土（图 3 - 10，6），援饰兽头，内饰蚕形纹，兽头口内一圆孔，吐出长舌为圆脊。

战国时期，四川的青铜戈颇为流行。所谓巴蜀式戈出土的主要地点有：万县新田[170]、大邑五龙[187]、新都[188]、成都百花潭中学[189]和无线电学校[217]、成都青羊宫[53]、成都金牛区、成都枣子巷[61]、彭县太平公社[51]、犍为[251]、简阳[255]、郫县红光[256]以及战国至西汉初的昭化宝轮院和巴县冬笋坝[270]等。

① 靳枫毅：《论中国东北地区含曲刃青铜剑的文化遗存》（下），《考古学报》1983 年第 1 期。
② 吕荣芳：《对福建南安大盈出土青铜器的几点看法》，《考古》1978 年第 5 期。

同时，四川还流行一种与中原 BⅡa 式近似，但又有明显地方特点的有胡戈，本文称之为 BⅣ型。此种戈多为中胡二穿，或长胡三穿，援锋弧尖，不同于中原 BⅡa 式戈锋尖作圭首状。犍为的 1 件[252]（图 3 – 10，8），援部浮雕龙形，龙首向锋尖，身尾展于胡，龙身有鳞甲，近栏处饰三角形图案。新都木椁墓的 5 件戈上均有巴蜀符号。

战国时期 DⅠ 型戈在四川继续流行。新都出土的 DⅠa 式戈（图 3 – 10，5），器身上都有巴蜀符号。成都青羊宫[222]的该式戈，援后部饰虎头纹和由回纹组成的三角形图案。大邑五龙出土的 DⅠb 式戈，援上饰四组变形云纹构成的兽面纹，另一面饰云雷纹和方菱、水波等巴蜀符号。

除 DⅠ 型戈外，战国时期，四川 D 类戈中还有一种新的型式，DⅡ型，此型戈有胡，可分为 a、b 二式。

DⅡa 式戈　均有明显的上下胡，援后部中间多有圆穿，栏侧两长方穿，长方内上有圆形、椭圆形、菱形或长方穿，器身素面或有纹饰。新都所出的该式戈均铸图形符号（图 3 – 10，10）。成都青羊宫出土 22 号戈素面，17 号（图 3 – 10，7）援部饰虎头，内两面均以卷云纹、回纹组合的图案为饰。湖北荆门漳河车桥[263]所出的一件（图 3 – 10，12），援锋的侧刃和上下刃皆内曲，近栏处有两个半圆形穿孔，内上有心形穿，内后缘弧形，戈援正反面铸有相同的人形图案，两脚分踏日、月，头插长羽，双手曲举，分持蜥蜴和双头鱼，腰系蛇带，两腿呈蹲踞状，胯下一蜥蜴。内上有铭文。研究者称之为 "大武闢兵" 铜戚，推断为舞具。① 荆门铜戈上下刃内曲，援略呈圭形，且有微胡。虽出于楚地，但与四川流行的 DⅡa 式戈颇多近似之处，故可推断为巴蜀遗物。

DⅡb 式戈　上胡短而下胡长，或仅有下长胡，上下刃皆内曲，援身较瘦窄，栏上侧一穿，下侧二至三穿，援基多有双翼，长方形内，后缘有缺，或呈凹双连弧形。器身上有纹饰。援基有双翼，是西周一部分戈流行的作风。四川战国时期常见的 BⅣ型戈，也多有双翼。DⅡb 式戈的形成与 DⅡa 式戈有密切的关系，其援基的双翼亦有深远的渊源。传成都附近所出的 DⅡb 式戈②（图 3 – 10，11），上胡略短于下胡，援上有花纹，栏侧三穿，援内间有双翼，胡下端有一牙突出，内上有一小圆穿，内后缘呈凹连弧形。

滇、黔地区的青铜文化与中原差异很大。就青铜戈而言，该地区只有 D 类和 E 类戈。四川所见的 DⅡa、DⅡb 式戈也有发现，但有其地方特征。E 类戈

---

① 俞伟超：《 "大武闢兵" 铜戚与巴人的大武舞》，《考古》1963 年第 3 期。
② 童恩正：《中国西南地区的青铜戈》，《考古学报》1979 年第 4 期。

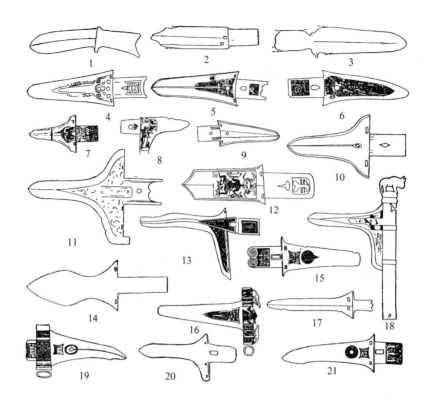

图 3-10 闽粤、巴蜀、滇黔文化青铜戈

1. AⅢa（南安） 2. AⅢb（南安） 3. AⅠb（南安） 4、5、6、9. DⅠa（竹瓦街 16 号、新都、交通巷、竹瓦街） 7、10、11、12. DⅡa（青羊宫 17 号、新都、成都、荆门） 8. BⅣ（犍为）13、20. DⅡb（石寨山 M13：266、太极山 M12：2） 14、15、17、21. DⅢa（楚雄万家坝 M50：1、李家山 M13：24、万家坝 M23：214、李家山 M21：68） 16、19. EⅣC（石寨山 M12：12、M12：21）18. EV（石寨山 M21：31）

的型式则为该地区所特有，其他地区不见。本文定为 EⅣ、EV 二型。

青铜戈在这一地区出现甚晚。春秋中晚期云南楚雄万家坝墓葬出土的一件DⅡa 式戈是仅见的最早实物[139]。战国墓葬出土的青铜戈数量较大。万家坝有7 件。呈贡天子庙有 29 件[219]。秦汉时期，青铜戈在大部分地区已逐渐消失，而云南却正处在兴盛之时，如江川李家山[271]、晋宁石寨山[272]，自战国晚期延续到东汉初年都有发现。李家山出土青铜戈 18 件。石寨山出土青铜戈达 117件。这些青铜戈多有人形、太阳、蛇、双旋、菱形等纹饰。E 类戈的戈背上还焊铸立体人、畜、兽、鸟和鱼等。

贵州迟至西汉末东汉初才见青铜戈，仅威宁中水墓葬出土过 4 件 DⅡa式戈[28]。

楚雄万家坝春秋中、晚期墓的 DⅡa 式戈，如 M50：1（图 3-10，14），援为对称的曲刃，栏侧两长方穿，长方内，内后直缘。万家坝战国早期墓 M23：214（图 3-10，17），援窄长，内后缘有三个尖齿。云南的 D Ⅱ a 式戈，援后部中间无孔，内上也无孔，为该地区一种风格。它与四川流行的有所不同，援比四川戈更窄长，援本不如四川的宽，上下刃弧形内曲，至栏处呈短胡状，却无四川戈那样有明显的肩部。援、内上的纹饰亦较四川戈繁复。江川李家山 M13：24（图 3-10，15），直援，前端略弧而无锐锋，栏侧二穿，内上一大长方穿，援中间偏后处一圆孔，援与内两面皆铸凸起的人像、太阳纹、双旋纹等。M21：68（图 3-10，21），援向，下稍弧，锋锐尖，内后缘平直，援、内上铸凸起的人像、鸟纹、太阳纹等。

云南的 D Ⅱ b 式戈在春秋、战国之际出现，较四川为早，与四川同类戈也略有区别。主要是云南戈的上胡较短，有的很短，而四川戈的上胡长度却与下胡接近。云南戈下胡没有后突的牙，有的无饰纹，有的纹饰却很繁复，与 D Ⅱ a 式戈作风一致。安宁太极山西汉早期墓 M12：2[273]（图 3-10，20），直援，前端为三角形尖锋，栏上侧一穿，下侧二穿，内上一长方穿，内上下缘略呈亚腰形，通体无纹饰。原报告未提此戈援基处有双翼。晋宁石寨山 M13：266（图 3-10，13），援中段弯曲，有中脊，上短胡一穿，下长胡三穿，锋钝，援基有张开的双翼后伸，翼后端有近圆形的缺口，方内，后缘斜直。援、内、翼上均饰成组的回旋纹。

E Ⅳ 型戈　援本宽大，有上下微胡或短胡，筒状銎。楚雄万家坝战国早期墓 M23：205，时间最早。援窄长内曲，援上下刃外张若短胡，饰多重的三角形。长方内，后端有三角形尖刺，銎孔椭圆形，高度与内略等。晋宁石寨山和江川李家山墓葬出土的 E Ⅳ 型戈，援、内间有銎，或援后有銎而无内。銎长筒状，口部圆形或椭圆形，銎长多大于内宽和援本宽。援后部銎和内上均有纹饰。无内戈的銎背上有立体的人畜、鸟等。江川李家山 M24：10，援上下刃内曲，近援基处向外斜张，椭圆形柱状銎，内近方形，后缘略内凹，援后部及銎、内上饰蛇形纹、太阳纹和菱形纹。石寨山 M12：21（图 3-10，19），援、内间有筒状扁圆銎，与援正交成十字形。援宽而微曲，前端收成三角形尖锋。援上穿为一圆孔，至前锋中间突起一条脊线。内宽短，内后缘为 W 形。内及援上有人形图案，銎的一面为回纹和绳纹，另一面阴刻一虎。石寨山 M12：12（图 3-10，16），无内，銎作圆形。援上为突起的成组回旋纹，中间一小孔。銎两面的花纹以菱形回纹、回旋纹、一头双身爬虫纹等组成。銎背上铸立体的两只水獭，作相向而立，争夺一鱼之状。此外，还有的銎背上焊铸鸳鸯、牛、豹、鹿、蛇、熊、羊、野猪、狐狸、虎、猴以及骑士等，形象生动，栩栩如生。

EV 型戈　上短胡，下长胡，筒状銎。仅石寨山西汉早期墓（M21：31）出土 1 件（图 3 – 10，18）。

边远地区青铜戈发现与分布的资料表明，相当于商、西周时期，甘肃、内蒙古、辽宁、福建、广西、四川的青铜戈并不发达，出土地点和数量都很少。战国时期，地处西南隅的云南、四川已是中国古代青铜戈分布的重要地区。云南仅流行 D 类和 E 类戈，型式与中原明显不同，反映出滇文化独特的地方特征，其分布自成区域。贵州的出土地点很少，只有 D 类戈，且与云南所出者相近。四川因所处的地理位置，巴蜀文化与中原以及滇文化互有影响，青铜戈形制复杂，既有自身的地方特点，又兼具邻近地区的多种因素，其分布也自成区域。

六　有关的几个问题

1. 青铜戈的演进

关于中国古代青铜戈的发展过程，学术界长期以来流行的看法是分为四期：第一期，殷代，戈制为无胡无穿；第二期，西周，短胡一穿；第三期，春秋，中胡二穿；第四期，战国，长胡三穿（或二穿）。青铜戈的演进规律，则由最早的无胡无穿戈，发展到最后的长胡多穿戈。[1] 在新的考古资料不断发表的情况下，这种关于青铜戈演进规律的传统观点已被突破。

诚然，商代以无胡无穿戈，即本文之 A 类戈为大宗。西周以后，有胡戈，即本文之 B 类戈成为青铜戈的主体。在数量上，西周的 B 类戈以短胡或中胡一、二穿者居多。东周的 B 类戈则流行长胡多穿。但是，这种 A 类和 B 类戈的发展趋势，并不等同于 A 类和 B 类戈的演进规律。A 类戈的出现虽早于 B 类戈，但至商晚期 B 类戈已与 A 类戈并存。所以有胡戈并非西周以后才出现。长胡多穿戈也不是仅见于战国，而是早在商晚期即已存在。此种实例甚多，不能作为个别现象而排除。因此，青铜戈的演进规律非简单地以无胡无穿到长胡多穿所能说明。青铜戈的演进规律，应依据众多的出土资料，予以具体分析。

有胡戈是否有上栏，是划分戈的型式，判定其时代的重要标尺，也是探索有胡戈演进规律的依据，以往却多为研究者所忽视。从商晚期到西周中期，长胡多穿戈皆无上栏，即本文的 BⅠa 式戈。有胡且有上栏戈，则为短胡或中胡

---

① 郭宝钧：《殷周的青铜武器》，《考古》1961 年第 2 期。

一、二穿，即本文的ＢⅠｂ式戈，不见长胡多穿者。所以，在讨论有胡戈的演进关系时，要注意二者之间的区别。ＢⅠａ和ＢⅠｂ式戈均始出于商晚期，并皆延续至西周中期。虽然ＢⅠｂ式戈的出土数量已近二百件，ＢⅠａ式戈尚不足百件，说明ＢⅠｂ式比ＢⅠａ式流行，但ＢⅠａ式戈以栏侧的三至四个穿孔缚柲，不仅比ＢⅠｂ式戈主要以上栏缚柲更为牢固，而且ＢⅠａ式戈的长胡侧刃，又增强了砍伐的杀伤力，较ＢⅠｂ式的短胡刃更利于实战。所以，无上栏的长胡戈最后取代了有上栏的短胡戈，乃至演进为西周、春秋之际上村岭虢国墓地流行的ＢⅠａ式戈，援锋呈三角形，内上出现穿孔。

中原以及边远地区诸文化所含青铜戈的演进过程，有各自不同的规律。当然，边远地区青铜戈的演进在不同程度上受到中原青铜戈的影响。现就此分别加以阐述。

Ａ类戈是中国古代青铜戈的初级形态。中原的Ａ类戈包括二型四式，演进关系十分清楚。ＡⅠａ和ＡⅡａ式戈同出于二里头文化三期，是目前所知最早的青铜戈。前者直内，后者曲内，均无胡无栏。分别发展为ＡⅠｂ和ＡⅡｂ式，仍以直内或曲内为别，但均有栏。ＡⅠｂ式戈始出于商中期。ＡⅡｂ式戈始出于商晚期。除ＡⅠｂ式延续至西周，其他三式仅见于商代。

Ｂ类戈的性能优于Ａ类戈。有胡戈栏侧的穿用以缚柲，显然较无胡戈仅以内缚柲更为牢固。此外，胡刃亦可砍伐，增强杀伤之功效。所以，Ａ类戈未能长期延续，自西周以后为Ｂ类戈所取代。

就商戈而言，Ｂ类戈在Ａ类戈的基础上产生。Ｂ类戈以ＢⅠ型出现最早，为商晚期，是Ｂ类戈的雏形。ＢⅠ型戈以无栏或有栏区分为ａ、ｂ两式。ＢⅠａ式戈的始出略早于ＢⅠｂ式。ＢⅠ型的ａ、ｂ式与ＡⅠ型的ａ、ｂ式各相对应，区别只在于有胡和无胡。直内有胡戈即为ＢⅠ型。直内无胡戈即为ＡⅠ型。不见曲内有胡戈。ＢⅠ型的ａ、ｂ两式之间并无演进关系，大体上是平行发展。ＢⅠ型戈，不论胡长短，内上均无穿，是商代有胡戈的明显特征。

ＢⅡ型戈于西周开始出现。ＢⅡ型戈的ａ、ｂ式，分别自ＢⅠ型戈的ａ、ｂ式演进而来，即ＢⅠ型的内部有穿戈。这也正是西周有胡戈区别于商代有胡戈的重要特征。ＢⅡｃ式戈形制与ＢⅡａ式相近，唯其援的上刃外弧，不同于ＢⅡａ式戈的援上刃平直或内凹。ＢⅡｃ式戈始出于春秋中晚期，是ＢⅡａ式戈派生的旁支。战国已不见。

ＢⅡａ式戈是西周晚期、春秋早期Ｂ类戈的唯一型式，呈现出向以ＢⅢ型为代表的高级戈制转化的过渡形态。ＢⅡａ式戈延续的时间较长，一直到春秋晚期。ＢⅢ型戈，援上扬，较之ＢⅠ、ＢⅡ型戈援上刃与内上缘大致平行或在同一直线上，更利于挥动砍伐，因而增加了击杀的力量。BⅢa式戈，若援上扬，即成BⅢ型戈。

BⅢ型戈是东周青铜戈最重要的类型，呈现出中国古代青铜戈的最高水平。式别复杂，有a、b、c、d、e五式。春秋中晚期，BⅢ型戈虽已开始出现，但是BⅡa式戈仍占有相当大的比例。战国早期以后，BⅢ型戈的各种型式才全部出现。BⅢa和BⅢb式戈是BⅢ型戈的基本型式，前者援上刃平直或内凹，后者则外弧。BⅢ型的c、d、e式皆自BⅢa式或BⅢb式派生而来。BⅢc式戈内缘有刃，BⅢd式戈有上栏，BⅢe式戈内尾若镰或呈鸡尾状。这三式戈的援上刃均有平直、内凹或外弧者。

短内或无内戈，也是东周戈的新型式。援上刃有平直、内凹或外弧者，系将BⅢa或BⅢb式的内部整齐地切去。短内戈一般与长内戈绑缚在同一柲杆上，成为多戈头的兵器。

中原地区的C类戈型式很少，只有CⅠ型。CⅠ型戈，援本宽大，援身多呈三角形。CⅠ型戈始出于商中期，延续至西周。边远地区的D类戈只在中原的西周早期有少量的发现。例如，山西省洪赵永凝东堡出土过一件DⅠa式戈。这是中原地区与边远地区文化之间相互交流的产物。

中原的E类戈是A类和B类戈的依附形态，数量不多，有EⅠ、EⅡ、EⅢ型。若AⅠa、AⅡa式戈的内部有銎，则为EⅠ型戈。EⅠ型戈以直内前半部有銎，或曲内前半部有銎，区分为a、b两式。EⅠ型戈仅见于商晚期和西周早期。EⅡ型戈有胡，即BⅠa式的内部有銎戈。始见于商晚期。西周早期有少量存在。EⅢ型戈的援上扬，上刃平直或内凹。自战国延续至西汉。

E类的三型戈銎孔有不同。EⅠ、EⅡ型的銎孔呈扁椭圆形。EⅢ型戈的銎孔则为筒状。筒状銎纳柲较扁椭圆形銎纳柲牢固。筒状銎取代扁椭圆銎，是长期实战总结出的经验。这就从另一个侧面反映出E类戈的演进，不仅与A类和B类戈关系密切，E类戈自身也有椭圆形扁銎演进至筒状銎的规律。

边远地区诸文化所含青铜戈，有的形制与中原戈类同，其演进规律亦当与中原戈一致。有的则受中原戈的影响产生，但具地方特点。也有的与中原戈无直接关系，其演进自成系统，地方特色更为突出。后两种情况，亦是本文划分青铜戈型式的重要依据。寺洼文化、北方草原文化的青铜戈，数量和型式都不多，与中原戈关系密切，差异只反映在个别戈的纹饰上，没有明显区别于中原戈的新型式。闽粤文化所含青铜戈，有的颇具地方特色。如福建南安大盈原报告所称的Ⅰ、Ⅲ式戈，具有A类戈的一般特征，但与中原A类戈差异很大。不过就闽粤文化的整体而言，其所含青铜戈毕竟数量太少，又有很长时间的缺环，若仅据目前的资料，尚无从言及其演进规律。

巴蜀文化和滇黔文化所含青铜戈，是中国古代青铜戈的重要组成部分。巴蜀文化所含青铜戈有的与中原戈类同。如相当于商周时期的ＡⅠb式和ＣⅠ型戈，以及相当于战国时期的ＢⅡ型a、c、d式戈。有的受中原戈的影响产生，如ＤⅠ型戈，即是中原ＣⅠ型戈的变体，自商周之际，延续至战国。又如ＢⅣ型戈，为战国时期的四川所仅见，其渊源亦可追溯至春秋时期中原的ＢⅡa式戈。巴蜀文化还含有青铜戈的ＤⅡ型。ＤⅡ型戈的出现，与中原戈有间接关系，但与滇黔文化的关系密切。

滇黔文化所含青铜戈只有D类的Ⅱ型和E类的Ⅳ、Ⅴ型，是区别于中原戈的新型式，具有浓厚的地方色彩，其演进自成系统。ＤⅡ型有a、b两式。ＤⅡa式戈的上下刃多弧形内曲，近栏处呈肩状短胡。ＤⅡb式戈，上下刃内曲，上胡短而下胡长，或仅有下长胡。ＤⅡb式戈当是由ＤⅡa式戈的短胡变化而形成。至于ＤⅡa式戈，与四川流行的ＤⅠ型戈之中，援上下刃内曲者相近，为ＤⅠ型戈的演进物。ＤⅠ型戈是中原ＣⅠ型戈在四川的地方性变体。因而也是中原C类戈向云、贵地区传播的中间媒介。ＤⅡ型戈援基或有后伸的双翼。双翼后伸是中原西周B类戈流行的作风，春秋仍有存在，并传入四川，是四川ＢⅣ型戈习见的特征。滇黔文化D类戈经四川而受中原影响的迹象，亦可窥其一斑。ＤⅡ型戈在云南出现，时间已相当于春秋中晚期。贵州则迟至两汉之际。

2. 戟、戈再论

戟与戈的关系密切，有关的讨论文章也很多，本文亦就此发表一点看法。青铜戟的型式主要有两种，一种是浑铸戟（亦称钩戟），另一种是联装戟。浑铸戟为戈、矛（刺）或戈、刀合铸一体。联装戟则是戈、矛分铸，再组合起来。湖北随县曾侯乙墓出土由两个或三个戈头，以及三个戈头和一个矛组合而成的兵器，戈上有"戟"字铭文。有的同志认为这种多戈头兵器是戟[18]，实际上这也是联装戟的一种型式。

目前所见的浑铸戟出土于西周墓葬。主要有以下地点：陕西宝鸡斗鸡台沟东区、宝鸡峪泉，岐山贺家村，河南浚县辛村、洛阳庞家沟，北京昌平白浮，甘肃灵台白草坡等。浑铸戟以戈、矛，如浚县辛村 M2∶81（图 3－11，1），或戈、刀，如浚县辛村 M42∶102（图 3－11，2），整体合铸而成，以前者居多。刀为圆刃曲钩状，其上有穿孔。曲钩可以抵住秘头。曲钩顶端的圆刃亦可用于攻击，但效果不及以矛为刺的杀伤力大。白草坡墓葬出土的Ⅰ式戟 M2∶20（图 3－11，3），曲钩作人头状，其功用显然不是为了攻击。除用于装饰，很可能还有某种宗教或仪礼的作用。人头下有銎，可以纳秘。戈、矛浑铸

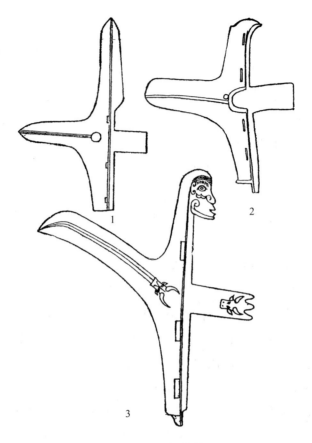

图 3－11　浑铸戟

1. 辛村（M2：81）　　2. 辛村（M42：102）　　3. 白草坡（M2：20）

戟的矛下部与戈结合部位有一个与曲钩作用相同的"台阶"，也起到抵住柲头的作用。这两种型式的浑铸戟，西周早期都有发现。

春秋晚期湖北长沙浏城桥一号墓[154]所出一件戟，从图版拾伍所载的实物照片看，似是戈、矛合铸。内尾端尖锐，弯曲至戟柄处，与西周的浑铸戟差别很大。

本文讨论的重点是联装戟。春秋晚期戟的出土地点有安徽舒城九里墩，江苏六合程桥。战国时期出土地点以湖北最多，有擂鼓墩曾侯乙墓、襄阳蔡坡[45]、江陵溪峨山[47]、江陵雨台山、江陵藤店[49]、江陵天星观等。还有洛阳中州路、汲县山彪镇、辉县琉璃阁，河北唐山贾各庄[44]、邯郸百家村[48]，山西长子、长治分水岭、四川涪陵小田溪等。

联装戟的主体为戈，以有矛刺者居多，无矛刺而多戈头的较少。戟在 B 类戈中，可以找到相应的型式，而 B 类戈中又以 BⅢ型最多。舒城九里墩春秋墓一件 BⅢa 式戈与矛共出（图 3－12，2）。还有一件 BⅢa 式戈上有铭文"蔡

□□之用戟"，但未见矛共出。很可能是失刺之戟，但也说明戟戈亦可单独使用。战国时期的BⅢ、BⅣ型戈均有与矛共出者。曾侯乙墓出土的BⅢa式戈和BⅣ型戈共96件，有的与矛共出（图3-12，7），有的是多戈头（图3-12，9）。洛阳中州路墓葬出土的BⅢb、BⅢe式和BⅣ型戈（图3-12，4、5、8），辉县琉璃阁赵固区墓葬的BⅢc式戈（图3-12，6），江陵雨台山墓葬的BⅢd式戈（图3-12，1），也有与矛共出的现象。某些戟戈的胡下端有舵，如江陵雨台山墓葬中出土的一件BⅢd式戈（图3-12，3），以及汲县山彪镇墓葬中的4件BⅢc式戈。

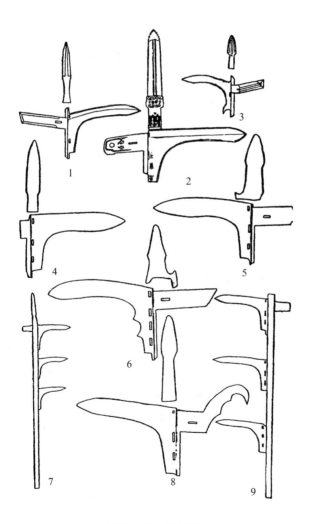

图3-12 联装戟

1、3. 江陵雨台山（M277：25、M264：8）　　2. 舒城九里墩　4、5、8. 中州路（M2714：140、141，M2717：147、148；M2717：145、146）　6. 辉县赵固（M1：23）　　7、9. 曾侯乙墓

　　有人认为戟戈之援较戈援窄而瘦长。① 曾侯乙墓的戟戈有此实例。目前所见与矛组成戟的 BⅢ 型戈，其援部也确较一般戈的援长而窄。但这并不意味着凡是援长而窄的戈都是戟戈。鄂城战国楚墓所出的 9 件戈，分三式，并无矛共出。Ⅰ式 2 件，钢 2∶1 全长 20.4 厘米。Ⅱ式 4 件，百 4∶22 全长 30.4 厘米。Ⅲ式 3 件，百 4∶24 全长 23.2 厘米。Ⅱ式戈的援明显长于Ⅰ式和Ⅲ式，亦较Ⅰ式和Ⅱ式为窄。山西长治分水岭 126 号墓所出 23 件戈，分三式，亦无矛共出。Ⅰ式戈全长 25 厘米，Ⅱ、Ⅲ式戈全长 20 厘米。Ⅰ式戈援亦较Ⅱ、Ⅲ式戈援长而窄。

　　至于戈为短兵器，戟为长兵器②的说法，也不能作为区分戈、戟的标志。曾侯乙墓的戟柄长于戈柄，但有的墓葬出土的戟柄却不一定长于戈柄。河北藁城台西出土的戟年代最早，但戟柄的长度仅 0.85 米，恰属短兵器。长沙浏城桥一号墓出土 7 件戈柄，2 件嵌于戈上，5 件与戈脱离。2 件短木柄，连戈头全长 1.4 米。1 件竹节形短木柄长 0.91 米。2 件积竹长柄分别为 3.03 米和 3.1 米。2 件长木柄长 3.4 米。可见戈柄本身就有长短之分，并非只是短兵器。河南汲县山彪镇一号战国墓出土的一对水陆攻战纹铜鉴的图案，是当时战况的生动写实。双方的武士以戟、戈、矛、剑、弓箭和盾等武器激烈格斗，所执武器以戟居多。如原报告图 3 - 11，铜鉴（1∶56）中层图案之 3 所示（图3 -13），戟（连柄，下同），皆为矛、戈联装而成，有短、中、长之分，并非都是长兵器。短戟等于或略长于人身。长戟倍于人身。中戟则介于二者之间。图案中的两件短戈，近人身之半。一件长戈与中戟相若，而长于短戟。所以戈、戟柄的长短似无一定的规律可寻，而依实战的需要而定。因此，戈是进攻武器，戟是防守武器③的定论，未免过于武断。

　　还有一种意见认为春秋后期的戟，内部延长并锋刃化，戟演进为内三面有锋刃的利器。若戈内多锋刃则可以断定是失刺之戟。④ 易县燕下都 23 号遗址战国晚期窖藏，有铜戈 108 件，均为长胡多穿。其中 20 件戈内下缘有凹刃，78 件戈内有三刃。内有刃之戈的数量如此之多，但并无一件矛刺共存，很难推测这些戈都是失刺之戟。

　　除安徽淮南赵家孤堆、湖北襄阳等少数地点，仅见 BⅣ 型戈之外，BⅣ 型戈多与 BⅢ 型戈或矛共出。所以似可推断 BⅣ 型戈主要是作为多戈戟或戈、矛

---

① 郭德维：《戈戟之再辨》，《考古》1984 年第 12 期。
② 同上。
③ 同上。
④ 马承源：《中国古代青铜器》，上海人民出版社 1982 年版。

图 3-13　山彪镇琉璃阁一号战国墓出土铜鉴上的水陆攻战图

联装戟的部件。

　　考古资料表明，戟是戈发展过程中的派生兵器。浑铸戟的形态稳定，但数量少，使用的时间也短。联装戟则是一种不稳定的形态，任何一种类型的戈如果加上矛刺，或多戈头相组合，均可称之为戟。联装戟虽然延续的时间长，数量也远较浑铸戟为大，但被承认为区别于戈的一种独立兵器，则时间很晚。殷墟甲骨文早就有"戈"字，而"戟"字开始出现于金文中已迟至战国时期。曾侯乙墓戈上铭文戟字作"𢧢"。可见在很长一段时间内，当时人们心目中的戈与戟是不分的。王逸注《楚辞》和赵岐注《孟子》中说，"戈，戟也"；"戟，戈也"。大概正是戈、戟可以互换的一种注脚。

　　3. 青铜戈的起源

　　青铜戈的起源，也是学术界不断探讨的课题，但至今未能有统一的认识。金属兵器多是从新石器时代晚期有锋刃的石质生产工具演化而来。但具体到青铜戈，它又是由何种工具演化而来的呢？

　　有人认为铜戈起源于石斧，[1] 也有的认为起源于狭长弓背之石刀。[2] 但是无论石斧或石刀，从其形制和功用上都找不到它们与戈之间明显的内在联系。石斧与戈虽然都与柄垂直绑缚，但石斧有前刃，用于砍伐。石刀虽有下刃，却用于切削。铜戈援部的下刃则是用于勾割，与石斧、石刀均不同。

　　也有人认为铜戈起源于石戈。[3] 仅从名称以及石质生产工具与金属兵器之

①　安特生：《中华远古之文化》，袁复礼节译，《地质汇报》第五号，第一册，1923 年。
②　周纬：《中国兵器史稿》，生活·读书·新知三联书店 1957 年版。
③　郭宝钧：《戈戟余论》，《集刊》五、三，1935 年。

间的渊源关系上分析，似乎确有道理。但是到目前为止，经科学发掘出土的石戈，最早者其时间已迟至二里头文化三期，[①] 与最早出现的青铜戈同时。福建一些古文化遗址中，经常出土磨制光滑而又精致的石戈，与殷周时期的青铜戈、石戈、玉戈近似，过去认为是新石器时代的遗物。现在看来，这种石戈应是受商周文化影响而产生的。[②] 在我国新石器时代的河姆渡文化、裴李岗文化、仰韶文化、大汶口文化、龙山文化，以及昙石山文化等遗址中均未发现石戈。

还有人认为铜戈来源于石镰。[③] 这种看法比较接近客观事实。镰和戈不仅都与柄垂直绑缚，而且二者皆以其下刃之勾割为主要功能。镰出现的时间很早，新石器时代早期的裴李岗文化遗址[④]中就有发现，质地为石或蚌，历经新石器时代的中期和晚期一直沿用，出土的数量较多，分布的地域也广。铜戈的产生至少是受到镰之功用的启迪。铜戈作为兵器，为提高杀伤力，又增加了上刃推捣和前锋啄击的功能。

七　余论

综观中国古代青铜戈发展的全过程，其形制由低级至高级，数量由少到多，分布范围由小渐大，最后趋于衰亡。商、西周和东周，是中国古代历史上的青铜时代。中原地区青铜戈的发展过程与青铜时代同步。滇黔地区青铜戈流行的时间虽晚，也是中国古代青铜文化的重要组成部分。

无论是中原，还是边远地区诸文化，所含青铜戈，其形制大体均未超出A、B、C、D、E五大类戈的范畴。其中D类戈主要分布于边远地区。据初步统计，青铜戈的出土数量，A类戈在520件以上；B类戈超过1310件；C类戈近200件；D类戈与C类戈数量大体相同；E类戈也近200件。此外约130件，因残缺过甚，无法判明型式。对青铜戈出土数量的统计，虽然不可能十分准确，但毕竟提供了各类青铜戈所占的大致比例，因而有助于加深对各类戈所处地位和作用的认识。

中原是青铜戈的发源地。长期以来，一直是青铜戈分布的主要地区。青铜戈的型式多，出土数量也很大。商代流行的A类戈和西周以后流行的B类戈，

① 中国科学院考古研究所二里头工作队：《河南偃师二里头遗址三、八区发掘简报》，《考古》1975年第5期。
② 曾凡：《关于福建与中原商周文化的关系问题——从出土的石戈谈起》，《中国考古学会第四次年会论文集》，文物出版社1983年版。
③ 杨锡璋：《关于商代青铜戈、矛的一些问题》，《考古与文物》1986年第3期。
④ 开封地区文管会等：《河南新郑裴李岗新石器时代遗址》，《考古》1978年第2期。

是中国古代青铜戈的主要形态。C 类和 E 类戈，也以中原出现的时间为最早，但在中原主要见于商代和西周，且型式及数量都不多，与 A 类和 B 类戈相较，只处于从属地位。长江流域中、下游地区，自东周以后，青铜戈才广为流行，也是 B 类戈分布的主要区域。型式与中原戈接近，差别主要表现在纹饰上。

边远地区，以四川和云南的青铜戈出土数量最多。四川虽在商周之际已有青铜戈存在，但数量较少。广为流行，还是自战国开始。既有中原的型式，又有具地方特色的 D 类戈。云南青铜戈，则以战国、西汉最为兴盛，只有 D 类和 E 类戈，与四川戈关系密切，地方色彩更为浓厚。若究其源，与中原戈也有一定关系。

综上所述，可以清楚地反映出中国古代青铜戈自北向南及西南逐渐扩展的趋势。因而为研究中国古代青铜文化的传播，以及各种文化之间的相互影响，提供了十分重要的实物资料。战争是青铜戈传播的重要途径，青铜戈也是古代战争的实物见证。青铜戈的分布，也为研究古代战争史，以及中国古代疆域变迁史，提供了可靠线索。

参考文献

[1] 中国科学院考古研究所二里头工作队：《偃师二里头遗址新发现的铜器和玉器》，《考古》1978 年第 4 期。

[2] 中国科学院考古研究所：《辉县发掘报告》，科学出版社 1956 年版。

[3] 郑州博物馆：《郑州市铭功路西侧的两座商代墓》，《考古》1965 年第 10 期。

[4] 中国社会科学院考古研究所河南二队：《1983 年秋季河南偃师商城发掘简报》，《考古》1984 年第 10 期。

[5] 河南省博物馆等：《郑州商代城遗址发掘报告》，《文物资料丛刊》（1）。

[6] 唐兰：《从河南郑州出土的商代前期青铜器谈起》，《文物》1973 年第 7 期。

[7] 保全：《西安老牛坡出土商代早期文物》，《考古与文物》1981 年第 2 期。

[8] 蓝田县文化馆等：《陕西蓝田县出土商代青铜器》，《文物资料丛刊》（3）。

[9] 西安半坡博物馆等：《陕西蓝田怀珍坊商代遗址试掘简报》，《考古与文物》1981 年第 3 期。

[10] 河北省文物研究所：《藁城台西商代遗址》，文物出版社 1985 年版。

[11] 郭冰廉：《湖北黄陂矿山水库工地发现了青铜器》，《考古通讯》1958 年第 9 期。

[12] 湖北省博物馆：《一九六三年湖北黄陂盘龙城商代遗址的发掘》，《文物》1976 年第 1 期。

[13] 郭宝钧：《一九五〇年春殷墟发掘报告》，《中国考古学报》第五册。

[14] 中国社会科学院考古研究所安阳工作队：《安阳武官村北的一座殷墓》，《考古》1979

年第 3 期。

［15］中国社会科学院考古研究所安阳发掘队：《安阳殷墟奴隶祭祀坑》，《考古》1977 年第
1 期。

［16］石璋如：《殷墟最近之重要发现附论小屯地层》，《中国考古学报》第二册。

［17］李济：《记小屯出土的青铜器》，《中国考古学报》第四册。

［18］中国社会科学院考古研究所：《殷墟妇好墓》，文物出版社 1980 年版。

［19］中国社会科学院考古研究所安阳队：《安阳小屯村北的两座殷代墓》，《考古学报》
1981 年第 4 期。

［20］孟宪武：《安阳三家庄发现商代窖藏青铜器》，《考古》1985 年第 12 期。

［21］中国社会科学院考古研究所安阳队：《安阳殷墟三家庄东的发掘》，《考古》1983 年第
2 期。

［22］马得志等：《一九五三年安阳大司空村发掘报告》，《中国考古学报》第九册。

［23］河南省文化局文物工作队：《1958 年春河南安阳市大司空村殷代墓葬发掘简报》，《考
古通讯》1958 年第 10 期。

［24］中国科学院考古研究所安阳队：《1962 年安阳大司空村发掘简报》，《考古》1964 年
第 8 期。

［25］梁思永、高去寻：《侯家庄·第二本·一〇〇一号大墓》，"中研院"历史语言研究所
1962 年版。

［26］梁思永、高去寻：《侯家庄·第四本·一〇〇三号大墓》，"中研院"历史语言研究所
1967 年版。

［27］梁思永、高去寻：《侯家庄·第五本·一〇〇四号大墓》，"中研院"历史语言研究所
1970 年版。

［28］梁思永、高去寻：《侯家庄·第八本·一五五〇号大墓》，"中研院"历史语言研究所
1976 年版。

［29］周到等：《1957 年秋安阳高楼庄殷代遗址发掘》，《考古》1963 年第 4 期。

［30］郭沫若：《安阳圆坑墓中鼎铭考释》，《考古学报》1960 年第 1 期。

［31］中国科学院考古研究所安阳发掘队：《1971 年安阳后岗发掘简报》，《考古》1972 年
第 5 期。

［32］中国社会科学院考古研究所安阳工作队：《1969—1977 年殷墟西区墓葬发掘报告》，
《考古学报》1979 年第 1 期。

［33］信阳地区文管会：《河南罗山县蟒张商代墓地第一次发掘简报》，《考古》1981 年第
2 期。

［34］杨宝顺：《温县出土的商代铜器》，《文物》1975 年第 2 期。

［35］河南省博物馆等：《河南灵宝出土一批商代青铜器》，《考古》1979 年第 1 期。

［36］宝丰县文化馆邓城宝：《河南宝丰收集到两件别致的青铜戈》，《考古与文物》1983 年
第 3 期。

［37］石楼县文化馆：《山西永和发现殷代铜器》，《考古》1977 年第 5 期。

［38］石楼县人民文化馆：《山西石楼义牒发现商代铜器》，《考古》1972 年第 4 期。

［39］吕梁地区文化馆文博组：《山西石楼义牒又发现商代铜器》，《文物资料丛刊》（3）。

［40］山西省文管会：《山西石楼县二郎坡出土商周铜器》，《文物参考资料》1958 年第 1 期。

［41］杨绍舜：《山西石楼褚家峪、曹家垣发现商代铜器》，《文物》1981 年第 8 期。

［42］郭勇：《石楼后兰家沟发现商代青铜器简报》，《文物》1962 年第 4、5 期合刊。

［43］长治市博物馆：《山西长治市拣选、征集的商代青铜器》，《文物》1982 年第 9 期。

［44］戴尊德：《山西灵石县旌介村商代葛和青铜器》，《文物资料丛刊》（3）。

［45］陕西博物馆：《陕西绥德墕头村发现一些窖藏商代铜器》，《文物》1975 年第 2 期。

［46］王桂枝等：《宝鸡地区发现几批商周青铜器》，《考古与文物》1981 年第 1 期。

［47］秋维道等：《陕西礼泉县发现两批商代铜器》，《文物资料丛刊》（3）。

［48］中国社会科学院考古研究所丰镐发掘队：《长安沣西早周墓葬发掘记略》，《考古》1984 年第 9 期（——原文与［65］注释重复）。

［49］唐金裕等：《陕西省城固县出土殷周铜器整理简报》，《考古》1980 年第 3 期。

［50］石家庄地区文化局文物普查组：《河北石家庄地区的考古新发现》，《文物资料丛刊》（1）。

［51］河北省博物馆等：《河北省出土文物选集》，文物出版社 1980 年版。

［52］山东惠民县文化馆：《山东惠民县发现商代青铜器》，《考古》1974 年第 3 期。

［53］山东省博物馆：《山东益都苏埠屯第一号奴隶殉葬墓》，《文物》1972 年第 8 期。

［54］寿光县博物馆：《山东寿光县新发现一批纪国铜器》，《文物》1985 年第 3 期。

［55］山东省博物馆：《山东长清出土的青铜器》，《文物》1964 年第 4 期。

［56］齐文涛：《概述近年来山东出土的商周青铜器》，《文物》1972 年第 5 期。

［57］随州市博物馆：《湖北随县发现商代青铜器》，《文物》1981 年第 8 期。

［58］江西省清江县博物馆：《吴城商代遗址新发现的青铜兵器》，《文物》1980 年第 8 期。

［59］岳润烈：《四川汉源出土商周青铜器》，《文物》1983 年第 11 期。

［60］王家佑等：《四川新繁、广汉古遗址调查》，《考古通讯》1958 年第 8 期。

［61］四川省博物馆：《四川新繁县水观音遗址试掘简报》，《考古》1959 年第 8 期。

［62］广西壮族自治区博物馆：《近年来广西出土的先秦青铜器》，《考古》1984 年第 9 期。

［63］锦州市博物馆：《辽宁兴城县杨河发现青铜器》，《考古》1978 年第 6 期。

［64］雍城考古队韩伟等：《凤翔南指挥西村西周墓的发掘》，《考古与文物》1982 年第 4 期。

［65］中国社会科学院考古研究所丰镐发掘队：《长安沣西早周墓葬发掘纪略》，《考古》1984 年第 9 期（——原文有误）。

［66］扶风县博物馆：《扶风北吕周人墓地发掘简报》，《文物》1984 年第 7 期。

［67］陕西省考古研究所徐锡台：《岐山贺家村周墓发掘简报》，《考古与文物》1980 年第

1 期。

[68] 中国社会科学院考古研究所泾渭队：《甘肃庄浪县徐家碾寺法文化墓葬发掘纪要》，
《考古》1982 年第 6 期。

[69] 王家祐：《记四川彭县竹瓦街出土的铜器》，《文物》1961 年第 11 期。

[70] 冯汉骥遗作：《四川彭县出土的铜器》，《文物》1980 年第 12 期。

[71] 四川省博物馆等：《四川彭县西周窖藏铜器》，《考古》1981 年第 6 期。

[72] 临汝县文化馆：《河南临汝出土一批商周青铜器》，《考古》1985 年第 7 期。

[73] 广西壮族自治区文物工作队：《广西出土的青铜器》，《文物》1978 年第 10 期。

[74] 郭宝钧：《浚县辛村》，科学出版社 1964 年版。

[75] 周到等：《河南鹤壁庞村出土的青铜器》，《文物资料丛刊》（3）。

[76] 洛阳博物馆：《洛阳庞家沟五座西周墓的清理》，《文物》1972 年第 10 期。

[77] 中国科学院考古研究所：《沣西发掘报告》，文物出版社 1962 年版。

[78] 考古研究所沣西发掘队：《1967 年长安张家坡西周墓葬的发掘》，《考古学报》1980
年第 4 期。

[79] 中国社会科学院考古研究所沣西发掘队：《1976—1978 年长安沣西发掘简报》，《考
古》1981 年第 1 期。

[80] 卢连成等：《古矢国遗址、墓地调查记》，《文物》1982 年第 2 期。

[81] 宝鸡市博物馆等：《宝鸡竹园沟等地西周墓》，《考古》1978 年第 5 期。

[82] 宝鸡市博物馆：《宝鸡竹园沟西周墓地发掘简报》，《文物》1983 年第 2 期。

[83] 苏秉琦：《斗鸡台沟东区墓葬》，国立北京大学出版部 1948 年版。

[84] 宝鸡市博物馆王光永等：《宝鸡市郊区和凤翔发现西周早期铜镜等文物》，《文物》
1979 年第 12 期。

[85] 宝鸡市博物馆：《陕西省宝鸡市峪泉生产队发现西周早期墓葬》，《文物》1975 年第
3 期。

[86] 陕西省博物馆等：《陕西岐山贺家村西周墓葬》，《考古》1976 年第 1 期。

[87] 陕西省博物馆等：《陕西岐山礼村附近周遗址的调查和试掘》，《文物资料丛刊》（2）。

[88] 扶风县文化馆等：《陕西扶风县召李村一号周墓清理简报》，《文物》1976 年第 6 期。

[89] 陕西周原考古队：《扶风云塘西周墓》，《文物》1980 年第 4 期。

[90] 扶风县文化馆：《扶风白龙大队发现西周早期墓葬》，《文物》1978 年第 2 期。

[91] 陕西省渭南县文化馆左忠诚：《陕西渭南县南堡西周初期墓葬》，《文物资料丛刊》
（3）。

[92] 葛今：《泾阳高家堡早周墓葬发掘纪》，《文物》1972 年第 7 期。

[93] 解希恭：《山西洪赵县永凝东堡出土的铜器》，《文物参考资料》1957 年第 8 期。

[94] 甘肃省博物馆文物队等：《甘肃灵台县西周墓葬》，《考古》1976 年第 1 期。

[95] 甘肃省博物馆文物队：《甘肃灵台白草坡西周墓》，《考古学报》1977 年第 2 期。

[96] 固原县文化工作站：《宁夏固原县西周墓清理简报》，《考古》1983 年第 11 期。

［97］中国科学院考古研究所等：《北京附近发现的西周奴隶殉葬墓》，《考古》1974 年第
5 期。

［98］山东省昌潍地区文物管理组：《胶县西庵遗址调查试掘简报》，《文物》1977 年第
4 期。

［99］镇江市博物馆等：《江苏溧水乌山西周二号墓清理简报》，《文物资料丛刊》（2）。

［100］镇江博物馆：《句容县赤山湖及其附近出土的商周铜器》，《文物考古资料汇编》，镇
江博物馆编，1976 年。

［101］长兴县博物馆：《浙江长兴出土五件商周铜器》，《文物》1979 年第 11 期。

［102］成都市文物管理处石端：《记成都交通巷出土的一件"蚕纹铜戈"》，《考古与文物》
1980 年第 2 期。

［103］北京市文物管理处：《北京地区的又一重要考古收获——昌平白浮西周木椁墓的新启
示》，《考古》1976 年第 4 期。

［104］随州市博物馆：《湖北随县安居出土青铜器》，《文物》1982 年第 12 期。

［105］傅永魁：《洛阳东郊西周墓发掘简报》，《考古》1959 年第 4 期。

［106］张肇武：《河南平顶山市出土西周应国青铜器》，《文物》1984 年第 12 期。

［107］宝鸡茹家庄西周墓发掘队：《陕西省宝鸡市茹家庄西周墓发掘简报》，《文物》1976
年第 4 期。

［108］扶风县文化馆等：《陕西扶风出土西周伯㠱诸器》，《文物》1976 年第 6 期。

［109］庄锦清等：《福建南安大盈出土青铜器》，《考古》1977 年第 3 期。

［110］罗西章：《扶风出土的商周青铜器》，《考古与文物》1980 年第 4 期。

［111］随州市博物馆：《湖北随县发现商周青铜器》，《考古》1984 年第 6 期。

［112］冯玉辉：《衡阳博物馆收藏三件周代铜器》，《文物》1980 年第 11 期。

［113］南京博物院：《江苏句容县浮山果园西周墓》，《考古》1977 年第 5 期。

［114］中国科学院考古研究所：《上村岭虢国墓地》，科学出版社 1959 年版。

［115］河北省博物馆等：《河北平泉东南沟夏家店上层文化墓葬》，《考古》1977 年第 1 期。

［116］北京市文管处：《北京市延庆县西拨子村窖藏铜器》，《考古》1979 年第 3 期。

［117］辽宁省昭乌达盟文物工作站等：《宁城县南山根的石椁墓》，《考古学报》1973 年第
2 期。

［118］李逸友：《内蒙昭乌达盟出土的铜器调查》，《考古》1959 年第 6 期。

［119］锦州市博物馆：《辽宁锦西县乌金塘东周墓调查记》，《考古》1960 年第 5 期。

［120］山东省烟台地区文物管理委员会：《烟台市上夼村出土曩国铜器》，《考古》1983 年
第 4 期。

［121］临朐县文化馆等：《山东临朐发现齐郘曾诸国铜器》，《文物》1983 年第 12 期。

［122］南京市文物保管委员会：《南京浦口出土一批青铜器》，《文物》1980 年第 8 期。

［123］开封地区文管会等：《河南省新郑县唐户两周墓葬发掘简报》，《文物资料丛刊》（2）。

［124］中国科学院考古研究所：《洛阳中州路（西工段）》，科学出版社 1959 年版。

［125］　王儒林等：《南阳市西关出土一批春秋青铜器》，《中原文物》1982 年第 1 期。

［126］　郑杰祥：《河南新野发现的曾国铜器》，《文物》1973 年第 5 期。

［127］　陕西省雍城考古队：《陕西凤翔八旗屯秦国墓葬发掘简报》，《文物资料丛刊》（3）。

［128］　宝鸡市博物馆等：《宝鸡县西高泉村春秋秦墓发掘记》，《文物》1980 年第 9 期。

［129］　刘得祯等：《甘肃灵台县景家庄春秋墓》，《考古》1981 年第 4 期。

［130］　湖北省博物馆：《湖北省枣阳县发现曾国墓葬》，《考古》1975 年第 4 期。

［131］　滕鸿儒等：《山东海阳嘴子前村春秋墓出土铜器》，《文物》1985 年第 3 期。

［132］　张学海：《田齐六陵考》，《文物》1984 年第 9 期。

［133］　山东省文物考古研究所：《山东沂水刘家庄子春秋墓发掘简报》，《文物》1984 年第 9 期。

［134］　河南省丹江水库区文物发掘队：《河南省淅川县下寺春秋墓》，《文物》1980 年第 10 期。

［135］　山西省文物工作委员会侯马工作站：《山西侯马上马村东周墓葬》，《考古》1963 年第 5 期。

［136］　传德等：《山东潍县发现春秋鲁、郑铜戈》，《文物》1983 年第 12 期。

［137］　随州市博物馆：《湖北随县刘家崖发现古代青铜器》，《考古》1987 年第 2 期。

［138］　湖南省博物馆：《湖南韶山灌渠湘乡东周墓清理简报》，《文物》1972 年第 3 期。

［139］　云南省博物馆文物工作队等：《云南省楚雄县万家坝古墓群发掘简报》，《文物》1978 年第 10 期。

［140］　洛阳博物馆：《河南洛阳春秋墓》，《考古》1981 年第 1 期。

［141］　山西省考古研究所：《山西长子县东周墓》，《考古学报》1984 年第 4 期。

［142］　张颔：《万荣出土错金鸟书戈铭文考释》，《文物》1962 年第 4—5 期合刊。

［143］　安徽省文物工作队：《安徽舒城九里墩春秋墓》，《考古学报》1982 年第 2 期。

［144］　安徽省文管会等：《寿县蔡侯墓出土遗物》，科学出版社 1956 年版。

［145］　马道阔：《淮南市八公山区发现重要古墓》，《文物》1960 年第 7 期。

［146］　江苏省文物管理委员会：《江苏高淳出土春秋铜兵器》，《考古》1966 年第 2 期。

［147］　江苏省文管会等：《江苏六合程桥东周墓》，《考古》1965 年第 3 期。

［148］　南京市博物馆：《江苏六合程桥二号东周墓》，《考古》1974 年第 2 期。

［149］　吴县文物管理委员会：《江苏吴县何山东周墓》，《文物》1984 年第 5 期。

［150］　湖北省荆州地区博物馆：《江陵雨台山楚墓》，文物出版社 1984 年版。

［151］　湖北省宜昌地区文物工作队：《当阳金家山九号春秋楚墓》，《文物》1982 年第 4 期。

［152］　石志廉：《"楚王孙雿（鱼）"铜戈》，《文物》1963 年第 3 期。

［153］　湖北省博物馆等：《湖北江陵拍马山楚墓发掘简报》，《考古》1973 年第 3 期。

［154］　湖南省博物馆：《长沙浏城桥一号墓》，《考古学报》1972 年第 1 期。

［155］　戴遵德：《原平峙峪出土的东周铜器》，《文物》1972 年第 4 期。

［156］　沂水县文物管理站：《山东沂水县发现工虞王青铜剑》，《文物》1983 年第 12 期。

［157］安徽省文物工作队：《安徽肥西县金牛春秋墓》，《考古》1984 年第 9 期。

［158］南京博物馆：《江苏省十年来考古工作中的重要发现》，《考古》1960 年第 7 期。

［159］湖南省博物馆：《湖南衡南、湘潭发现春秋墓葬》，《考古》1978 年第 5 期。

［160］湖北省文物管理委员会：《湖北松滋县大岩嘴东周土坑墓的清理》，《考古》1966 年第 3 期。

［161］广州市文物管理处：《广州郊区逻岗古遗址调查》，《文物资料丛刊》（1）。

［162］薛文灿等：《新郑县出土铜剑铜戈简报》，《中原文物》1982 年第 4 期。

［163］河北省文物研究所等：《滦平县虎什哈炮台山山戎墓地的发现》，《文物资料丛刊》（7）。

［164］河北省文化局文物工作队：《1964—1965 年燕下都墓葬发掘报告》，《考古》1965 年第 11 期。

［165］山西省文物工作委员会晋东南工作组等：《长治分水岭 269、270 号东周墓》，《考古学报》1974 年第 2 期。

［166］烟台市博物馆迟乃邦：《山东烟台芝罘岛新石器时代遗址和春秋、战国时期墓葬》，《文物资料丛刊》（3）。

［167］辽宁省博物馆等：《辽宁喀左南洞沟石椁墓》，《考古》1977 年第 6 期。

［168］安徽省博物馆：《安徽贵池发现东周青铜器》《文物》1980 年第 8 期。

［169］吴山菁：《江苏六合县和仁东周墓》，《考古》1977 年第 5 期。

［170］童恩正等：《从四川两件铜戈上的铭文看秦灭巴蜀后统一文字的进步措施》，《文物》1976 年第 7 期。

［171］广西壮族自治区博物馆：《广西恭城县出土的青铜器》，《考古》1973 年第 1 期。

［172］云南省博物馆文物工作队：《昆明大团山滇文化墓葬》，《考古》1983 年第 9 期。

［173］洛阳博物馆：《洛阳西工区战国初期墓葬》，《文物资料丛刊》（3）。

［174］郭宝钧：《山彪镇与琉璃阁》，科学出版社 1959 年版。

［175］河北省文化局文物工作队：《河北怀来北辛堡战国墓》，《考古》1966 年第 5 期。

［176］安志敏：《河北省唐山市贾各庄发掘报告》，《考古学报》第六册。

［177］程长新：《北京市顺义县龙湾屯出土一组战国青铜器》，《考古》1985 年第 8 期。

［178］杨富斗：《山西万荣庙前村东周墓地调查发掘简讯》，《考古》1963 年第 5 期。

［179］边成修：《山西长治分水岭 126 号墓发掘简报》，《文物》1972 年第 4 期。

［180］湖北省博物馆：《湖北江陵太晖观楚墓清理简报》，《考古》1973 年第 6 期。

［181］湖北省博物馆：《随县曾侯乙墓》，文物出版社 1980 年版。

［182］襄阳首届亦工亦农考古训练班：《襄阳蔡坡 12 号墓出土吴王夫差剑等文物》，《文物》1976 年第 11 期。

［183］湖南省博物馆：《长沙楚墓》，《考古学报》1959 年第 1 期。

［184］安徽省文化局文物工作队：《安徽淮南市蔡家岗赵家孤堆战国墓》，《考古》1963 年第 4 期。

[185] 程应麟等：《江西清江出土一批铜兵器》，《考古》1962 年第 7 期。

[186] 郭远谓：《江西近两年出土的青铜器》，《考古》1965 年第 7 期。

[187] 四川省文物管理委员会等：《四川大邑五龙战国巴蜀墓葬》，《文物》1985 年第 5 期。

[188] 四川省博物馆等：《四川新都战国木椁墓》，《文物》1981 年第 6 期。

[189] 四川省博物馆：《成都百花潭中学十号墓发掘记》，《文物》1976 年第 3 期。

[190] 广东省博物馆：《广东四会鸟蛋山战国墓》，《考古》1975 年第 2 期。

[191] 中国科学院考古研究所：《长沙发掘报告》，科学出版社 1957 年版。

[192] 湖南省博物馆：《湖南溆浦马田坪战国西汉墓发掘报告》，《湖南考古辑刊》（2）。

[193] 湖北省博物馆江陵工作站：《江陵溪峨山楚墓》，《考古》1984 年第 6 期。

[194] 刘礼纯：《江西瑞昌墩北张出土战国铜器》，《文物》1985 年第 5 期。

[195] 黄河水库考古工作队：《1957 年河南陕县发掘简报》，《考古通讯》1958 年第 11 期。

[196] 河北省文化局文物工作队：《河北邯郸百家村战国墓》，《考古》1962 年第 12 期。

[197] 河北省文化局文物工作队：《河北邢台南大汪村战国墓》，《考古》1959 年第 7 期。

[198] 长治市博物馆：《山西屯留武家沟出土战国铜器》，《考古》1983 年第 3 期。

[199] 山西省文管会等：《山西长治分水岭战国墓第二次发掘》，《考古》1964 年第 3 期。

[200] 辽宁省博物馆：《辽宁凌源县三官甸青铜短剑墓》，《考古》1985 年第 2 期。

[201] 张震泽：《燕王职戈考释》，《考古》1973 年第 4 期。

[202] 鄂城县博物馆：《湖北鄂城鄂钢五十三号墓发掘简报》，《考古》1978 年第 4 期。

[203] 荆州地区博物馆：《湖北江陵藤店一号墓发掘简报》，《文物》1973 年第 9 期。

[204] 湖北荆州地区博物馆：《江陵天星观 1 号楚墓》，《考古学报》1982 年第 1 期。

[205] 湖北省鄂城县博物馆：《鄂城楚墓》，《考古学报》1983 年第 2 期。

[206] 楚皇城考古发掘队：《湖北宜城楚皇城战国秦汉墓》，《考古》1980 年第 2 期。

[207] 单先进等：《衡阳市发现战国纪年铭文铜戈》，《考古》1977 年第 5 期。

[208] 单先进等：《长沙识字岭战国墓》，《考古》1977 年第 1 期。

[209] 李正光等：《长沙沙湖桥一带古墓发掘报告》，《考古学报》1957 年第 4 期。

[210] 湖南省文物管理委员会：《湖南长沙陈家大山战国墓葬清理简报》，《考古通讯》1958 年第 9 期。

[211] 湖南省博物馆等：《湖南益阳战国两汉墓》，《考古学报》1981 年第 4 期。

[212] 益阳地区文物工作队：《益阳羊舞岭战国东汉墓清理简报》，《湖南考古辑刊》（2）。

[213] 湖南省博物馆：《湖南资兴旧市战国墓》，《考古学报》1983 年第 1 期。

[214] 湖南省常德地区文物工作队：《常德县官山战国墓清理简报》，《考古》1985 年第 12 期。

[215] 熊传新：《湖南发现古代巴人遗物》，《文物资料丛刊》（7）。

[216] 湖南省博物馆：《耒阳春秋战国墓》，《文物》1985 年第 6 期。

[217] 四川省文管会：《成都战国土坑墓发掘简报》，《文物》1982 年第 1 期。

[218] 四川省文管会赵殿增等：《四川彭县发现船棺葬》，《文物》1985 年第 5 期。

［219］昆明市文物管理委员会：《呈贡天子庙滇墓》，《考古学报》1985 年第 4 期。

［220］程长新：《北京市通县中赵甫出土一组战国青铜器》，《考古》1985 年第 8 期。

［221］山西运城行署文化局等：《山西闻喜邱家庄战国墓葬发掘简报》，《考古与文物》
1983 年第 1 期。

［222］四川省博物馆：《成都西郊战国墓》，《考古》1983 年第 7 期。

［223］高中晓等：《湖南慈利战国墓》，《湖南考古辑刊》（2）。

［224］郝本性：《新郑"郑韩故城"发现一批战国铜兵器》，《文物》1972 年第 10 期。

［225］郸城县文化局王好义：《郸城县宁平公社出土一件"郑国"青铜戈》，《中原文物》
1982 年第 4 期。

［226］中国历史博物馆考古组：《燕下都城址调查报告》，《考古》1962 年第 1 期。

［227］河北省文管处：《河北易县燕下都 44 号墓发掘报告》，《考古》1975 年第 4 期。

［228］河北省文物管理处：《易县燕下都 23 号遗址出土一批铜戈》，《文物》1982 年第
8 期。

［229］天津市文化局考古发掘队：《天津南郊巨葛庄战国遗址和墓葬》，《考古》1965 年第
1 期。

［230］山西省文管会：《山西长治市分水岭古墓的清理》，《考古学报》1957 年第 1 期。

［231］山东大学历史系考古专业等：《山东省茌平县南陈庄遗址发掘简报》，《考古》1985
年第 4 期。

［232］冯永谦等：《辽宁建昌普查中发现的重要文物》，《文物》1983 年第 9 期。

［233］许明纲等：《辽宁新金县后元台发现铜器》，《考古》1980 年第 5 期。

［234］许玉林等：《辽宁宽甸县发现秦石邑戈》，《考古与文物》1983 年第 3 期。

［235］王红武等：《陕西宝鸡凤阁岭公社出土一批秦代文物》，《文物》1980 年第 9 期。

［236］李仲操：《八年吕不韦戈考》，《文物》1979 年第 12 期。

［237］王学理：《秦俑兵器刍论》，《考古与文物》1983 年第 4 期。

［238］陕西省博物馆等：《秦都咸阳故城遗址发现的窑址和铜器》，《考古》1974 年第 1 期。

［239］湖南省博物馆：《湖南常德德山楚墓发掘报告》，《考古》1963 年第 9 期。

［240］周世荣：《湖南湘潭下摄司的战国墓》，《考古》1963 年第 12 期。

［241］湖南省博物馆：《长沙柳家大山古墓葬清理简报》，《文物》1960 年第 3 期。

［242］湖南省博物馆：《长沙五里牌古墓葬清理简报》，《文物》1960 年第 3 期。

［243］长沙市文物工作队：《长沙五里牌战国木椁墓》，《湖南考古辑刊》（1）。

［244］湖南省文物管理委员会：《长沙左家塘秦代木椁墓清理简报》，《考古》1959 年第
9 期。

［245］湖南省文物管理委员会：《湖南长沙纸园冲工地古墓清理小结》，《考古通讯》1957
年第 5 期。

［246］安徽省文物工作队：《安徽长丰杨公发掘九座战国墓》，《考古学集刊》（2）。

［247］江西省博物馆等：《记江西遂川出土的几件秦代铜兵器》，《考古》1978 年第 1 期。

[248] 广州市文物管理委员会：《广州东郊逻冈秦墓发掘简报》，《考古》1962 年第 8 期。

[249] 广西壮族自治区文物工作队：《广西田东发现战国墓葬》，《考古》1979 年第 6 期。

[250] 广西壮族自治区文物工作队：《平乐银山岭战国墓》，《考古学报》1978 年第 2 期。

[251] 王有鹏：《四川犍为县发现巴蜀墓》，《文物资料丛刊》(7)。

[252] 四川省博物馆：《四川犍为县巴蜀土坑墓》，《考古》1983 年第 9 期。

[253] 四川省博物馆等：《四川涪陵地区小田溪战国土坑墓清理简报》，《文物》1974 年第 5 期。

[254] 成都市文管处：《成都市金牛区发现两座战国墓葬》，《文物》1985 年第 5 期。

[255] 高英民：《四川简阳出土战国青铜器》，《文物资料丛刊》(3)。

[256] 李复华：《四川郫县红光公社出土战国铜器》，《文物》1976 年第 10 期。

[257] 四川省文物管理委员会：《成都市出土的一批战国铜兵器》，《文物》1982 年第 8 期。

[258] 李逸友：《内蒙古和林格尔县出土的铜器》，《文物》1959 年第 6 期。

[259] 山东临沂地区文物组：《介绍两件带铭文的战国铜戈》，《文物》1979 年第 4 期。

[260] 山西省文物管理委员会：《山西洪赵县坊堆村古遗址墓群清理简报》，《文物参考资料》1955 年第 4 期。

[261] 河南省文化局文物工作队：《我国考古史上的空前发现，信阳长台发掘一座战国大墓》，《文物参考资料》1957 年第 9 期。

[262] 熊亚云：《湖北鄂城七里界战国木椁墓清理》，《考古通讯》1958 年第 8 期。

[263] 王毓彤：《湖北省荆门出土的一件铜戈》，《文物》1963 年第 1 期。

[264] 湖北省文物管理委员会：《湖北松滋县大岩嘴东周土坑墓的清理》，《考古》1966 年第 3 期。

[265] 仲卿：《襄阳专区发现的两件铜器》，《文物》1962 年第 11 期。

[266] 赖有德：《成都南郊出土的铜器》，《考古》1959 年第 8 期。

[267] 四川省文物管理委员会：《成都羊子山第 172 号墓发掘报告》，《考古学报》1956 年第 4 期。

[268] 丝茅冲工作小组：《长沙北郊丝茅冲工地第一工区的古代墓葬》，《文物参考资料》1955 年第 11 期。

[269] 冯汉骥等：《岷江上游的石棺葬》，《考古学报》1973 年第 2 期。

[270] 四川省博物馆：《四川船棺葬发掘报告》，文物出版社 1960 年版。

[271] 云南省博物馆：《云南江川李家山古墓群发掘报告》，《考古学报》1975 年第 2 期。

[272] 云南省博物馆：《云南晋宁石寨山》，文物出版社 1959 年版。

[273] 云南省文物工作队：《云南宁太极山古墓葬清理报告》，《考古》1965 年第 9 期。

[274] 山东省菏泽地区汉墓发掘小组：《巨野红土山西汉墓》，《考古学报》1983 年第 4 期。

[275] 山东省淄博市博物馆：《西汉齐王墓随葬器物坑》，《考古学报》1985 年第 2 期。

[276] 山东博物馆等：《临沂银雀山四座西汉墓》，《文物》1975 年第 6 期。

[277] 南京博物院：《江苏涟水三里墩西汉墓》，《考古》1973 年第 2 期。

[278] 广州市文物管理委员会、广州市博物馆：《广州汉墓》，文物出版社 1981 年版。

[279] 中国社会科学院考古研究所、河北省文物管理处：《满城汉墓发掘报告》，文物出版社 1980 年版。

[280] 云南省博物馆文物工作队：《云南呈贡龙街石碑村古墓群发掘简报》，《文物资料丛刊》（3）。

[281] 贵州省博物馆考古组等：《威宁中水汉墓》，《考古学报》1981 年第 2 期。

表 3－1　　　　　　　　　　青铜戈出土资料统计表

时代	出土地点	型式及件数	纹饰与铭文	备注
商早期	河南偃师二里头	AⅠa1、AⅡa1	AⅠa 内后四齿，AⅡa 云纹，嵌绿松石	[1] 1
商中期	辉县琉璃阁	AⅠb3		[2] 3
	郑州铭功路	AⅠb1		[3] 6
	偃师商城	AⅠb1	饕餮纹	[4] 2
	郑州商城	AⅠb2	1 件饰漩涡纹，有铭文	[5] [6] 7
	陕西西安老牛坡	AⅠb1		[7] 43
	蓝田黄沟、怀珍坊	AⅠb1、CⅠ1		[8] [9] 45、46
	河北藁城台西	AⅠb3、EⅠa1，AⅠb1 与矛共出	素或雷纹、饕餮纹	[10] 93
	黄陂矿山水库	AⅠb3		[11] 146
	湖北黄陂盘龙城	AⅠb1，AⅡb2	AⅡb 饕餮纹	[12] 147
商晚期	河南安阳武官村（武官大墓）	AⅠb9、CⅠ1、EⅠa1	AⅠb 素或饰饕餮纹，嵌绿松石，有铭文及复合徽号	[13] 8
	武官村北	AⅠb2、AⅡb1、EⅠa1	AⅠb1 件饰夔纹，AⅡb 夔纹	[14] 9
	武官村北（奴隶祭祀坑）	AⅠb1	夔纹	[15] 9
	安阳小屯	AⅠb16、AⅡb19、CⅠ2、EⅠa4、EⅠb3	AⅠb 素或夔纹、兽面，有铭文，AⅡb 鸟纹、兽面，CⅠ兽面，EⅠb 鸟纹，1 件石铜合制	[16]，[17] 10
	安阳妇好墓	AⅠb8、AⅡb40、EⅠa2、41 件型式不明	AⅠb 素或饰饕餮纹，嵌绿松石，AⅡb 夔纹或内作鸟形，嵌绿松石	[18] 10
	安阳小屯村北	AⅠb2、AⅡb7	AⅡb 内作鸟形	[19] 11
	安阳三家庄	AⅠb1、CⅠ1		[20] 12

续表

时代	出土地点	型式及件数	纹饰与铭文	备注
	安阳三家庄东	AⅠb2	1件嵌绿松石	[21] 13
	安阳大司空村	AⅠb4、AⅡa与AⅡb合计	AⅡa、AⅡb夔纹或内作鸟形、方钩形	[22][23]
		32, BⅠb1、BⅠa1、EⅠa7	BⅠa云雷纹，EⅠa素或普面，嵌绿松石	[24] 14
	安阳四盘磨	AⅠb1、AⅡb4	AⅡb内作鸟形或方钩形	[13] 15
	安阳侯家庄	AⅠb17、AⅡb6、BⅠb4、EⅠa74、EⅡ1		[25]-[28]16
	安阳高楼庄	AⅡa、AⅡb共13件		[29]17
	安阳后冈	AⅠb4、BⅠa3		[30][31]18
	安阳殷墟西区	AⅠb10、AⅡa133、AⅡb23、BⅠb3、BⅠa8、CⅠ6、EⅠa26、EⅡ1，14件型式不明	AⅠb或有铭文，AⅡa、AⅡb饰夔纹或内作鸟形、方钩形，BⅠa素或饰四叶花纹，EⅠa饕餮纹或有铭文，CⅠ素或饰半圆、三叉等纹，援基或有弧形夹面	[32]19
	辉县琉璃阁	AⅠb2、AⅡb1	AⅠb1件饰饕餮纹，AⅡb虺龙纹	[2]3
	罗山蟒张	AⅠb6、BⅠa2，EⅠa2	AⅠb夔纹	[33]20
	温县	EⅠa1，2件型式不明		[34]21
	灵宝文底东桥	AⅠb1		[35]22
	宝丰	EⅠa1	铭文	[36]23
	山西永和	AⅠb1、AⅡb1	AⅡb饕餮纹	[37]75
	石楼义牒	AⅡb2、EⅠa2	AⅡb凤纹、方雷纹，EⅠa铭文	[38][39]76
	石楼二郎坡	AⅠb1	兽纹	[40]77
	石楼褚家峪	AⅠb2、EⅠa1	均有徽记	[41]78
	石楼后兰家沟	AⅠb1		[42]79
	长治长子	AⅠb1	徽记	[43]80
	灵石旌介	EⅡ3	目雷纹	[44]82
	陕西绥德墕头	AⅠb1	族徽	[45]50
	眉县小法仪	CⅠ1		[46]51
	礼泉朱马嘴	CⅠ1		[47]47

续表

时代	出土地点	型式及件数	纹饰与铭文	备注
	长安沣西	AⅠb2	凤鸟纹	[48]44
	城固苏村	BⅠa14、CⅠ81		[49]49
	城固五郎	AⅡb1、CⅠ1	AⅡb 云目纹，CⅠ双头龙纹	[49]48
	兰田黄沟	CⅠ2	羽纹、饕餮纹、雷纹	[8]46
	河北藁城台西	AⅠb4、AⅡb1、CⅠ1、EⅠa1	AⅡb 夔纹、CⅠ兽面凤尾纹	[10]93
	石家庄中郝庄双庙	AⅡb 不详、BⅠb1		[50]91、92
	武安赵窑	AⅡb5	饕餮纹、勾连雷纹、羽纹	[51]94
	邢台曹演庄	EⅠa1	族徽	[51]95
	山东惠民	AⅠb2		[52]110
	益都苏埠屯	DⅠa1	铭文	[53]111
	寿光	AⅡb8、DⅡ2	AⅡb 内作鸟形或方钩形	[54]112
	长清	AⅠb1、BⅠa5	AⅠb 花纹，BⅠb 花纹或素面	[55]113
	济南大辛庄	AⅠb1、AⅡb1	AⅡb 云纹	[56]114
	湖北随县淅河	AⅠb1	双"S"纹	[57]148
	江西吴城	AⅠb2	卷云纹、云纹	[58]213
	四州汶源	AⅠb2		[59]226
	新繁水观音	AⅠb5、CⅠ1		[60][61]227
	广西武鸣敢猪岩	CⅠ1		[62]217
	辽宁兴城杨河	EⅠa3		[63]138
	陕西凤翔南指挥西村	BⅠb、CⅠ（件数见西周中期）	BⅠb 援基或有耳状饰	[64]52
	长安沣西	AⅡa2	凤鸟	[65]44
	扶风北吕	CⅠ1		[66]54
	岐山贺家村	CⅠ3		[67]60
	甘肃庄浪徐家碾	BⅠa1、CⅠ2		[68]129
商周之际	四川彭县竹瓦街	AⅠb5、CⅠ2、DⅠa14、DⅠa2 与矛共出	AⅠb 素或长喙鸟纹，CⅠ、DⅠa 素或饕餮、蝉、云纹，嵌绿松石	[69]-[71]228
	河南临汝	CⅠ1		[72]24
	广西武鸣全苏	B 类1（残）	云雷、栉纹	[73]218
西周早期	河南浚县辛村	BⅠa、BⅠb（件数见西周晚期）		[74]25

续表

时代	出土地点	型式及件数	纹饰与铭文	备注
	鹤壁庞村	AⅠb1	兽面纹	[75] 26
	洛阳庞家沟	AⅠb、BⅠb、CⅠ共37件，另戈援23件	CⅠ有铭文，BⅠb素或有铭文	[76] 27
	陕西凤翔南指挥西村	BⅠb、CⅠ（件数见西周中期）	BⅠb援基或有耳状饰	[64] 52
	长安沣西	AⅠ67、BⅠb17、BⅠa4、CⅠ2、EⅡ1，2件不明	BⅠb素或云纹、援基双翼后伸，BⅡa虎纹，BⅠa鸟纹	[77]－[79]44
	宝鸡陇县南坡	BⅠb10、BⅡb1、EⅡ1	BⅠb或援基三角形对称突起，有铭文	[80] 62
	宝鸡竹园沟	BⅠb3、BⅡb1、CⅠ11、DⅠa3,1件小戈不明	BⅡb援基虎头，DⅠa素或乳突纹、虎纹，BⅠb或双翼后伸	[81][82] 63
	宝鸡斗鸡台	AⅠb2、BⅠb6、BⅠa2、CⅠ1,1残		[83] 64
	宝鸡市郊	BⅠb1	目雷纹	[84] 66
	宝鸡峪泉	BⅠb5、CⅠ1		[85] 65
	岐山贺家村	AⅠb3、BⅠb1、BⅡb3,CⅠ2、EⅠa1	AⅠb素或夔纹、嵌绿松石，BⅡb素或虎纹，CⅠ素或云纹、三角纹，嵌绿松石	[67][86] 60
	岐山礼村	BⅠa3、BⅠb3	BⅠb素或云雷纹、援基虎头，耳后伸	[87] 61
	扶风召李	BⅠa2	素或夔纹	[88] 56
	扶风云塘	AⅠb1		[89] 55
	扶风白龙	AⅠb1、BⅠb1		[90] 5
	渭南南堡	BⅠb3、CⅠ1	BⅠb素或援基牛头	[91] 70
	泾阳高家堡	异型銎戈1		[92] 71
	山西洪赵永凝东堡	BⅠb3、BⅠa1、DⅠa1、BⅡb1	DⅠa饕餮纹	[93] 83
	甘肃姚家河、洞山	BⅠb3	援基或有双翼	[94] 130、131
	灵台白草坡	AⅠb32、BⅠb20、BⅠa3、CⅠ1、EⅠa1	AⅠb素或兽纹、援基虎头，BⅠb素或双涡纹、夔纹，援基虎头，耳后伸，BⅠa单线纹、夔纹或援基羊头	[95] 132

续表

时代	出土地点	型式及件数	纹饰与铭文	备注
	宁夏固原孙家庄	ＢⅠb1	援基虎头	［96］134
	北京房山琉璃河	ＢⅠb1、ＢⅡb5		［97］105
	山东胶县西庵	ＢⅠb1、ＣⅠ1	ＢⅠb援基虎头，ＣⅠ盾形纹	［98］115
	江苏溧水乌山	ＢⅡa1		［99］196
	江苏句容赤山湖水库	ＡⅠb2		［100］195
	浙江长兴	ＡⅠb1	雷纹	［101］211
	四川成都交通巷	ＣⅠ1、ＤⅠa1	ＣⅠ虎纹，ＤⅠa兽面蚕纹	［102］230
西周早中期	北京昌平白浮	ＡⅠb8、ＢⅠb17、异形戈1、4件残	ＡⅠＤ素或夔纹、目纹，援基双翼后伸，ＢⅠb素或援基牛头，徽记	［103］104
	湖北随县安居	ＢⅠb4	虎纹	［104］149
西周中期	河南浚县辛村	ＡⅠb、ＢⅠb（件数见西周晚期）	ＡⅠb素或漩涡纹、善面纹、目纹，ＢⅠb素或援基双翼，内后三锋，有铭文	［74］25
	洛阳东郊	ＢⅠb1		［105］28
	平顶山	ＡⅠb1、ＢⅡb1		［106］31
	陕西宝鸡茹家庄	ＡⅠb2、ＢⅡb5、ＢⅡa1		［107］67
	扶风法门	ＢⅡb1		［108］58
	凤翔南指挥西村	ＢⅠb19、ＣⅠ18（包括先周和西周早期）		［64］52
	广西灌阳新街	ＡⅠb1	夔纹、斜角雷纹	［62］219
西周中晚期	福建南安大盈	ＡⅠb5		［109］212
西周晚期	河南浚县辛村	ＢⅡa（加上早、中期的ＡⅠb、ＢⅠa、ＢⅠb共81）		［74］25
	陕西扶风长命寺	ＢⅡa2		［110］59
	湖北随县万店	ＢⅡa2		［111］150
	湖南衡阳	ＣⅠ1	兽面、云纹	［112］170
	江苏句容浮山果园	ＢⅡa1		［113］195

续表

时代	出土地点	型式及件数	纹饰与铭文	备注
西周春秋之际	河南上村岭	BⅡa23	多素面，1件援基饰人头，有铭文	[114] 32
	河北平泉东南沟	BⅡa1		[115] 97
	北京延庆西拨子村	EⅠa1		[116] 106
	内蒙古宁城南山根	BⅡa3		[117] 135
	昭乌达盟	BⅡa1、EⅡ2	EⅡ1件饰四小兽图案	[118] 136
	辽宁锦西乌金塘	BⅡa1		[119] 139
	山东烟台上夼村	BⅡa2		[120] 117
	临朐泉头村	BⅡa1		[121] 16
	江苏南京浦口	BⅡa2		[122] 197
春秋早期	河南新郑唐户	BⅡa2		[123] 34
	洛阳中州路	BⅡa1	三角纹、同心圆，援基双翼后伸	[124] 29
	南阳西关	BⅡa3		[125] 37
	新野	BⅡa4		[126] 38
	陕西凤翔八旗屯	BⅡa2		[127] 53
	宝鸡西高泉	BⅡa7	素或蝉纹、兽纹	[128] 68
	甘肃灵台景家庄	BⅡa3	或援基双翼，有铭文	[129] 133
	湖北枣阳段营	BⅡa1	有铭文	[130] 158
春秋中期	河南洛阳中州路	BⅡa2		[124] 29
	山东海阳嘴子前村	BⅡa1、BⅢa1		[131] 119
	临淄	BⅢa1	有铭文	[132] 120
	沂水刘家庄	BⅡa1、2件不明	铭文不清	[133] 122
春秋中晚期	河南淅川下寺	BⅡa、BⅡb 共20件	BⅢb件有铭文（原文如此）	[134] 39
	山西侯马上马	BⅡa1、BⅡC5		[135] 85
	山东潍县麓台村	BⅢa2、BⅢb1	有铭文	[136] 123
	湖北随县刘家崖	BⅢa1	有铭文	[137] 151
	湖南韶山	BⅢa1		[138] 173
	云南楚雄万家坝	DⅡa1		[139] 252
春秋晚期	河南洛阳中州路	BⅡa2		[124] 29
	洛阳	BⅢb2		[140] 30
	山西长子	BⅢa3		[141] 80
	万荣庙前村	BⅢb1	有铭文	[142] 86
	安徽舒城九里墩	BⅢa3、BⅢb2，BⅢa1 与矛共出	BⅢa 错金花纹，有铭文	[143] 204

续表

时代	出土地点	型式及件数	纹饰与铭文	备注
	寿县	BⅡC3、10件不明	有铭文	[144] 205
	淮南八公山	BⅢa1		[145] 206
	江苏高淳	BⅡa6		[146] 198
	六合程桥	BⅢa6、BⅢb3、BⅢb 或与矛共出	BⅢa 双钩，涡纹，鼻饰	[147] [148] 199
	吴县何山	BⅡa1、BⅢa2		[149] 201
	湖北江陵雨台山	BⅢb1		[150] 154
	当阳金家山	BⅢa1	有铭文	[151] 162
	江陵泗场长湖	BⅡC1	双螭文，有铭文	[152] 156
	江陵拍马山	BⅢa1	有铭文	[153] 155
	湖南长沙浏城桥	BⅢb7		[154] 175
春秋（未分期）	山西原平	B类3		[155] 87
	山东沂水略畔村	BⅢa1		[156] 121
	安徽肥西金牛	BⅡa1		[157] 209
	江苏吴江浪荡川圩	BⅡa6		[158] 202
	湖南湘潭衡南	B类3		[159] 71
	湖北松滋大岩嘴	BⅢa1		[160] 16
	广东广州逻冈	BⅡa1		[161] 223
春秋战国之际	河南新郑能庄	BⅡa1	有铭文	[162] 35
	辉县琉璃阁	BⅢa1		[2] 3
	河北滦平虎什哈	BⅡa1、BⅢe1		[163] 98
	易县燕下都	BⅢa1		[164] 99
	山西长治分水岭	BⅢa6		[165] 81
	山东烟台芝罘岛	BⅢa1		[166] 118
	湖北当阳金家山	BⅢb1	有铭文	[151] 162
	辽宁喀左南洞沟	BⅢa1	有铭文	[167] 140
	安徽贵池	BⅡb1、BⅢa4	BⅢa 双钩，涡纹、鼻饰	[168] 210
	江苏六合和仁	BⅢa3	双钩，涡纹，鼻饰	[169] 200
	四川万县新田	BⅣ1	泪滴纹、援基虎头，耳后伸，胡末牙后突	[170] 239
	广西恭城	BⅢb1		[171] 220
	云南昆明大团山	DⅡb1	连续回旋纹、菱形纹、人形纹，援基双翼后伸	[172] 248

时代	出土地点	型式及件数	纹饰与铭文	备注
战国早期	河南洛阳中州路	BⅡa4、BⅢa4、BⅢb2、BⅢe1、EⅢ1，BⅢa、BⅢb、BⅢe 各1 与矛共出		[124] [173] 29
	辉县琉璃阁	BⅢb、BⅢe 共11 件		[174] 3
	河北怀来北辛堡	BⅢc2		[175] 100
	唐山贾各庄	BⅢa5、BⅢe1，BⅢc 与矛共出		[176] 101
	北京顺义龙湾	BⅢa1		[177] 107
	山西万荣庙前村	EⅢ1	鸟兽合搏	[178] 36
	长治分水岭	BⅢa8、BⅢb8、BⅢc7	BⅢb1 件，有铭文	[179] 81
	湖北江陵太晖观	BⅢa、BⅢc 共5 件		[180] 157
	随县曾侯乙墓	BⅢa、BⅢb 共96 件，30 件与矛共出	有铭文或有刻划错金花纹	[181] 152
	襄阳蔡坡	BⅢa4、BⅢe1，BⅢe 与矛共出		[182] 168
	江陵雨台山	BⅢa10、BⅢb11		[150] 154
	湖南长沙	BⅢa（见战国晚期）		[183] 174
	安徽淮南赵家孤堆	BⅢb4	鼻饰，铭文	[184] 207
	江西清江	BⅢa、BⅢb 共6 件		[185] [186] 214
	四川大邑五龙	BⅣ1、DⅠb1	BⅣ巴蜀符号，DⅠb 漩涡纹、兽面纹、巴蜀符号	[187] 240
	新都	BⅣ5、CⅠ10、DⅠa10、DⅡa5	巴蜀符号	[188] 237
	成都百花潭中学	BⅣ2、CⅠ4、DⅠa3、DⅠa2	BⅣ云纹，援基虎头，耳后伸，DⅠa饕餮纹、云纹	[189] 238
	广东四会鸟旦山	BⅢ1		[190] 225
	云南楚雄万家坝	DⅡa5、EⅣ2		[139] 252

时代	出土地点	型式及件数	纹饰与铭文	备注
战国早中期	湖南长沙	BⅢa4		[191] 174
	溆浦马田坪	BⅢa1、BⅢb6、BⅢd1，残1		[192] 183
	韶山	BⅢa5，BⅢe1、1件不明		[138] 173
	湖北江陵溪峨山	BⅢa10，BⅢe9件组成多头戈，无矛		[193] 158
	江西瑞金墩北张	BⅢa1		[194] 215
战国中期	河南辉县琉璃阁褚邱区	BⅢa、BⅢb共26件		[2] [174] 3、4
	陕县后川	BⅢb1	有铭文	[195] 33
	河北邯郸百家村	BⅢa14、BⅢc4，BⅢc与矛共出		[196] 102
	邢台南大汪	BⅢb2、BⅢe2		[197] 96
	山西屯留武家沟	BⅢa2		[198] 89
	长治分水岭	BⅢa4，BⅢc2		[199] 81
	辽宁凌源三官甸	BⅢa1		[200] 141
	北票东官营子	BⅢd1	有铭文	[201] 142
	湖北鄂城鄂钢	BⅢb1		[202] 163
	江陵藤店	BⅢb1，BⅢd1与矛共出	BⅢd有铻	[203] 160
	江陵雨台山	BⅢa49、BⅢb9、BⅢd5，其中BⅢb1、BⅢd5与矛共出，BⅢb有双头戈	BⅢd1件有铻	[150] 154
	江陵天星观	BⅢb18、BⅢe4		[204] 159
	鄂城	BⅢb（件数见战国晚期）		[205] 164
	宜城楚皇城	BⅢc2		[206] 166
	湖南衡阳	BⅢc1	有铭文	[207] 170
	长沙识字岭	BⅢa1	漩涡纹，有铭文	[208] 174
	长沙沙湖桥	BⅢa1，BⅢb2	BⅢb之一有银斑	[210] 177
	长沙陈家大山	BⅢa	双"S"纹，银斑	[210] 177

续表

时代	出土地点	型式及件数	纹饰与铭文	备注
	益兴新桥山	BⅢa、BⅢb（件数见战国晚期）	BⅢ斜线银点纹	[211] 184
	益阳赫山庙	BⅢa5		[211] 185
	益阳羊舞岭	BⅢa2	1件有花纹	[212] 186
	资兴旧市	BⅢb、BⅢc、BⅢd（件数见战国晚期）		[213] 187
	常德官山	BⅢa3		[214] 188
	常德	BⅢa1	有铭文	[215] 189
	耒阳石油站	BⅢb1、BⅢc1、残1		[216] 191
	四川成都无线电学校	BⅢa1、CⅠ4、DⅠa2，DⅡa1	CⅠ，DⅠa素或饕餮纹	[217] 231
	彭县太平公社	CⅠ1	兽面	[218] 229
	云南呈贡天子庙	DⅡa18、DⅡb2、EⅣ9	DⅡa人、太阳、鸟头、旋纹等，DⅡb旋纹、太阳、兽、绳纹等，EⅣ太阳、蛇，三角形纹等，銎背焊立兽，EⅣ并有两件隼嘴式双镇形戈	[219] 249
战国中晚期	北京通县中赵甫	BⅢa1、BⅢc1		[220] 108
	山西闻喜邱家庄	BⅢa2		[221] 90
	长子	BⅢb3		[141] 80
	四川成都青羊宫	BⅢb1、CⅠ5、DⅠa2		[222] 232
	湖北江陵拍马山	BⅢa11、BⅢc2	BⅡc1件有铭文	[153] 155
	湖南慈利官地	BⅢd4		[223] 192
	溆浦马田坪	BⅢb2、CⅠ2		[192] 183
战国晚期	河南汲县山彪镇	BⅢa、BⅢb共9，BⅢc6，BⅢc4与矛共出	BⅢc或有舳	[174] 40
	琉璃阁赵固区	BⅢa4、BⅢc2，BⅢc与矛共出	BⅢc1件胡有子刺	[2] 5
	新郑郑韩故城	BⅢa、BⅢc共80余件		[224] 36

续表

时代	出土地点	型式及件数	纹饰与铭文	备注
	郸城	BⅢd1	有铭文	[225] 41
	河北易县燕下都	BⅢa1、BⅢb1、BⅢc75、BⅢd36	BⅢc、BⅢd有铭文者百件，为王名、纪年等，BⅢd或有虎纹"彐"形纹等	[226] - [228] 99
	天津南郊巨葛庄	BⅢc3		[229] 109
	山西长治分水岭	BⅢa、BⅢb、BⅢc共35件，BⅢb、BⅢc各1件与矛共出	BⅢc胡部或有子刺，6件有铭文	[179] [230] 81
	山东茌平南陈庄	BⅢa1		[231] 124
	辽宁建昌	BⅢc1、残内1	有铭文	[232] 143
	新金县后元台	BⅢc1	有铭文	[233] 144
	宽甸	BⅢc1	有铭文	[234] 145
	陕西宝鸡凤阁岭	BⅢc1	有铭文	[235] 69
	三原	BⅢb1	有铭文	[236] 72
	临潼	BⅢa2	有铭文	[237] 73
	咸阳	BⅢc2		[238] 74
	湖北鄂城	BⅢa和战国中期BⅢb共9件		[202] 164
	江陵雨台山	BⅢa2、BⅢb1		[150] 154
	湖南常德德山	BⅢd2		[239] 190
	湘潭下摄司	BⅢb1、BⅢc1		[240] 172
	益阳新桥山	BⅢb和战国中期的BⅢa、BⅢb共15件		[211] 184
	资兴旧市	BⅢd和战国中期的BⅢb、BⅢc、BⅢd共16件		[213] 187
	长沙柳家大山	BⅢc2	或有翠绿花纹，有铭文	[241] 178
	长沙五里牌	BⅢa1、BⅢb1	BⅢb龙纹，BⅢa有铭文	[242] [243] 179
	长沙左家塘	BⅢc1	有铭文	[244] 180
	长沙纸园冲	BⅢa1		[245] 181
	长沙	BⅢa、BⅢb、BⅢe和早期BⅢa共12件	BⅢa或有银斑纹、鸟篆纹	[183] 174

续表

时代	出土地点	型式及件数	纹饰与铭文	备注
	安徽长丰杨公	BⅢb、BⅢc共6件		[246] 208
	江西遂川	BⅢc1	有铭文	[247] 216
	广东广州逻冈	BⅢc1	有铭文	[248] 223
	广西田东	BⅢa1		[249] 221
	平乐银山岭	BⅢc1	有铭文	[250] 222
	四川犍为	BⅣ2、CⅠ1、DⅡa1	BⅣ素或虎纹及符号，CⅠ援基牛头	[251][252] 241
	涪陵小田溪	BⅢb3、BⅢd1、C类4、B类残1，BⅢb与矛共出	BⅢd有铭文	[253] 242
	成都金牛区	BⅢb1、DⅠa1		[254] 233
	简阳	CⅠ1、DⅡb1	CⅠ云雷纹、人首鱼，DⅡb云雷纹，援基双翼后伸	[255] 243
	郫县红光	BⅣ1	人形图案，援基虎头	[256] 244
	成都枣子巷	CⅠa2	1件兽面	[257] 234
战国（未分期）	内蒙古和林格尔	BⅢd1		[258] 137
	山东临沂蒙阴	BⅢb1、BⅢc1	BⅢb有铭文	[259] 126
	山西洪赵坊堆	BⅢb1		[260] 84
	河南信阳	2不明		[261] 42
	湖北鄂城七里界	BⅢc1		[262] 165
	荆门	DⅠa1	人形图案	[263] 167
	松滋大岩嘴	BⅢc2		[264] 161
	襄阳	BⅢb1	有铭文	[265] 169
	江陵雨台山	BⅢa8、BⅢb1、2不明		[150] 154
	四川成都南郊	BⅣ1、CⅠ1、DⅡa1	BⅣ，DⅡa虎纹，BⅣ胡下端后齿	[64] 235
	成都羊子山	CⅠ1	饕餮纹	[64] 236
	成都交通巷	DⅡa1	虎纹	[24] 230
战国西汉之际	湖北宜城楚皇城	BⅢa1		[49] 166

续表

时代	出土地点	型式及件数	纹饰与铭文	备注
	湖南长沙丝茅冲	BⅢa、BⅢc共3件		[64] 182
	四川汶川萝卜岩	BⅢc1		[64] 245
战国至西汉初	四川昭化宝轮院巴县冬笋坝	BⅢa5、BⅢb1、BⅢc2、DⅡa1	多有巴蜀符号	[64] 247
战国末至西汉初	云南江川李家山	DⅡa、DⅡb、DⅣ（件数见西汉早至东汉早）	DⅠa双旋纹、菱形纹、双翼后伸	[65] 253
	晋宁石寨山	DⅡa、DⅡb、EⅣ（件数见西汉早至东汉早）		[65] 254
西汉早	云南晋宁石寨山	EV		[65] 254
	安宁太极山	DⅡb1		[65] 255
	山东巨野红土山	EⅢ2		[66] 127
	淄博	EⅢ6		[66] 128
	临沂银雀山	BⅢa1		[66] 125
	江苏涟水三里墩	BⅢ1		[67] 203
	湖南长沙丝茅冲	BⅢb1	铭文不清	[64] 182
	广东广州	BⅢc4、BⅢd1、BⅢa1	BⅢc2件有铭文	[67] 224
西汉早至西汉晚	云南江川李家山	DⅡb、EⅣ	DⅡb双旋纹、菱形纹，双翼后伸，EV蛇、太阳、人纹等，銎背立牛	[65] 253
	晋宁石寨山	DⅡb、EⅣ		[65] 254
西汉早至东汉早	云南江川李家山	DⅡa（包括战国DⅡa）11、DⅡb4、EⅣ3	DⅡa多有人形、太阳、双旋、饕餮纹	[65] 253
	晋宁石寨山	DⅡa（包括战国DⅡa）58、DⅡb28、EⅣ22、EV1、4残		[65] 254

续表

时代	出土地点	型式及件数	纹饰与铭文	备注
西汉中	河北满城	EⅢ2		［67］103
西汉中晚	云南呈贡龙街、石碑村	DⅡa9		［66］250、251
西汉末至东汉初	贵州威宁中水	DⅡa4	素或漩涡、兽面、弦纹	［68］256

注1. 本文收集的资料至1985年底止。2. 青铜戈时代划分基本以原报告为准，个别予以修正。3. 备注栏中［　］内为参考书目号，后者为戈出土地点编号。

论燕国青铜戈[*]

一 前言

青铜戈是中国青铜时代的一种主战兵器。据目前所知的考古资料，早在夏代的二里头文化第三期，青铜戈即已出现。以后历经商、西周、春秋，至战国晚期渐趋衰落。青铜戈沿用的时间长，分布的地域广，出土的数量大，其自身演进亦有一定的规律可寻，因而是中国青铜文化的重要组成部分。

燕是周初始封的诸侯国，东周时期逐渐强大。青铜戈在燕国青铜兵器中占有重要地位，既具普遍的时代特征，又显示一定的地区特色。有关燕国青铜戈的研究，可进一步加深对燕国青铜文化及与周邻地区青铜文化关系的认识。

二 燕国青铜戈的发现

迄今为止，有关燕国青铜戈的出土资料主要见于北京房山琉璃河①、昌平白浮②以及河北易县燕下都③。

北京房山琉璃河遗址为周初燕国的始封地，遗址内的古城址，即为西周时期燕国的都邑所在。琉璃河西周燕国墓地，是琉璃河遗址的重要组成部分。迄今所发掘的 61 座墓葬中，有 10 座无随葬品，另 2 座未见青铜器和陶器，故不易推断其时代。其余 49 座墓葬按出土青铜器的形制、花纹、铭文和随葬陶器

---

　　* 该文发表于《21 世纪中国考古学与世界考古学》，北京燕山出版社 2002 年版，本书略做体例修改。

　　① 北京市文物研究所：《琉璃河西周燕国墓地》，文物出版社 1995 年版。

　　② 北京市文物管理处：《北京地区的又一重要考古收获——昌平白浮西周木椁墓的新启示》，《考古》1976 年第 4 期。

　　③ 河北省文物研究所：《燕下都》，文物出版社 1996 年版。

的组合，以及其他随葬品的特征，均可推断为西周时期，计西周早期墓 34 座，西周中期墓 7 座，西周晚期墓 8 座。琉璃河遗址共出土青铜戈 31 件，[①] 皆见于西周墓葬。其中 30 件出土于西周早期墓，1 件出土于西周晚期墓。已发掘的 7 座西周中期墓内未见青铜戈。

1978 年北京昌平白浮发掘 3 座西周墓葬，其中 M2 和 M3 出土青铜戈 31 件，内有 4 件残损严重，无法辨认形制。原简报将两墓的时间皆定为西周早期。两墓出土的仿铜陶鬲，在陕西长安普渡村长由墓中也曾发现。从长由墓中出土的铜盉铭文"穆王在下減居"等句可知此盉铸于周穆王时期。由此推断，白浮 M2、M3 的时间与长由墓相同，当皆属西周中期。

河北易县燕下都始建于春秋晚期。自燕文公（公元前 554 年—前 549 年）徙易后，改易为燕下都，更不徙都。直到燕王喜二十九年（公元前 226 年），秦击败燕、代联军于易水之西，燕下都城被毁。在长达 300 余年中一直是燕国的都城所在。1973 年，在燕下都武阳台村 23 号作坊遗址出土青铜戈 108 件，其中 100 件基本完整，有铭文的亦达 100 件之多。燕王喜戈的出土，为这批铜戈的埋藏年代提供了可靠的下限依据。这批铜戈的埋藏，很可能与"秦兵临易水"灭燕的战争有关。此外，虚粮冢墓区 M8 出土青铜戈 7 件，辛庄头墓区 M30 出土青铜戈 2 件，其年代均为战国晚期。另在遗址范围内采集青铜戈 10 件。

三　燕国青铜戈的类型

燕国的青铜戈大致可分为 A、B、C、D 四类，以及异形戈。

A 类　戈长条形援，有上栏，无胡。可分为二型。

Ⅰ 型　直内，内上皆有穿。可分为二式：

1 式：见于琉璃河西周早期墓和白浮西周中期墓。琉璃河Ⅱ M251∶26，援基处有 1 个三角形凸饰，其上一圆穿，内后部铭文"父辛"二字，"父"字反书（图 3 - 14，1）。琉璃河Ⅱ M105∶11，援基和内后部饰鸟纹。白浮 M3∶21，近援基处一圆穿，内后部饰花纹。

2 式：援基附后伸双翼状夹面。见于白浮西周中期墓 M3∶24，援身饰兽面纹，内上三圆穿呈三角形排列，内后端有小缺口（图 3 - 14，3）。M3∶43，援

---

① 《琉璃河西周燕国墓地》第 201 页称"铜戈 30 件"，查报告所附"琉璃河西周燕国墓地墓葬及车马坑"登记表，铜戈实应为 31 件。

身饰兽面纹，双翼状夹面为兽头形，内饰花纹。

Ⅱ型　曲内镂空似鸟头。见于琉璃河西周早期墓，如ⅡM205：6（图3-14，2）。

B类戈　长条形援，有胡，直内。可分为四型。

Ⅰ型　有上栏，援上刃与内上缘大体平行，或在同一水平线上。可分四式。

1式：短胡，栏侧无穿或一穿。见于琉璃河西周早期墓和白浮西周中期墓。琉璃河ⅠM20：1，近援基处两面各有一球形凸起（图3-14，4）。

2式：短胡或中胡一穿，援下刃突波折。见于琉璃河西周早期墓ⅡM205：84，中胡一穿，援中部一圆穿（图3-14，5）。

3式：短胡，一穿，援基处两侧附后伸双翼状夹面。见于琉璃河西周早期墓，如ⅠM52CH2：3（图3-14，6）。

4式：长胡三穿。见于琉璃河西周早期墓ⅠM52：21，近援基处一圆穿，内后缘有倒刺，内周缘饰凹弦纹（图3-14，7）。

Ⅱ型　援上刃与内上缘大体平行，或在同一直线上，无上栏，长胡三穿。见于琉璃河西周晚期墓ⅡM268：2，内上一长穿和圆穿相通连（图3-14，8）。

Ⅲ型　援上刃与内上缘不平行，援身上扬，有上栏，长胡三穿，可分三式。

1式：见于白浮西周中期墓和燕下都战国晚期遗址。白浮M2：37，援基处两面均饰牛头，口中吐长舌为援脊，内缘饰弦纹。燕下都武阳村采70W：041，胡上刻"左行议衔（率）戈"5字，内两面均饰马纹（图3-14，10）。

2式：援下刃和胡刃突波折状子刺，内缘磨砺出刃。见于燕下都战国晚期武阳台村23号作坊遗址W23T12Z1：56，内上铭文作"郾王詈造𰼲萃锯"（图3-14，11）。

3式：内缘磨砺出刃。见于燕下都战国晚期武阳台村23号作坊遗址W23T1②Z1：60（图3-14，12）。

Ⅳ型　援上刃与内上缘不平行，援身上扬，无上栏，胡刃突波折状子刺，内缘磨砺出刃。见于燕下都战国晚期武阳台村23号作坊遗址W23TI②Z1：91，内上铭文作"郾王喜造𰼲锯"（图3-14，13）。

C类戈　长条形援，銎内。可分为二型。

Ⅰ型　有胡。见于琉璃河西周早期墓ⅠM1：1，銎两面各饰牛头纹（图3-14，9）。

Ⅱ型　简状銎，半圆形内，与銎长略等。见于白浮西周中期墓M2：20，鋬两面各饰三个双环纹，内上有四条平行凸弦纹（图3-14，14）。

　　D类戈　三角形窄援，援上下刃内曲，宽本，直内。见于燕下都辛庄头战国晚期墓XZHM30：51，援脊两侧有血槽，援基处两圆穿（图3-14，15）。

　　异形戈　形制特殊，状如大砍刀，援下刃与胡成一斜线，内呈梯形，栏侧四穿。见于白浮西周中期墓，如M2：31（图3-14，16）。

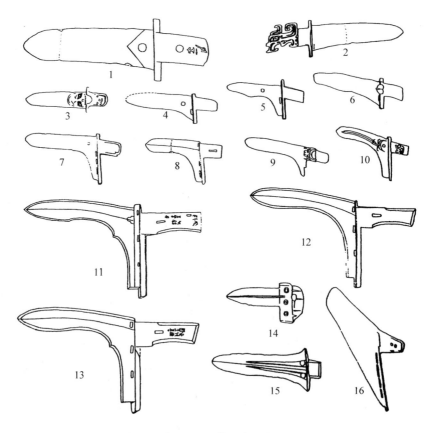

图3-14　燕国青铜戈

　　1. A类Ⅰ型1式（琉璃河ⅡM251：26）　2. A类Ⅱ型（琉璃河ⅡM205：6）　3. A类Ⅰ型2式（白浮M3：24）　4. B类Ⅰ型1式（琉璃河ⅠM20：1）5. B类Ⅰ型2式（琉璃河ⅡM205：84）　6. B类Ⅰ型3式（琉璃河IM52CH2：3）　7. B类Ⅰ型4式（琉璃河IM52：21）　8. B类Ⅱ型（琉璃河ⅡM268：2）　9. C类Ⅰ型（琉璃河ⅠM1：1）　10. B类Ⅲ型1式（白浮M2：37）　11. B类Ⅲ型2式（燕下都W23T1②Z1：56）　12. B类Ⅲ型3式（燕下都W23T1②21：60）　13. B类Ⅳ型（燕下都W23T1②21：91）　14. C类Ⅱ型（白浮M2：20）　15. D类（燕下都XZHM30：51）　16. 异形（白浮M2：31）

四 燕国青铜戈的时代和地区特征

燕国青铜戈并非孤立的存在，不仅 A、B、C 类戈皆有渊源可寻，而且在西周和战国时期亦占显著地位，既有突出的时代作风，也具鲜明的地区特色。

A 类 I 型戈，即长条形援，有上栏，直内无胡戈的渊源，最早可追溯至二里头文化三期。河南偃师二里头三期地层出土的 1 件戈①，援上刃微弧，下刃略内曲，起中脊，直内无栏，内上一方穿，援与内的分界不明显，内后四齿（图 3 – 15，1）。二里头文化的性质，目前学术界已经公认属夏文化。

长条形援有上栏的直内无胡戈是夏代无胡无栏直内戈演进的后续型式，始见于商代二里冈期。河南偃师商城 83YSⅢM：3②，长条形援，有上栏，内两面饰饕餮纹（图 3 – 15，5）。殷墟文化时期，有上栏的直内无胡戈广为流行，其出土地点遍及河南、河北、陕西、山西、山东、江西等地，尤以安阳殷墟附近最为密集。殷墟时期的有上栏直内无胡戈，内的下端常见小缺口或倒刺。

西周早期，有上栏直内无胡戈的形制与商戈大体一致，且尚有相当数量。北京、河南、陕西、甘肃、江苏、浙江等地皆有出土。琉璃河西周早期 A 类 I 型 1 式戈ⅡM105：11，援基和内后部皆饰鸟纹。此种作风不仅与商戈或在内上饰饕餮纹明显不同，即使在西周王畿之地沣西张家坡墓地③出土的同类戈中亦未见到。西周中期，有上栏直内无胡戈已不流行，仅地处北京的燕国仍有使用。白浮西周中期墓 M2 出土 1 件，M3 出土 2 件。不唯如此，白浮西周中期墓 M2 和 M3 还发现新的型式，其数量多达 5 件。白浮 A 类 I 型 2 式戈 M3：24，援基附后伸双翼状夹面，这就在一定程度上反映出燕国青铜戈的滞后性以及鲜明的地区特色。

A 类 Ⅱ 型戈，即长条形援有上栏曲内无胡戈的渊源，最早亦可追溯至二里头文化三期。河南偃师二里头三期葬坑 K3：2 戈，援面由脊向刃斜抹而下，到近刃处又凸起增厚，形成一道沟，援内交接处成直角，曲内下弯若兽首，内上一单面钻孔的圆穿，穿之后铸凸起的云纹，纹间凹槽中可能镶嵌过绿松石（图 3 – 15，2）。

---

① 中国科学院考古研究所二里头工作队：《偃师二里头遗址新发现的铜器和玉器》，《考古》1976 年第 4 期。

② 中国社会科学院考古研究所河南第二工作队：《1983 年秋季河南偃师商城发掘简报》，《考古》1984 年第 10 期。

③ 中国社会科学院考古研究所：《张家坡西周墓地》，中国大百科全书出版社 1999 年版。

　　长条形援有上栏的曲内无胡戈是夏代无胡无栏曲内戈的后续型式。始见于商代二里冈期。河南辉县琉璃阁 M124∶1 戈[1]，有上下栏，曲内下弯若兽首，内上一圆穿，其后饰饕餮纹。此型戈在商晚期主要见于安阳殷墟（图 3 - 15，3）。其时又出现磬折曲内、鸟喙式曲内和方钩式曲内等型式。因其多作为明器使用，在铸造时常省去上下栏。该型戈于西周早期已很少见到。唯琉璃河西周早期墓仍有出土。琉璃河 A 类 Ⅱ 型戈 Ⅱ M205∶6，曲内镂空似鸟头，这说明燕国青铜戈的滞后性并非个别现象。

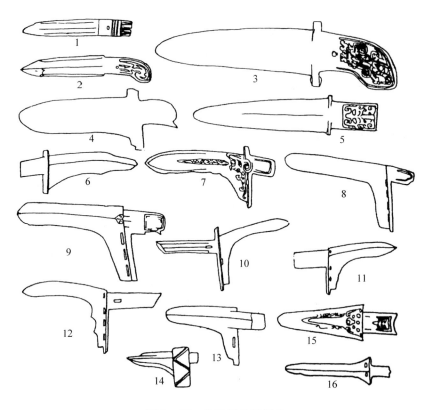

图 3 - 15　各地相关青铜戈

1. 偃师二里头　2. 偃师二里头 K3∶2　3. 辉县琉璃阁 M124∶1　4. 固始葛藤山 M6　5. 偃师商城 83YSIM1∶3　6. 沣西张家坡 M111∶2　7. 灵台白草坡 M2∶12　8. 殷墟西区 M698∶01　9. 灵台白草坡 M7∶3　10. 江陵白马山 M14　11. 海阳嘴子前村　12. 辉县琉璃阁赵固 M1∶23　13. 殷墟西区 M1697∶6　14. 宁城南山根 M101　15. 彭县竹瓦街 16 号　16. 楚雄万家坝 M23∶214

　　B 类 Ⅰ 型戈，即长条形援，援上刃与内上缘大体平行，或在同一直线上，有上栏直内有胡戈的渊源可追溯至殷墟二期。河南固始葛藤山 M6 出

---

　　① 中国科学院考古研究所：《辉县发掘报告》，科学出版社 1956 年版。

土 1 件戈①（图 3 - 15，4），长条形援，有上栏，直内，短胡一穿，援中部有凹三角符号，内上铸两道"U"形纹饰，内下端出刺。长条形援有上栏且有胡的直内戈，在长条形援有上栏无胡直内戈的基础上，经重要改进而成。援下刃出胡，胡刃可砍伐，从而增强杀伤之功效。栏侧的穿用以缚柲，显然较无胡戈仅以栏和内缚柲更为牢固。有胡戈因其利于实战而趋于流行，经不断演进，型式更加多样，最终取代无胡戈。B 类 I 型戈，皆有上栏，依然承袭商代直内有上栏戈的作风。B 类 I 型戈 1 至 4 式，有短胡栏侧无穿、短胡或中胡一穿，以及长胡三穿的差异。其中，短胡栏侧无穿、短胡或中胡一穿戈，在殷墟时期以及西周的沣西张家坡墓地等处多有发现。但长胡三穿戈，迄今所知却仅见于燕国。琉璃河西周早期 B 类 I 型 4 式 IM52：21，有上栏，长胡三穿。此外，B 类 I 型 2 式戈，琉璃河西周早期 II M205：84，援下刃突波折。B 类 I 型 3 式戈，琉璃河西周早期 I M52CH2：3，援基处两侧附后伸双翼的作风，则不见于殷墟时期，而分别见于沣西张家坡和甘肃灵台白草坡②西周墓地。沣西张家坡西周早期 M111：2，援下刃突波折（图 3 - 15，6）。灵台白草坡西周早期 M2：12，援基连胡部饰虎形，口含剑形血槽，饰夔纹，虎耳后伸如双翼（图 3 - 15，7）。这些均是有异于殷墟时期的划时代作风。

B 类型戈，即长条形援，援上刃与内上缘大体平行，或在同一直线上，无上栏直内有胡戈的渊源可追溯至殷墟三期。殷墟西区 M819 出土的 1 件③，中胡三穿，未见标本。殷墟西区 M698：01，长胡四穿，无上栏，内后部有与缘平行的双线纹（图 3 - 15，8）。灵台白草坡西周早期 M7：3，长胡三穿，援基饰一兽头，内饰不清晰的夔纹，内下缘有倒刺（图 3 - 15，9）。琉璃河西周晚期 B 类 II 型戈 II M268：2，长胡三穿，无上栏，仍沿袭前世作风。因 B 类 II 型戈渊源于殷墟三期，早于下文所述 B 类 II 型 1 式戈始见的西周中期，故虽 B 类 I 型戈目前仅见于琉璃河西周晚期，本文仍将其列于 B 类 II 型 1 式之前。

B 类 III 型戈，援上刃与内上缘不平行，援身上扬，有上栏，长胡三穿。迄今所知，以白浮西周中期 B 类 III 型 1 式 M2：37 戈为最早。而且除燕地之外，西周时期其他地区尚未见到。因其援与胡的夹角大于 90 度，故较援上刃与内上缘大体平行，或在同一直线上。援与胡呈直角的有胡戈，砍伐的角度增大，

① 信阳地区文管会、固始县文管会：《固始县葛藤山六号商代墓发掘简报》，《中原文物》1991 年第 1 期。
② 甘肃省博物馆文物队：《甘肃灵台白草坡西周墓》，《考古学报》1977 年第 2 期。
③ 中国社会科学院考古研究所安阳工作队：《1969—1977 年殷墟西区墓葬发掘报告》，《考古学报》1978 年第 1 期。

更利于实战，因而是长条形援有胡直内戈的高级型式。此型戈最早出现于西周时期的燕国并非偶然。燕国青铜戈，无论 A 类或 B 类均盛行有上栏，这是燕国青铜戈自西周早期至战国时期的传统作风。燕下都战国晚期武阳台村 23 号作坊遗址出土的 108 件戈之中，据不完全统计，至少 30 余件有上栏。B 类Ⅲ型 2 式戈，援下刃和胡刃突波折状子刺，明显承袭西周早期 B 类Ⅰ型 2 式戈援下刃突波折的作风。B 类Ⅰ型 2 式和 3 式戈，内缘磨砺出刃。这种作法，始见于战国早期。湖北江陵拍马山 M14 出土的 1 件①（图 3-15，10），援上刃略呈弧形，长胡四穿，有上栏，内缘磨砺出刃。有上栏，援、胡刃突子刺，内缘磨砺出刃的作风，在战国时期具有一定普遍性。湖南常德德山②、湖北江陵拍马山、湖北江陵天星观③、河南洛阳中州路④等地亦有出土。但就其发现的数量而言，远不及燕下都武阳台村 23 号遗址一处出土的多。由此亦似可认为是燕国青铜戈地方特色的表现。

B 类Ⅳ型戈，援上刃与内上缘不平行，援身上扬，无上栏。其渊源可追溯至春秋中期。山东海阳嘴子前村出土的 1 件⑤，长胡三穿（图 3-15，11）。此型戈在战国时期广为流行，列国辖地多有出土。B 类Ⅳ型戈胡刃突子刺，内缘磨砺出刃的作风，在列国无上栏戈中也有所见，如河南辉县琉璃阁赵固战国晚期 M1：23⑥，援上刃微弧，长胡三穿，胡刃突子刺，内后缘磨砺出刃（图 3-15，12）。

C 类Ⅰ型戈，即长条形援，有胡，銎内戈的渊源可追溯至殷墟四期。殷墟西区 M697：6，中胡一穿，内前段为椭圆形銎，内后有缺（图 3-15，13）。沣西张家坡西周早期出土的 1 件，中胡一穿。琉璃河所出 C 类Ⅰ型戈Ⅰ M1：1，援上刃与内上缘大体在同一直线上，銎两面饰牛头。殷墟西区 M697：6 和沣西张家坡所出 1 件，援上刃高于内上缘，但二者大体平行，与琉璃河 C 类Ⅰ型戈略有差别。

C 类Ⅱ型戈的突出特点是以筒状銎纳柄。筒状銎青铜工具和兵器是夏家店上层文化的典型器物，充分反映出北方草原青铜文化的特色。内蒙古宁城南山根 M101⑦和东区石椁墓⑧各出 1 件筒状銎斧和筒状銎戈（图 3-15，14）。其

---

①　湖北省博物馆、荆州地区博物馆发掘小组、江陵县文物工作组：《湖北江陵拍马山楚墓发掘简报》，《考古》1973 年第 3 期。

②　湖南省博物馆：《湖南常德德山楚墓发掘报告》，《考古》1963 年第 9 期。

③　湖北荆州地区博物馆：《江陵天星观 1 号楚墓》，《考古学报》1982 年第 1 期。

④　中国科学院考古研究所：《洛阳中州路（西工段）》，科学出版社 1959 年版。

⑤　滕鸿儒、王洪明：《山东海阳嘴子前村春秋墓出土铜器》，《文物》1985 年第 3 期。

⑥　郭宝钧：《山彪镇与琉璃阁》，科学出版社 1959 年版。

⑦　辽宁省昭乌达盟文物工作站等：《宁城县南山根的石椁墓》，《考古学报》1973 年第 2 期。

⑧　李逸友：《内蒙古昭乌达盟出土的铜器调查》，《考古》1959 年第 6 期。

时间虽略晚于白浮西周中期 C 类I型戈 M2：20，但以筒状銎纳柄的作风完全一致。此外，白浮 M3 所出 1 件筒状銎斧与南山根 M101 及东区石椁墓所出筒状銎斧形制亦几近相同。燕国辖地与夏家店上层文化分布区毗邻，两地自当有密切的文化交流。

D 类戈，即三角形窄援，援上下刃内曲，宽本，直内戈的渊源，最早可追溯至商末周初。四川彭县竹瓦街窖藏 16 号戈①，援上下刃内曲，援本宽大，内末缘内凹，援饰饕餮纹，内饰卷云纹（图 3 - 15，15）。此类戈在两周时期主要流行于西南地区。云南楚雄万家坝战国前期墓出土的 1 件戈② M23：214，援窄长，援基两方穿，内后缘三齿（图 3 - 15，16）。燕下都辛庄头战国晚期墓出土的 D 类戈 XZHM30：51，与万家坝戈，援上下刃至栏处均呈短胡状，是二者明显的相似之处。西南地处偏僻，其颇具特色的 D 类戈在燕地出现，很可能是辗转而来。

白浮中期 M2：31 异形戈，状如大砍刀。类似的器形在其他地区尚未发现，于白浮墓亦仅见 1 件。该异形戈形制特殊，其与北方草原文化典型器物筒状銎斧共出，很可能也是具北方草原文化作风的青铜兵器。

五　结语

燕国西周早期，A、B、C 类青铜戈皆有所见，而以 B 类戈居多，A 类戈次之，C 类戈少见。这种时代特征，与整个西周早期青铜戈的情况大体一致。但是至西周中期，燕国 A 类戈继续延用，又与其他地区 A 类戈几近绝迹的情况有所不同。故此在一定程度上反映出燕国青铜戈发展过程中表现的滞后性。此外，燕国 A 类戈近援处常饰鸟纹，以及栏侧附后伸双翼状夹面的作风，亦当属燕国 A 类青铜戈的地方特色。

援上刃与内上缘大体平行，或在同一水平线上，是商、西周 B 类戈共同的时代特征。商、西周的 B 类戈又有无上栏和有上栏之分。据目前所知的资料，短胡一穿或中胡二穿的有上栏戈在各地多有发现，唯长胡三穿有上栏戈仅见于北京琉璃河。这或许也是燕国 B 类戈的地区性特征。此外，西周 A 类戈侧栏处附后伸双翼状夹面的作风虽仅见于燕国，但是此种作风在西周 B 类戈之中，却较为流行，并不仅限于燕国。

---

① 四川省博物馆、彭县文化馆：《四川彭县西周窖藏铜器》，《考古》1981 年第 6 期。

② 云南省博物馆文物工作队、四川大学历史系考古专业：《云南楚雄县万家坝古墓群发掘简报》，《文物》1978 年第 10 期。

援上刃与内上缘不平行，援身上扬，是东周 B 类戈区别于商、西周 B 类戈的重要标识。燕国东周 B 类戈与燕国西周 B 类戈的差异主要也在于此。值得注意的是，援上刃与内上缘不平行，援身上扬的 B 类戈始见于白浮西周中期墓。这种超前的时代特征，与燕国青铜戈一定的滞后性，形成显著的反差。

东周 B 类戈常见长胡多穿，形制繁杂多样。因列国之间文化交流密切，加之战乱纷争不断，造成兵器多有流动，致使对兵器的国别及特征的判定，难度较大。但是燕国战国时期的 B 类戈，却有许多明显的特征，故易于辨识。燕下都武阳台村 23 号遗址出土的 108 件青铜戈之中，有铭文的青铜戈多达百件，依铭文内容可确认为燕国所造。戈内上或见马等纹饰，也是燕国 B 类戈颇具特色的风格。此外，有上栏戈的数量较大，亦为燕国 B 类戈引人注目的特征。联系上文所述，西周时期长胡三穿有上栏戈仅见于燕国，可知战国时期长胡多穿有上栏戈流行于燕国也并非偶然，而是有其历史渊源。

对出土资料的分析表明，燕国青铜戈大体可归属中原青铜文化的范畴，既具有普遍的时代特征，又显示一定的地区特色和北方草原青铜文化的影响。有关燕国青铜戈的研究，进一步加深了对燕国青铜文化及与周邻地区青铜文化关系的认识。

六　余论

戟是青铜戈演进中派生而出的青铜兵器。浑铸戟是戟的一种重要型式。浑铸戟为戈、矛（刺）或戈、刀合铸一体。燕国青铜戟见于西周早、中期。琉璃河西周早期墓出土 1 件，白浮西周中期墓出土 9 件，皆为戈、刀合成的浑铸戟。浑铸戟与戈的关系密切，在燕国青铜兵器中也占有一定的地位，对其时代和地区特征，本文亦加以论述。

琉璃河西周早期墓 I M52：22 戟，整体呈不对称的十字形，长条形援，自锋至援基处饰 3 条平行的凸线，长胡，栏侧上下各两穿，内作长方形，其上铸铭文"匽侯"二字，顶端为一向后勾曲的弯刀（图 3 - 16，1）。

白浮西周中期墓 M2、M3 共出土戟 9 件，其中 M2 出土 7 件，M3 出土 2 件。除 3 件残损之外，另 6 件完整者可分为二式。1 式 4 件。M2：35，其形制与琉璃河西周早期墓 IM52：22 近似，唯栏侧上下各一穿，内上铸一族徽。2 式 2 件。M2：33，援背弯曲若弓状，内弯曲更甚呈勾状，长胡，栏下侧两穿（图 3 - 16，2）。

　　戈、刀合成的浑铸戟见于河南浚县辛村[①]和甘肃灵台白草坡，其时代均为西周早期。辛村 M42：102，形制与琉璃河 IM52：22 相似，戟整体略呈不对称的十字形，自锋至援基处饰 2 条平行线和 U 形线，长胡，栏侧上下各两穿（图 3－16，3）。白草坡 M2：20，援上扬尤甚，援基饰牛首、长胡三穿，内后三齿，阴刻牛头形徽识，顶端作人头状（图 3－16，4）。白草坡 M2：20 与白浮 M2：33，援均上扬，二者的差异主要在于白草坡戟内长方形，后端有三齿，而白浮戟内弯曲如勾形。白草坡戟顶端作人头，其功用显然不是为了攻击，除装饰的目的，很可能还有某种宗教或仪礼的作用。就其整体而言，燕国浑铸戟与上述辛村和白草坡浑铸戟的形制大同小异。

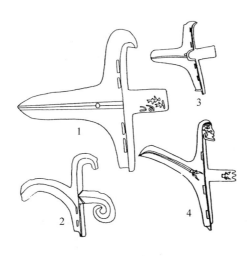

图 3－16　青铜戟

1. 琉璃河 IM52：22　2. 白浮 M2：33　3. 浚县辛村 M42：102　4. 灵台白草坡 M2：20

　　浚县辛村等地往往戈、矛合成及戈、刀合成的浑铸戟二者共出，但琉璃河、白浮却只见戈、刀合成的浑铸戟，而且此种型式一直延续至西周中期，为迄今所仅见。不唯如此，燕国浑铸戟出土数量还最多。这很可能反映出燕国浑铸戟的地方性特点。

---

　　①　郭宝钧：《浚县辛村》，科学出版社 1964 年版。

商代青铜矛[*]

一 前言

商王朝是中国古代强盛的早期奴隶制国家，具有高度发达的青铜文化。青铜兵器是青铜文化重要的组成部分。青铜矛作为用于实战的金属兵器，始见于商代二里冈期，商晚期已甚为流行。

迄今所知，商代二里冈期青铜矛见于湖北和河北。商晚期青铜矛则多见于商王朝统治的中心地区河南，出土地点尤以殷墟所在的安阳附近最为密集。此外，山西、山东、陕西、江西和四川也有出土。

据初步统计，商代青铜矛的出土地点约 30 处，出土青铜矛已近千件。青铜矛多为墓中的随葬品，少者 1 件，多者数百件。安阳侯家庄 1004 号大墓出土的青铜矛数量最多，[①] 达 731 件。商代青铜矛不仅出土地点多，而且出土数量大，因而是研究商代青铜文化的重要学术课题。

青铜矛流行时间甚长，在中原地区延续至秦汉之际。边远地区的云南，更延续至东汉初年。商代虽然是青铜矛使用的初期，但商晚期青铜矛的形制已十分繁杂，加之不同程度的地区特色，对后世青铜矛的发展、演进，有着强烈的影响。故此，对商代青铜矛的研究，具有十分重要的学术意义。

本文试就商代青铜矛的类型和分布以及相关的问题进行初步探索，不当之处，敬希指正。

二 青铜矛的类型

商代青铜矛大体可分为甲、乙两类。甲类矛，骹侧附钩、环、钮，或矛身

---

* 该文发表于《中国商文化国际学术研讨会论文集》，中国大百科全书出版社 1998 年版，本书略做体例修改。

① 梁思永等：《侯家庄·第五本·一〇〇四号大墓》，"中研院"历史语言研究所 1970 年版。

侧翼有孔。骹侧无钩、环、钮者为乙类矛。

1. 甲类矛，分八型。

A 型　矛身呈柳叶状。又分二式。

Ⅰ式：骹端两侧附钩。湖北黄陂盘龙城李家嘴出土 2 件①。M2∶56，矛身起脊，骹饰人字形纹，銎口呈菱形（图 3 - 17，1）。时间为二里冈期。

Ⅱ式：骹下部两侧附半圆形环耳。湖北黄陂盘龙城楼子湾出土 1 件②。M3∶8，矛身起脊，骹端有箍，銎口呈圆形（图 3 - 17，2）。时间为二里冈期。

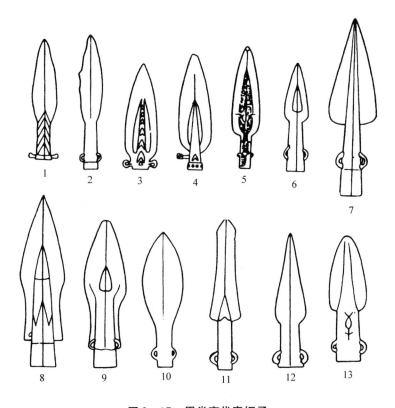

图 3 - 17　甲类商代青铜矛

1. A 型Ⅰ式（湖北黄陂盘龙城李家嘴 M2∶56）　　2. A 型Ⅱ式（黄陂盘龙城楼子湾 M3∶8）

3. B 型Ⅰ式（江西新干大洋洲 097 号）　4. B 型Ⅱ式（新干大洋洲 098 号）　5. B 型Ⅲ式（四川彭县竹瓦街出土）　6. C 型（河南安阳殷墟西区 M265∶1）　7. D 型（殷墟西区 M729∶6）　8. E 型（安阳大司空村东南 M663∶20）　9. E 型（河南罗山天湖 M12∶1）　10. F 型（安阳小屯横 13 丙出土）　11. G 型Ⅰ式（殷墟西区 M1052∶6）　12. G 型Ⅱ式（山西灵石旌介 M1∶5）　13. H 型（殷墟西区 M374∶7）

---

① 湖北省博物馆：《盘龙城商代二里冈期的青铜器》，《文物》1976 年第 2 期。

② 湖北省博物馆：《一九六三年湖北黄陂盘龙城商代遗址的发掘》，《文物》1976 年第 1 期。

B型　矛身宽于A型，短骹。又分三式。

Ⅰ式：骹特短，两侧附钮。江西新干大洋洲出土①。097号，矛身及骹中部镂空成燕尾纹，中镶绿松石，通长14.3厘米（图3-17，3）。时间为吴城二期，约当殷墟二期。

Ⅱ式：骹稍长，一侧附钮。江西新干大洋洲出土，与上述B型Ⅰ式矛共出8件。098号，矛身有血槽，骹饰蝉纹，骹端有箍，上饰连珠纹，通长13.6厘米（图3-17，4）。时间为吴城二期，约当殷墟二期。

Ⅲ式：骹略长于Ⅱ式，两侧附半圆形环耳。四川彭县竹瓦街出土1件②，矛身两面饰斜尖角变体雷纹与点纹组成的尖叶形图案，骹两面各饰一条全身为半立体状的壁虎，銎口呈圆形，通长32厘米（图3-17，5）。时间为商、周之际。

C型　矛身呈小叶状，骹两侧附半圆形环耳，见于殷墟二、三、四期。河南安阳殷墟西区出土2件③，安阳大司空村东南出土2件④，安阳苗圃北地出土1件⑤，安阳郭家庄出土1件⑥。殷墟西区M265：1，銎口呈菱形，通长16.4厘米（图3-17，6）。时间为殷墟二期。

D型　矛身呈弧形三角，骹两侧附耳为半圆形或三角形。见于殷墟二、三、四期。安阳殷墟西区出土7件，安阳小屯E16出土2件⑦，安阳后冈出土2件⑧，安阳戚家庄出土2件⑨，安阳郭家庄东南出土1件⑩，安阳侯家庄出土733件⑪，河南罗山天湖出土2件⑫，陕西城固苏村出土20件⑬，江西新干大洋

---

① 江西省文物考古研究所等：《江西新干大洋洲商墓发掘简报》，《文物》1991年第10期。

② 王家祐：《记四川彭县竹瓦街出土的铜器》，《文物》1961年第11期。

③ 中国社会科学院考古研究所安阳工作队：《1969—1977年殷墟西区墓葬发掘报告》，《考古学报》1979年第1期。

④ 中国社会科学院考古研究所安阳工作队：《安阳大司空村东南的一座殷墓》，《考古》1988年第10期。

⑤ 中国社会科学院考古研究所安阳工作队：《1980—1982年安阳苗圃北地遗址发掘简报》，《考古》1986年第2期。

⑥ 安阳市博物馆：《安阳郭家庄的一座殷墓》，《考古》1986年第8期。

⑦ 李济：《记小屯出土之青铜器》，《考古学报》第四册，1949年。

⑧ 中国社会科学院考古研究所安阳工作队：《1991年安阳后冈殷墓的发掘》，《考古》1991年第10期。

⑨ 安阳市博物馆：《殷墟戚家庄269号墓发掘简报》，《中原文物》1986年第3期。

⑩ 中国社会科学院考古研究所安阳工作队：《1987年夏安阳郭家庄东南殷墓的发掘》，《考古》1988年第10期。

⑪ a. 梁思永等：《侯家庄·第五本·一〇〇四号大墓》，"中研院"历史语言研究所1970年版。

b. 梁思永等：《侯家庄·第二本·一〇〇一号大墓》，"中研院"历史语言研究所1962年版。

c. 梁思永等：《侯家庄·第四本·一〇〇三号大墓》，"中研院"历史语言研究所1967年版。

⑫ 河南省信阳地区文管会等：《罗山天湖商周墓地》，《考古学报》1986年第2期。

⑬ 唐金裕等：《陕西省城固县出土殷商铜器整理简报》，《考古》1980年第3期。

洲出土 7 件。殷墟西区 M613∶5，骹侧附耳为三角形，銎口呈菱形，通长 18 厘米。时间为殷墟二期。殷墟西区 M729∶6，骹侧附耳为半圆形，銎口呈菱形，贯临矛锋，通长 26.6 厘米（图 3 - 17，7）。时间为殷墟四期。

E 型　矛身呈亚腰状，基部两侧有穿孔，短骹。见于殷墟二、三、四期。安阳殷墟西区出土 48 件，安阳梅园庄出土 1 件[①]，安阳大司空村出土 25 件[②]，安阳大司空村东南出土 5 件，安阳戚家庄出土 10 件，安阳后冈出土 1 件。安阳洹南四盘磨出土 1 件[③]，安阳梅园庄南地出土 1 件[④]，河南罗山天湖出土 8 件，山东寿光出土 4 件[⑤]，山东益都苏埠屯出土 14 件[⑥]，山西灵石旌介出土 10 件[⑦]。安阳大司空村东南 M663∶20，矛身脊部饰三角纹，銎口呈菱形，通长 22.5 厘米（图 3 - 17，8）。时间为殷墟二期偏晚阶段。罗山天湖 M12∶1，矛身脊部有叶状凹槽，基部两侧穿孔呈半圆形环耳状，通长 21.9 厘米（图 3 - 17，9）。时间为殷墟二期。

F 型　矛身呈阔叶状，骹两侧附半圆形环耳。安阳小屯横 13 丙出土 2 件[⑧]。81 号，矛身起中脊，銎口呈椭圆形（图 3 - 17，10）。时间为殷墟三期。

G 型　矛身侧刃内凹，骹两侧附半圆形环耳。分二式，皆属殷墟四期。

Ⅰ式：矛身呈圭状。安阳殷墟西区出土 2 件。M1052∶6，矛身起脊，銎口呈椭圆形，通长 22.8 厘米（图 3 - 17，11）。

Ⅱ式：矛身略呈叶状。山西灵石旌介出土 5 件。M1∶5，矛身起中脊，銎口呈菱形，通长 19 厘米（图 3 - 17，12）。

H 型　体小，叶宽短，骹两侧附半圆形环耳。安阳殷墟西区出土 1 件。M374∶7，骹上有铭文，銎口呈椭圆形，贯临矛锋，通长 13.2 厘米（图 3 - 17，13）。时间为殷墟四期。

2. 乙类矛，分四型。

A 型　矛身呈短粗叶状。见于二里冈期和殷墟三期。河北藁城台西出土 1

---

① 安阳市博物馆：《殷墟梅园庄几座殉人墓葬的发掘》，《中原文物》1986 年第 3 期。

② a. 马得志等：《一九五三年安阳大司空村发掘报告》，《考古学报》第九册，1955 年。

b. 河南省文化局文物工作队：《1958 年春河南安阳市大司空村殷代墓葬发掘简报》，《考古通讯》1958 年第 10 期。

③ 郭宝钧：《一九五〇年春殷墟发掘报告》，《考古学报》第五册，1951 年。

④ 中国社会科学院考古研究所安阳工作队：《1987 年秋安阳梅园庄南地殷墓的发掘》，《考古》1991 年第 2 期。

⑤ 寿光县博物馆：《山东寿光县新发现一批纪国铜器》，《文物》1985 年第 3 期。

⑥ 山东省博物馆：《山东益都苏埠屯第一号奴隶殉葬墓》，《文物》1972 年第 8 期。

⑦ 山西省考古研究所等：《山西灵石旌介村商墓》，《文物》1986 年第 11 期。

⑧ 李济：《记小屯出土之青铜器》，《考古学报》第四册，1949 年。

件①，河南罗山天湖出土 2 件，安阳梅园庄出土 1 件。藁城台西 M112：8，矛身起中脊，骹端有箍，其上一圆穿，銎口呈圆形，通长 17.4 厘米（图 3 - 18，1）。时间为二里冈期。河南罗山天湖 M9：13，矛身起脊，两面均饰三角蝉纹，銎口呈椭圆形。时间为殷墟三期。

B 型　矛身呈柳叶状。分四式。

Ⅰ式：矛身与骹分界不明显。安阳殷墟三家庄东出土 1 件②。M4：4，銎口呈圆形，通长 21.6 厘米（图 3 - 18，2）。时间为殷墟一期偏早阶段。

Ⅱ式：体特长，矛身最宽处在基部，骹上附环状箍。江西清江吴城出土 1 件③，骹铸螺旋纹与云雷纹组合纹饰，銎口呈椭圆形，贯临矛锋，通长 37 厘米（图 3 - 18，3）。时间为吴城二期，约当殷墟二期。

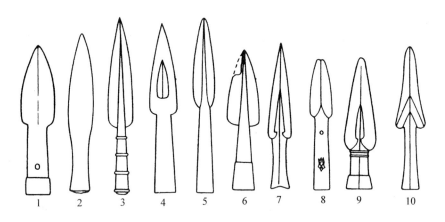

图 3 - 18　乙类商代青铜矛

1. A 型（河北藁城台西 M112：8）　2. B 型Ⅰ式（殷墟三家庄东 M4：4）　3. B 型Ⅱ式（江西清江吴城出土）　4. B 型Ⅲ式（山东益都苏埠屯 M1：6）　5. B 型Ⅳ式（山西柳林高红出土）　6. C 型（安阳梅园庄南地 M118：11）　7. D 型Ⅰ式（罗山天湖 M27：5）　8. D 型Ⅱ式（罗山天湖 M9：10）　9. D 型Ⅲ式（殷墟西区 M279：2）　10. D 型Ⅳ式（殷墟西区 M1713 出土）

Ⅲ式：矛身形态与Ⅱ式相近，骹上无环状箍。山东益都苏埠屯出土 1 件，山西灵石旌介出土 9 件，时间皆为商晚期。益都苏埠屯 M1：6，矛身中部有桃形血槽，銎口呈椭圆形，通长 20.6 厘米（图 3 - 18，4）。

Ⅳ式：矛身最宽处近中部。山西柳林高红出土 1 件④，銎口呈圆形，贯临

---

① 河北省文物研究所：《藁城台西商代遗址》，文物出版社 1985 年版。
② 中国社会科学院考古研究所安阳工作队：《安阳殷墟三家庄东的发掘》，《考古》1983 年第 2 期。
③ 江西省清江县博物馆：《吴城商代遗址新发现的青铜兵器》，《文物》1980 年第 8 期。
④ 杨绍舜：《山西柳林县高红发现商代铜器》，《考古》1981 年第 3 期。

矛锋，通长 24.3 厘米（图 3 - 18，5）。时间为商晚期。

C 型　矛身呈弧形三角。安阳梅园庄南地出土 1 件。M118：11，骹端有箍，銎口呈椭圆形，通长 22.3 厘米（图 3 - 18，6）。时间为殷墟三期。

D 型　矛身基部内凹。分四式。

Ⅰ 式：矛身呈柳叶状，骹部束腰，骹端内凹。河南罗山天湖出土 1 件。M27：5，中脊自銎口贯抵矛锋，通长 22.7 厘米（图 3 - 18，7）。时间为殷墟三期。

Ⅱ 式：矛身呈小叶状，长骹。河南罗山天湖出土 1 件。M9：10，矛身起中脊。骹上有铭文"息"字，通长 20 厘米（图 3 - 18，8）。时间为殷墟三期。

Ⅲ 式：矛身呈弧刃长三角形，短骹。安阳殷墟西区出土 1 件。M279：2，矛身起脊，骹端有喇叭状箍，通长 16.6 厘米（图 3 - 18，9）。时间为殷墟四期。

Ⅳ 式：矛身呈凹刃长三角形。安阳殷墟西区 M1713 出土 30 件[1]，形制皆同。矛身起中脊，饰人字形纹，銎口呈菱形，通长 21.5 厘米（图 3 - 18，10）。时间为殷墟四期。

二　青铜矛的分布

商代青铜矛大致可分为商代前期和商代晚期，即二里冈期和殷墟期两个发展阶段。

最早的甲类矛和乙类矛皆始见于商代二里冈期。矛身呈柳叶状的骹端两侧附钩的甲类 A 型 Ⅰ 式矛和矛身呈柳叶状的骹两侧附半圆形环耳的甲类 A 型 Ⅱ 式矛，均出于湖北黄陂盘龙城。这是目前所知中国最早的甲类矛。甲类 A 型 Ⅰ 式矛，骹端两侧附钩，更呈原始形态。河北藁城台西出土的矛身短粗且骹侧不附钩、环的乙类 A 型矛，则是目前所知中国最早的乙类矛。

二里冈期青铜矛的时间早，出土地点和出土数量亦少，形制也简单，故二里冈期当为商代青铜矛的始作期。甲类矛始出于湖北。据考证，湖北黄陂盘龙城很可能是地处长江中游的商代方国荆楚的城邑。[2] 乙类矛始出于河北。河北藁城台西位于冀南，虽仍属商王朝直接控制的王畿范围之内，但已处其边缘地区。

---

① 中国社会科学院考古研究所安阳工作队：《安阳殷墟西区一七一三号墓的发掘》，《考古》1986 年第 8 期。

② 江鸿：《盘龙城与商朝的南土》，《文物》1976 年第 2 期。

地处豫北的郑州商城建于商代二里冈下层时期，虽然学术界对其为仲丁之隞都①或成汤所居之亳②，尚存歧义，但郑州商城以其宏大的规模，具帝都气象，因而是商王朝前期重要都邑，学术界的看法大体还是一致的。郑州商城及附近的遗址和墓葬中出土许多青铜器，③ 容器有鼎、鬲、盘、罍、斝、爵、尊、觚，工具有镢、刀、钻，兵器有戈、镞等。作为商王朝前期重要都邑的郑州商城，虽经多次大规模发掘，但迄今尚未见青铜矛出土，绝非偶然现象。由此至少可以推断，青铜矛并非商王朝前期军队的主战兵器。甲类矛很可能尚未使用。

商王朝晚期以殷为都，史称殷或殷商。学术界一般认为其地即今河南安阳洹水之畔的殷墟。关于殷墟文化的分期学术界看法并不一致。目前流行的是四期说。④ 殷墟一期青铜矛，迄今见于报道的仅有安阳殷墟三家庄东出土的 1 件乙类 B 型 I 式矛。这是目前所知殷墟出土最早的青铜矛。矛身呈柳叶状，与骹分界不明显。迟至殷墟一期的青铜矛，其始作之雏形若此，则商王朝前期都邑郑州商城未见青铜矛出土，也就不难理解了。

商代晚期青铜矛，以殷墟二、三、四期最为兴盛。商王朝统治中心地区河南，以及山西、陕西、山东、江西、四川等方国辖地皆有出土。

甲类 B 型 I 式、B 型 II 式矛，骹两侧或一侧附钮，出土于江西新干大洋洲，属吴城二期文化，约当殷墟二期。B 型 III 式矛，骹两侧附半圆形环耳，出土于四川彭县竹瓦街，时间为商、周之际。甲类 B 型矛，矛身呈柳叶形，骹侧附环、钮的作风，源于黄陂盘龙城二里冈期甲类 A 型 I 式、A 型 II 式矛的痕迹十分明显。江西吴城青铜文化，其族属是古越民族的一支——扬越⑤。彭县竹瓦街青铜矛出土的窖藏则是古蜀国的遗存。甲类 B 型矛，迄今尚未见于殷墟和其他北方地区，当是分布于长江流域、具鲜明的特征而有别于殷商文化的地方性型式。

矛身呈小叶状的骹两侧附半圆形环耳的甲类 C 型矛，见于河南殷墟，出土地点 4 处，共 6 件。矛身呈阔叶状的骹两侧附半圆形环耳的 F 型矛，见于河南殷

① 安金槐：《试论郑州商代城址——隞都》，《文物》1961 年第 4、5 期合刊。

② 邹衡：《郑州商城即汤都亳说》，《文物》1978 年第 2 期。

③ a. 河南省文化局文物工作队：《郑州二里冈》，科学出版社 1959 年版。

b. 郑州博物馆：《郑州市铭功路西侧的两座商代墓》，《考古》1965 年第 10 期。

c. 河南文物工作队第一队：《郑州市白家庄商代墓葬发掘简报》，《文物参考资料》1955 年第 10 期。

④ a. 中国科学院考古研究所安阳工作队：《1962 年安阳大司空村发掘简报》，《考古》1964 年第 8 期。

b. 中国科学院考古研究所安阳工作队：《1973 年安阳小屯南地发掘简报》，《考古》1975 年第 1 期。

⑤ 彭适凡：《吴城青铜文化与古扬越》，《华夏文明》第 2 辑，1990 年。

墟，出土地点 1 处，共 2 件。矛身侧刃内凹的骸两侧附半圆形环耳的 G 型 I 式和 G 型 II 式矛，分别见于河南殷墟和山西，出土地点各 1 处，共 7 件。体小、叶宽短、骸两侧附半圆形环耳的 H 型矛，见于河南殷墟，出土地点 1 处，仅 1 件。以上四型矛，出土地点及出土数量皆少，除 G 型 II 式矛见于山西之外，皆仅见于河南殷墟，故其大体当属殷商文化的范畴，但均非青铜矛的主要型式。

矛身呈弧形三角的骸两侧附耳为半圆形或三角形的甲类 D 型矛，见于河南、陕西和江西，出土地点 9 处，共 776 件。其中河南殷墟出土地点 6 处，共 747 件，约占出土地点总数的 67%、出土数量的 96%。河南另一地点罗山天湖，出土 2 件。甲类 D 型矛主要流行于殷墟二期，三、四期已属少见。由此可以推断，甲类 D 型矛是殷墟二期殷商军队使用青铜矛之主要型式。

矛身呈亚腰状、基部两侧有穿孔、短骸的甲类 E 型矛，见于河南、山东和山西，出土地点 12 处，共 128 件。其中河南殷墟出土地点 8 处，共 92 件，约占出土地点总数的 67%、出土数量的 72%。甲类 E 型矛于殷墟二、三、四期皆有所见，三、四期尤多。故甲类 E 型矛当为殷墟三、四期殷商军队所使用青铜矛的主要型式。

商代晚期，乙类矛的流行程度远不及甲类矛。乙类矛分四型。

矛身短粗的乙类 A 型矛，为二里冈期延续的型式，仅见于河南，出土地点 2 处，安阳梅园庄出土 1 件，罗山天湖出土 2 件。

矛身呈柳叶形的乙类 B 型 II 式、B 型 III 式、B 型 IV 式矛在时间上皆晚于河南出土的殷墟一期偏早阶段的乙类 B 型 I 式矛。其中 B 型 II 式矛见于江西，B 型 III 式矛见于山东和山西，B 型 IV 式矛见于山西。以上三式矛均不见于河南殷墟。可知，B 型 I 式矛在河南殷墟出现虽早，但并未延续。B 型矛于江西、山东和山西等地却得以发展。

矛身呈弧形三角的乙类 C 型矛，仅见于河南殷墟，出土地点 1 处，仅 1 件，在乙类矛中当属少见。

矛身基部内凹的乙类 D 型矛亦仅见于河南，有四式。其中 I 式、II 式矛出土于罗山天湖，各 1 件。III 式、IV 式出土于殷墟，III 式矛 1 件，IV 式矛 30 件。乙类 D 型矛流行于殷墟四期，IV 式矛在殷商青铜矛中当占有重要位置。

殷墟盛行青铜矛已迟至殷墟二期。在此之前，青铜戈是商王朝军队的主战兵器。青铜戈早在河南偃师二里头三期地层中即已出现。[①] 商代二里冈期的郑

---

① 中国科学院考古研究所二里头工作队：《偃师二里头遗址新发现的铜器和玉器》，《考古》1976 年第 4 期。

州铭功路、郑州商城和辉县琉璃阁①更多有出土。殷墟出土青铜戈的地点尤多，数量亦大。殷墟出土青铜矛的地点虽不及出土青铜戈的地点多，但出土青铜矛的数量却超过青铜戈。可见，自殷墟二期始，青铜矛亦成为殷商军队的主战兵器。

殷商军队广为使用青铜矛，与殷商王朝国势的强盛，以及对方国的战争密切相关。武丁是殷商王朝最有作为的国王，其统治年代约当殷墟一期晚段和二期早段。《史记·殷本纪》云："武丁修政行德，天下咸驩，殷道复兴。"国力的强盛，使武丁得以对叛服无常的方国大事征伐。每次使用的兵力动辄以数千计。荆楚是武丁征伐的主要方国之一。《诗·商颂·殷武》云："挞彼殷武，奋发荆楚，深入其阻，裒荆之旅。"《诗序》曰："殷武，祀高宗也。"郑玄笺："殷道衰而楚人叛，高宗挞然奋扬威武，出兵伐之。"中国古代兵器史的研究表明，战争是兵器传播的直接途径。相当于殷墟一期的荆楚青铜矛的资料虽尚未见报道，但是武丁伐荆楚却是见于记载的史实。荆楚作为甲类矛的始作之地，骹侧附环耳铜矛以其锐利、矛头不易脱落、适于击刺搏杀的特点，对殷商军队兵器的革新，当不无启迪。殷墟出土的甲类矛型式诸多，其骹两侧附半圆形环耳的作风，即源于荆楚黄陂盘龙城出土的甲类 A 型 Ⅱ 式矛。多见于殷墟的甲类 E 型矛，矛身两侧有穿孔，穿孔或呈环耳状，仍残留自环耳演进而来的痕迹。它吸取荆楚文化的因素，并融注于殷商文化之中，从而形成甲类 E 型矛独具的特色。新兵器的引进和推广有吸收、改良的过程。故此，至相当于殷墟二期的祖庚、祖甲时期，甲类青铜矛在殷商军队中方得以推广，应顺乎情理。

河南出土的商代晚期青铜矛以殷墟青铜矛数量最多。罗山天湖是除殷墟之外，河南出土青铜矛的另一重要地点。罗山天湖商代晚期墓地，约当殷墟二期至殷墟四期。出土"息"字铭文的铜器墓 9 座，占 22 座商代晚期墓的 41%。发掘者认为，"息"为氏族徽号。息族所建方国与商王室通婚，双方关系极为密切。罗山天湖墓地出土铜礼器的组合基本是鼎、觚、爵、斝、卣、尊、甗，与殷墟墓铜礼器组合接近，且同类器物作风相似。罗山天湖出土青铜矛的型式，也与殷墟青铜矛大体一致。罗山天湖地处豫南，虽为异姓方国，但在殷商王朝的直接势力范围之内，其文化性质当属殷商文化的范畴。

甲类 D 型和甲类 E 型矛是殷商文化的典型兵器，在陕西、山东、山西和江西也有发现。其中，甲类 D 型矛见于陕西城固、江西新干，甲类 E 型矛见于山东益都、寿光和山西灵石。陕西城固与山西灵石均为羌人活动的区域，山东益

---

① 中国科学院考古研究所：《辉县发掘报告》，科学出版社 1956 年版。

都和寿光一带是薄姑国领地，①江西新干则属扬越人的势力范围。殷商文化典型兵器的广泛分布，显示出殷商文化对周邻方国的强烈影响。城固附近曾多次出土商代青铜器，其中尊、带盖方罍的器形、纹饰与殷墟早期同类器物相似。灵石商代墓葬出土的青铜礼器，基本组合是鼎、簋、罍、爵、卣、觚。这种食器和酒器较多的组合形式，与殷墟晚期许多墓葬的组合形式相同。灵石的鼎、簋、爵、卣等呈现殷墟晚期器物的形态特征。山东益都出土"亚醜"钺的一座大型墓的主人，可能是薄姑国的君主。尽管墓内随葬品大部分已被盗走，但是其墓室内的亚字形木椁，墓底有腰坑，以及大量殉人的葬俗，与殷墟王陵颇为近似。新干大洋洲商代墓出土的鼎、甗、鬲、簋、豆、瓿、壶、卣等青铜容器，也均为殷墟常见的礼器。联系诸方国与殷商文化颇多的一致性，似可推断，以殷商王朝为中心的文化共同体，在黄河、长江中下游流域已具雏形，从而为中华民族的融合奠定了坚实的基础。《诗经·商颂·玄鸟》云："邦畿千里，维民所止，肇域四海，四海来假，来假祁祁"，正是疆域辽阔、繁荣昌盛的殷商帝国的真实写照。

就目前所知的资料而言，陕西、山西、山东出土的商代晚期青铜矛，除个别型式之外，与殷墟出土的青铜矛作风大体一致，说明中原诸方国与殷商王朝的关系更为密切。相比之下，江西、四川青铜矛的地方色彩却浓厚得多。江西新干大洋洲、四川彭县竹瓦街出土的甲类 B 型矛，其柳叶形矛身与短骹的组合，与殷墟甲类矛风格迥异。新干大洋洲甲类 B 型 Ⅰ 式、B 型 Ⅱ 式矛，骹侧附钮，则更富特征。新干大洋洲还出土四棱锥形等型式青铜矛，亦为殷墟所不见。新干大洋洲商代墓中出土的青铜容器中虽有许多殷墟常见的礼器，但是罍、觚、爵等典型的殷商酒器却未见出土。新干大洋洲墓葬的青铜礼器与殷商文化十分接近，但器类组合却别具一格，青铜兵器则更充满独特的地方色彩。新干大洋洲墓葬属于吴城二期文化的范畴，其对殷商文化而言，较中原诸方国青铜文化具有更大的独立性。

三　结语

综上所述，商代青铜矛大致可分为南北两个体系。南方体系以湖北黄陂盘龙城和江西新干大洋洲青铜矛为代表，北方体系以殷墟青铜矛为代表。南方是甲类矛的始作之地，自二里冈期至殷墟期，甲类矛始终居于主导地位，承袭关

---

① 殷之彝：《山东益都苏埠屯墓地和"亚醜"铜器》，《考古学报》1977 年第 2 期。

系明显。其矛身形态多呈柳叶状，由窄渐宽；骹则由长而短。北方虽是乙类矛的始作之地，但是于二里冈期并不流行，且迄今尚未见二里冈期甲类矛出土。殷墟青铜矛以甲类矛为主，矛身形态以弧形三角和亚腰形为常见，骹侧环耳逐渐演变为矛身侧翼的穿孔。此外，矛身基部内凹的乙类 D 型矛，在殷墟青铜矛中也占有重要的位置。

殷墟甲类 D 型和 E 型矛在黄河、长江中下游流域的广泛分布，从一个重要侧面显示出殷商文化的中心地位。但是殷墟甲类矛在吸收南方甲类矛的因素后方始产生，却也反映出南方青铜文化对殷商青铜文化不可低估的重大影响。

商代青铜矛鲜明的地方色彩显示出青铜矛南北体系的差异，是商代以殷墟文化为代表的北方青铜文化与南方青铜文化差异的缩影。有关商代青铜矛的研究，为加深对商代青铜文化的认识提供了重要的依据。

西周时期的青铜矛[*]

一 前言

西周是中国青铜时代的重要发展时期。西周的青铜文化在中国青铜文明的历史上也占有显著的地位。青铜矛作为用于实战的主要兵器之一，是西周青铜文化的重要组成部分。周初建丰、镐于沣河两岸，关中居西周的王畿之地，青铜器的出土地点十分密集，青铜矛也多有发现。据初步统计（表3-2），西周青铜矛的出土地点至少有24处，出土青铜矛100余件。其中8处在关中地区，出土青铜矛42件。此外，甘肃、山西、河南、山东、北京、江苏、广西等地也有青铜矛出土。因考古发掘工作所限，目前见于报道的西周早期青铜矛资料居多，西周中、晚期以及西周、春秋之际青铜矛资料尚少见报道。本文以昭、穆王之交和夷厉王之交分别作为西周早、中、晚期的分界。

青铜矛始作于商代二里岗期，以骹侧有无环耳，可划分为甲、乙两类：西周青铜矛延续商代青铜矛甲乙两种类别和部分型式，又出现具时代特征的新型式。对西周青铜矛的研究，有助于加深对西周青铜文化的认识。本文就西周青铜矛的类型、特征、分布等问题发表粗浅的看法，以求教于学术界的同仁。

二 西周青铜矛的类型

甲类矛 矛身两侧或一侧附环耳。分四型。

甲类A型：矛身呈柳叶状。又分三式。

---

* 该文发表于《考古》1992年第3期，本书略做体例修改。

甲类 A I 式：短骹，骹端两侧附半圆形环耳。见于西周早、中期。陕西长安张家坡①、宝鸡竹园沟②、北京琉璃河③、昌平白浮④出土，计 4 件。山东蓬莱⑤出土的 1 件，期属不明。长安张家坡 M87：14，矛身中脊起棱，銎口呈圆形，贯抵锋尖，骹端有箍，通长 22.1 厘米（图 3 - 19，4）。昌平白浮 M2、M3 出土青铜矛 3 件，其中 M3 出土甲类 A I 式矛 1 件。简报将两墓的时间定为西周早期。两墓中出土的仿铜陶鬲，在长安普渡村长由墓⑥中也曾发现。从长由墓中出土的铜盉铭文"穆王在下减居"等句可知此盉铸于周穆王时期。由此推断，白浮 M2、M3 的时间与长由墓相同，当皆属西周中期。

甲类 A II 式：长骹，骹下部两侧附半圆形环耳。见于西周早、晚期。陕西宝鸡竹园沟、渭南南堡⑦、岐山礼村⑧、甘肃灵台⑨、河南鹤壁庞村⑩、山西曲沃曲村⑪等处出土，计 11 件。陕西凤翔⑫、河南洛阳东郊⑬出土各 1 件，期属不明。宝鸡竹园沟 M4：195，骹饰云雷纹，銎口呈圆形，贯临锋尖，通长 23.6 厘米（图 3 - 19，2）。时代为西周时期。

甲类 A III 式：骹下部一侧附半圆形环耳。见于西周早、晚期。陕西岐山贺家村⑭、山西芮城柴村⑮出土，计 3 件。岐山贺家村 M5：8，銎口呈圆形，贯抵锋尖，通长 22 厘米（图 3 - 19，5）。时代为西周早期。

甲类 B 型：矛身略呈长三角形，骹中部两侧附半圆形环耳。见于西周早、中期。陕西长安沣西⑯、北京昌平白浮出土，计 2 件。长安沣西 M204：15，銎

---

① 中国社会科学院考古研究所沣西发掘队：《1967 年长安张家坡西周墓葬的发掘》，《考古学报》1980 年第 4 期。

② 卢连成、胡智生：《宝鸡𢀛国墓地》，文物出版社 1988 年版。

③ 中国社会科学院考古研究所、北京市文物工作队琉璃河考古队：《1981—1983 年琉璃河西周燕国墓地发掘简报》，《考古》1984 年第 5 期。

④ 北京市文物管理处：《北京地区的又一重要考古收获——昌平白浮西周木椁墓的新启示》，《考古》1976 年第 4 期。

⑤ 山东烟台地区文管组：《山东蓬莱县西周墓发掘简报》，《文物资料丛刊》1980 年第 3 期。

⑥ 陕西省文物管理委员会：《长安普渡村西周墓的发掘》，《考古学报》1957 年第 1 期。

⑦ 陕西省渭南县文化馆左忠诚：《陕西渭南县南堡西周初期墓葬》，《文物资料丛刊》1980 年第 3 期。

⑧ 陕西省博物馆、文管会、岐山工作队：《陕西岐山礼村附近周遗址的调查和试掘》，《文物资料丛刊》1978 年第 2 期。

⑨ 甘肃省博物馆文物工作队、灵台县文化馆：《甘肃灵台县两周墓葬》，《考古》1976 年第 1 期。

⑩ 周到、赵新来：《河南鹤壁庞村出土的青铜器》，《文物资料丛刊》1980 年第 3 期。

⑪ 北京大学考古系、山西考古研究所：《1992 年春天马—曲村遗址墓葬发掘简报》，《文物》1993 年第 3 期。

⑫ 曹明檀、尚志儒：《陕西凤翔出土的西周青铜器》，《考古与文物》1984 年第 1 期。

⑬ 郭宝钧、林寿晋：《一九五二年秋季洛阳东郊发掘报告》，《考古学报》第九册，1955 年。

⑭ 陕西省博物馆、陕西省文物管理委员会：《陕西岐山贺家村西周墓葬》，《考古》1976 年第 1 期。

⑮ 戴尊德、刘岱瑜：《山西芮城柴村出土的西周铜器》，《考古》1989 年第 10 期。

⑯ 中国科学院考古研究所：《沣西发掘报告》，文物出版社 1962 年版。

口呈圆形，贯临矛锋，通长 25.4 厘米（图 3 - 19，7）。时代为西周早期。

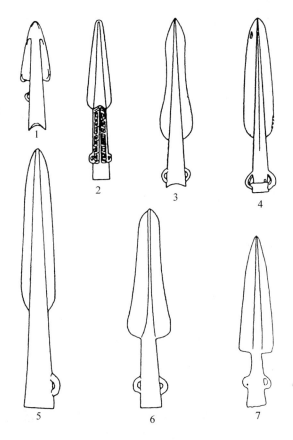

图 3 - 19　西周甲类铜矛

1. 甲 D 型（溧水柘塘）　2. 甲 AⅡ式（宝鸡竹园沟 M4∶195）　3. 甲 CⅡ式（曲沃曲村 M6130∶21）
4. 甲 A I 式（长安张家坡 M87∶14）　5. 甲 AⅢ式（岐山贺家村 M5∶8）　6. 甲 C I 式（长安花园
村）　7. 甲 B 型（长安沣西 M204∶15）

甲类 C 型：矛身呈琵琶形，短骹。又分二式。

甲类 C I 式：骹下部两侧附半圆形环耳。见于西周早中期和西周、春秋之
际。陕西长安花园村①、宝鸡竹园沟、北京琉璃河、广西武鸣马头元龙坡②出
土，计 6 件。长安花园村出土 2 件，形制皆同，銎口呈圆形，贯抵矛锋，通长
18.5 厘米（图 3 - 19，6）。出土甲类 C I 式矛的长安花园村 M15，简报认为是
周康王时期的墓葬。李学勤先生依据对 M15 出土青铜戎珮尊、卣和麂父尊、

---

① 陕西省文物管理委员会：《西周镐京附近部分墓葬发掘简报》，《文物》1986 年第 1 期。
② 广西壮族自治区文物工作队、南宁市文物管理委员会、武鸣县文物管理所：《广西武鸣马头元
龙坡墓葬发掘简报》，《文物》1988 年第 12 期。

卣的形制、铭文以及贯耳壶等陶器形制的分析，推断 M15 时代的上限是穆王时期。① 本文从后者说。

甲类 C Ⅱ 式：骹端两侧附半圆形环耳，末端呈弧形内凹。见于西周早期。山西曲沃曲村②出土 1 件。M6130：21，銎口呈圆形，贯抵锋尖，通长 18 厘米（图 3 – 19，3）。

甲类 D 型：矛身宽短，侧刃微弧，基部略内收，骹上部一侧附半圆形环耳，骹末端呈弧形内凹。见于西周早期。江苏溧水柘塘③出土的 1 件，銎口呈椭圆形，贯抵前锋，矛身中脊两侧有血槽，通长 18.2 厘米（图 3 – 19，1）。

陕西长安沣西马王村④出土的 10 件西周早期青铜矛，形制、大小均相同，骹两侧有环。但简报对其矛身形状未加描述，亦未见图。本文仅将其归入甲类矛而未划分型式。

乙类矛矛身两侧无环耳。分五型。

乙类 A 型：矛身呈柳叶状。见于西周早期和西周、春秋之际。陕西长安沣西⑤⑥、河南陕县上村岭⑦和广西武鸣马头元龙坡出土，计 18 件。上村岭出土的 5 件，形制相同（图 3 – 20，5），与武鸣马头元龙坡 M316：2 皆为长骹式。1961—1962 年长安沣西发掘的 10 件以及 1967 年长安张家坡 M36 出土的 2 件柳叶形乙类矛，均未见图，不知骹之长短。本文暂将其统归于乙类 A 型矛，而未区划式别。

乙类 B 型：矛身侧刃斜张或呈弧形内曲，短骹，骹端内凹或分叉若燕尾。又分四式。

乙类 B Ⅰ 式：矛身侧刃斜张，基部内收若双翼，骹端呈弧形内凹。见于西周早期。北京琉璃河、江苏丹徒大港⑧出土，计 3 件。丹徒大港出土的 1 件，骹端有一圆穿，銎口呈椭圆形，贯抵锋尖，通长 23.3 厘米（图 3 – 20，1）。

乙类 B Ⅱ 式：矛身侧刃略内曲，基部内收若双翼，骹端分叉。见于西周早期。江苏丹徒大港母子墩出土 6 件，骹端分叉处有一方形穿孔，銎口呈菱形，

① 李学勤：《论长安花园村两墓青铜器》，《文物》1986 年第 1 期。
② 北京大学赛克勒博物馆展品。
③ 溧水县图书馆：《江苏溧水出土的几批青铜器》，《考古》1986 年第 3 期。
④ 梁星彭、冯孝堂：《陕西长安、扶风出土西周铜器》，《考古》1963 年第 8 期。
⑤ 赵永福遗作：《1961—1962 年沣西发掘简报》，《考古》1984 年第 9 期。
⑥ 中国社会科学院考古研究所沣西发掘队：《1967 年长安张家坡西周墓葬的发掘》，《考古学报》1980 年第 4 期。
⑦ 中国科学院考古研究所：《上村岭虢国墓地》，科学出版社 1959 年版。
⑧ 镇江博物馆、丹徒县文管会：《江苏丹徒大港母子墩西周铜器墓发掘简报》，《文物》1984 年第 5 期。

矛身中脊圆凸，通长 20.9 厘米（图 3 – 20，1）。

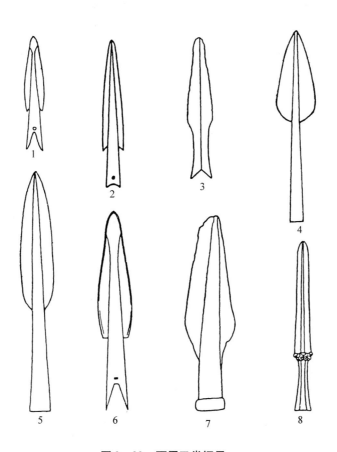

图 3 – 20　西周乙类铜矛

1. 乙 B Ⅱ 式（丹徒大港母子墩）　2. 乙 B Ⅰ 式（丹徒大港）　3. 乙 B Ⅲ 式（昌平白浮 M2：43）

4. 乙 D 型（陕县上村岭）　5. 乙 A 型（陕县上村岭）　6. 乙 B Ⅳ 式（溧水洪蓝）　7. 乙 C 型（长安张家坡 M183：7）　8. 乙 E 型（临淄齐故城 M1：11）

乙类 B Ⅲ 式：矛身与骹分界不甚明显，骹端分叉。见于西周中期和西周、春秋之际。北京昌平白浮、广西武鸣马头元龙坡出土，计 2 件。昌平白浮 M2：43 矛身中脊起棱，銎口呈菱形，通长 20.5 厘米（图 3 – 20，3）。时代为西周中期。

乙类 B Ⅳ 式：矛身侧刃内曲，基部与骹呈直角相接，骹端分叉。见于西周、春秋之际。江苏溧水洪蓝[①]出土 1 件，骹端分叉处有对穿长方形穿孔，銎口呈圆形，贯抵锋尖，通长 18.5 厘米（图 3 – 20，6）。

乙类 C 型：矛身呈宽大叶状，短骹。见于西周早、中之际和西周、春秋之

---

①　溧水县图书馆：《江苏溧水出土的几批青铜器》，《考古》1986 年第 3 期。

际。陕西长安张家坡①、广西武鸣马头元龙坡出土，计19件。长安张家坡
M183：7，骹端有箍，銎口呈圆形，贯临矛锋，尖残，残长20厘米（图3-
20，7）。时代为西周早、中之际。

乙类D型：矛身呈阔叶状，长骹。见于西周、春秋之际。河南陕县上村岭
出土10件，形制皆同，长约10厘米（图3-20，4）。

乙类E型：矛身长条形，短骹内曲。见于西周、春秋之际。山东临淄齐故
城②M1：11，矛身中脊圆凸，矛身与骹结合处饰卷云纹，銎口呈八菱形，通长
31厘米（图3-20，8）。

湖北红安金盆③出土的2件乙类矛型式不明。

此外，陕西岐山贺家村④出土的1件青铜矛以及江苏南京浦口⑤出土的1件
青铜矛皆残缺，类别及型式均不可辨。

三　西周青铜矛的特征和分布

周王朝为周族所建，周人发祥于泾、渭水流域。据考古发掘得知，在今陕
西的岐山、扶风、凤翔、宝鸡、武功、长安等地发现多处先周文化遗址和墓
葬，出土大量先周文化遗物。先周的青铜文化是西周青铜文化的重要来源。故
此，在探索西周青铜兵器的特征时，有必要对先周青铜兵器的资料加以追寻。
青铜戈是西周军队的一种主战兵器，在先周文化遗存中也多有发现。岐山贺家
村先周墓葬中⑥，M22、M28和M30均出土青铜戈。凤翔南指挥西村先周墓
葬⑦出土的青铜戈多达15件，其中先周中期墓葬79M5、80M19、80M57、
80M128出土青铜戈4件，79M36、79M62、79M81、80M10、80M27、
80M47、80M112、80M119、80M125、80M144出土青铜戈11件。西周青铜
戈不仅吸收了商代青铜戈的诸多因素，也直接承袭了先周青铜戈的作风。青
铜矛与青铜戈同为西周军队的主战兵器，按常理而言，先周的青铜矛也应有
所发现。但出乎意料的是，不仅上述出土青铜戈的岐山贺家村先周墓葬未见

---

① 中国社会科学院考古研究所沣西发掘队：《长安张家坡M183西周洞室墓发掘简报》，《考古》
1989年第6期。

② 齐国故城遗址博物馆、临淄区文物管理所：《山东临淄齐国故城西周墓》，《考古》1988年第1期。

③ 湖北省文物管理处：《湖北红安金盆遗址的发掘》，《考古》1960年第4期。

④ 陕西省考古研究所徐锡台：《岐山贺家村周墓发掘简报》，《考古与文物》1980年第1期。

⑤ 杜酒松：《谈江苏地区商周青铜器的风格与特征》，《考古》1987年第2期。

⑥ 陕西省考古研究所徐锡台：《岐山贺家村周墓发掘简报》，《考古与文物》1980年第1期。

⑦ 雍城考古队韩伟、吴镇烽：《凤翔南指挥西村周墓的发掘》，《考古与文物》1982年第4期。

青铜矛，发现大量先周墓葬的凤翔南指挥西村，亦未见先周青铜矛。虽然限于所知的资料，尚不能排除先周青铜矛存在的可能，但是至少可以认定先周文化的青铜兵器以青铜戈为主体，而非青铜矛。西周青铜矛的渊源当从先周文化以外的其他文化遗存中寻找。大量的考古资料表明，西周青铜矛是商代青铜矛的延续和发展。

西周甲类 A、B、C 型青铜矛，以及乙类 A、B、C 型青铜矛的某些型式承袭于商代。

西周的甲类 A 型矛，矛身均呈柳叶形。柳叶形青铜矛早在商代二里冈期即已出现。湖北黄陂盘龙城 M2：56，矛身呈柳叶形，短骹，骹饰人字形纹，骹端两侧附勾（图 3 - 21，3）。陕西长安张家坡出土的 M87：14 甲类 A I 式矛，与盘龙城 M2：56 青铜矛相似，唯骹端两侧附半圆形环耳。盘龙城青铜矛骹端两侧附勾，是甲类矛始作期的初级形态。湖北黄陂盘龙城楼子湾 M3：8 矛，矛身呈柳叶形，长骹，骹下部两侧附半圆形环耳（图 3 - 21，5）。陕西宝鸡竹园沟 M4：195 出土的甲类 A II 式矛与楼子湾 M3：8 青铜矛更为类似。西周的甲类 B 型矛，矛身呈弧刃三角形。此种型式的青铜矛始见于商代晚期。殷墟西区 M729：6 矛，矛身呈宽三角形，骹两侧附半圆形环耳（图 3 - 21，7）。陕西长安沣西 M204：15 甲类 B 型矛与上述殷墟青铜矛类似，唯矛身较窄。西周的甲类 C 型矛矛身呈琵琶形。此类矛始见于商代晚期。殷墟西区 M1052：6 矛，矛身两侧附半圆形环耳（图 3 - 21，6）。陕西长安花园村 M15 出土的西周甲类 C I 式矛，其矛身侧刃内曲的弧度较殷墟出土的琵琶形青铜矛更为顺畅。

西周春秋之际的乙类 A 型矛，矛身呈柳叶形、长骹。矛身呈柳叶形的乙类矛始见于商代晚期，山西柳林高红出土（图 3 - 21，4）。河南陕县上村岭出土的西周、春秋之际乙类 A 型矛与柳林高红所出者类同。江苏丹徒大港出土的西周乙类 B I 式矛，矛身窄长，侧刃基部内收若双翼，骹端弧形内凹。河南罗山天湖出土的 M27：5 商代晚期乙类矛，其矛身及骹端形态与丹徒大港乙类 B I 式矛近似，唯罗山天湖青铜矛矛身侧刃基部呈弧形内收（图 3 - 21，1）。陕西长安张家坡出土的 M183：7 西周早、中之际乙类 C 型矛，矛身呈宽大叶状，短骹，骹端有箍。河北藁城台西出土的 M112：8 乙类矛，矛身呈短粗叶状，骹稍短于矛身，骹端亦有箍，与张家坡所出 C 型矛接近（图 3 - 20，2）。张家坡的C 型矛矛身更宽大，骹亦短。

上述分析表明，西周青铜矛与商代青铜矛的渊源关系十分清楚。西周甲类矛承袭商代青铜矛的型式略多于乙类矛。

西周青铜矛的甲类 A Ⅲ 式、甲类 C Ⅱ 式、甲类 D 型以及乙类 B Ⅱ—B Ⅳ 式、乙类 E 型矛，是不见于商代的新型式，具鲜明的时代特征。

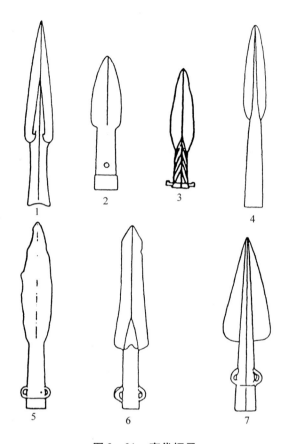

图 3 - 21　商代铜矛

1. 罗山天湖矛（M27：5）　2. 藁城台西矛（M112：8）　3. 黄陂盘龙城矛（M2：56）
4. 柳林高红矛　5. 黄陂盘龙城楼子湾矛（M3：8）　6. 殷墟西区矛（M1052：6）　7. 殷墟西区矛
（M729：6）

西周的甲类 A Ⅲ 式矛，矛身呈柳叶形，长骹，与甲类 A Ⅱ 式矛接近，二者的差异在于，甲类 A Ⅱ 式矛骹两侧附半圆形环耳；甲类 A Ⅲ 式矛，仅骹一侧附半圆形环耳。后者的形态不见于商代，为始见于西周早期的新型式。甲类 C Ⅰ、C Ⅱ 式矛，矛身皆呈琵琶状。甲类 C Ⅰ 式矛，骹端平齐；甲类 C Ⅱ 式矛骹端呈弧形内凹。如前文所述，与西周甲类 C Ⅰ 式矛相近的青铜矛早在商代晚期即已出现。由此可知，甲类 C Ⅰ 式与甲类 C Ⅱ 式矛之间的演进关系十分清楚。山西曲沃曲村出土的 M6130：21 甲类 C Ⅱ 式矛为迄今所知矛身呈琵琶状、骹端弧形内凹的最早标本。江苏溧水柘塘出土的甲类 D 型矛，矛身呈宽短弧形三角，侧刃基部内收，骹上部一侧附半圆形环耳，骹末端弧形内凹。此种形式的

矛亦为商代所不见。西周乙类 BⅡ—BⅣ 式矛，皆骹端分叉若燕尾状。乙类 B
Ⅰ式矛骹端呈弧形内凹。此种形态的青铜矛在商代晚期即有所见，上文已经论
及。骹端分叉的形态则始于西周早期。骹端两种形态之间的演进关系也很清
晰。BⅣ式矛矛身基部与骹呈直角相接的作风，亦为商代所不见。河南陕县上
村岭出土的西周、春秋之际乙类 D 型矛，矛身呈阔叶状，长骹，也是有别于商
代叶状矛的新型式。山东临淄出土的 M1∶11 乙类 E 型矛，矛身呈长条形，短
骹内曲，矛身与骹之间饰卷云纹，形制独特。

　　西周青铜矛分布的地区性特点也有规律可寻。据目前所知的资料，甲类矛
绝大部分出土于北方。甲类 AⅠ式矛见于陕西、北京和山东。甲类 AⅡ式矛见
于陕西、甘肃、山西、河南。甲类 AⅢ式矛见于陕西、山西。甲类 A 型矛在北
方的出土地点多达 14 处，在南方尚未见报道。甲类 B 型矛亦仅见于北方，陕
西和北京各有 1 处出土。甲类 C 型矛出土地点 5 处，见于陕西、山西、北京和
广西。其中陕西、山西、北京出土的甲类 C 型矛分属西周早中期。广西出土的
甲类 C 型矛已迟至西周、春秋之际。唯甲类 D 型矛仅见于南方，江苏出土 1
处。上述统计资料清楚表明，北方是西周甲类矛分布的主要地区。甲类矛出土
地点 18 处，出土数量 41 件。其中北方的出土地点 16 处，约占出土地点总数
的 89%；出土 39 件，约占出土总数的 95%。甲类 A 型矛出土地点 14 处，出
土 21 件，是西周甲类矛的主体。甲类 AⅡ式矛在甲类各式矛之中出土地点最
多，为 8 处，数量亦最大，共 13 件，当为甲类 A 型矛的大宗。乙类矛于南北
方皆有所见，但其分布也有地区性的差异。乙类 A 型矛出土地点 3 处，18 件。
其中陕西 1 处，12 件；河南 1 处，5 件；广西 1 处，1 件。乙类 A 型矛分布的
主要地区当在北方。乙类 B 型矛出土地点 5 处，13 件。其中江苏 2 处，9 件；
北京 2 处，各 1 件；陕西、广西各 1 处，1 件。乙类 B 型矛的四种式别，皆见
于南方。由此可知，至东周时期，骹端内凹或分叉的青铜矛盛行于南方，绝非
偶然。江苏则是西周乙类 B 型矛分布的主要地区。值得注意的是，乙类 C 型矛
虽然在南北方均有出土，但陕西长安张家坡仅有 1 件，广西武鸣马头元龙坡竟
多达 18 件。乙类 C 型矛虽于西周早、中期之际即有所见，但当时并未流行。
马头元龙坡出土乙类 C 型矛的数量如此之大，反映出广西西周春秋之际青铜矛
鲜明的地方特色。西周的甲、乙类叶状矛皆以柳叶形居多。此种格局于西周春
秋之际已被打破。不仅广西出现大量的宽叶乙类 C 型矛，河南亦出现大量的阔
叶乙类 D 型矛。乙类 E 型矛形制特殊，仅见于山东，出土地点和数量均少，非
乙类矛的主要型式。

表 3－2　　　　　　　　　　　　西周时期铜矛出土资料统计表

时代	出土地点	类、型、式及件数	纹饰、铭文
西周早	陕西长安张家坡	甲 A11	
	长安沣西	甲 A10、甲 B1，乙 A10、乙 B 残 1	
	岐山礼村	甲 AⅡ1	
	岐山贺家村	甲 AⅢ2、残 1	
	渭南南堡	甲 AⅡ1	矛身铭文"辛郘矢"
	宝鸡竹园沟	甲 A11、甲 AⅡ5、甲 CⅠ2	
	山西曲沃曲村	甲 CⅡ1	
	甘肃灵台	甲 AⅡ1	
	北京琉璃河	甲 A11、甲 C11、乙 B11	
	河南鹤壁庞村	甲 AⅡ1	
	江苏溧水柘塘	甲 D1	
	丹徒大港母子墩	乙 BⅠ2、乙 BⅡ6	
西周早中之际	陕西长安张家坡	乙 C1	
西周中	昌平白浮	甲 A11、甲 B1、乙 BⅢ1	甲 B 骹端饰带状纹
	长安花园村	甲 C12	
西周晚	山西芮城柴村	甲 AⅢ1	
	山西曲沃曲村	甲 AⅡ2	
西周	陕西长安张家坡	乙 A2	
	凤翔	甲 AⅡ1	
	山东蓬莱	甲 AⅠ1	
	河南洛阳东郊	甲 AⅡ1	
	湖北红安金盆	乙 2，型式不明	
西周春秋之际	河南陕县上村岭	乙 A5、乙 D10	
	山东临淄	乙 E1	矛身与骹结合处饰卷云纹
	江苏溧水洪蓝	乙 BⅣ1	
	南京浦口	残 1	
	广西武鸣马头元龙坡	甲 CⅠ1、乙 A1、乙 BⅢ1、乙 C18	

四 结语

最后需要强调指出的是，西周青铜矛虽然延续和发展了商代青铜矛的诸多因素，但是商代与西周的青铜文化毕竟是两个不同时代的青铜文化。就殷商文化而言，其青铜矛的主体与西周青铜矛的主体截然不同。殷商时期，矛身呈弧形三角、骹两侧附耳为半圆形或三角形的甲类矛见于河南、陕西和江西，出土地点9处，共776件。其中河南殷墟出土地点6处，共747件，约占出土地点总数的67%，出土数量的96%。矛身呈亚腰状、基部两侧有穿孔、短骹的甲类矛见于河南、山东和山西，出土地点12处，共128件。其中殷墟出土地点8处，92件，约占出土地点总数的67%，出土数量的72%。上述两种类型的青铜矛，是殷商青铜矛的主体。西周的甲类B型矛虽然与殷商矛身呈弧形三角的甲类矛相似，但出土数量仅2件，亦只见于陕西长安沣西和北京昌平白浮2处地点。殷商的矛身呈亚腰状、基部两侧有穿孔的青铜矛则为西周所不见。西周王室军队所用青铜矛的主体是甲类A型矛。矛身呈柳叶形的甲类A型矛，虽然始出于商代二里冈期，但是至殷商时期已基本不见。在北方于西周时期却甚为流行。

青铜兵器是青铜文化的重要组成部分。大量的考古资料表明，青铜兵器不仅有一定的延续性，而且颇具时代和地区特征。故此，青铜兵器的研究，对加深认识青铜文化的内涵有着不可低估的意义。

春秋青铜矛[*]

一 前言

春秋时期，诸侯国割据，周王室衰微。为了争夺霸权，掠取土地、财富和人民，各诸侯国之间相互征伐，战乱频繁。与此同时，青铜兵器的制造也有很大的发展。青铜矛作为春秋时期的一种主战兵器，既承袭了商、西周青铜矛的传统作风，其形制又有新的突破。战国青铜矛鲜明的时代和地区性特征，[②] 在春秋时期已有所显示。

春秋青铜矛的出土地点主要分布于黄河中下游流域（以下简称北方）和长江中下游流域（以下简称南方）。据初步统计，青铜矛的出土地点至少30处，出土青铜矛已逾百件。北方的出土地点有：甘肃灵台[①]，陕西清涧[②]、户县[③]、陇县[④]，山西太原[⑤]、侯马[⑥]，河南淅川下寺[⑦]、洛阳[⑧]、固始[⑨]，山东莒南[⑩]、

---

[*] 该文发表于《远望集》（上），《陕西省考古研究所华诞四十周年纪念文集》，陕西人民美术出版社1999年版，本书略做体例修改。

[②] 拙作：《战国青铜矛》，《中国考古学论丛》，科学出版社1995年版。

[①] 刘得桢、朱建唐：《甘肃灵台县景家川春秋墓》，《考古》1981年第4期。

[②] 陕西省考古研究所陕北考古工作队：《陕西清涧李家崖东周秦墓发掘简报》，《考古与文物》1987年第3期。

[③] 陕西省文管会秦墓发掘组：《陕西户县宋村秦墓发掘简报》，《文物》1975年第10期。

[④] 尹盛平、张天恩：《陕西陇县边家庄春秋秦墓》，《考古与文物》1987年第3期。

[⑤] 山西省考古研究所、太原市文物管理委员会：《太原晋国赵卿墓》，文物出版社1996年版。

[⑥] 山西省考古研究所：《上马钻地》，文物出版社1994年版。

[⑦] 河南省文物研究所、河南省丹江库区考古发掘队、淅川县博物馆：《淅川下寺春秋楚墓》，文物出版社1991年版。

[⑧] 洛阳博物馆：《河南洛阳春秋墓》，《考古》1981年第1期。

[⑨] 信阳地区文管会固始县文化局：《固始白狮子地一号和二号墓清理简报》，《中原文物》1981年第4期。

[⑩] 山东省博物馆临沂地区文物组，莒南县文化馆：《莒南大店春秋时期莒国殉人墓》，《考古学报》1978年第3期。

海阳①。南方的出土地点有：湖北枣阳②，湖南韶山③、常德④、耒阳⑤、衡阳⑥，江苏镇江⑦、六合⑧⑨、江都⑩、邗城⑪、苏州⑫、吴县⑬、丹徒⑭，浙江绍兴⑮、鄞县⑯、永嘉⑰，安徽舒城⑱、贵池⑲、寿县⑳等。

本文依据出土资料，试对上述地区青铜矛的形制、特征和分布加以分析，不当之处敬希指正。

偏处大陆西南隅的云南也是青铜矛分布的重要地区，相当于中原春秋时期的青铜矛出土数量很大，且有鲜明的地区特色。笔者已有专文讨论，㉑此不赘。

二　春秋青铜矛的类型

春秋青铜矛大体可分为甲、乙两类。骹侧附耳或鼻钮者为甲类矛，无耳或鼻钮者为乙类矛。

甲类矛分五型。

甲类 A 型　矛身呈柳叶状，骹侧附半圆形环耳。又分三式。

甲类 A I 式　短骹，矛身与骹结合部两侧附对称环耳。湖南韶山灌区湘乡 M1 出土 1 件。矛身起脊，銎口呈圆形，通长 15.5 厘米（图 3 - 22，1）。时间为春秋早期。

甲类 A II 式　长骹，骹中部两侧对称环耳。河南固始白狮子地出土 3 件，

---

①　海阳县博物馆滕鸿儒、王洪明：《山东海阳嘴子前村春秋墓出土铜器》，《文物》1985 年第 3 期。

②　湖北省博物馆：《湖化枣阳县发现曾国墓葬》，《考古》1975 年第 4 期。

③　湖南省博物馆：《湖南韶山灌区湘乡东周墓清理简报》，《文物》1977 年第 3 期。

④　湖南省博物馆：《湖南常德德山楚墓发掘报告》，《考古》1963 年第 9 期。

⑤　湖南省博物馆、耒阳县文化局：《耒阳春秋、战国墓》，《文物》1985 年第 6 期。

⑥　湖南省博物馆：《湖南衡阳、湘潭发现春秋墓葬》，《考古》1978 年第 5 期。

⑦　镇江博物馆：《江苏镇江、谏壁王家山东周墓》，《文物》1987 年第 12 期。

⑧　吴山菁：《江苏六合和仁东周墓》，《考古》1977 年第 5 期。

⑨　南京博物院：《江苏六合程桥二号东周墓》，《考古》1974 年第 2 期。

⑩　陈达祚、朱汇：《邗城遗址与邗沟流经区域文化遗存的发掘》，《文物》1973 年第 12 期。

⑪　同上。

⑫　苏州博物馆考古组：《苏州城东北发现东周铜器》，《文物》1980 年第 8 期。

⑬　吴县文物管理委员会：《江苏吴县何山东周墓》，《文物》1984 年第 5 期。

⑭　江苏省丹徒考古队：《江苏丹徒北山顶春秋墓发掘报告》，《东南文化》1988 年第 3、4 期（合刊）。

⑮　沈作霖：《绍兴出土的春秋战国文物》，《考古》1979 年第 5 期。

⑯　曹锦炎、周生望：《浙江鄞县出土春秋时代铜器》，《考古》1984 年第 8 期。

⑰　徐定水：《浙江永嘉出土的一批青铜器简介》，《文物》1980 年第 8 期。

⑱　安徽省文物工作队：《安徽舒城九里墩春秋墓》，《考古学报》1982 年第 2 期。

⑲　安徽省博物馆：《安徽贵池发现东周青铜器》，《文物》1980 年第 8 期。

⑳　安徽省文物管理委员会、安徽省博物馆：《寿县蔡侯墓出土遗物》，科学出版社 1956 年版。

㉑　拙作：《云南青铜矛》，《考古学报》1995 年第 2 期。

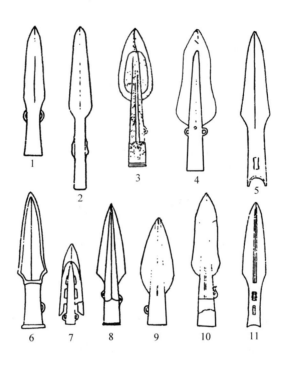

图 3-22　春秋甲类青铜矛

1. 甲 A I 式（韶山灌区湘乡）　2. 甲 A II 式（江都陆阳湖垦区）　3. 甲 C II 式（淅川下寺）
4. 甲 D I 式（淅川下寺）　5. 甲 E II 式（永嘉）　6. 甲 A III 式（常德德山）　7. 甲 B 型（海阳嘴子
前村）　8. 甲 C I 式（耒阳）　9. 甲 C III 式（舒城九里墩）　10. 甲 D II 式（衡山霞流）　11. 甲 E
I 式（六合和仁）

时间为春秋晚期。江苏江都陆阳湖垦区出土 1 件，矛身起脊（图 3-22，2）。
时间为春秋，期属不明。

甲类 A III 式　矛身下部内曲，端部凹收，短骹，骹一侧附环耳。湖南常德
德山出土 1 件。矛身起脊，边刃锐利，銎口呈圆形，通长 11 厘米（图 3-22，
6）。时间为春秋、战国之际。

甲类 B 型　矛身侧刃回收若双翼，短骹，骹侧附对称半圆形环耳。山东海
阳嘴子前村出土 1 件。矛身中脊两侧各有两个镂孔，銎口呈圆形，通长 27.3
厘米（图 3-22，7）。时间为春秋中期。

甲类 C 型　矛身呈宽叶状，骹侧附半圆形环耳。又分三式。

甲类 C I 式　短骹，骹侧附对称环耳。湖南耒阳出土 2 件。M22：4，矛身
圆脊有棱，銎口呈圆形，通长 14.4 厘米（图 3-22，8）。时间为春秋，期属
不明。

甲类CⅡ式　长骹，骹中部一侧附环耳。河南淅川下寺 M2 出土 2 件。M2：88，矛身中脊两侧血槽饰镂孔窃曲纹，骹饰云雷纹和兽面纹，并有"佣之用矛"4 字铭文，銎口呈圆形，通长 30.7 厘米（图 3 - 22，3）。时间为春秋晚期。

甲类CⅢ式　短骹，骹一侧附环耳。安徽舒城九里墩出土 1 件。114 号，矛身圆脊有棱，銎口呈椭圆形，通长 24.8 厘米（图 3 - 22，9）。时间为春秋晚期。

甲类 D 型　矛身侧刃内曲，呈亚腰状。短骹，骹侧附耳。又分二式。

甲类DⅠ式　骹两侧附对称半圆形环耳。河南淅川下寺和固始白狮子地各出土 1 件。淅川下寺 M11：27，矛身圆脊有棱，骹上有穿，銎口呈圆形，通长 23.7 厘米（图 3 - 22，4）。时间为春秋晚期。

甲类DⅡ式　骹一侧附弓形耳。湖南衡山霞流出土 1 件（图 3 - 22，10）。时间为春秋、战国之际。

甲类 E 型　矛身呈柳叶状，短骹，骹上附鼻钮，銎口内凹。又分二式。

甲类EⅠ式　见于春秋晚期和春秋、战国之际。江苏六合和仁、六合程桥、浙江鄞县各出土 1 件。六合和仁出土的 1 件，矛身起脊，骹上有"王"字铭文，銎口呈圆形，通长 21 厘米（图 3 - 22，11）。时间为春秋、战国之际。

甲类EⅡ式　矛身下部略内曲，端部凹收。见于春秋晚期和春秋、战国之际。浙江绍兴、永嘉各出土 1 件，浙江长兴出土 3 件。永嘉出土的 1 件。矛身起脊，銎口呈椭圆形，通长 29.5 厘米（图 3 - 22，5）。时间为春秋、战国之际。

乙类矛分五型。

乙类 A 型　矛身呈柳叶状。又分二式。

乙类AⅠ式　长骹。见于春秋早、中、晚期和春秋、战国之际。甘肃灵台景家庄，河南淅川下寺，山东莒南大店，湖南韶山湘乡、衡阳，江苏镇江谏壁王家山，浙江永嘉各出土 1 件；陕西户县宋村、陇县边家庄、山西侯马上马各出土 2 件；山西太原赵卿墓出土 3 件。山西侯马上马 M2008：42，矛身中脊两侧有血槽，骹中部穿孔，骹端有箍，銎口呈圆形，通长 17.4 厘米（图 3 - 23，1）。时间为春秋晚期。

乙类AⅡ式　短骹。见于春秋早、晚期和春秋、战国之际。山西侯马上马、湖北枣阳、安徽贵池各出土 1 件，安徽舒城九里墩出土 3 件，寿县蔡侯墓出土 6 件。侯马上马 M15：17，矛身中脊两侧有血槽，骹上部穿孔，骹下端有箍，銎口呈椭圆形，通长 15.3 厘米（图 3 - 23，2）。期属不明。

乙类 B 型 矛身呈宽叶状。又分二式。

乙类 B I 式 长骹。见于春秋早、中、晚期。山西侯马上马出土 1 件，河南淅川下寺出土 8 件。淅川下寺 M8：61，骹中部有穿孔，銎口呈圆形，通长 13.3 厘米（图 3 - 23，3）。时间为春秋中晚期。

乙类 B II 式 短骹。河南洛阳出土 1 件。M60：1，矛身圆脊起棱，骹上穿孔，銎口呈椭圆形，通长 15 厘米（图 3 - 23，4）。时间为春秋晚期。

乙类 C 型 矛身呈匕首状或锥状，短骹。又分二式。

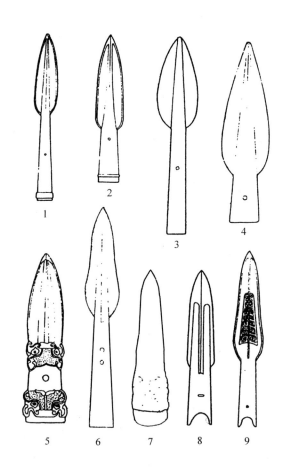

图 3 - 23 春秋乙类青铜矛

1. 乙 A I 式（侯马上马 M2008：42） 2. 乙 A II 式（侯马上马 MI5：17） 3. 乙 B I 式（淅川下寺 M8：61） 4. 乙 B II 式（洛阳 M60：1） 5. 乙 C I 式（侯马上马 M13） 6. 乙 D 型（淅川下寺 M2：90） 7. 乙 C II 式（寿县蔡侯墓） 8. 乙 E II 式（丹徒北山顶） 9. 乙 E I 式（吴县何山）

乙类 C I 式 矛身呈匕首状。侯马上马出土 2 件。矛身中脊两侧有血槽，矛身与骹结合处及骹下端各饰 1 组兽面纹，骹中部穿孔，銎口呈椭圆形，通长为 11.6 厘米（图 3 - 23，5）。时间为春秋中晚期。淅川下寺出土 2 件。矛身与骹结合处饰兽面纹，时间为春秋晚期。

乙类 C Ⅱ 式　矛身呈三棱锥状。安徽寿县蔡侯墓出土 2 件。骹饰圆圈纹，銎口呈八菱形，通长 13.5 厘米（图 3 - 23，7）。时间为春秋晚期。

乙类 D 型　矛身侧刃内曲，呈亚腰状，长骹。河南淅川下寺出土 5 件。M2：90，矛身起中脊，骹中部二圆穿，銎口呈圆形，通长 18.1 厘米（图 3 - 23，6）。时间为春秋晚期。

乙类 E 型　矛身形状有所不同，但皆短骹，銎口呈弧形内凹。又分二式。

乙类 E Ⅰ 式　矛身侧刃内曲，呈亚腰状。见于春秋晚期和春秋战国之际。江苏六合和仁、扬州邗城、丹徒北山顶，陕西清涧李家崖，各出土 1 件；江苏吴县何山出土 3 件，镇江谏壁王家山出土 6 件，苏州城北出土 7 件。吴县何山出土的 3 件，形制皆同。矛身中背两侧血槽饰云雷纹，骹上穿孔，銎口呈圆形（图 3 - 23，9）。时间为春秋晚期。

乙类 E Ⅱ 式　矛身侧刃略斜张，呈圭形。江苏丹徒北山顶出土 8 件。矛身中脊两侧有血槽，骹上穿孔，銎口呈椭圆形，通长 21.2—22.3 厘米（图 3 - 23，8）。时间为春秋晚期。

三　春秋青铜矛的特征和分布

春秋青铜矛与商、西周青铜矛之间有着清晰的渊源关系。春秋青铜矛的许多型式是商、西周青铜矛的延续和发展。

矛身呈柳叶状，骹侧附环耳的春秋甲类 A 型矛，早在商代二里岗期即已出现。湖北黄陂盘龙城楼子湾 M3：8[1]（图 3 - 24，1），是甲类矛的初始形式，至西周时期广为流行。春秋甲类 A 型矛与商、西周时期的同类型矛也有所差异。主要表现在，春秋甲类 A 型矛的环耳多位于骹中部或矛身与骹结合部，而商、西周同类型矛的环耳则多位于骹的下部。

矛身呈宽叶状，骹侧附环耳的春秋甲类 C 型矛，以及矛身内曲，呈亚腰状，骹侧附环耳的甲类 D Ⅰ 式矛，在商晚期也已出现，如河南安阳小屯横 13 丙矛[2]（图 3 - 24，2），以及河南安阳殷墟西区 M1052：6 矛[3]（图 3 - 24，3）。

---

①　湖北省博物馆：《一九六三年湖北黄陂盘龙城商代遗址的发掘》，《文物》1976 年第 1 期。

②　李济：《记小屯出土之青铜器》，《中国考古学报》第四册。

③　中国社会科学院考古研究所安阳工作队：《1960—1977 年殷墟西区墓葬发掘报告》，《考古学报》1979 年第 1 期。

上述两型矛至西周时期依然延续。其差异亦在于，春秋甲类 C 型和甲类 D Ⅰ 式矛的环耳多位于骹的中、上部，商、西周同类型矛的环耳多位于骹下部。

　　大量的实物资料充分表明，骹侧环耳位置的上移，确是商、西周至春秋时期甲类矛演进的趋势，而并非个别的现象。

　　矛身侧刃回收若双翼，短骹，骹侧附对称环耳的甲类 B 型矛，以及矛身侧刃内曲，呈亚腰状，骹一侧附弓形耳的甲类 D Ⅱ 式矛，是分别始见于春秋中期和春秋、战国之际的甲类矛新型式。甲类 B 型矛出土地点和出土数量皆甚少，亦不见于后世，故非甲类矛的重要形式。甲类 D Ⅱ 式矛，骹侧附弓形耳的作风，在战国时期却有一定影响，在四川尤为盛行。①

　　矛身呈柳叶状，短骹，骹上附鼻钮，銎口内凹的甲类 E 型矛，是春秋晚期出现，对战国甲类矛有重要影响的新型式。骹侧附环耳是商、西周甲类矛的基本特征，春秋晚期渐趋衰落，至战国时期已属少见。骹上附鼻钮，则是战国甲类矛的基本特征。春秋晚期，甲类 E 型矛的出现，开创了鼻钮逐渐取代环耳的先河，在青铜矛的发展史上具有划时代的重要意义。同时需要强调指出的是，始于春秋晚期，集鼻钮与銎口内凹两种因素为一体，前所未见的甲类矛新组合型式，也是明显有别于商、西周甲类矛的鲜明的时代特征。

　　矛身呈叶状，骹侧不附环耳的乙类矛，是商、西周乙类矛的基本形式，春秋时期依然延续。春秋乙类叶状矛以柳叶状和宽叶状区分为 A 型和 B 型，其渊源亦可追寻至商或西周时期。河北藁城台西出土的商代二里岗期 M112：8 矛②（图 3 - 24，4），矛身呈短粗叶状，是乙类叶状矛的最早实物。殷墟早期开始出现柳叶形乙类矛，安阳三家庄 M4：48③（图 3 - 24，6）。矛身呈宽叶状的乙类矛出现较晚，迄今所知最早的实物标本见于西周早、中之际，陕西长安张家坡 M183：7④（图 3 - 24，8）。

　　春秋乙类 C 型矛，矛身呈匕首状，是不见于商、西周时期的新型式。乙类 D 型矛，矛身侧刃内曲，若亚腰状。其矛身形状虽见于商、西周时期，但或骹侧附耳，或銎口分叉。春秋乙类 D 型矛，骹侧不附耳，且銎口平齐。

　　春秋乙类 E 型矛，銎口内凹的作风始见于商晚期，河南罗山天湖 M27：5⑤（图 3 - 24，5）。西周中期又出现銎口分叉若燕尾的乙类矛，北京昌平白

---

　　①　拙作：《论四川出土的青铜矛》，《考古》1996 年第 2 期。

　　②　河北省文物研究所：《藁城台西商代遗址》，文物出版社 1985 年版。

　　③　中国社会科学院考古研究所安阳工作队：《安阳殷墟三家庄东的发掘》，《考古》1983 年第 2 期。

　　④　中国社会科学院考古研究所沣西发掘队：《长安张家坡 M183 西周洞室墓发掘简报》，《考古》1989 年第 6 期。

　　⑤　河南省信阳地区文管会、罗山县文化馆：《罗山天湖商周墓地》，《考古学报》1986 年第 2 期。

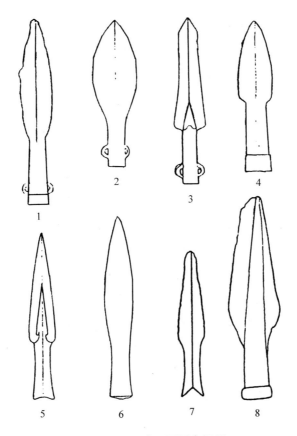

图3-24　商、西周青铜矛

1. 黄陂盘龙城楼子湾矛（M3∶8）　　2. 安阳小屯矛（横13丙）　　3. 殷墟西区矛（M1052∶6）　　4. 藁城台西矛（M112∶8）　　5. 罗山天湖矛（M27∶5）　　6. 安阳三家庄东矛（M4∶48）　　7. 昌平白浮矛（M2∶43）　　8. 长安张家坡矛（M183∶7）

浮 M2∶43[1]（图3-24，7）。春秋甲类 E 型矛和乙类 E 型矛，其銎口皆内凹。二者的差异主要在于前者骹上附鼻钮，而后者无鼻钮。甲类 E 型矛盛行于战国时期。乙类 E 型矛在战国时期的数量却不大。

春秋青铜矛的分布有显著的地区性差异。据目前所知的资料，甲类矛绝大部分出土于南方。出土地点 15 处，出土数量 23 件。其中南方出土地点 12 处，北方仅 3 处；南方出土数量 15 件，北方 8 件。南方出土甲类矛的地点主要见于湖南、安徽、江苏和浙江。上述四省在春秋时期分属楚和吴、越诸国的势力范围。北方出土甲类矛的河南淅川下寺和固始白狮子地，皆处淮河以南，接近长

---

①　北京市文物管理处：《北京地区的又一重要考古收获——昌平白浮西周木椁墓的新启示》，《考古》1976 年第 4 期。

江流域，亦为楚国辖地。真正属于黄河流域的出土地点仅山东海阳 1 处，在齐国的势力范围之内，且数量只有 1 件。北方地域内，迄今尚少见春秋甲类矛出土的报道。故此，甲类矛应是楚、吴、越青铜矛区别于北方诸国青铜矛的重要地区性特征。

甲类矛各型式的分布也有一定的地域特色。甲类 A、C、D 型矛，除甲类 C Ⅲ式矛仅见于安徽舒城九里墩，以及江苏扬州邗城出土 1 件甲类 A Ⅱ式矛之外，主要见于河南和湖南，皆属楚国的势力范围，大体归属楚兵器的范畴。这充分反映出，在北方诸国已突破商、西周甲、乙类矛共存的格局，仅流行乙类矛的情况下，楚国青铜矛仍大量延续商、西周甲类矛传统形式所表现的明显滞后性。至于安徽舒城九里墩大墓，其地在春秋时期为群舒中心，有舒蓼、舒庸、舒鸠和宗国。春秋中期，诸小国先后为楚人所灭，但春秋晚期，群舒尚余残存力量。舒城大墓很可能属于群舒，抑或属于封在当地的楚国贵族。① 无论从何种角度分析，舒城大墓的文化性质均与楚文化密切相关。甲类 B 型矛仅见于山东，虽属齐兵器，但因其出土地点及出土数量皆甚少，故不具典型性。值得注意的是，甲类 E 型矛出土地点 6 处，均在江苏和浙江范围之内。限于所知的资料，虽不排除甲类 E 型矛见于其他地区的可能，但甲类 E 型矛主要分布于吴越两国的辖地，却是不容置疑的事实。由此可以认定，甲类 E 型矛为典型的吴越兵器。

乙类矛于南北方皆有所见，但其各种型式的分布，也有一定的特点可寻。

乙类矛的出土地点 23 处，出土数量 79 件。其中乙类 A 型矛出土地点 15 处，出土数量 28 件。无论就出土地点，还是出土数量而言，乙类 A 型矛皆为春秋乙类矛的大宗。其出土地点，北方涉及甘肃、陕西、山西、河南、山东，南方涉及湖北、湖南、安徽、江苏和浙江。可见乙类 A 型矛在春秋时期的分布，具有相当大的普遍性，并无明显的地区性差异。

乙类 B 型矛出土地点 31 处，出土数量 10 件，其中山西 1 处，出土数量 1 件；河南 2 处，出土数量 9 件。河南淅川下寺 1 处地点出土的乙类 B 型矛即多达 8 件。可知乙类 B 型矛是楚国青铜矛的一种重要形式。乙类 C 型矛出土地点和数量皆不大，见于山西、河南和安徽的 3 处地点，出土数量共 6 件。在晋、楚、蔡国的青铜矛之中，不属重要形式。乙类 D 型矛，虽仅河南淅川下寺出土，但数量达 5 件之多，也应属楚国青铜矛的重要形式。乙类 E 型矛出土地点 7 处，出土数量 29 件，其中江苏 6 处，28 件。以镇江、苏州和丹徒出土数量

----

① 李学勤：《东周与秦代文明》，文物出版社 1984 年版。

最多，分别为6—8件。乙类E型矛在乙类矛之中所占比例最大，出土地点又集中于江苏南部。春秋时期，苏南为吴国辖地。乙类E型矛属吴兵器自当在情理之中。吴越两国毗邻，交往密切。吴文化与越文化的差异，学术界的看法尚未求得共识，故往往统称之为吴越文化。甲类E型矛见于吴越两国，但乙类E型矛却主要见于吴国。吴越青铜矛的上述共性和差异，或许可对吴越文化的认识有所启迪。乙类E型矛在陕西清涧也有1件出土。春秋时期，诸侯国之间交往频繁，战争不断。诸多直接或间接的途径，致使各国的兵器有所流动。吴国兵器在秦国地域内发现，也不难理解。

四　结语

对春秋青铜矛的时代和地区特征所做的分析表明，春秋青铜矛是处于西周青铜矛和战国青铜矛之间的过渡形态。据目前所知的资料，西周青铜矛的出土地点集中于周王畿之地的陕西关中，[①] 春秋青铜矛则相对分散于黄河、长江中下游流域。青铜矛出土地点的变化，从一个重要侧面反映出周王室的衰微和诸侯国的兴起。颇富特色的吴越青铜矛的大量出土，是春秋青铜矛最显著的时代特征，也是吴、越崛起的有力实证。公元前433年越灭吴，公元前334年楚灭越，吴越文化自然融于楚文化之中。春秋时期，骹侧附环耳的青铜矛是楚国甲类矛的主体，至战国时期却为骹附鼻钮、銎口内凹的吴越式甲类矛所取代。这种"反客为主"的现象说明吴越文化对楚文化的影响之大，进而使我们对楚文化的形成有更深刻的认识。青铜矛是春秋青铜文化的重要组成部分。有关春秋青铜矛的研究，必将加深对春秋青铜文化的认识。

---

① 拙作：《西周时期的青铜矛》，《考古》1997年第3期。

战国青铜矛[*]

青铜矛是中国青铜时代的一种重要兵器。据目前所知的资料，青铜矛早在商代二里冈期即已出现。作为实战的兵器，青铜矛在中原地区延续至秦汉之际。

战国时期，青铜矛广为流行。三晋和燕、秦、齐、楚等国控制的黄河中下游流域以及长江中下游流域诸省，是青铜矛分布的中心地区。据不完全统计，青铜矛的出土地点近 40 处，出土数量已逾 400 件。

本文依据出土资料，对上述地区青铜矛的形制和分布进行初步的探索，期望对中国古代兵器史的研究有所补益。

秦代延续的时间甚短，迄今见于报道的青铜矛资料虽然不多，但与战国青铜矛的关系十分密切，故此一并讨论。

边远地区的四川、广西、广东以及云南、贵州，也是战国时期青铜矛分布的重要地区，既受到内地青铜矛的影响，亦具有一定的地方特色。容另文讨论。

本文所称的黄河中下游流域诸省，包括河北、河南、山东、山西、陕西和内蒙古（以下简称北方）。长江中下游流域诸省，包括安徽、湖北和湖南（以下简称南方）。

一　青铜矛的类型

战国青铜矛大致可分为 A、B 两大类。骹侧附环耳、扉状饰或鼻钮者为 A 类矛；无环耳、扉状饰或鼻钮者为 B 类矛。

A 类矛，分七型。

Ⅰ型　锋钝尖，矛身宽短，侧刃外弧，基侧凹收，中脊两侧有血槽，长

---

* 该文发表于《中国考古学论丛》，科学出版社 1992 年版，本书略做体例修改。

骹，骹侧附对称环耳，骹末呈弧形内凹。见于战国早期。湖南资兴旧市[①]出土。M361：4（图 3 - 25，1），銎口呈圆形。

Ⅱ型 锋钝尖，矛身侧刃外斜，基部两侧内凹，中脊两侧有血槽，骹上附鼻钮。分 2 式。

1 式：体长，矛身略短于骹。见于战国早、中、晚期。湖南长沙[②]、资兴旧市、古丈白鹤湾[③]、衡阳苗圃[④]、益阳新桥山[⑤]、益阳赫山庙[⑥]、安徽长丰杨公[⑦]出土。资兴旧市 M490：1（图 3 - 25，2），銎口呈圆形。时间为战国中期。

2 式：矛身宽短，骹长与矛身略等。见于战国中期。湖南长沙[⑧]、益阳赫山庙出土。益阳赫山庙 M29：15（图 3 - 25，3），銎口呈圆形，通长 16 厘米。

Ⅱ型 1 式矛出土地点多，始出时间早，延续时间长，是Ⅱ型矛的主体。2 式矛与 1 式矛形体接近，出现的时间又晚于 1 式矛，显系 1 式矛演进而来。

Ⅲ型 锋略呈圭形，侧刃外斜或稍内凹，基部两侧呈弧形转角，中脊两侧有血槽，骹侧附对称的弓形耳或扉状饰。分 4 式。

1 式：矛身瘦长，骹侧附对称的弓形耳。见于战国早期。湖南古丈白鹤湾出土。M1：1（图 3 - 25，4），銎口呈圆形，通长 22.2 厘米。

2 式：矛身较宽，略长于骹，骹侧附状如三环耳的对称扉状饰。见于战国中期。湖南古丈白鹤湾出土。M3：3（图 3 - 25，5），銎口呈圆形，通长 19.4 厘米。

3 式：矛身短而骹长，骹侧附状如五环耳的扉状饰。见于战国中期。湖南益阳[⑨]出土。羊 M15：11（图 3 - 25，6），銎口呈圆形，通长 24.5 厘米。

4 式：体小，矛身侧刃内凹，骹略长于矛身，骹侧附状如四环耳的对称扉状饰。见于战国中期。湖南益阳新桥山出土。M3：6（图 3 - 25，13），銎口呈双联的椭圆形，通长 12 厘米。

Ⅲ型 1—4 式矛形体近似，唯长短有所不同，其演进关系十分清楚，集中

① 湖南省博物馆：《湖南资兴旧市战国墓》，《考古学报》1983 年第 1 期。

② 中国科学院考古研究所：《长沙发掘报告》，科学出版社 1957 年版。湖南省博物馆：《长沙楚墓》，《考古学报》1959 年第 1 期。

③ 湖南省博物馆等：《古丈白鹤湾楚墓》，《考古学报》1986 年第 3 期。

④ 衡阳市博物馆：《衡阳市苗圃五马归槽茅坪古墓发掘简报》，《考古》1984 年第 10 期。

⑤ 湖南省博物馆等：《湖南益阳战国两汉墓》，《考古学报》1981 年第 4 期。

⑥ 同上。

⑦ 安徽省文物工作队：《安徽长丰杨公发掘九座战国墓》，《考古学集刊》2，中国社会科学出版社 1982 年版。

⑧ 中国科学院考古研究所：《长沙发掘报告》，科学出版社 1957 年版。湖南省博物馆：《长沙楚墓》，《考古学报》1959 年第 1 期。

⑨ 湖南省益阳地区文物工作队：《益阳楚墓》，《考古学报》1985 年第 1 期。

表现在骹侧所附环耳由少至多。2—4 式矛大体同时，皆晚于 1 式矛，均系 1 式矛的变体。

Ⅳ型　骹上有鼻钮，骹末呈弧形内凹。分 3 式。

1 式：锋钝尖，矛身上段侧刃内凹，下段明显外凸，若琵琶状，中脊两侧有血槽，骹宽短。见于战国早、中、晚期。河南洛阳①、陕西凤翔高庄②、湖南长沙③出土。凤翔高庄 M18：19（图 3 - 25，7），体上有斜格暗纹，銎口呈椭圆形，通长 34.5 厘米。时间为战国早期。

2 式：锋呈圭形，侧刃外斜，中脊两侧有血槽，矛身与骹长略等。见于战国早、中、晚期。安徽长丰杨公、湖北江陵雨台山④、天星观⑤、湖南古丈白鹤湾、宜阳新桥山、资兴旧市出土。古丈白鹤湾 M48：2（图 3 - 25，16），銎口呈圆形，通长 20.3 厘米。时间为战国中期。

3 式：锋钝尖，矛身上段侧刃略内凹，下段斜收，短骹。见于战国中期。湖北宜城楚皇城⑥出土。LM2：2（图 3 - 25，9），中脊起双棱，脊侧饰羽状纹两组，骹上刻“王”字图案，銎口呈椭圆形，通长 22.5 厘米。

Ⅳ型 1—3 式矛，矛身皆上窄下宽，骹末均呈弧形内凹，是大同小异的变体。

Ⅴ型　矛身与Ⅱ型相似，锋钝尖，侧刃外斜，基部两侧内凹，与骹呈直角相接，骹上附鼻钮，唯骹末呈弧形内凹。分 2 式。

1 式：与Ⅱ型 2 式相近，矛身宽短，骹长略等于矛身。见于战国中期。湖南益阳新桥山出土。M14：8（图 3 - 25，15），銎口呈圆形，通长 18 厘米。

2 式：与Ⅱ型 1 式相近，唯矛身略长于骹。见于战国晚期。安徽长丰杨公出土。M6：5（图 3 - 25，10），通长 19.8 厘米。

Ⅴ型矛与Ⅱ型矛形体接近，差异主要在于Ⅴ型矛的骹末内凹。Ⅴ型矛始出的时间晚于Ⅱ型矛，系Ⅱ型矛派生出的旁支。

Ⅵ型　矛身呈叶状，骹上有鼻钮。分 2 式。

1 式：锋钝尖，叶宽短，中脊两侧有血槽，骹粗，与叶等长。见于战国中期。湖北江陵雨台山出土。M200：12（图 3 - 25，12），銎口呈圆形，通长

①　洛阳市文物工作队：《河南洛阳发现一座战国墓》，《考古》1989 年第 5 期。
②　雍城考古队吴镇锋、尚志儒：《陕西凤翔高庄秦墓地发掘简报》，《考古与文物》1981 年第 1 期。
③　中国科学院考古研究所：《长沙发掘报告》，科学出版社 1957 年版。湖南省博物馆：《长沙楚墓》，《考古学报》1959 年第 1 期。
④　湖北省荆州地区博物馆：《江陵雨台山楚墓》，文物出版社 1984 年版。
⑤　湖北省荆州地区博物馆：《江陵天星观 1 号楚墓》，《考古学报》1982 年第 1 期。
⑥　楚皇城考古发掘队：《湖北宜城楚皇城战国秦汉墓》，《考古》1980 年第 2 期。

15.4 厘米。

2 式：锋尖锐，矛身呈柳叶形，中部起脊，骹细，与叶等长。见于战国中、晚期。河南新郑郑韩故城①、河北临城柏畅城②、湖北宜城楚皇城出土。临城柏畅城 013 号矛（图 3 - 25，11），叶、骹相接处有一圆穿，銎口呈圆形，通长 18.6 厘米。

矛身呈叶状的 A 类矛始出于商代二里冈期，骹侧附对称环耳。春秋、战国之际出现骹上附鼻钮的叶状矛，延续至战国晚期。矛身虽多有变化，但均为叶状的变体。

Ⅶ型　锋钝尖，矛身宽短，侧刃外斜，中脊两侧有血槽，骹细长，骹一侧有弓形双环耳。见于战国中、晚期之际。湖南溆浦马田坪③出土。M31∶9（图 3 - 25，14），骹末有一小孔，銎口呈圆形，通长 15 厘米。

B 类矛，分 11 型。

Ⅰ型　矛身呈叶状。分 6 式。

1 式：锋尖锐，矛身肥大，中部起脊，短骹。见于战国早期。湖北随县擂鼓墩④出土。曾侯乙墓 N265（图 3 - 26，1），叶、骹相接处一圆穿，銎口呈圆形。

2 式：体小，锋钝尖，长叶，侧刃微弧，起中脊，骹粗，骹上一大圆穿。见于战国早、中、晚期。山西潞城潞河⑤、河北临城柏畅城、河南新郑郑韩故城、湖南常德官山⑥出土。潞城潞河 M7∶125（图 3 - 26，4），銎口呈圆形，通长 10.9 厘米。时间为战国早期。

3 式：锋尖锐，矛身呈柳叶形，中部起脊，骹细。见于战国早、中、晚期。山东莱芜戴鱼池⑦，山西芮城⑧、长治分水岭⑨、河北临城柏畅城、唐山贾各庄⑩，河南汲县山彪镇⑪，湖北江陵雨台山、江陵藤店⑫、随县擂鼓墩出土。莱

① 郝本性：《新郑"郑韩故城"发现一批战国铜兵器》，《文物》1972 年第 10 期。
② 刘龙启、李振奇：《河北临城柏畅城发现战国兵器》，《文物》1988 年第 3 期。
③ 湖南省博物馆：《湖南溆浦马田坪战国、西汉墓》，《文物资料丛刊》10。
④ 湖北省博物馆：《曾侯乙墓》，文物出版社 1989 年版。
⑤ 山西省考古研究所等：《山西省潞城县潞河战国墓》，《文物》1986 年第 6 期。
⑥ 湖南省常德地区文物工作队：《常德县官山战国墓清理简报》，《考古》1985 年第 12 期。
⑦ 莱芜市图书馆等：《山东莱芜市戴鱼池战国墓》，《文物》1989 年第 2 期。
⑧ 山西省考古研究所邓林秀：《山西芮城东周墓》，《文物》1987 年第 12 期。
⑨ 边成修：《山西长治分水岭 126 号墓发掘简报》，《文物》1972 年第 4 期。山西省文物管理委员会等：《山西长治分水岭战国墓第二次发掘》，《考古》1964 年第 3 期。
⑩ 安志敏：《河北省唐山市贾各庄发掘报告》，《考古学报》第六册，1953 年。
⑪ 郭宝钧：《山彪镇与琉璃阁》，科学出版社 1959 年版。
⑫ 荆州地区博物馆：《湖北江陵藤店一号墓发掘简报》，《文物》1973 年第 9 期。

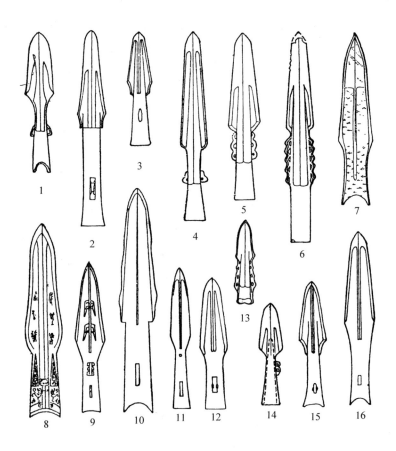

图 3 - 25 A 类矛

1. Ⅰ型（资兴旧市 M361：4） 2. Ⅱ型 1 式（资兴旧市 M490：1） 3. Ⅱ型 2 式（益阳赫山庙 M29：15） 4. Ⅲ型 1 式（古丈白鹤湾 M1：1） 5. Ⅲ型 2 式（古丈白鹤湾 M3：3） 6. Ⅲ型 3 式（益阳羊 M15：11） 7、8. Ⅳ型 1 式（凤翔高庄 M18：19，洛阳 M25 28：7） 9. Ⅳ型 3 式（宜城楚城 LM2：2） 10. Ⅴ型 2 式（长丰杨公 M6：5） 11. Ⅵ型 2 式（临城柏畅城 013 号） 12. Ⅵ型 1 式（江陵雨台山 M200：12） 13. Ⅲ型 4 式（益阳新桥山 M3：6） 14. Ⅶ型（溆浦马田坪 M31：9） 15. Ⅴ型 1 式（益阳新桥山 M14：8） 16. Ⅳ型 2 式（古丈白鹤湾 M48：2）

芜戴鱼池（图 3 - 26，2），骹上有穿孔，銎口呈圆形，通长 11.6 厘米。时间为战国早期。

4 式：锋尖锐，叶窄长，侧刃微弧，骹细短。见于战国早、中、晚期。河北临城柏畅城、唐山贾各庄、邯郸百家村[1]，河南洛阳中州路[2]、新郑郑韩故

---

① 河北省文化局文物工作队：《河北邯郸百家村战国墓》，《考古》1962 年第 12 期。

② 中国科学院考古研究所：《洛阳中州路（西工段）》，科学出版社 1959 年版。

城、汲县山彪镇出土。临城柏畅城018号矛（图3-26，6），骹上一穿，下部铸铭文两行"郾王喜作□矛"，銎口呈圆形，通长20.1厘米。

5式：锋钝尖，叶宽且长，中脊两侧有血槽，骹短粗。见于战国晚期和秦代。河北临城柏畅城、陕西临童始皇陵兵马俑坑一号坑①、内蒙古清水河县拐子上古城②出土。临潼始皇陵兵马俑坑一号坑0205号矛（图3-26，5），骹下端两面各一圆穿，銎口呈椭圆形，通长15.4厘米。时间为秦代。

6式：与5式相近，唯体较5式为长，中脊两侧无血槽。见于战国晚期和秦代。陕西临潼始皇陵兵马俑坑一号坑、内蒙古清水河县拐子上古城出土。始皇陵兵马俑坑一号坑0369号矛（图3-26，8），骹上刻"寺工"二字，銎口呈椭圆形，通长17.6厘米。

B类的叶形矛与A类叶形矛一样，也始出于商代二里冈期，以后延续至秦代。其间亦多经变化，却从未中断，是战国B类矛的基本形态。

B类矛的Ⅰ型2、3式分别与A类矛的Ⅵ型1、2式形态接近，矛身均为叶状，区别主要在于骹上有无鼻钮。

Ⅱ型　矛身呈锥形，骹作箍状。见于战国早期。安徽淮南蔡家冈赵家孤堆③出土。M2：32（图3-26，7），銎上饰蟠螭纹，通长14.7厘米。

Ⅲ型　矛身侧刃双曲。分2式。

1式：矛身基部一侧有矩，另侧有刺，骹极短。见于战国早、晚期。山西长治分水岭④、河南辉县赵固⑤出土。长治分水岭M126的1件（图3-26，17），矛身下部一穿，通长9.5厘米。时间为战国早期。

2式：短骹。见于战国早、中、晚期。山西潞城潞河、长治分水岭⑥，河南辉县赵固，河北邯郸百家村出土。潞城潞河M7：114（图3-26，9），骹上端一穿，銎口呈圆形，通长10.1厘米。时间为战国早期。

Ⅲ型1、2式矛矛身侧刃均双曲，差异在于1式近于无骹，有矩和刺，2式则有短骹。1、2式矛同见于山西长治分水岭战国早期墓，二者并无承袭关系，当是同型的变体。

---

① 陕西省考古研究所等：《秦始皇陵兵马俑坑一号坑发掘报告》，文物出版社1988年版。
② 乌兰察布盟文物工作站：《内蒙古清水河县拐子上古城发现秦兵器》，《文物》1987年第8期。
③ 安徽省文化局文物工作队：《安徽淮南市蔡家冈赵家孤堆战国墓》，《考古》1963年第4期。
④ 边成修：《山西长治分水岭126号墓发掘简报》，《文物》1972年第4期。山西省文物管理委员会等：《山西长治分水岭战国墓第二次发掘》，《考古》1964年第3期。
⑤ 中国科学院考古研究所：《辉县发掘报告》，科学出版社1956年版。
⑥ 山西省文物管理委员会：《山西长治市分水岭古墓的清理》，《考古学报》1957年第1期；山西省文物管理委员会等：《山西长治分水岭战国墓第二次发掘》，《考古》1964年第3期。

Ⅳ型 矛身窄长，侧刃略凹或微外斜，骹末呈弧形内凹。分2式。

1式：矛身侧刃略凹，短骹。见于战国早期。安徽淮南蔡家冈赵家孤堆1号墓出土的1件（图3-26，10），身起中脊，骹上有圆穿，穿上端饰兽首，通长23厘米。

2式：侧刃微斜，中脊两侧有血槽，骹粗，与矛身等长。见于战国中期。湖北江陵雨台山出土。M448：5（图3-26，18），骹上一穿，通长23.8厘米。

B类Ⅳ型矛与A类Ⅳ型矛形体相近，骹末皆呈弧形内凹，差异也在于B类Ⅳ型矛骹上无鼻钮。

Ⅴ型 矛身上段侧刃内凹，下段明显外凸，若琵琶状，中部起脊，骹短于矛身。见于战国早、中、晚期。湖北随县擂鼓墩、江陵藤店，湖南湘潭下摄司①出土。随县擂鼓墩曾侯乙墓 N285（图3-26，11），銎口呈圆形。时间为战国早期。

Ⅵ型 锋钝尖，矛身较长，侧刃内凹，基部较宽，骹甚短。见于战国中期。湖南益阳赫山庙出土。M8：2（图3-26，3），銎口呈椭圆形，通长13厘米。

Ⅶ型 锋钝，矛身分上下两段，上段呈长叶状，侧刃外斜，下段较短，与骹呈直角相接。见于战国中期。湖北江陵拍马山②出土。M5的1件（图3-26，13），銎口呈椭圆形，通长22.3厘米。

Ⅷ型 锋钝尖，体短粗，矛身似钻状，侧刃弧形内收。见于战国中期。河北邯郸百家村出土。M3：41（图3-26，16），矛身饰鳞纹，骹饰绳索纹，銎口呈圆形，通长11.5厘米。

Ⅸ型 锋尖锐，体细长，矛身实心，骹细，略短于矛身。见于战国晚期。河南新郑郑韩故城出土的1件（图3-26，14），銎口呈圆形，通长39.8厘米。

Ⅹ型 锋钝尖，矛身窄长，侧刃上段略有弧度，下段近直，无骹。见于战国晚期。山西长治分水岭③出土。M21：3（图3-26，12），矛身下端一穿，銎口呈长方形，通长12.5厘米。

Ⅺ型 锋呈圭状，侧刃近直，骹特短。见于战国晚期。山西长治分水岭④出土。M35：61（图3-26，15），通长19厘米。

---

① 周世荣：《湖南湘潭下摄司的战国墓》，《考古》1963年第12期。
② 湖北省博物馆等：《湖北江陵拍马山楚墓发掘简报》，《考古》1973年第3期。
③ 边成修：《山西长治分水岭126号墓发掘简报》，《文物》1972年第4期。山西省文物管理委员会等：《山西长治分水岭战国墓第二次发掘》，《考古》1964年第3期。
④ 同上。

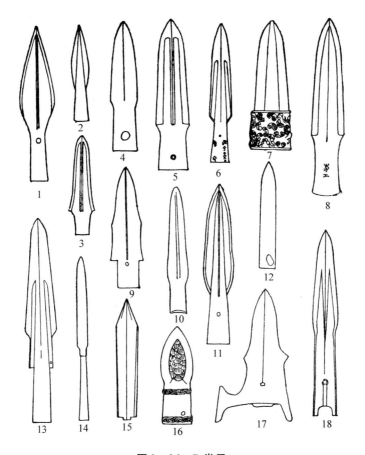

图 3-26　B 类矛

1. Ⅰ型 1 式（曾侯乙墓 N265）　2. Ⅰ型 3 式（莱芜戴鱼池）　3. Ⅵ型（益阳赫山庙 M8：2）
4. Ⅰ型 2 式（潞城潞河 M7：125）　5. Ⅰ型 5 式（临潼始皇陵兵马俑坑一号坑 0205 号）　6. Ⅰ型
4 式（临城柏畅城 018 号）　7. Ⅱ型（淮南蔡家冈赵家孤堆 M2：32）　8. Ⅰ型 6 式（始皇陵兵马
俑坑一号坑 0369 号）　9. Ⅲ型 2 式（潞城潞河 M7：114）　10. Ⅳ型 1 式（淮南蔡家冈赵家孤堆
M1）　11. Ⅴ型（曾侯乙墓 N285）　12. Ⅹ型（长治分水岭 M21：3）　13. Ⅶ型（江陵拍马山
M5）　14. Ⅸ型（新郑郑韩故城）　15. Ⅺ型（长治分水岭 M35：61）　16. Ⅷ型（邯郸百家村
M3：41）　17. Ⅲ型 1 式（长治分水岭 M126）　18. Ⅳ型 2 式（江陵雨台山 M448：5）

　　矛为刺兵，多单独使用，也有少数矛与戈结合组成联装戟。战国联装戟的
矛刺均是 B 类矛，有Ⅰ型 3 式和Ⅲ型 1、2 式。

　　用于戟刺的Ⅰ型 3 式矛的出土地点有：河南洛阳中州路，河北唐山贾各
庄，山西长治分水岭①，湖北江陵雨台山、随县擂鼓墩。雨台山 M204：8（图
3-27，1），矛叶中脊两侧有血槽，骹口呈圆形；戈为中胡二穿，援上扬，有

---

　　① 边成修：《山西长治分水岭 126 号墓发掘简报》，《文物》1972 年第 4 期。山西省文物管理委员
会等：《山西长治分水岭战国墓第二次发掘》，《考古》1964 年第 3 期。

上下栏，内末斜刃。

用于戟刺的Ⅲ型1式矛的出土地点有：河南辉县赵固。M1∶23（图3－27，2），戈为长胡四穿，援上扬，胡刃有子刺，内末斜刃。

用于戟刺的Ⅲ型2式矛的出土地点有：山西长治分水岭①，河北邯郸百家村，河南辉县赵固。辉县赵固 M1∶24（图3－27，3），戈为长胡三穿，援上扬，内末斜刃。

B类1型3式和Ⅲ型1、2式矛可用作戟刺，但亦可单独使用，并非一定与戈组成联装戟。

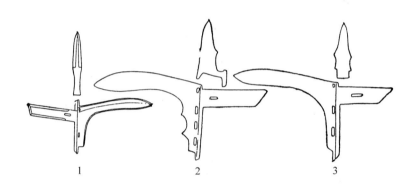

图3－27　联装戟

1. 江陵雨台山 M204∶8　2. 辉县赵固 M1∶23　3. 辉县赵固 M1∶24

山东莱芜戴鱼池战国墓出土戈2件，Ⅰ型3式矛1件。戈分置墓室西北角和东壁下，矛则放在西南部。矛与戈并无组成联装戟的迹象。

山西芮城战国墓出土戈4件，Ⅰ型3式矛1件。戈均置于墓室西北角，矛位于东南角。山西长治分水岭 M126 出土戈26件，矛4件。矛皆为B类，包括Ⅰ型3式矛3件，Ⅲ型1式矛1件。简报中未提及戟。

山西长治分水岭 M35 出土 B 类矛3件。其中Ⅰ型3式矛和Ⅲ型2式矛各1件，分别与戈组成联装戟，另1件Ⅲ型2式矛单独放置。

二　青铜矛的分布

战国青铜矛具有鲜明的地区特色，突出地表现在 A 类矛绝大部分出土于湖

---

① 边成修：《山西长治分水岭126号墓发掘简报》，《文物》1972年第4期。山西省文物管理委员会等：《山西长治分水岭战国墓第二次发掘》，《考古》1964年第3期。

北、湖南和安徽。战国时期，这三省都是楚国的势力范围。A 类的七型矛之中，骹上附鼻钮者四型，有Ⅱ型和Ⅳ—Ⅵ型；骹侧附对称环耳者、骹侧附对称弓形耳或扉状饰以及骹一侧附弓形耳者各一型，分别为Ⅰ、Ⅲ、Ⅶ型。

A 类Ⅰ、Ⅱ、Ⅶ型矛出土于湖南，Ⅱ、Ⅴ型矛出土于湖南、安徽，Ⅳ型 2 式矛出土于湖北、湖南和安徽，Ⅳ型 3 式矛出土于湖北。上述型式的青铜矛仅见于楚地，系楚国兵器自不待言。除骹侧附弓形耳、扉状饰或骹上有鼻钮之外，矛身侧刃外斜，基部两侧内凹；骹末呈弧形内凹，亦是典型的楚国青铜矛的作风。

A 类Ⅳ型 1 式矛见于河南、陕西和湖南。出土于洛阳的 1 件（M2528：7）（图 3 - 25，8），矛身有错金鸟篆书"戉王者旨于晹"六字，骹上饰三角形与夔凤纹。"戉王者旨于晹"即越王鹿郢①，公元前464—前459 年在位，相当于战国早期。"戉王者旨于晹"矛虽然出土于洛阳，实际上却是越国的遗物。陕西凤翔高庄秦墓出土的 1 件Ⅳ型 1 式矛（M18：19），矛体上有斜格暗纹，与湖北江陵望山墓②出土的越王勾践剑上的花纹相同。看来，这件Ⅳ型 1 式矛亦非秦器。长沙楚墓中出土的Ⅳ型 1 式矛与洛阳所出的"戉王者旨子晹"矛类似，只是骹上鼻钮作兽面纹。

越国地处浙江，与楚国毗邻，彼此之间战争不断，公元前 334 年越为楚威王所灭。上述流散于河南、陕西的青铜矛使我们得以了解越国青铜矛的特征。楚国青铜矛融合了越国青铜矛的因素，也自在情理之中。A 类Ⅳ型 1、3 式矛是大同小异的变体，即是明证。

A 类Ⅵ型矛，矛身呈叶状，骹上附鼻钮。湖北江陵雨台山和宜城楚皇城出土 1、2 式矛各 1 件。Ⅵ型 2 式矛是仅见于北方的 A 类矛，河南新郑郑韩故城出土 2 件，河北临城柏畅城出土 1 件。Ⅵ型矛并无明显的地区性特征，但是骹上附鼻钮显然受到楚国青铜矛作风的影响。

楚国的 A 类矛以Ⅱ型和Ⅳ型出土地点为最多，均为 8 处，出土数量都在 40 件左右。按目前所知的资料，上述二型矛当是楚国 A 类矛的主体。此外Ⅲ型矛的出土地点有 3 处，出土数量近 10 件。Ⅲ型矛也是楚国 A 类矛中的一种重要型式。

楚国的 B 类矛虽不如 A 类矛发达，但是也占有一定的地位。B 类矛的Ⅰ型 1 式、Ⅳ—Ⅶ型出土地点均在南方。安徽淮南蔡家冈赵家孤堆 1 号墓出土 B 类

---

① 李学勤：《东周与秦代文明》，文物出版社 1984 年版。
② 湖北省文化局文物工作队：《湖北江陵三座楚墓出土大批重要文物》，《文物》1966 年第 5 期。

Ⅳ型 1 式矛 13 件。简报认为邻近的 2 号墓的墓主人可能是蔡声侯（公元前 471—前 457 年），1 号墓的时间与之接近。此外，湖北江陵雨台山出土Ⅳ型 2 式矛 1 件。蔡国位于河南东部和安徽西部，长期依附于楚国。因不堪忍受楚国的侵扰，曾多次迁都。公元前 493 年楚昭王伐蔡。蔡国在吴国的帮助下迁至州来，即今安徽寿县境内。但仍于公元前 447 年为楚国所灭。蔡墓出土的 B 类Ⅳ型 1 式矛，矛身造型与 A 类Ⅳ型 2 式矛相近，骹末呈弧形内凹，颇具楚矛的作风。湖北江陵雨台山出土的 B 类Ⅳ型 2 式矛则是 B 类Ⅳ型 1 式矛的变体。所以，蔡墓出土的Ⅳ型 1 式矛仍以归属于楚矛的体系为宜。

湖北随县擂鼓墩曾侯乙墓出土 B 类Ⅰ型 1 式矛 2 件，B 类Ⅴ型矛 42 件。从墓中大型铜镈的铭文与宋代安陆所出两件铜钟铭文完全相同的情况分析，铜镈应是楚惠王五十六年（公元前 433 年）制作的"曾侯乙宗彝"。墓的年代与此同时或稍晚。[1] 据墓中竹简的记载可知，曾国的职官制度与楚接近。尽管曾国的历史目前尚未完全搞清楚，但曾国在战国初期已附属于楚国是没有问题的。B 类Ⅰ型 1 式矛，矛身呈肥大叶状；B 类Ⅴ型矛，矛身呈琵琶状，上述作风在北方的战国青铜矛中目前尚未见到。

B 类Ⅵ型矛，出土于湖南益阳赫山庙，矛身长而骹短，侧刃内凹，基部较宽。B 类Ⅶ型矛出土于湖北江陵拍马山，矛身分上下两段，下段基部与骹相接处呈直角。这二型矛的作风皆为楚矛所独有。

三晋和燕、秦、齐国的青铜矛大体属 B 类矛，有Ⅰ型 2—6 式、Ⅲ型、Ⅷ—Ⅺ型。据目前所知的资料，韩、赵两国的Ⅰ型矛主要是 2 式和 3 式，魏国则是 3 式。2、3 式矛，矛身均呈叶状，形制大同小异。韩国的 2 式矛出土地点有山西潞城潞河、河南新郑郑韩故城，3 式矛的出土地点有山西长治分水岭。赵国的 2 式和 3 式矛的出土地点均在河北临城柏畅城。魏国的 3 式矛出土地点在山西芮城和河南汲县山彪镇。

三晋的青铜矛以Ⅲ型矛最具特色。Ⅲ型矛侧刃双曲。1 式，矛身基部一侧有矩，另侧有刺，骹极短。2 式无矩、刺，短骹。

晋东南的长治一带是韩国辖地。长治分水岭战国墓地的年代自战国早期延续至战国晚期，曾经多次发掘，出土Ⅲ型 1 式矛 1 件，2 式矛 15 件。邻近的潞城潞河出土Ⅲ型 2 式矛 1 件。

河北邯郸百家村的赵国墓地出土Ⅲ型 2 式矛 1 件。

河南辉县赵固区魏国墓地出土Ⅲ型 1、2 式矛各 1 件。

---

① 湖北省博物馆：《曾侯乙墓》，文物出版社 1989 年版。

韩、赵、魏本同属晋国，三晋青铜矛形制多有相近之处，当是顺乎情理的。

韩国的青铜矛另有不同于赵、魏两国的型式。长治分水岭出土 B 类 X 型和 XI 型矛各 1 件，形制比较特殊。X 型矛，矛身窄长无骹。XI 型矛，矛身呈圭状，骹特短。这两型矛当是典型的韩国兵器。

赵国的 B 类Ⅷ型矛也比较特殊。河北邯郸百家村出土的 1 件，矛身似钻状，体粗胖，饰鳞纹和绳索纹。

燕国的青铜矛主要是 I 型 4 式。在燕地出土者见于河北唐山贾各庄。河北临城柏畅城虽属赵地，但出土的 1 件 B 类 I 型 4 式矛（柏 018 号）骹下部铸铭文两行"郾王喜作□矛"，可知是燕矛。简报中认为，"郾王喜"矛落于赵地，应与史记所载，燕王喜二十六年（公元前 227 年）"秦兵临易水"，并于次年灭燕的战争有关。此矛可能是秦人作为战利品带入赵地的。I 型 4 式矛还出土于河南新郑郑韩故城、洛阳中州路和汲县山彪镇。

秦国的青铜矛主要是 B 类 I 型 5、6 式。骹上多刻有铭文，故易于辨识。除见于陕西临潼秦始皇陵兵马俑坑之外，河北临城柏畅城，内蒙古清水河县拐子上古城也有出土。清水河县拐子上古城出土 B 类 I 型 5、6 式矛各 3 件。5 式 G：5，骹上刻"三年相邦……"等铭文，G：6 骹上刻"四年相邦吕不韦造……"等铭文。6 式 G：8 骹上刻"武都"二字。吕不韦从庄襄王元年至秦王政十年为相，庄襄王在位仅三年，因此这两件矛的制造年代应为秦王政三年和四年（公元前 244、前 243 年）。吕不韦任秦国相邦时，廪丘、中阳、广衍、武都均为秦国属地。所以这批铜矛为秦兵器无疑。

有关齐国青铜矛的资料，目前所知甚少。见于报道的有山东莱芜戴鱼池战国早期墓出土的 1 件，属本文的 I 型 3 式。

三　结语

综上所述，战国青铜矛大致可分为差异明显的南北两个体系。从出土地点分析，A 类矛主要分布于南方，B 类矛主要分布于北方。楚国的青铜矛属于南方体系，三晋和燕、秦、齐国的青铜矛属于北方体系。南方体系的青铜矛主要是 A 类矛，也有少数 B 类矛。北方体系的青铜矛则以 B 类矛为主，A 类矛少见。

A 类和 B 类矛最早均见于商代二里冈期。前者出土于湖北黄陂盘龙城①，

---

① 湖北省博物馆：《一九六三年湖北黄陂盘龙城商代遗址的发掘》，《文物》1976 年第 1 期。湖北省博物馆：《盘龙城商代二里冈期的青铜器》，《文物》1976 年第 2 期。

后者出土于河北藁城台西①。二里冈期的青铜矛无论是 A 类抑或 B 类，矛身皆呈叶状，二者的区别主要在于 A 类矛骹侧附对称的双耳或勾。殷墟出土的 A 类矛，矛身或呈三角形，B 类矛矛身或呈亚腰状，均为叶形矛的变体。

西周的 A 类矛仍以骹侧附对称双环耳者为主。西周早期，骹侧附单环耳者即开始出现，南北方均有所见。江苏溧水柘塘②和陕西岐山贺家村③出土。

春秋时期，南北方青铜矛分化之势已趋于明显。南方多见 A 类矛，北方的 A 类矛则不甚流行。A 类矛除骹侧附对称环耳或骹一侧附单环耳之外，春秋、战国之际，南方又出现骹一侧附弓形耳和骹上附鼻钮的 A 类矛。前者出土于湖南衡山霞流④，后者出土于江苏六合和仁⑤。A 类矛矛身的形态也趋于复杂。湖南常德德山⑥出土的 A 类矛，骹侧附单环耳，矛身侧刃外斜，基部两侧内凹，在战国时期南方诸省属常见。

战国时期，青铜矛南北体系的泾渭分明之势，集中表现在以楚国为代表的南方青铜矛，不仅 A 类矛居于主导地位，而且以骹上附鼻钮者为大宗，展现出鲜明的时代和地区特色。迄今为止，骹上附鼻钮的 A 类矛，无论是出土地点，还是出土数量均远远超过北方诸省。据不完全统计，骹上附鼻钮的 A 类矛出土地点有 15 处，其中南方诸省 11 处，北方诸省 4 处；出土数量 100 余件，其中南方诸省近 100 件，北方诸省不足 10 件。此外，南方的 A、B 类矛的矛身均少见叶状，侧刃外斜者居多，也有的矛身呈琵琶状。

以三晋和燕、秦、齐国为代表的北方青铜矛则无大变化，仍未脱离商、西周时期以叶形矛为主的窠臼，多属 B 类 I 型矛，其中以三晋的 I 型矛彼此更为接近。燕、秦的 I 型矛骹上则常见铭文。

战国青铜矛在我国古代兵器的发展历史上占有重要地位。战国青铜矛分为南北两个体系，是战国时期南北方文化存在较大差异的缩影。战国时期，列国之间战争不断，致使兵器有所流动。列国青铜矛出土地点非本国辖地的例证屡见不鲜。所以，对战国青铜矛的研究，不仅能够加深我们对战国兵器的认识，而且对古代战争史的探索也有一定意义。

① 河北省文物研究所：《藁城台西商代遗址》，文物出版社 1985 年版。
② 溧水县图书馆：《江苏溧水出土的几批青铜器》，《考古》1986 年第 3 期。
③ 陕西省博物馆等：《陕西岐山贺家村西周墓葬》，《考古》1976 年第 1 期。
④ 周土荣：《蚕桑纹尊与武士靴形钺》，《考古》1979 年第 6 期。
⑤ 吴山青：《江苏六合县和仁东周墓》，《考古》1977 年第 5 期。
⑥ 湖南省博物馆：《湖南常德德山楚墓发掘报告》，《考古》1963 年第 9 期。

云南青铜矛[*]

一 前言

云南地处中国内地西南隅，历史上曾经历高度发达的青铜时代。云南各族人民创造的青铜文化是中国古代灿烂的青铜文化的重要组成部分。

青铜矛作为中国青铜时代一种常见的金属兵器，在云南亦曾广为流行。云南青铜矛出现虽晚，但延续的时间长，出土的数量也很大，因而云南青铜矛的研究对全面认识这一地区的青铜文化有重要意义。

云南的青铜时代至迟可追溯到商代晚期。剑川海门口[①]是云南目前发现最早的青铜文化遗址，碳十四测定的年代为距今 3115±90 年。1978 年正式发掘，获铜器 12 件，多为锡青铜，有钺、锥、镯、饰片、铲形器等，但未见矛和其他青铜兵器。

据目前所知的资料，云南青铜矛始见于春秋早期，经战国、西汉，延续至东汉初年，其时间跨度长达八百余年。

云南青铜矛的出土资料，主要来自滇中和滇西，见于报道的至少有 19 处地点（图 3–28）。青铜矛多出土于墓葬，少数系采集品。据初步统计，有确切出土地点的青铜矛的数量约一千件左右。

各地点出土的青铜矛，少者一至数件，多者数十件。楚雄万家坝[②]和晋宁石寨山[③]出土的青铜矛数量最大，皆为数百件。

楚雄万家坝已发掘的 79 座春秋墓葬之中，54 座有随葬品，计 1245 件，包括青铜器 1002 件，以及陶、木、玉、石、锡器等。青铜器以兵器居多，有戈、

---

* 该文发表于《考古学报》1995 年第 2 期，本书略做体例修改。
① 云南省博物馆筹备处：《剑川海门口古代文化遗址清理简报》，《考古通讯》1958 年第 6 期。
② 云南省文物工作队：《楚雄万家坝古墓群发掘报告》，《考古学报》1983 年第 3 期。
③ 云南省博物馆：《云南晋宁石寨山古墓群发掘报告》，文物出版社 1959 年版。

241

矛、剑、钺、镞、盾饰等647件，其中青铜矛442件，约占兵器总数的68%，青铜器总数的44%，是兵器的主体，亦为青铜器之大宗。晋宁石寨山汉代墓群出土的青铜矛也多达229件，其数量居各类青铜器之首。

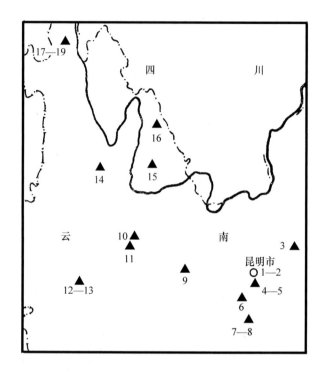

图3-28　云南青铜矛出土地点示意图

　　1—2. 昆明大团山、上马五台山　3. 曲靖龙街八塔台　4—5. 呈贡龙街石碑村、天子庙　6. 晋宁石寨山　7—8. 江川团山、李家山　9. 楚雄万家坝　10. 祥云大波那　11. 弥渡苴力　12—13. 昌宁、昌宁大田坝　14. 剑川鳌凤山　15. 永胜金官龙潭　16. 宁浪大兴　17—19. 德钦石底、永芝、纳古

　　本文按相当于中原地区（黄河中、下游地区）的春秋、战国、汉代的时间顺序，就云南青铜矛的时代特征以及地方性和自身的区域性差异等问题进行讨论，企盼得以加深对云南青铜文化的认识。

　　云南青铜文化类型的划分，迄今尚无定论。学术界对以滇池为中心的滇中类型青铜文化的确认虽然大体一致，但对于滇西和滇西北青铜文化究竟是分别自成类型，[1] 还是统称之为滇西类型，[2] 看法却不尽相同。此外，学术界对楚雄万家坝青铜文化的归属，也有不同意见。有的学者认为楚雄万家坝青铜文化

　　①　张增琪：《云南青铜文化研究》，《云南青铜文化论集》，云南人民出版社1991年版。
　　②　阚勇：《滇西青铜文化浅谈》，《云南青铜文化论集》，云南人民出版社1991年版。

属于滇西类型的范畴。① 也有的学者认为这类青铜文化既有滇池区的特点，又有洱海区的特点，故将其划入滇西区青铜文化范畴似有不妥。②

本文依据有关的青铜矛资料，也就云南青铜文化类型的划分以及楚雄万家坝青铜文化的归属，发表粗浅意见。

二 云南青铜矛的类型和分布

云南青铜矛的形制虽然繁杂，但仍有规律可循。以骹侧有无环耳，可区分为甲、乙两类。即有环耳者为甲类矛，无环耳者为乙类矛。各类矛又可分若干型、式。这些类、型、式的划分，大体反映出云南青铜矛的时代特征和地方特征（表3-3、表3-4、表3-5）。

甲类矛 分为八型。

A型：矛身呈宽叶状，骹长与矛身略等，骹两侧附对称半圆形环耳或一侧附半圆形环耳。銎口皆圆形，骹中空贯抵矛锋。分三式。

AI式：矛身上窄下宽，侧刃微弧，骹下部或骹端两侧附对称环耳。

此式矛始见于春秋早期。德钦纳古③出土3件，通长19.2—24厘米。这是迄今所知云南最早的骹侧附对称环耳的甲类矛。其中2件出土于石棺墓，1件系采集品（图3-29，6）。后者与墓中所出形制相同，环耳位于骹下部两侧，唯双耳间饰平行线夹菱形纹。此外，剑川鳌凤山④出土2件，时间为春秋晚期；宁浪大兴镇⑤出土4件，战国中期；昌宁⑥⑦出土3件，时间约为战国时期；德钦永芝⑧1件，西汉早期。永胜金官龙潭⑨出土的AI式矛约自春秋晚期延续至西汉。

AII式：矛身最宽处近中部，侧刃弧度较大，骹下部两侧附对称环耳。

此式矛见于春秋晚期。楚雄万家坝出土3件，M23：380（图3-29，9），双耳间饰弦纹，其下有镂孔，通长20厘米。

① 阚勇：《滇西青铜文化浅谈》，《云南青铜文化论集》，云南人民出版社1991年版。
② 李昆声、张增琪：《云南青铜文化之探索——代序言》，《云南青铜文化论集》，云南人民出版社1991年版。
③ 云南省博物馆文物工作队：《云南德钦县纳古石棺墓》，《考古》1983年第3期。
④ 云南省博物馆文物工作队：《云南剑川鳌凤山墓地发掘简报》，《文物》1986年第7期。
⑤ 云南省博物馆文物工作队：《云南宁浪县大兴镇古墓葬》，《考古》1983年第3期。
⑥ 耿德铭：《云南昌宁青铜器综说》，《考古》1992年第5期。
⑦ 保山地区文管所：《昌宁县大田坝青铜兵器出土情况调查》，《云南文物》第13期。
⑧ 云南省博物馆文物工作队：《云南德钦永芝发现的古墓葬》，《考古》1975年第4期。
⑨ 云南省博物馆保管部：《云南永胜金官龙潭出土青铜器》，《云南文物》第19期。

AⅢ式：矛身与AⅠ式近似，唯骹下端一侧附环耳。

此式矛迄今所知，仅见于战国中期。剑川鳌凤山出土2件，M2∶1（图3-29，8），骹上部一长方穿，通长20.2厘米。

B型：矛身窄长，似柳叶形，骹短于矛身，骹一侧附半圆形环耳或两侧附对称半圆形环耳。分四式。

BⅠ式：骹端内凹，一侧附环耳。

楚雄万家坝共出土此式矛137件，其中19件属春秋早期，这是目前所知云南最早的骹侧附单环耳的甲类矛。M23∶395（图3-29，7），矛身中脊起棱，銎口呈椭圆形，通长19.8厘米。另有118件属春秋晚期。

BⅡ式：骹中部两侧附对称环耳。

呈贡石碑村①②出土的此式矛，时间约自春秋晚期延续至东汉初期。江川团山③出土的2件约自战国中期至西汉早期。永胜金官龙潭出土的BⅡ式矛时间约自春秋晚期延续至西汉。晋宁石寨山M3∶109（图3-29，3），矛身下部及骹饰反复回旋纹和菱格纹等组成的图案，銎口呈圆形，时间为西汉中期。

BⅢ式：矛身最宽处偏下，基部收分弧度较大，骹下部两侧附对称环耳。

此式矛迄今所知，仅见于西汉中期。晋宁石寨山M12∶140（图3-29，2），骹饰反复回旋纹和菱格纹，銎口呈圆形。

BⅣ式：矛身形式近BⅢ式，骹下部两侧亦附对称环耳，唯骹端为凹形缺口。

此式矛仅见于西汉中期（晋宁石寨山M3∶103，图3-29，11）。

C型：矛身呈长条形或长三角形，骹短于矛身，骹下部两侧附对称半圆形环耳或一侧附半圆形环耳。分五式。

CⅠ式：矛身呈长条形，骹两侧附对称环耳，骹端分叉。

此式矛始见于春秋晚期。楚雄万家坝出土15件。M23∶192（图3-29，10），矛身中脊起棱，饰孔雀羽状纹，短骹，双耳间饰弦纹，銎口呈椭圆形，通长42厘米。M23∶202最长，81厘米。昆明上马五台山④出土2件，约春秋晚期至战国中期；德钦石底⑤出土1件，约战国中期至西汉早期；江川李家山⑥出土的CⅠ式矛，约战国晚期至东汉初期。

① 云南省博物馆文物工作队：《云南呈贡龙街石碑村古墓群发掘简报》，《文物资料丛刊》第3期。
② 昆明市文物管理委员会：《昆明呈贡石碑村古墓群第二次清理简报》，《考古》1984年第3期。
③ 云南省博物馆文物工作队：《云南江川团山古墓葬发掘简报》，《文物资料丛刊》第8期。
④ 云南省文物工作队：《昆明上马村五台山古墓清理简报》，《考古》1984年第3期。
⑤ 云南省博物馆文物工作队：《云南德钦县石底古墓》，《考古》1983年第3期。
⑥ 云南省博物馆：《云南江川李家山古墓群发掘报告》，《考古学报》1975年第2期。

CⅡ式：矛身呈长三角形，骹两侧附对称环耳，短骹。

此式矛始见于春秋晚期至战国中期，昆明上马五台山出土3件属此时。呈贡天子庙[①]出土5件，时间为战国中期。呈贡石碑村 M21：2（图3－29，5），短骹，饰弦纹、旋纹、编织纹和回纹，双耳下有对穿钉孔，銎口呈圆形，通长24.2厘米。时间为西汉中期。

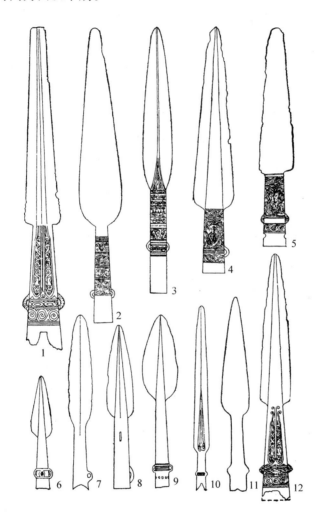

图3－29　云南甲类青铜矛示意图之一

1. C Ⅲ式（呈贡天子庙 M41：2）　　2. B Ⅲ式（晋宁石寨山 M12：140）　　3. B Ⅱ式（晋宁石寨山 M3：109）　　4. C Ⅴ式（呈贡天子庙 M41：172）　　5. C Ⅱ式（呈贡石碑村 M21：2）　　6. A Ⅰ式（德钦纳古）　　7. B Ⅰ式（楚雄万家坝 M23：395）　　8. A Ⅲ式（剑川鳌凤山 M2：1）　　9. A Ⅱ式（楚雄万家坝 M23：380）　　10. C Ⅰ式（楚雄万家坝 M23：192）　　11. B Ⅳ式（晋宁石寨山 M3：103）　　12. C Ⅳ式（呈贡天子庙 M41：22）

① 昆明市文物管理委员会：《呈贡天子庙滇墓》，《考古学报》1985年第4期。

CⅢ式：矛身呈长三角形，骹两侧附对称环耳，骹端分叉，叉内侧边外弧，叉基交接处呈平直状缺口。

此式矛见于春秋晚期至战国中期。出土于呈贡石碑村的CⅢ式矛延续至战国末至西汉初。呈贡天子庙出土 12 件，都属战国中期。晋宁石寨山出土的CⅢ式矛，时间为西汉早、中期。呈贡天子庙 M41：2（图 3-29，1），矛身无锋尖，骹饰怪兽纹、旋纹和弦纹，耳饰绳纹，銎口呈椭圆形，通长 36 厘米。时间为战国中期。

CⅣ式：与CⅢ式近似，但体较小，矛身基部斜收。

此式矛仅见于战国中期。呈贡天子庙出土 10 件。M41：22（图 3-29，12），骹饰孔雀羽状纹、旋纹和弦纹，叉残，銎口呈椭圆形，贯抵矛锋，骹一侧耳残（图 3-29，12 为复原图），通长 26.6 厘米。

CⅤ式：矛身呈长三角形，短骹，骹一侧附环耳。

此式矛始见于战国中期。呈贡天子庙出土 15 件。M41：172（图 3-29，4），骹饰编织纹、绳纹、旋纹，銎口呈椭圆形，贯抵矛锋，通长 26.5 厘米。江川李家山出土的CⅤ式矛自战国晚期延续至东汉初期，昆明大团[①]出土的一件青铜矛，叶呈长三角形，骹两侧附对称半圆形环耳，骹下部残缺，应属本文划分的 C 型，但式别不明。时间为春秋、战国之际。

D 型：体宽短，矛身呈阔叶状，骹短于矛身，骹两侧附对称环耳或骹一侧附兽状耳。分四式。

DⅠ式：骹中部两侧附对称半圆形环耳。

此式矛见于春秋晚期至战国中期。昆明上马五台山出土 1 件（M1：1；图 3-30，9），矛身起中脊，骹短粗，銎口呈圆形，通长 15.5 厘米。

DⅡ式：形制与DⅠ式相似，唯骹端呈弧形内凹。

此式矛始见于战国中期。呈贡天子庙出土 2 件。M41：182（图 3-30，11），矛身中部及骹饰太阳纹、锯齿纹、绳纹、旋纹、箭头纹，通长 14.4 厘米。晋宁石寨山出土的DⅡ式矛，时间为西汉早、中期。

DⅢ式：矛身基部与骹一侧附兽状耳，骹端分叉，叉侧边外弧，叉基呈缺口状。

此式矛仅见于战国晚期至西汉早期。江川李家山 M24：29（图 3-30，7），矛身中脊和骹饰双旋纹、曲线纹、回形纹、太阳纹，銎口呈椭圆形，通长 18.2 厘米。

DⅣ式：矛身与骹侧所附鲁形环耳型式与DⅢ式近似，唯骹端近平齐。

---

① 云南省博物馆文物工作队：《昆明大团山滇文化墓葬》，《考古》1983 年第 9 期。

此式矛见于西汉早、中期。晋宁石寨山 M13：199（图 3 - 30，8），矛身中脊与骹饰反复回旋纹、绹纹、斜方格纹，銎口呈椭圆形。

E 型：矛身侧刃内凹，骹短于矛身，骹两侧附对称半圆形环耳或立牛。分四式。

E Ⅰ式：矛身介于长三角形与琵琶形之间，侧刃内凹位置在矛身中部偏上，双耳位于骹中部两侧，骹端分叉。

此式矛见于春秋晚期至战国中期。昆明上马五台山出土 1 件（M1：2；图 3 - 30，5），矛身形体不甚规整，銎口呈椭圆形，贯通中脊，通长 34.3 厘米。

E Ⅱ式：矛身若琵琶状，侧刃内凹位置在矛身中部偏下，双耳位于骹上部两侧，骹端分叉。

此式矛始见于战国早、中期。弥渡苴力①出土 2 件，祥云大波那②③出土 6 件。祥云大波那 M2：18（图 3 - 30，10），矛身中脊饰孔雀羽状纹，双耳间饰弦纹，銎口呈圆形，通长 25.3 厘米。晋宁石寨山出土的 E Ⅱ式矛，时间为西汉早、中期。

E Ⅲ式：矛身侧刃双曲，骹上端两侧附对称环耳。

此式矛见于西汉早、中期。晋宁石寨山 M22：9（图 3 - 30，12），时间为西汉早期。

E Ⅳ式：矛身形式与 E Ⅲ式相近，唯略显瘦长，基部平直，与 E Ⅲ式矛身基部略弧有所不同，骹上端置立牛。

此式矛仅见于西汉中期，典型器物如晋宁石寨山 M6：88（图 3 - 30，2）。

F 型：矛身若收拢之伞状，侧刃微弧，基部回收若双翼，刃端有倒刺，骹长于矛身，骹中部两侧附对称半圆形环耳，耳上各系一铃，銎贯抵锋尖。

此型矛见于西汉早、中期。晋宁石寨山 M15：20（图 3 - 30，3），时间为西汉早期。

G 型：矛身呈宽短三角形，骹长与矛身略等，骹中部偏下两侧附对称半圆形环耳。

此型矛仅见于西汉中期。晋宁石寨山 M43：5（图 3 - 30，6），矛身起脊，耳下有对穿钉孔，骹饰凹弦纹、编织纹，銎口呈圆形，通长 15.5 厘米。

H 型：矛身若菱形，骹短于矛身，骹两侧附半圆形环耳四对，或骹一侧附半圆形环耳。分二式。

---

① 云南省博物馆文物工作队：《云南弥渡苴力战国石墓》，《文物》1986 年第 7 期。
② 云南省文物工作队：《云南祥云大波那木椁铜棺墓清理报告》，《考古》1964 年第 12 期。
③ 大理州文管所、祥云县文化馆：《云南祥云大波那木椁墓》，《文物》1986 年第 7 期。

HI式：刃上部斜长，下部弧收，骹略短于矛身，骹两侧附半圆形环耳四对。

此式矛仅见于西汉中期。晋宁石寨山M6：84（图3－30，1），矛身基部饰斜方格纹，骹上部饰回旋纹和弦纹。

HⅡ式：刃上部外张，下部斜收，短骹，一侧附半圆形环耳。

此式矛仅见于西汉中期。晋宁石寨山M3：112（图3－30，4），矛身侧刃折角处各系一小人，裸体，双手背剪。

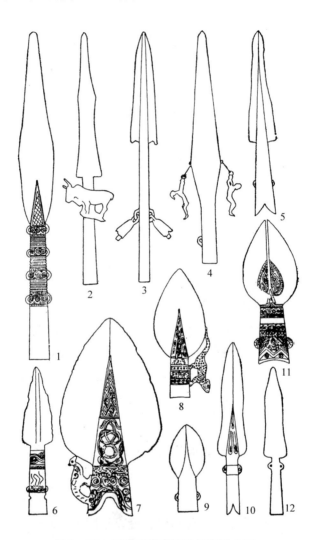

图3－30　云南甲类青铜矛示意图之二

1. HⅠ式（晋宁石寨山M6：84）　2. EⅣ式（晋宁石寨山M6：88）　3. F型（晋宁石寨山M15：20）　4. HⅡ式（晋宁石寨山M3：112）　5. EⅠ式（昆明上马五台山M1：2）　6. G型（晋宁石寨山M43：5）　7. DⅢ式（江川李家山M24：29）　8. DⅣ式（晋宁石寨山M13：199）　9. DⅠ式（昆明上马五台山M1：1）　10. EⅡ式（祥云大波那M2：18）　11. DⅡ式（呈贡天子庙M41：182）　12. EⅢ式（晋宁石寨山M22：9）

表 3 - 3　　　　　　　　　　　**云南甲类青铜矛演进序列表**

时代 型式	春秋早期	春秋晚期	战国早期	战国中期	战国晚期	西汉早期	西汉中期	西汉晚期	东汉初期
A I	──	──	- - -		- - -	──			
A Ⅱ		──							
A Ⅲ				──					
B I	──								
B Ⅱ		──							
B Ⅲ							──		
B Ⅳ							──		
C I		──							
C Ⅱ		──							
C Ⅲ		──							
C Ⅳ				──					
C Ⅴ				──					
D I		──							
D Ⅱ				──	- - -				
D Ⅲ				──					
D Ⅳ				──					
E I		──							
E Ⅱ			──		- - -				
E Ⅲ				──					
E Ⅳ							──		
F							──		
G							──		
H I							──		
H Ⅱ							──		

表 3 - 4　　　　　　　　　　　**云南乙类青铜矛演进序列表**

时代 型式	春秋早期	春秋晚期	战国早期	战国中期	战国晚期	西汉早期	西汉中期	西汉晚期	东汉初期
A I	──								
A Ⅱ					──		- - -		
A Ⅲ							──		
A Ⅳ							──		
B I		──							
B Ⅱ		──							
C I		──							
C Ⅱ		──							

续表

时代＼型式	春秋早期	春秋晚期	战国早期	战国中期	战国晚期	西汉早期	西汉中期	西汉晚期	东汉初期
DⅠ									
DⅡ									
EⅠ									
EⅡ									
FⅠ									
FⅡ									
GⅠ									
GⅡ									
H									
Ⅰ									
J									

表 3－5　　　　　　　　　**云南出土青铜矛统计表**

时代	出土地点	类、型、式及件数	纹饰
春秋早期	德钦纳古	甲ＡⅠ3	1件双耳间饰平行线夹菱形纹
	楚雄万家坝	甲ＢⅠ19；乙ＡⅠ5	乙ＡⅠ有的骸上饰人、蛇及连续云纹
春秋晚期	剑川鳌凤山	甲ＡⅠ2	
	楚雄万家坝	甲ＡⅠ3、ＢⅠ118、ＣⅠ15；乙ＡⅠ2、ＢⅠ182、ＢⅡ91、ＣⅡ7	甲ＡⅡ双耳间饰弦纹，其下有方形锁孔；ＣⅠ矛身饰孔雀羽状纹，双耳间饰弦纹；乙ＣⅡ矛身饰同心圆一对
	永胜金官龙潭	甲ＡⅠ、ＢⅡ；乙ＢⅡ2、ＣⅠ	
春秋晚期至战国早期	昆明大团山	甲Ｃ（残）	

时代	出土地点	类、型、式及件数	纹饰
春秋晚期至战国中期	昆明上马五台山	甲CⅠ2、CⅡ3、DⅠ1、EⅠ1	甲CⅠ散饰弦纹,矛身有的饰孔雀羽状纹;CⅡ散饰锯齿纹、云纹、雷纹、编织纹、点纹
	呈贡石碑村	甲BⅡ、CⅢ;乙AⅠ、DⅠ、DⅡ	甲BⅡ散饰双旋纹、回纹、龙纹,CⅢ散饰双旋纹、三角形齿纹,矛身饰三角形、圆圈及线纹;乙AⅠ散饰龙纹,DⅠ散饰双旋纹;DⅡ个别散饰三角齿纹、线纹
战国早、中期	弥渡苴力	甲EⅡ2	矛身饰孔雀羽状纹,双耳间饰点线纹
	祥云大波那	甲EⅡ6	矛身饰孔雀羽状纹,双耳间饰点线纹
战国中期	宁浪大兴镇	甲AⅠ4	
	剑川鳌凤山	甲AⅢ2	
	呈贡天子庙	甲CⅡ5、CⅢ12、CⅣ10、CⅤ15、DⅡ2;乙AⅡ、DⅠ4、EⅠ9;类、型、式不明者6	甲CⅡ、CⅤ散饰编织纹、绳纹、旋纹,CⅢ、CⅣ散饰怪兽纹、旋纹、绳纹、弦纹,DⅡ矛身与散饰太阳纹、锯齿纹、绳纹、旋纹、箭头纹
战国早中期至西汉早期	江川团山	甲BⅡ2、CⅠ2;乙AⅠ1、FⅠ1	甲CⅠ矛身或弧线纹,散饰卷云纹、弦纹
	德钦石底	甲CⅠ1	矛身饰孔雀羽状纹,双耳间饰点线纹
	永胜金官龙潭	甲AⅠ、BⅡ共39件(含春秋晚期),甲1,残;乙CⅠ11(含春秋晚期);乙DⅡ1、FⅠ1	甲AⅠ矛身有的饰蕉叶纹、三角纹、点纹;乙DⅡ散饰菱形纹、三角纹、折线纹、弦纹、鸟纹,FⅠ散饰镂孔
	昌宁	甲AⅠ1;乙AⅠ1	
	昌宁大田坝	甲2	
战国晚期	呈贡天子庙	1件,类、型、式不明	纹饰同前
战国晚期至西汉早期	呈贡石碑村	甲BⅡ、CⅢ;乙DⅠ、DⅡ、FⅡ	纹饰同前
	江川李家山	甲CⅠ、CⅤ、DⅢ;乙AⅡ、EⅠ、GⅠ	甲CⅠ矛身与散多饰双旋纹、三角齿纹、弧线纹,还有人、虎搏斗浮雕等;CⅤ散多饰双旋纹、三角齿纹;DⅢ矛身与散饰双旋纹、曲线纹、回形纹、太阳纹;乙AⅡ矛身与散饰双旋纹、三角齿纹、平行线纹;乙GⅠ矛身饰同心圆纹
西汉早期	呈贡天子庙	乙EⅠ1,1件不明	
	德钦永芝	甲AⅠ1	
	晋宁石寨山	甲CⅢ、DⅡ、DⅣ、EⅡ、EⅢ、F;乙EⅠ、EⅡ、GⅡ、H	矛身及散多饰回旋纹、绳纹、弦纹、纽带纹、菱格纹、孔雀纹,环耳有的作猫、豹、穿山甲形

续表

时代	出土地点	类、型、式及件数	纹饰
西汉中期	呈贡石碑村	甲 B Ⅱ、C Ⅱ、G；乙 A Ⅲ、D Ⅰ、F Ⅰ、F Ⅱ	甲 G 散饰弦纹和编织纹，余皆同前
西汉中期	晋宁石寨山	甲 B Ⅱ、B Ⅲ、B Ⅳ、C Ⅲ、D Ⅱ、D Ⅳ、E Ⅱ、E Ⅲ、E Ⅳ、F、G、H Ⅰ、H Ⅱ；乙 A Ⅳ、E Ⅰ、E Ⅱ、G Ⅱ、H、I。两类共 228 件	纹饰同前
西汉中、晚期	呈贡石碑村	甲 B Ⅱ；乙 A Ⅰ、D Ⅰ	纹饰同前
西汉中、晚期	永胜金官龙潭	乙 J1（铁刃），乙类 1 残（铁刃），另 2 件类、型、式不明（铁刃）	
西汉中期至东汉初期	江川李家山	甲 C Ⅰ、C Ⅴ；乙 E Ⅰ。两类共 126 件（其中采集 56 件）	纹饰同前
西汉晚期	晋宁石寨山	乙 F Ⅲ1	
西汉	曲靖珠街八塔台	不详	
西汉晚期至东汉初期	呈贡石碑村	甲 B Ⅱ；乙 A Ⅱ、F Ⅱ。两类共 37 件（其中 1 件残）	

注：甲、乙代表类，英文字母与罗马字母分别代表型、式，阿拉伯字母代表件数，未注明件数者为件数不明。

乙类矛 分九型[①]。

A 型：矛身若柳叶状，侧刃弧度有所不同。骹短于矛身。分四式。

A Ⅰ式：矛身弧度较小，骹略短于矛身。

楚雄万家坝出土 7 件，其中 5 件属春秋早期，这是迄今所见云南最早的乙

---

① 《呈贡天子庙滇墓》发掘报告中之"Ⅱ型"矛"五件，銎孔椭圆似鸭嘴形张开，通体扁平，双耳"（另包括中小墓的 3 件Ⅱ型矛，共 8 件）应为本文之甲类矛。但报告图八，3 发表的Ⅱ型矛标本41：37却无双耳，又应属本文之乙类矛。因文图不符，为避免差误，本文未划定其类别和型式。

类矛。M72：1（图3-31，4），矛身起中脊，矛身基部及骹上纹饰为一人左右手各抱一蛇，蛇身缠绕，周边为连续云纹，銎口呈圆形，残长27厘米。另2件为春秋晚期。江川团山出土1件，约战国中期至西汉早期。昌宁出土1件，战国。呈贡石碑村出土的AⅠ式矛，约自春秋晚期延续至西汉中、晚期。

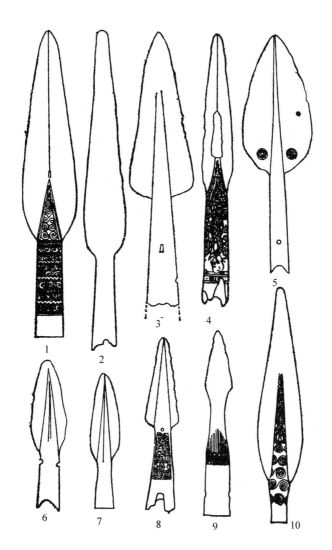

图3-31 云南乙类青铜矛示意图

1. AⅡ式（江川李家山M21：84）　2. AⅢ式（呈贡石碑村M63：4）　3. CⅠ式（永胜金官龙潭）
4. AⅠ式（楚雄万家坝M72：1）　5. CⅡ式（楚雄万家坝M23：197）　6. BⅡ式（楚雄万家坝M23：57）　7. BⅠ式（楚雄万家坝M57：4）　8. DⅠ式（呈贡石碑村M102：6）　9. DⅡ式（呈贡石碑村M46：5）　10. AⅣ式（晋宁石寨山M12：31）

AⅡ式：矛身侧刃收分弧度较大，短骹。

此式矛始见于战国晚期至西汉早期。江川李家山 M21∶84（图 3 - 31，1），矛身起中脊，基部及骹饰双旋纹、三角齿纹、平行线纹，銎口呈圆形，通长 25.7 厘米。呈贡石碑村出土的 A Ⅱ 式矛，时间约为两汉之际。

A Ⅲ 式：矛身窄长，基部弧度收分明显，短骹，骹端分叉。

此式矛仅见于西汉中期。呈贡石碑村 M63∶4（图 3 - 31，2），銎口呈椭圆形，残长 32 厘米。

A Ⅳ 式：矛身形状近 A Ⅱ 式，唯矛身上部更窄，骹甚短。

此式矛仅见于西汉中期。晋宁石寨山 M12∶31（图 3 - 31，10），矛身中脊及骹饰反复回旋纹和纽带纹，銎口呈圆形。

B 型：体小，矛身呈短叶状，骹短于矛身，銎口呈圆形，贯抵矛锋。分二式。

B Ⅰ 式：骹端平齐。

此式矛仅见于春秋晚期。楚雄万家坝出土 182 件。M57∶4（图 3 - 31，7），通长 12.5 厘米。

B Ⅱ 式：形体与 B Ⅰ 式接近，唯骹端分叉。

此式矛也仅见于春秋晚期。楚雄万家坝出土 91 件。永胜金官龙潭出土 2件。楚雄万家坝 M23∶57（图 3 - 31，6），通长 13.8 厘米。

C 型：矛身呈宽叶状。分二式。

C Ⅰ 式：矛身上窄下宽，侧刃略有弧度，銎口呈圆形。

此式矛见于春秋晚期至西汉。永胜金官龙潭出土 11 件。59—8（图 3 - 31，3），骹上有钉孔，銎口残。

C Ⅱ 式：矛身呈阔叶状，骹略短于矛身，骹端分叉，銎口呈椭圆形，贯抵矛锋。

此式矛仅见于春秋晚期。楚雄万家坝出土 7 件，M23∶197（图 3 - 31，5），矛身基部饰同心圆一对，骹下部有穿孔，通长 24.8 厘米。

D 型：矛身呈小三角形。分二式。

D Ⅰ 式：骹长与矛身略等，骹端分叉，叉基呈平直状缺口。

呈贡石碑村出土的 D Ⅰ 式矛，约自春秋晚期延续至西汉中、晚期。M102∶6（图 3 - 31，8），骹饰双旋纹，銎口呈椭圆形，贯抵锋尖。时间为战国晚期至西汉早期。呈贡天子庙出土 4 件，时间为战国中期。

D Ⅱ 式：矛身较 D Ⅰ 式短小，长骹。

呈贡石碑村出土的此式矛，约自春秋晚期延续至西汉早期。永胜金官龙潭出土 1 件，约战国时期。呈贡石碑村 M46∶5（图 3 - 31，9），骹上细下粗，銎口呈圆形，通长15厘米。时间为战国晚期至西汉早期。

E型：矛身呈长三角形，骹短于矛身。分二式。

EI式：矛身较窄，基部略收。

此式矛始见于战国中期，呈贡天子庙出土的9件即属此期。还有一件为西汉早期。晋宁石寨山出土的EI式矛为西汉早、中期。江川李家山出土的EI式矛，约自战国晚期延续至东汉初年。江川李家山M24：45（图3－32，3），銎口呈圆形，贯抵锋尖。时间为战国晚期至西汉早期。

EⅡ式：矛身较宽，基部平直，骹稍长。

此式矛见于西汉早、中期。晋宁石寨山M6：84（图3－32，7），矛身基部两侧折角处各吊一小人，双手背剪。

F型：矛身呈小叶状，长骹。分三式。

FI式：叶特小，矛身与骹之间有圆突状外凸，骹上部有茬口状接棱。

此式矛始见于战国中期，延至西汉早期及中期。江川团山和永胜金官龙潭各出土1件。呈贡石碑村M63：1（图3－32，11），骹端饰两道弦纹，銎口呈圆形，通长18厘米。时间为西汉中期。

FⅡ式：矛身呈柳叶形。

呈贡石碑村出土的此式矛自战国晚期延续至两汉之际。M12：7（图3－32，12），近骹端有对穿钉孔，銎口呈圆形，时间为西汉中期。

FⅢ式：矛身较FⅡ式窄长，基部阶状内收，骹上端呈亚腰状。

此式矛仅见于西汉晚期。晋宁石寨山M8：2为其代表（图3－32，4）。

G型：矛身侧刃内曲，若琵琶状，骹短于矛身。分二式。

GI式：矛身下部侧刃内曲，基部凹收，短骹。

此式矛仅见于战国晚期至西汉早期。江川李家山M24：49（图3－32，5），矛身侧刃不规整，中脊下端饰对称的同心圆，銎口呈圆形，通长36.7厘米。

GⅡ式：矛身中部侧刃内曲，基部弧收，骹略短于矛身。

此式矛见于西汉早、中期。晋宁石寨山M13：277是其代表（图3－32，14）。

H型：矛身若收拢之伞状，刃端有倒刺，短骹。

此型矛见于西汉早、中期。晋宁石寨山M15：23（图3－32，6），时间为西汉早期。

I型：矛身似菱形，刃上部外张，下部斜收，骹短于矛身。

此型矛仅见于西汉中期。晋宁石寨山M3：108（图3－32，1），骹饰孔雀纹，銎口呈圆形，贯抵锋尖。

J型：矛身略呈窄叶状，矛身与骹分界不明显，骹下端较粗，銎口呈圆形。

此型矛见于西汉中期或稍晚。永胜金官龙潭出土1件（图3-32，13），矛身起中脊，铁刃。

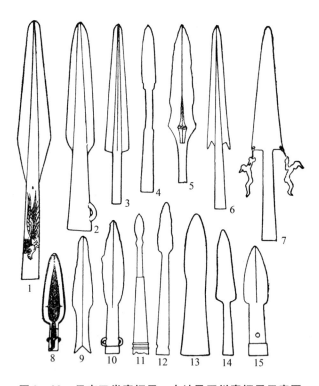

图3-32 云南乙类青铜矛、内地及四川青铜矛示意图

1. 云南乙类Ⅰ型（晋宁石寨山 M3：108） 2. 岐山贺家村 M15：8 3. 云南乙类EⅠ式（江川李家山 M24：45） 4. 云南乙类FⅢ式（晋宁石寨山 M8：2） 5. 云南乙类GⅠ式（江川李家山 M24：49） 6. 云南乙类 H 型（晋宁石寨山 M15：23） 7. 云南乙类EⅡ式（晋宁石寨山 M6：84） 8. 四川彭县竹瓦街 9. 北京昌平白浮 M2：43 10. 黄陂楼子湾 M3：8 11. 云南乙类FⅠ式（呈贡石碑村 M63：1） 12. 云南乙类FⅡ式（呈贡石碑村 M12：7） 13. 云南乙类J型（永胜金官龙潭） 14. 云南乙类GⅡ式（晋宁石寨山 M13：277） 15. 藁城台西 M112：8

三 春秋青铜矛

云南的春秋早期青铜矛，甲类AⅠ式、乙类AⅠ式，矛身皆叶状，或呈宽叶形，或为柳叶形，与内地商、西周青铜矛的基本型式相似。

就内地（泛指黄河、长江中下游地区）而言，青铜矛早在商代二里冈期即已出现。湖北黄陂楼子湾①出土的青铜矛 M3：8（图 3 - 32，10），矛身呈柳叶形，中脊起棱，骹短于矛身，骹端两侧附对称半圆形环耳。河北藁城台西②出土的青铜矛 M112：8（图 3 - 32，15），矛身呈宽短叶状，中脊起棱，骹与矛身略等。此两件矛是迄今所知时间最早的青铜矛，也是甲、乙两类青铜矛之鼻祖。商、西周时期，内地青铜矛，无论是甲类或乙类，叶状矛始终是其基本形态。

云南青铜矛出现甚晚。春秋早期始见青铜矛之时，内地流行青铜矛已近千年。云南春秋早期的两类青铜矛，矛身型式亦皆呈叶状。可见，云南青铜矛与内地青铜矛不无渊源关系。

云南春秋早期甲类 BⅠ式矛，矛身呈柳叶形，骹侧附单环耳，骹端分叉。骹侧附单环耳青铜矛最早见于陕西岐山贺家村③西周早期墓葬 M15，该墓出土的青铜矛 M15：8（图 3 - 32，2），矛身呈柳叶形，骹短于矛身，骹端一侧附半圆形环耳。骹端分叉青铜矛始见于北京昌平白浮④西周早期墓 M2。该墓出土的青铜矛 M2：43（图 3 - 32，9），矛身似柳叶，骹短于矛身，骹端分叉。上述标本并非孤证，西周时期内地多有所见。由此可以推断，云南甲类 BⅠ式矛的始作，最低限度也受到内地青铜矛的启迪。而矛身呈柳叶形，骹一侧附单环耳，骹端分叉，此三者之组合，则是云南春秋早期青铜矛独特的地方特点，为内地所不见。

云南春秋早期甲类 AⅠ式和乙类 AⅠ式矛矛身及骹上有时可以见到纹饰。德钦纳古出土的甲类 AⅠ式矛，双耳间饰平行线夹菱形纹。楚雄万家坝出土的乙类 AⅠ式矛，矛身与骹饰人双手持蛇的图案。

矛身与骹饰纹饰的作风，始见于四川。四川彭县竹瓦街⑤出土的 1 件商、周之际的青铜矛（图 3 - 32，8），矛身宽大，短骹，两侧附对称半圆形环耳，矛身两面饰斜尖角变体雷纹与点纹组成的尖叶形图案，骹两面各饰一条全身为半立体状的壁虎。有关四川的西周、春秋时期青铜矛的资料，虽尚未见报道，但从四川战国时期青铜矛仍广饰纹饰看，此种作风长期延续而未曾间断。云南与四川毗邻，云南青铜矛饰纹饰的作风曾受四川青铜矛的影响，想来也是合乎情理的。

① 湖北省博物馆：《盘龙城商代二里冈期的青铜器》，《文物》1976 年第 2 期。
② 河北省文物研究所：《藁城台西商代遗址》，文物出版社 1985 年版。
③ 陕西省博物馆等：《陕西岐山贺家村西周墓葬》，《考古》1976 年第 1 期。
④ 北京市文物管理处：《北京地区的又一重要考古收获——昌平白浮西周木椁墓的新启示》，《考古》1976 年第 4 期。
⑤ 冯汉骥：《四川彭县出土的铜器》，《文物》1980 年第 12 期。

春秋晚期，云南青铜矛仍以叶状矛为其基本型式。除延续的甲类 A I 式、B I 式，以及乙类 A I 式之外，增出的乙类 B 型和 C 型矛，矛身形式依然为叶状。唯甲类 C I 式矛，矛身呈细长条形，虽系柳叶形的变体，但毕竟开始脱离叶状矛的窠臼，是仅见于云南的地方形式。

楚雄万家坝位于滇中和滇西的交界处，融合了滇中与滇西青铜文化的诸多因素，因而学术界对其文化的归属有不同意见。楚雄万家坝青铜矛与滇西青铜矛确有共同的因素，如甲类 A 型和乙类 B 型矛皆有所见，甲类矛骹侧双耳间饰纹饰的作风亦流行。但是楚雄万家坝青铜矛也有区别于滇西青铜矛的显著差异，突出表现在楚雄万家坝甲类 C I 式矛，迄今不见于滇西春秋时期。矛身呈长条形，骹两侧附对称环耳，骹端分叉的 C I 式矛，是楚雄万家坝青铜矛最富特征的形式，出土数量达 15 件之多。若联系下文，由甲类 C I 式矛演进而来，矛身呈长三角形，骹侧附耳的甲类 C 型矛的诸多新型式，于滇中广为流行，却在滇西少见的事实，楚雄万家坝青铜矛似与滇中青铜矛的关系更为密切。

楚雄万家坝是云南出土春秋青铜矛最重要的地点，出土的 442 件青铜矛中，甲类有 155 件，乙类则多达 287 件，超出甲类矛 132 件。除未见甲类 A I 式矛外，楚雄万家坝几乎囊括了目前所知云南春秋青铜矛的所有型、式。楚雄万家坝的乙类 A I 式矛属春秋早期者 5 件，此式矛开创了乙类矛的先河。春秋晚期的乙类矛 282 件，是流行此类矛的主要地区。楚雄万家坝青铜矛的资料，对于研究云南春秋时期的青铜文化有着不可低估的重要意义，对判定楚雄万家坝青铜文化的归属，亦当有所启迪。

四　战国青铜矛

云南出土战国青铜矛的地点明显增多。滇中的出土地点有昆明大团山、上马五台山，呈贡石碑村、天子庙，江川团山和曲靖珠街八塔台。滇西的出土地点有祥云大波那、弥渡苴力，剑川鳌凤山，宁浪大兴镇，德钦石底、昌宁，昌宁大田坝和永胜金官龙潭。

青铜矛的型、式也较前复杂。除某些型、式是春秋青铜矛的延续之外，又出现许多新的型、式。

如果说，因出土地点少，有关资料比较贫乏，致使对云南春秋青铜矛的认识尚欠明了的话，那么，战国青铜矛的出土资料则较为丰富，因而对战国青铜矛的认识自当深刻得多。

战国青铜矛延续春秋青铜矛型、式的有甲类 A I 式、C I 式和乙类 A I 式、

CⅠ式，其作风与前者大体一致。

新出的型、式，甲类矛有AⅢ式，BⅡ式，CⅡ—CⅤ式，DⅠ、DⅡ式，E
Ⅰ、EⅡ式；乙类矛有DⅠ、DⅡ式，EⅠ式，FⅠ式。

云南的战国青铜矛，矛身呈叶状的型式依然盛行，不仅延续春秋时期的甲
类AⅠ式和乙类AⅠ式、CⅠ式，而且又增出甲类AⅢ式，BⅡ式，DⅠ、DⅡ式
和乙类FⅠ式，表明叶状矛作为云南青铜矛的基本型式，对后世仍有深远的影
响。新出的甲类DⅠ、DⅡ式，体短粗，矛身呈阔叶状；乙类FⅠ式，体细长，
矛身呈小叶状，不但具有鲜明的时代特征，而且是区别于内地叶状矛的典型的
地方型式，也反映出云南叶状矛独特的演进规律。

非叶状矛型、式的增多，是云南战国青铜矛显著的时代特征。不仅矛身呈
长条形的甲类CⅠ式矛依然延续，而且又出现矛身呈长三角形的CⅡ—CⅤ式
和乙类EⅠ式矛，矛身呈宽短三角形和小三角形的乙类D型矛，以及矛身呈琵
琶形的甲类EⅠ、EⅡ式矛。

楚雄万家坝春秋墓地出土矛身呈长条形的甲类CⅠ式矛。昆明上马五台山
春秋晚期至战国中期墓地，则出土甲类CⅠ式矛及矛身呈长三角形的甲类CⅡ
式矛。既反映出甲类CⅠ式矛与CⅡ式矛之间的延续和演进关系，也为昆明上
马五台山墓地的下限在时间上晚于楚雄万家坝墓地提供了重要的例证。

甲类EⅠ式矛迄今仅见于昆明上马五台山。其矛身型式虽近似琵琶形，但
脱胎于长三角形的痕迹仍十分明显，当系长三角形矛衍生出的旁支。甲类EⅡ
式矛，矛身呈琵琶状，已完全脱离长三角形的束缚。该式战国矛，目前仅见于
滇西的祥云大波那和弥渡苴力。

乙类EⅠ式矛与甲类CⅡ—CⅤ式矛，共出于呈贡天子庙战国中期墓M41，
其矛身型式皆呈长三角形，是平行发展而又相对应的两种类别，差异主要在于
甲类CⅡ—CⅤ式矛骹侧附对称的半圆形环耳或单环耳，乙类EⅠ式矛骹侧无
环耳。

甲类CⅡ—CⅤ式矛是滇中战国青铜矛的主体，昆明上马五台山、呈贡石
碑村、呈贡天子庙和江川团山都或多或少有其中的某些型、式出土。呈贡天子
庙出土的甲类CⅡ—CⅤ式矛多达42件，占该墓地出土青铜矛总数67件的
63%。甲类CⅢ、CⅣ式矛，骹端分叉，叉基为平直状缺口，其骹端形状具典
型的时代特征，自甲类CⅠ式矛叉基相交形状演进而来的痕迹亦十分明显。以
甲类CⅡ—CⅤ式矛为代表的战国青铜矛，展示出有别于春秋青铜矛的鲜明时
代色彩。

相比之下，滇西战国青铜矛的型式则要保守得多。永胜金官龙潭墓地自春

秋晚期延续至西汉，共出土青铜矛59件，是滇西出土青铜矛最多的地点。除可确认为春秋晚期的2件乙类BⅡ式矛，以及4件铁刃青铜矛属西汉之外，其余的甲类AⅠ式、BⅡ式，乙类CⅠ式、DⅡ式矛，在战国墓葬中，皆有所见。甲类AⅠ式和乙类CⅠ式矛均为滇西春秋时期延续的型、式，仍属叶状矛的范畴，且数量最多，但在战国时期仅流行于滇西，而不见于滇中。乙类DⅡ式和FⅠ式矛，虽属新出的型、式，且见于滇中，但数量皆少，无论在滇西和滇中均非具代表性的型式。可见，滇西青铜矛的发展，显然已落后于以滇中青铜矛为代表的时代步伐。

引人注目的是，甲类CⅡ—CⅤ式矛在滇中战国时期十分流行，出土青铜矛的许多地点几乎都有此类型矛，但在滇西，即使是延续时间甚长的永胜金官龙潭墓地也一无所见。除德钦石底出土1件甲类CⅠ式矛之外，滇西出土战国青铜矛的其他地点迄今都未见此型矛。由此可以认定，甲类C型矛的流行与否，是判定滇中和滇西青铜矛地区性差异的重要标志，也为楚雄万家坝青铜矛归属于滇中类型提供了有力的佐证。据此，滇西和滇西北青铜矛亦似应统称之为一个类型为宜。

滇中与滇西战国青铜矛的差异，在青铜矛的纹饰方面也有明显反映。滇中5处地点出土的青铜矛皆习见纹饰，且多饰于甲类矛。纹饰极为繁复，有双旋纹、回纹、云纹、雷纹、编织纹、锯齿纹、点线纹、弦纹、太阳纹、三角齿纹、龙纹、绳纹、箭头纹、怪兽纹、孔雀纹等，尤以双旋纹最为常见。滇西祥云大波那、弥渡苴力和德钦石底出土的青铜矛，虽也饰有纹饰，但图案单调，均为孔雀羽状纹和点线纹。此类纹饰始见于楚雄万家坝春秋晚期墓，滇西战国青铜矛的纹饰仅其延续而已，并无创新。永胜金官龙潭青铜矛饰纹饰者，也属少数，有蕉叶、菱形、三角形、鸟纹等。宁浪大兴镇、剑川鳌凤山和昌宁出土的青铜矛则未见纹饰。

滇中和滇西出土战国青铜矛的地点数目虽然接近，但出土青铜矛的数量却极为悬殊。滇西出土战国青铜矛，总量不过60件左右。滇中仅呈贡天子庙一处就出土战国青铜矛67件，约等于滇西出土战国青铜矛数量的总和。出土青铜矛数量有如此巨大的差别，足以说明云南战国青铜矛分布的中心在滇中而非滇西。综合云南战国青铜矛型式及纹饰诸方面的显著差异，不难看出，滇中的经济、文化发展水平，乃至军事力量，均远在滇西之上。这从一个重要侧面反映出战国时期滇中的青铜文化，在云南的青铜文化中占有举足轻重的地位。

滇西战国青铜矛也有自身的区域性差异。例如，地处滇西北的剑川鳌凤山、宁浪大兴镇和永胜金官龙潭皆出土叶状矛，与滇中接近的祥云大波那和弥渡苴力则出土琵琶状矛。但少见甲类 C 型矛，则是滇西青铜矛的共同特点。当然，随着日后云南战国青铜矛出土资料的增多，也不排除滇西甲类 C 型矛数量增加的可能。但甲类 C 型矛主要分布于滇中的格局，估计不会有明显的变动。

滇中的战国青铜矛也有自身的区域性差异。例如，呈贡石碑村、天子庙和江川团山皆是甲、乙两类矛共存，而昆明大团山和上马五台山则仅见甲类矛。此外，滇中各出土地点的距离虽然甚近，但青铜矛型、式的组合尚无彼此雷同者。不过这些区别仍属"小异"，大体上还是一致的。

五 汉代青铜矛

西汉时期，铁器在内地早已推广使用。青铜兵器也为铁兵器所淘汰。但是，云南此时青铜兵器依然流行，铁兵器少见。迟至东汉初年以后，铁兵器才最终取代青铜兵器。

晋宁石寨山墓地自西汉早期延续至西汉晚期。西汉早期墓 4 座，未见铁兵器，有青铜矛 19 件。西汉中期墓 14 座，随葬的铜铁合制或铁兵器有铜柄铁剑、铜鞘铁剑、铜柄铁矛、铁剑、铁矛等，其中铜柄铁矛和铁矛各 17 件，青铜矛仍多达 208 件。西汉晚期墓 2 座，未见铁兵器，有青铜矛 2 件。晋宁石寨山墓葬的上述统计资料，是云南西汉时期铜、铁矛共存状况的真实写照。

云南出土汉代青铜矛的地点，滇中有呈贡石碑村、天子庙，江川李家山和晋宁石寨山。滇西仅有德钦永芝和永胜金官龙潭。

春秋青铜矛延续至汉代的型、式有甲类 A Ⅰ 式、C Ⅰ 式和乙类 A Ⅰ 式、D Ⅰ 式。

云南战国青铜矛延续至汉代的型、式较多，甲类矛有 B Ⅱ 式，C Ⅱ、C Ⅲ、C Ⅴ 式，D Ⅱ 式，E Ⅱ 式；乙类矛有 D Ⅰ 式，E Ⅰ 式，F Ⅰ 式。

云南汉代青铜矛新出的型、式，甲类有 B Ⅲ、B Ⅳ 式，D Ⅲ、D Ⅳ 式，E Ⅲ、E Ⅳ 式，F—H 型；乙类有 A Ⅱ—A Ⅳ 式，E Ⅱ 式，F Ⅱ、F Ⅲ 式，G—J 型。

云南的汉代青铜矛，延续战国青铜矛的型、式甚多，显示出云南汉代青铜矛与战国青铜矛之间的密切关系和连续性。

叶状矛在云南汉代青铜矛中仍占有很大的比重。延续战国青铜矛的型、式之中，叶状矛有甲类 B Ⅱ 式、D Ⅱ 式和 F Ⅰ 式。增出的型、式之中，叶状矛有甲类 B Ⅲ、B Ⅳ 式，D Ⅲ、D Ⅳ 式，以及乙类 A Ⅱ-A Ⅳ 式，F Ⅱ、F Ⅲ 式。这充分表明，叶状矛作为云南青铜矛的基本型式，具有长盛不衰的强大生命力。

云南新增出的汉代叶状矛的时代特征鲜明。甲类 B Ⅲ、B Ⅳ 和乙类 A Ⅱ—

AⅣ式矛，矛身窄长，呈柳叶状，基部弧度明显，收分甚急，与云南春秋、战国时期的柳叶状矛矛身基部侧刃弧度较小，收分较缓的风格迥异，尤以甲类BⅢ式和乙类AⅢ、AⅣ式矛最为典型。乙类AⅣ式矛，骹极短，其作风亦为前世所不见。

云南汉代增出的甲类DⅢ、DⅣ式矛，与云南战国时期的甲类DⅠ、DⅡ式矛，矛身型式虽同为阔叶状，但所附环耳的作风却大为不同。

甲类DⅠ、DⅡ式矛，环耳均为半圆形，对称置于骹中部或中部偏下两侧。甲类DⅢ、DⅣ式矛，则附兽状单耳，皆置于矛身基部下端与骹之间。

云南汉代青铜矛新增出的非叶状矛，其造型和装饰颇具浓厚的艺术色彩，是最富时代特征的典型器物。

甲类EⅣ式矛，矛身侧刃双曲，呈长琵琶状，骹上端置栩栩如生之立牛。

甲类F型矛，矛身若收拢之伞状，侧刃下端有倒刺，可增强刺杀的功效。骹中部附对称环耳，耳上系铃，别具风格。在激烈的搏斗中，矛身颤动，铃声震耳，造成威摄敌人之气势。

甲类HⅠ式矛，矛身略呈菱形，骹两侧各附对称的四个半圆形环耳。矛身下部饰菱形纹，骹饰回旋纹和弦纹，造型奇特，纹饰精美。甲类HⅡ式矛，矛身近菱形，侧刃交角各吊一小人，造成恐怖气氛，亦增强青铜矛的威慑力。

乙类EⅡ式矛，矛身呈长三角形，矛身基部折角各吊一小人，其作风与甲类HⅡ式矛近似。

乙类Ⅰ型矛，骹饰孔雀图案。孔雀系云南特产珍禽，至今依然繁衍。早在春秋时期，云南青铜矛已饰有孔雀羽状纹。汉代的乙类Ⅰ型矛饰孔雀飞翔之图案，愈显浓厚的地方色彩。

滇中出土汉代青铜矛的地点多，数量大，兼有甲、乙类矛，且型、式复杂，纹饰亦十分丰富。滇西见于报道的青铜矛地点甚少，数量亦少，甲类C型矛未见，这再一次以确凿的事实印证了滇中和滇西青铜矛的分布划分为两个类型的格局，在汉代依然没有改变。滇中亦远较滇西昌盛、繁荣，是云南青铜文化的中心。但永胜金官龙潭出土的乙类J型矛为铁刃，表明滇西也逐步迈入铁器时代。

六　结语

云南青铜矛自始作之时即颇具地方色彩。其产生虽受到内地青铜矛的影响，亦吸取内地青铜矛的因素，但皆融注于本地的青铜文化之中，因而给人以既陌生，又似曾相识之感。经长期演进，逐渐形成与内地青铜矛风格迥异之独特的地方体系。

无论甲类叶状矛，抑或乙类叶状矛，皆为云南青铜矛最重要的型式。这不仅在于叶状矛作为云南青铜矛的最早型式，是联系云南与内地青铜矛关系的媒介，而且因为云南叶状矛具有浓厚的地方特色，并对云南青铜矛晚出的诸多型式有着强烈的影响。

甲类叶状矛是云南甲类矛的基本型式。A 型、B 型矛皆始出于春秋早期，但矛身呈柳叶形的 B 型矛对甲类矛晚出的各种型、式直接或间接的影响，远较宽叶状的 A 型矛为大。值得注意的是，柳叶状 B 型矛多见于滇中，而少见于滇西。

矛身呈柳叶形，骹端分叉的甲类 B I 式矛，与矛身呈长条形，骹端分叉，始见于春秋晚期的甲类 C I 式矛，同出于楚雄万家坝。后者源于前者的演进关系十分清楚。

C 型矛是云南战国甲类矛的主要型式，主要分布于滇中。由 C I 式矛演化的矛身呈长三角形的 C 型矛的新式别，达 4 式之多，即 C II—C V 式。而矛身呈琵琶形的 E I、E II 式矛，自矛身呈长三角形的甲类 C 型矛派生的痕迹也非常明显。

此外，矛身呈收拢之伞状的甲类 F 型矛以及矛身呈菱形的甲类 H 型矛，矛身皆修长，二者自柳叶形的甲类 B 型矛派生的迹象也很清晰。

云南的乙类矛是与甲类矛平行发展的，二者关系密切。其型、式的划分亦与甲类矛接近。某些乙类矛可在甲类矛中寻到相对应的型、式。其间的差异主要在于骹侧有无环耳。如乙类 A 型矛与甲类 B 型矛，矛身皆呈柳叶形；乙类 E 型矛与甲类 C II—C V 式矛矛身皆呈长三角形；乙类 G 型矛与甲类 E 型矛，矛身皆呈琵琶形；乙类 H 型矛与甲类 F 型矛，矛身皆呈收拢之伞状，刃端有倒刺；乙类 I 型矛与甲类 H 型矛，矛身均呈菱形。乙类矛多见于滇中，上述乙类矛与甲类矛相对应的诸型、式，自然亦多见于滇中。这也是滇中青铜矛有别于滇西青铜矛的重要地域性差异。

无独有偶。犹如甲类叶状矛是云南甲类矛的基本型式，乙类叶状矛也是云南乙类矛的基本型式。乙类叶状矛分为柳叶形、宽叶状和短叶状三种型式，即乙类 A—C 型。其中 A 型矛为柳叶形，B 型矛为短叶状，C 型矛为宽叶状。柳叶形乙类矛始见于春秋早期，流行至东汉初年，不仅较短叶状和宽叶状乙类矛始出时间早，而且延续的时间长。柳叶形矛对乙类矛晚出型、式的影响，也远较短叶状和宽叶状矛为大。矛身呈长三角形的乙类 E 型矛，矛身呈琵琶形的乙类 G 型矛，矛身呈收拢之伞状的乙类 H 型矛，矛身呈菱形的乙类 I 型矛，其演进规律与相对应的甲类矛近似，亦当属情理之中。

　　云南青铜矛型、式之繁杂，纹饰之丰富，出土数量之大，举世瞩目。在中国兵器史的宝库中也占有十分重要的位置。对云南青铜矛的研究尚待进一步深入。本文限于资料和水平，仅抛砖而已。

论四川出土的青铜矛 *

一 前言

中国古代曾经历灿烂的青铜时代。四川虽地处中国内地西南隅,也是青铜文化高度发达的地区。巴蜀文化是中国青铜文化的重要组成部分。青铜矛作为用于实战的金属兵器,在中国的青铜时代广为使用,四川亦曾十分流行。对四川出土青铜矛的研究,有助于加深对巴蜀文化的认识。

据初步统计,四川出土青铜矛的地点至少有26处(图3-33),出土青铜矛的数量已超过170件。迄今所知,四川青铜矛始见于商、周之际,但绝大部

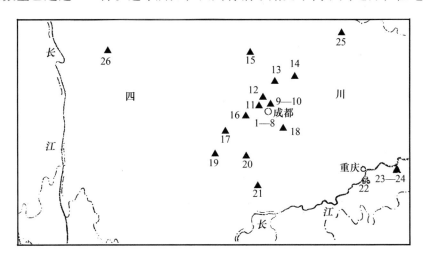

图3-33 四川青铜矛出土地点分布示意图

1. 成都 2. 成都西郊青羊宫 3. 成都羊子山 4. 成都金牛区 5. 成都百花潭中学 6. 成都京川饭店 7. 成都三洞桥青羊小区 8. 成都东北郊 9. 新繁水观音 10. 新都 11. 郫县红光 12. 彭县竹瓦街 13. 绵竹 14. 绵阳 15. 茂县 16. 大邑五龙 17. 芦山 18. 简阳 19. 荥经 20. 峨嵋 21. 犍为 22. 巴县冬笋坝 23. 涪陵 24. 涪陵小田溪 25. 昭化宝轮院 26. 甘孜

---

* 该文发表于《考古》1996年第2期,本书略做体例修改。

分属战国时期，西周、春秋时期的青铜矛资料尚未见报道，秦、西汉时期青铜矛仅有少量出土。

青铜矛是颇具时代和地方特征的典型器物。本文就确有出土地点的青铜矛进行分析，以探求四川青铜矛的特征。其中，战国青铜矛是本文讨论的重点。

青铜矛骸侧有无环耳或鼻钮，是判别内地青铜矛差异的重要标志，四川青铜矛亦可据此区分为甲、乙两种类别。本文对不同时代的青铜矛统一划分类别和型式。文中所称的内地，泛指黄河、长江中下游诸省。中原则专指黄河中、下游的河北、河南、山西和山东。

在前人对四川青铜矛研究的基础上，本文拟就四川青铜矛与内地青铜矛的关系提出一些新的看法，企盼加深对四川青铜文化的认识，并于中国古代兵器史的研究有所补益。

二　商、周之际的青铜矛

据已发表的资料，商、周之际青铜矛在新繁水观音①和彭县竹瓦街②各出土1件，并且皆属于甲类矛。矛身均呈叶状，骸两侧附对称半圆形环耳。骸有长短之别，可划分为A、B两型，各有一式。

AⅠ式：矛身呈柳叶形，长骸，环耳位于骸下部两侧。新繁水观音出土的1件（图3-34，1），锋钝，矛身起中脊。

BⅠ式：矛身长大，似柳叶形，基部较宽，短骸，环耳位于骸中部两侧。彭县竹瓦街出土的1件（图3-34，2），锋钝，中脊凸起。矛身两面饰斜尖角变体雷纹与点纹组成的尖叶形图案，骸两面各饰一条全身为半立体状的壁虎，銎口呈圆形。通长32厘米、骸长9厘米。

四川的青铜文化历史悠久，并且与内地青铜文化有密切的关系。广汉三星堆二、三期文化遗存中出土的陶盉、觚、瓶、高柄豆、大口尊等器物，与中原地区二里头文化、商代二里冈期文化同类器相近。③ 广汉三星堆一号祭祀坑的时代为该遗址第三期后段，约当殷墟文化第一期。④ 祭祀坑内出土的青铜戈，是见于报道的四川最早的青铜兵器，但祭祀坑内未见青铜矛。

---

① 王家祐、江甸潮：《四川新繁、广汉古遗址调查记》，《考古通讯》1958年第8期。
② 王家祐：《记四川彭县竹瓦街出土的铜器》，《文物》1961年第11期。
③ 赵殿增：《巴蜀文化几个问题的探讨》，《文物》1987年第10期。
④ 四川省文物管理委员会等：《广汉三星堆遗址一号祭祀坑发掘简报》，《文物》1987年第10期。

　　湖北黄陂盘龙城楼子湾出土的1件青铜矛①（图3－34，3），矛身呈柳叶形，骹下端两侧附对称的半圆形环耳，时代为商代二里冈期，是迄今所知时代最早的骹侧附对称环耳青铜矛。湖北黄陂盘龙城是地处长江中游的商代方国荆楚城邑。② 湖北很可能是甲类矛的始作之地。新繁水观音出土的甲类ＡⅠ式矛，与楼子湾青铜矛相似，但又有差异。楼子湾青铜矛，矛身与骹的分界不如水观音青铜矛明显；楼子湾青铜矛，环耳位于骹下端两侧，而水观音青铜矛的环耳位置则略偏上。楼子湾青铜矛呈现甲类矛的初期形态，水观音青铜矛与之当有渊源关系可寻。

　　彭县竹瓦街出土的甲类ＢⅠ式矛，矛身呈柳叶形，骹细短。以安阳殷墟为代表的中原商代甲类青铜矛，尚未见矛身呈柳叶形的短骹者。江西新干大洋洲商代墓葬出土的097号青铜矛③（图3－34，4），矛身呈柳叶状，短骹，骹两

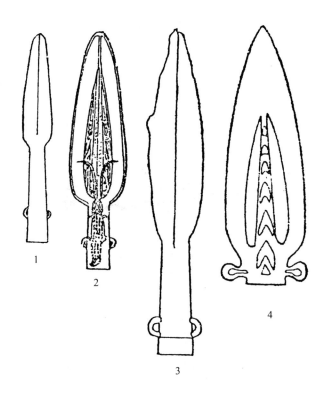

图3－34　四川商、周之际及黄陂、新干青铜矛

1. 甲ＡⅠ式（新繁水观音）　2. 甲ＢⅠ式（彭县竹瓦街）　3. 黄陂盘龙城矛　4. 新干大洋洲097号矛

①　湖北省博物馆：《盘龙城商代二里冈期的青铜器》，《文物》1976年第2期。
②　江鸿：《盘龙城与商朝的南土》，《文物》1976年第2期。
③　江西省文物考古研究所等：《江西新干大洋洲商墓发掘简报》，《文物》1991年第10期。

侧附钮，时间为吴城二期，约当殷墟二期，早于彭县竹瓦街青铜矛。发掘者认为，新干大洋洲商代墓葬的族属应是古越民族的一支——扬越人。

新繁水观音和彭县竹瓦街均在成都附近，学术界公认是古蜀国的势力范围。四川的商、周之际青铜矛已非初期形态。若联系四川青铜文化的悠久历史，四川青铜矛始作的时间很可能会更早些。而古蜀国与荆楚、扬越人的关系亦当较为密切。

三　战国青铜矛

据初步统计，四川出土战国青铜矛的地点达 19 处之多，即大邑五龙①、新都②、成都③、成都西郊青羊宫④、成都金牛区⑤、成都百花潭中学⑥、成都京川饭店⑦、成都羊子山⑧、成都三洞桥青羊小区⑨、峨嵋⑩、荥经同心村⑪、绵竹⑫、绵阳⑬、犍为⑭、郫县红光⑮、简阳⑯、芦山⑰、茂县⑱、涪陵小田溪⑲、巴县冬笋坝⑳、昭化宝轮院㉑等（表 3－6）。出土青铜矛总数计 165 件，其中 1 件残缺，不辨型式。青铜矛多见于墓葬之中，少者 1 件，多者数十件。绵竹船棺葬出土青铜兵器 83 件，其中青铜矛 37 件。

战国青铜矛分属甲、乙两类。甲类矛有 A、B、C、D、E、F、G 七型，其

---

① 四川省文管会等：《四川大邑五龙战国巴蜀墓》，《文物》1985 年第 5 期。
② 四川省博物馆等：《四川新都战国木椁墓》，《文物》1981 年第 6 期。
③ 四川省文物管理委员会：《成都战国土坑墓发掘简报》，《文物》1982 年第 1 期。
④ 四川省博物馆：《成都西郊战国墓》，《考古》1983 年第 7 期。
⑤ 成都市文物管理处：《成都市金牛区发现两座战国墓葬》，《文物》1985 年第 5 期。
⑥ 四川省博物馆：《成都百花潭中学十号墓发掘记》，《文物》1976 年第 3 期。
⑦ 成都市博物馆考古队：《成都京川饭店战国墓》，《文物》1989 年第 2 期。
⑧ 四川省文物管理委员会：《成都羊子山第 172 号墓发掘报告》，《考古学报》1956 年第 4 期。
⑨ 成都市文物管理处：《成都三洞桥青羊小区战国墓》，《文物》1989 年第 5 期。
⑩ 陈黎清：《四川峨嵋县出土一批战国青铜器》，《考古》1986 年第 11 期。
⑪ 四川省文物管理委员会等：《四川荥经同心村巴蜀墓发掘简报》，《考古》1988 年第 1 期。
⑫ 四川省博物馆王有鹏：《四川绵竹县船棺葬》，《文物》1987 年第 10 期。
⑬ 何志国：《四川绵阳出土战国铜兵器》，《文物》1986 年第 3 期。
⑭ 四川省博物馆：《四川犍为县巴蜀土坑墓》，《考古》1983 年第 9 期；四川省文物管理委员会王有鹏：《四川犍为县巴蜀墓发掘简报》，《考古与文物》1984 年第 3 期。
⑮ 李复华：《四川郫县红光公社出土战国铜器》，《文物》1976 年第 10 期。
⑯ 四川省博物馆等：《四川简阳出土的战国铜器》，《文物资料丛刊》1980 年第 3 期。
⑰ 周日琏：《四川芦山出土的巴蜀文化器物》，《考古》1991 年第 10 期。
⑱ 茂县羌族博物馆等：《四川茂县牟托一号石棺墓及陪葬坑清理简报》，《文物》1994 年第 3 期。
⑲ 四川省博物馆等：《四川涪陵地区小田溪战国土坑墓清理简报》，《文物》1974 年第 5 期。
⑳ 四川省博物馆：《四川船棺葬发掘报告》，文物出版社 1960 年版。
㉑ 陕西省文物管理委员会：《西周镐京附近部分墓葬发掘简报》，《文物》1968 年第 1 期。

中 A、B 型矛又各有二式；乙类矛则有 A、B、C 三型。

甲类 AⅡ式：矛身呈柳叶形，长骹，骹中部偏下两侧附对称弓形耳，銎口呈圆形，贯抵锋尖。见于战国早、中之际和战国中晚期。分别出土于新都、成都百花潭中学、成都京川饭店、成都三洞桥青羊小区、峨嵋、绵竹、犍为、茂县、芦山、巴县冬笋坝、昭化宝轮院等地，计 55 件。新都木椁墓出土的 5 件，形制相同，锋皆尖锐，通长均为 21 厘米。其中 4 件骹上饰牛、鼠纹，另 1 件（图 3-35，6），骹上饰饕餮纹，并在近銎口处饰雷纹一周。时代为战国早、中之际。

甲类 AⅢ式：矛身呈柳叶形，基部稍宽，骹中部偏下两侧附对称半圆形环耳，骹上细下粗，与甲类 AⅠ式矛的整体形态近似。二者的主要差异在于，AⅢ式圆形銎口贯临矛锋，而 AⅠ式圆形銎口仅通抵矛身基部。茂县出土 3 件，年代为战国中、晚期。成都京川饭店出土 1 件（图 3-35，2），通长 15.5 厘米。年代为战国晚期。

甲类 BⅡ式：矛身呈柳叶状，短骹，弓形耳位于矛身与骹结合处两侧。见于战国中、晚期。出土于大邑五龙、成都、成都西郊青羊宫、成都金牛区、成都百花潭中学、成都京川饭店、成都三洞桥青羊小区、成都羊子山、峨嵋、荥经同心村、绵竹、绵阳、犍为、郫县红光、简阳、涪陵小田溪、巴县冬笋坝、昭化宝轮院等处，共 92 件。犍为 M1∶1（图 3-35，4），锋尖锐，骹与矛身结合处两面饰蝉纹，通长 22 厘米。年代为战国晚期。

甲类 BⅢ式：矛身呈柳叶形，但较 BⅡ式宽短。短骹，矛身与骹结合处两侧附半圆形环耳，銎贯抵矛锋。仅昭化宝轮院出土 1 件（图 3-35，1），锋尖锐。年代为战国晚期。

甲类 C 型：体宽短，矛身呈阔叶状，骹短于矛身，弓形耳位于矛身与骹的结合处两侧，銎口呈圆形，贯临矛锋。仅成都京川饭店出土 1 件（图 3-35，5），锋钝，通长 12.8 厘米。年代为战国晚期。

甲类 D 型：矛身若琵琶状，侧刃内凹，骹略短于矛身，骹中部两侧附对称弓形耳，銎口呈圆形，贯临矛锋。成都百花潭中学出土的 1 件（图 3-35，3），锋钝，中脊两侧有血槽。年代为战国晚期。成都京川饭店亦出土 1 件。

甲类 E 型：矛身近菱形，上刃外弧，基部凹收，矛身与骹结合处两侧附对称弓形耳，骹短于矛身，銎口呈圆形。巴县冬笋坝出土 1 件（图 3-35，7），锋尖锐，矛身中脊两侧有血槽。年代为战国晚期。

甲类 F 型：矛身侧刃斜张，基部略凹收，短骹，上附一长方形鼻钮。昭化宝轮院 M13∶12（图 3-35，9），矛身中脊两侧有血槽，锋稍钝。年代为战国晚期。

甲类G型：矛身形态近于F型，短骹，上附长方形鼻钮，唯骹端呈弧形内凹，銎口呈圆形。成都羊子山M172：79（图3－35，8），锋稍钝，通长17.5厘米。年代为战国晚期。

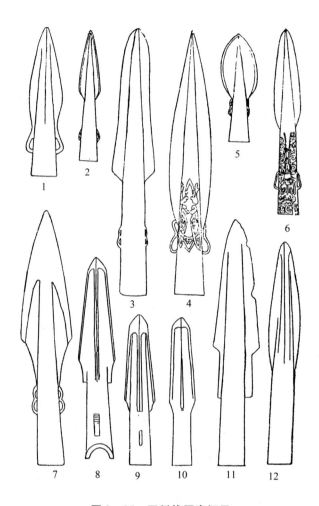

图3－35 四川战国青铜矛

1. 甲BⅢ式（昭化宝轮院） 2. 甲AⅢ式（成都京川饭店） 3. 甲D型（成都百花潭中学）
4. 甲BⅡ式（犍为M1：1） 5. 甲C型（成都京川饭店） 6. 甲AⅡ式（新都木椁墓） 7. 甲E型
（巴县冬笋坝） 8. 甲G型（成都羊子山M172：79） 9. 甲F型（昭化宝轮院） 10. 乙B型（巴
县冬笋坝） 11. 乙C型（巴县冬笋坝） 12. 乙A型（昭化宝轮院）

乙类A型：矛身呈柳叶形，骹长与矛身略等。见于战国早、中、晚期。大邑五龙、涪陵小田溪、昭化宝轮院各出土1件。宝轮院013号矛（图3－35，12），锋钝，矛身中脊两侧有血槽。年代为战国晚期。

乙类B型：矛身侧刃略斜张，基部稍宽，短骹。巴县冬笋坝出土2件（图3－35，10），锋稍钝，矛身中脊两侧有血槽，銎口呈圆形。年代为战国晚期。

乙类C型：矛身侧刃上段略有弧度，下段近直，上下段交接处呈"阶状"，短骹。巴县冬笋坝采集1件（图3－35，11），锋稍钝，銎口呈圆形，贯抵锋尖。年代为战国晚期。

四川的战国青铜矛，虽然与四川商、周之际青铜矛在时间上有很大差距，但就甲类矛而言，二者之间的承袭关系依然有线索可寻。商、周之际青铜矛，迄今所见均属甲类，骹两侧附对称耳，矛身形态呈柳叶状，骹则有长短之分。而战国甲类A、B型矛，骹两侧亦附对称耳，矛身亦呈柳叶状，骹也有长短之分。不难看出，战国甲类AⅡ、AⅢ式矛与商、周之际的甲类AⅠ式矛，战国甲类BⅡ、BⅢ式矛与商、周之际的甲类BⅠ式矛之间，承袭关系十分明显。尽管西周、春秋青铜矛资料尚未见报道，但甲类长骹和短骹柳叶状矛的延续过程，当未曾中断。

甲类AⅡ式和BⅡ式矛，矛身与骹的结合处或骹部多有纹饰，习见蝉、虎、手心、花蒂、云雷纹和巴蜀符号，还有人、鸟、牛、龙、鼠、蛙、八角星、水波纹等。这种施纹饰的作风早在彭县竹瓦街出土的甲类BⅠ式矛上已经见到，战国时期甲类AⅡ式和BⅡ式矛广施纹饰，当其作风的延续。

甲类AⅡ、AⅢ式矛和BⅡ、BⅢ式矛，有别于甲类AⅠ式和BⅠ式矛的时代特征在于：甲类AⅡ式和BⅡ式矛，骹两侧附耳均为弓形，而非甲类AⅠ式和BⅠ式矛的半圆形；甲类BⅢ式矛的环耳虽为半圆形，但位置在矛身与骹的结合处两侧，而非甲类BⅠ式矛附耳所处的骹中部两侧；甲类AⅡ、AⅢ式和BⅡ、BⅢ式矛銎贯抵锋尖，也是有别于甲类AⅠ式和BⅠ式矛銎仅贯通骹部之时代特征。

此外，需要指出的是，战国时期的甲类长骹式柳叶状青铜矛，无论AⅡ式或AⅢ式，所附弓形耳或半圆形环耳，皆在骹中部两侧，尚未见于矛身与骹结合处者。而甲类短骹式柳叶状青铜矛，无论BⅡ式或BⅢ式，所附弓形耳或半圆形环耳，则皆在矛身与骹结合处，亦未见于骹中部两侧者。这应当是四川战国时期甲类长骹式柳叶状青铜矛有别于甲类短骹式柳叶状青铜矛的重要特征。

甲类C型矛，对称弓形耳位于矛身与骹的结合处两侧，骹短于矛身，与甲类BⅡ式矛接近。二者的差异在于：C型矛的矛身呈阔叶状，BⅡ式矛的矛身则呈柳叶形。C型矛见于战国晚期，而BⅡ式矛见于战国中期。故甲类C型矛当是甲类BⅡ式矛派生出来的。四川出土战国青铜矛的11处地点中，仅成都京川饭店出土甲类C型矛1件，而且此种型式的矛迄今为内地所不见。

甲类 D 型矛，矛身若琵琶状，骹中部两侧附对称弓形耳。矛身若琵琶状的甲类矛，当是叶状甲类矛的变体，始见于西周早期。陕西省长安县花园村出土1 件①（图 3 - 36，1），骹短于矛身，骹下部两侧附对称的半圆形环耳。湖南衡山霞流出土的矛身若琵琶状青铜矛②（图 3 - 36，2），骹上端一侧附弓形耳，时间为春秋、战国之际。上述资料表明，矛身若琵瑟状的甲类矛最早见于内地，并经历了骹两侧附对称半圆形环耳至骹一侧附弓形耳的演进过程。甲类 D 型矛仅成都百花潭中学和成都京川饭店各出土 1 件，时间均为战国晚期。就其矛身形态而言，不排除受内地青铜矛影响的可能。至于甲类 D 型矛骹中部两侧附弓形耳的作风，当承袭于甲类 AⅡ式矛。

甲类 E 型矛，见于战国晚期，仅巴县冬笋坝出土 1 件。就其矛身形态而言，与湖南溆浦马田坪出土的战国中、晚期之际青铜矛③较为接近。M31：7（图 3 - 36，3），矛身侧刃斜张，略有弧度，中脊两侧有血槽，骹上端一侧附弓形耳。二者的差异在于，甲类 E 型矛，矛身较长，弓形耳附于骹与矛身结合处两侧；溆浦马田坪矛，矛身宽短，弓形耳附于骹端一侧。甲类 E 型矛仅见于四川，其矛身与骹结合处附对称弓形耳的作风，当承袭于甲类 BⅠ式矛。

骹两侧附对称弓形耳的青铜矛，目前所知最早的实物标本属战国早期，出土于湖南古丈白鹤湾。④ M1：1（图 3 - 36，4），矛身瘦长，侧刃斜张，脊侧有血槽，骹短于矛身，中部两侧附对称弓形耳。内地战国青铜矛见于报道者甚多，但遍查有关资料，骹两侧附对称弓形耳者，仅见于湖南古丈白鹤湾，且仅1 件。古丈白鹤湾还出土矛身与骹结合处两侧附状如三环耳之对称扉形饰的青铜矛（图 3 - 36，5）；矛身形态与上述古丈白鹤湾 M1：1 青铜矛近似，侧刃亦斜张，时间为战国中期，系古丈白鹤湾弓形耳青铜矛之晚出的式别。此外，湖南益阳⑤出土附状如四环耳或五环耳之对称扉形饰的青铜矛，时间为战国中期，亦为古丈白鹤湾弓形耳青铜矛晚出的式别。上述附对称扉形饰青铜矛的出土数量，总计不足 10 件。

四川附对称弓形耳的甲类 AⅡ式、BⅡ式，以及甲类 C—E 型青铜矛，分别出土于 19 处地点，总数达 150 件之多。相比之下，无论是出土地点，还是出

　① 周士荣：《蚕桑纹尊与武士靴形钺》，《考古》1979 年第 6 期。
　② 湖南省博物馆：《湖南溆浦马田坪战国、西汉墓》，《文物资料丛刊》1987 年第 10 期。
　③ 湖南省博物馆等：《古丈白鹤湾楚墓》，《考古学报》1986 年第 3 期。
　④ 湖南省博物馆等：《湖南益阳战国两汉墓》，《考古学报》1981 年第 4 期；湖南省益阳地区文物工作队：《益阳楚墓》，《考古学报》1985 年第 1 期。
　⑤ 吴山青：《江苏六合县和仁东周墓》，《考古》1977 年第 5 期。

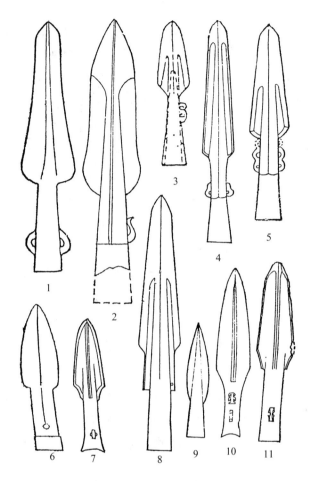

图 3-36 内地出土青铜矛

1. 陕西长安花园村 2. 湖南衡山霞流 3. 湖南溆浦马田坪 M31：7 4、5. 湖南古丈白鹤湾 M1：
1、M3：3 6. 河北藁城台西 7. 湖南益阳新桥山 M14：8 8. 湖北江陵拍马山 9. 山东莱芜戴鱼池
10. 江苏六合和仁 11. 湖南益阳赫山庙 M21：1

土数量，皆远超湖南的附对称弓形耳青铜矛。故此可以认定，战国时期，附对
称弓形耳青铜矛的流行地区主要在四川。

古丈白鹤湾地处湘西北，与四川紧邻，两地皆见有附对称弓形耳青铜矛，
自在情理之中。但其矛身形态却迥然有别。矛身呈叶状者仅见于四川，而不见
于湘西北。这或许从一个侧面反映出四川青铜文化的地方性特色。

甲类 AⅡ式矛的出土地点有 11 处，数量为 55 件，约占四川战国甲类矛总
数的 35％；甲类 BⅡ式矛的出土地点 18 处，数量多达 92 件，占甲类矛总数的
58％。可见，附对称弓形耳的柳叶状青铜矛，出土地点多，出土数量大，是四
川战国甲类矛的主体，亦为四川最流行且极富地方特色的青铜兵器。

甲类 C、D、E 型矛出土地点少，数量不多。虽然 D、E 型矛吸收内地青铜矛的因素，但皆仅见于四川，因而也是具一定特色的地方性青铜兵器。

甲类 F、G 型矛，矛身侧刃外斜，基部凹收，中脊两侧有血槽，骸上均附长方形鼻钮。二者的区别在于，F 型矛骸末端平直，G 型矛骸末端呈弧形内凹。与甲类 F、G 型矛整体形态相近的青铜矛，多见于湖南、湖北。湖南益阳赫山庙 M21：1（图 3-36，11），为战国中期青铜矛，与昭化宝轮院 M13：12 甲类 F 型矛大体一致。矛身侧刃外张，基部两侧凹收，骸短于矛身，骸附鼻钮，骸末端平直。湖南益阳新桥山 M14：8（图 3-36，7），战国中期青铜矛，与成都羊子山 M172 出土的甲类 G 型矛近似。矛身侧刃微弧，基侧凹收，骸上附鼻钮，骸端略内凹。

骸附鼻钮的青铜矛始见于春秋、战国之际。江苏六合和仁出土 1 件青铜矛[①]（图 3-36，10），矛身呈柳叶状，骸末端内凹。战国时期，骸附鼻钮以及骸末端内凹的作风，在楚国辖地湖南、湖北广为流行，是楚国青铜矛突出的地方性特征。[②] 其中，骸附鼻钮、骸端平齐者曾出土于湖南长沙[③]、资兴旧市[④]、古丈白鹤湾、衡阳苗圃[⑤]、益阳新桥山、益阳赫山庙，湖北江陵雨台山[⑥]、宜城楚皇城[⑦]等地；骸附鼻钮、且骸末端内凹者曾出土于湖南长沙、古丈白鹤湾、益阳新桥山、资兴旧市，湖北江陵雨台山、天星观[⑧]以及安徽长丰杨公[⑨]等地。

甲类 F、G 型矛，在四川仅各出土 1 处，数量也仅各 1 件，年代均已迟至战国晚期，又无明显的地方特征。因此，就其形制而言，当属楚国青铜矛的范畴。

四川的乙类 A 型矛，矛身均呈叶状。矛身呈叶状的矛最早见于商代二里冈期。河北藁城台西出土 1 件[⑩]（图 3-36，6），叶稍宽。战国时期，矛身呈叶状的矛多见于黄河中下游地区，长江中下游地区则较少见。山东莱芜戴鱼池出土 1 件[⑪]（图 3-36，9），矛身呈柳叶形，与四川大邑五龙、涪陵小田溪、昭

---

①　拙著：《战国青铜矛》，《中国考古学论丛》，科学出版社 1992 年版。

②　中国科学院考古研究所：《长沙发掘报告》，科学出版社 1957 年版。湖南省博物馆：《长沙楚墓》，《考古学报》1959 年第 1 期。

③　湖南省博物馆：《湖南资兴旧市战国墓》，《考古学报》1983 年第 1 期。

④　衡阳市博物馆：《衡阳市苗圃五马归槽茅坪古墓发掘简报》，《考古》1984 年第 10 期。

⑤　湖北省荆州地区博物馆：《江陵雨台山楚墓》，文物出版社 1984 年版。

⑥　楚皇城考古发掘队：《湖北宜城楚皇城战国秦汉墓》，《考古》1980 年第 2 期。

⑦　湖北省荆州地区博物馆：《江陵天星观 1 号楚墓》，《考古学报》1982 年第 1 期。

⑧　安徽省文物工作队：《安徽长丰杨公发掘九座战国墓》，《考古学集刊》1982 年第 2 期。

⑨　河北省文物研究所：《藁城台西商代遗址》，文物出版社 1985 年版。

⑩　莱芜市图书馆等：《山东莱芜戴鱼池战国墓》，《文物》1989 年第 2 期。

⑪　湖北省博物馆等：《湖北江陵拍马山楚墓发掘简报》，《考古》1973 年第 3 期。

化宝轮院出土的乙类 A 型矛近似。涪陵小田溪出土的 1 件，骹两面饰巴蜀符号，具有鲜明的地方特色。

乙类 B 型矛，在四川共出土 2 件。矛身侧刃略斜张，基部稍宽，系柳叶状矛的变体。巴县冬笋坝出土的 1 件，骹饰云雷纹。

巴县冬笋坝出土的乙类 C 型矛，与湖北江陵拍马山 M5 出土的 1 件战国中期青铜矛[①]（图 3 - 36，8）接近。矛身分上下两段，上刃斜张，略有弧度，下段近直，与骹呈直角相接，短骹。在年代上，前者晚于后者。这种矛，无论在湖北或是四川，均属少见。

综观四川出土的乙类矛，形制简单，只有三型，出土地点仅 4 处，其数量总计不过 6 件。它们在四川青铜矛中所占的地位，远不能与甲类矛相比。

春秋时期，巴、蜀是四川境内两个强国。巴人主要活动于川东、鄂西北；蜀人则占据川中的成都平原。战国时期，两国逐渐衰落，终于公元前 316 年先后为秦所灭。关于巴蜀文化的差异，学术界尚无定论。若从有关巴蜀青铜矛的资料加以分析，或许有所启迪。

川中战国青铜矛的出土资料比较丰富，出土地点有 18 处，出土数量也多达 146 件。而在川东，青铜矛仅在 2 个地点出土 12 件。尽管如此，通过对两地出土甲、乙类青铜矛所占比例的统计，或能反映巴蜀青铜矛之间的差异。川中出土甲类矛 144 件，约占该地区出土青铜矛总数的 99%；乙类矛只有大邑五龙的 1 件；成都羊子山出土的 1 件因残破而难辨类别。川东出土甲类矛 8 件，约占该地区出土青铜矛总数的 67%；乙类矛 4 件，约占 33%。很显然，青铜矛在川中虽然出土地点多、数量大，但乙类矛罕见，而甲类矛居主导地位；在川东，出土地点虽少，乙类矛却多于川中。川中、川东甲类矛和乙类矛所占比例的差异，当是巴蜀青铜矛的重要差异之一。此外，巴蜀青铜矛的差异还表现在，川中和川东甲类矛的某些型式，各为彼方所不见。如川东的甲类 E 型矛，在川中诸多出土地点中均未见到，当是地区性差异的反映。

巴蜀青铜矛也有明显的共同之处。如川中和川东均以甲类矛为主，并且都有 AⅡ式和 BⅡ式矛。川中出土甲类 AⅡ式矛 52 件，甲类 BⅡ式矛 84 件，分别占该地区出土青铜矛总数的约 36% 和 58%，皆为川中青铜矛之大宗。川东出土甲类 AⅡ式矛 1 件，BⅡ式矛 6 件，分别占该地区出土青铜矛总数的 8% 和 50%。甲类 BⅡ式矛在川东出土青铜矛的 2 处地点，所占比例最大。

巴蜀相邻，交往频繁，其青铜文化自然颇多相近之处。但巴蜀分居川东和

---

① 安志敏：《四川甘孜附近出土的一批铜器》，《考古通讯》1958 年第 1 期。

川中，其青铜文化各具特色，也自在情理之中。青铜矛作为常见的金属兵器，是青铜器的重要组成部分。巴蜀文化的差异，从中或可窥见一斑。

川北见于报道的战国青铜矛仅昭化宝轮院 1 处出土 7 件，其中甲类 A Ⅱ 式和甲类 B Ⅱ 式矛各 2 件，甲类 B Ⅲ 式和甲类 F 型矛各 1 件，乙类 A 型矛 1 件。可见甲类矛为昭化宝轮院青铜矛之主体，其中又以甲类 A Ⅱ 式和甲类 B Ⅱ 式矛居多，乙类矛仅占少数。甲类 B Ⅲ 式矛，矛身呈柳叶状，对称环耳位于骹与矛身结合处两侧，为川北所仅见的地方性型式。

川东和川北的青铜矛资料还比较欠缺，对这两个地区青铜矛的认识，尚待深入。

秦、西汉时期，内地已进入铁器时代，四川的铁兵器也广为流行，青铜兵器急剧衰落，青铜矛亦趋于淘汰。在四川，秦和西汉时期的青铜矛曾发现于川西甘孜[①]，川中成都东北郊[②]、大邑五龙[③]和川东涪陵[④]。其中，大邑五龙出土的 2 件和涪陵出土的 1 件属甲类矛，成都东北郊和甘孜各出土 1 件乙类矛。上述甲、乙类矛，矛身均呈叶状。由此可见，秦和西汉时期四川青铜矛的基本形态仍未脱离叶状矛的窠臼。

四　结语

研究者通常认为战国时期巴蜀青铜矛与中原青铜矛的形制大体相似，唯纹饰具浓厚的地方色彩。[⑤] 巴蜀青铜矛多施巴蜀符号和各种纹饰，确是不同于内地（含中原）的最明显的地方性特点。但是，巴蜀青铜矛在形制上也有区别于内地同时代青铜矛的鲜明的地方特征。譬如，矛身呈叶状的青铜矛，不论甲类，抑或乙类，均为内地青铜矛的初级形态。在内地，乙类叶状矛长盛不衰，自商、西周延续至春秋、战国；而甲类叶状矛却仅流行于商、西周时期，至战国已属少见。但是，战国时期巴蜀甲类青铜矛依然以叶状矛为其主体。这应当是巴蜀青铜矛有别于内地的地方性特征。内地战国甲类矛，骹上多附鼻钮。而

① 四川省文物管理委员会：《成都东北郊西汉墓葬发掘简报》，《考古通讯》1958 年第 2 期。
② 四川省文管会等：《四川省大邑县五龙乡土坑墓清理简报》，《考古》1987 年第 7 期。
③ 四川省文物管理委员会等：《四川涪陵西汉土坑墓发掘简报》，《考古》1984 年第 4 期。
④ 冯汉骥：《关于"楚公蒙"戈的真伪并略论四川"巴蜀"时期的兵器》，《文物》1961 年第 11 期。四川省博物馆：《四川文物考古工作三十年》，《文物考古工作三十年》（1949—1979），文物出版社 1902 年版。
⑤ 有关云南青铜矛的论述详见拙著《云南青铜矛》，《考古学报》1995 年第 2 期。

巴蜀战国甲类矛，骹侧多附对称弓形耳。这也是巴蜀青铜矛有别于内地的又一地方性特征。此外，巴蜀青铜矛之中出土数量最大的甲类 B Ⅱ式矛，对称弓形耳位于矛身与骹结合处两侧的作风，为内地商、西周，乃至春秋、战国时期所罕见，更是巴蜀青铜矛有别于内地的重要地方性特征。大量的资料表明，甲类 A Ⅱ和 B Ⅱ式矛，矛身呈叶状，加之骹两侧或骹与矛身结合处两侧附对称弓形耳的组合，确是巴蜀青铜矛最具代表性的地方性型式。

诚然，四川的战国青铜矛确有与内地青铜矛类同者。如甲类 F 型和甲类 G 型矛，矛身侧刃斜张，骹附鼻钮；甲类 G 型矛骹端呈弧形内凹，其作风均与楚矛相似。此外，乙类 A 型矛，矛身呈叶状，亦与战国中原乙类叶状矛接近。但上述青铜矛，无论出土地点，还是出土数量皆甚少，不能作为巴蜀青铜矛的代表。

四川出土的商、西周之际和战国、秦、西汉青铜矛，均以叶状为其基本形态，西周、春秋青铜矛的资料虽然尚未见报道，但估计大体仍不会超出叶状矛的范畴。

四川和云南毗邻，且同处中国内地西南隅。将两地出土的青铜矛加以比较，对两地青铜文化的认识当是有益的。

骹侧附耳的叶状甲类矛贯穿青铜矛发展的全过程，是四川和云南青铜矛有别于内地的一个共同特征。但四川和云南青铜矛各自的地方性差异也很鲜明。在四川，青铜矛于商、周之际或更早即已出现，衰亡于西汉初期；云南始见青铜矛却已迟至春秋早期，衰亡于东汉初年。这当是四川青铜文化的产生早于云南、四川又早于云南进入铁器时代的反映。四川与云南虽然都见有甲类矛和乙类矛，但是四川甲类矛居多，乙类矛少见。相比之下，云南的乙类矛所占比例远大于四川。两地的青铜矛纹饰多见，而四川青铜矛更有独特的巴蜀符号，但云南青铜矛的形制却远较四川繁杂。四川和云南青铜矛的产生，虽然均与内地有渊源关系，但大体皆具浓厚的地方性特征，唯四川出土的青铜矛之中有可确认为属内地青铜矛范畴者。上述分析表明，四川与云南青铜矛之间异大于同，其发展演进皆自成体系，而四川青铜矛与内地青铜矛的关系较云南与内地青铜矛的关系为密切。

西南地区出土青铜矛的地点多，数量大，是研究西南地区青铜文化的重要课题。今后随着考古工作的开展，新的实物资料不断出土，有关西南地区青铜矛的研究必将更加深入。

表 3 - 6　　　　　　　　　　　　**四川出土青铜矛统计表**

时代	出土地点	型式件数	纹饰
商、周之际	新繁水观音	甲 A Ⅰ 1	
	彭县竹瓦街	甲 B Ⅰ 1	斜尖角变体雷纹、点纹、壁虎
战国早期	大邑五龙	乙 A1	
战国早、中之际	新都	甲 A Ⅱ 5	牛、鼠、饕餮纹、雷纹
战国中期	大邑五龙	甲 B Ⅱ 3	手心、人、蛙、八角星、飞虎、人首蛇身像、云雷纹，巴蜀符号
	成都	甲 B Ⅱ 4	虎、蝉、鸟、手心、云雷纹、分点纹，巴蜀符号
	峨嵋	甲 A Ⅱ 12、甲 B Ⅱ 41	甲 B Ⅱ 饰人、虎、蝉、手心、花蒂、鸟、云雷纹，巴蜀符号
	成都西郊青阳宫	甲 B Ⅱ 4	蝉、手心纹
	荥经同心村	甲 B Ⅱ 3	手心、虎、蝉、水波纹、云雷纹，巴蜀符号
	绵竹	甲 A Ⅱ 26、甲 B Ⅱ 11	甲 A Ⅱ 饰鸟头、花蒂、牛头纹，巴蜀符号；甲 B Ⅱ 饰虎、花蒂、手心、蝉、云雷纹，巴蜀符号
战国中晚期	茂县	甲 A Ⅱ 1、甲 B Ⅲ 3	甲 A Ⅱ 浮雕人头像；甲 A Ⅲ 或饰鸟纹
战国晚期	绵阳	甲 B Ⅱ 1	
	涪陵小田溪	甲 B Ⅱ 3、乙 A1	乙 A 巴蜀符号
	犍为	甲 A Ⅱ 1、甲 B Ⅱ 3	甲 A Ⅱ 饰花蒂、虎纹，巴蜀符号；甲 B Ⅱ 饰蝉、手心纹，巴蜀符号
	成都金牛区	甲 B Ⅱ 1	虎、蝉、手心、花蒂、云雷纹，巴蜀符号
	成都百花潭中学	甲 A Ⅱ 4、甲 B Ⅱ 1、甲 D1	甲 A Ⅱ 饰手心、花蒂、兽头、鸟纹，巴蜀符号；甲 B Ⅱ 饰虎、蝉纹
	成都京川饭店	甲 A Ⅱ 1、甲 A Ⅲ 1、甲 B Ⅱ 1、甲 C1、甲 D1	甲 A Ⅱ 饰鸟，巴蜀符号；甲 B Ⅱ 饰蝉、手心、虎、花蒂、云雷纹，巴蜀符号；甲 D 饰虎纹
	成都羊子山	甲 B Ⅱ 1、甲 G1、残 1	
	郫县红光	甲 B Ⅱ 6	手心、花蒂、虎、蝉、云雷纹，巴蜀符号
	简阳	甲 B Ⅱ 2	手心、蝉、花蒂、虎、戟纹
	巴县冬笋坝	甲 A Ⅱ 1、甲 B Ⅱ 1、甲 E1、乙 B2、ZC1	甲 A Ⅱ 饰人、手心、花蒂、云雷纹；乙 B 饰云雷纹
	昭化宝轮院	甲 A Ⅱ 2、甲 B Ⅱ 2、甲 B Ⅲ 1、甲 F1、乙 A1	甲 A Ⅱ 饰花带、兽头、云雷纹，巴蜀符号；甲 B Ⅱ 饰龙、花蒂、云雷纹，巴蜀符号

时代	出土地点	型式件数	纹饰
战国	成都三洞桥	甲AⅡ1、甲BⅡ2	甲AⅡ饰龙、蝉、手心、回纹；甲BⅡ饰龙纹，巴蜀符号
	芦山	甲AⅡ1	
西汉	甘孜	甲类1	
	成都东北郊	乙类1	
	大邑五龙	甲类2	
	涪陵	甲类1	

论新干商代大墓出土的青铜戈、矛及其相关问题[*]

一 前言

1989 年 9 月发现的江西省新干大洋洲商代大墓出土遗物 1374 件。在 475 件青铜器之中，青铜兵器有 232 件，戈、矛多达 63 件。新干商墓出土的商代同类青铜兵器中数量最大，而且型式繁多，既反映出中原青铜文化的强烈影响，也有明显的地方性青铜文化作风。戈、矛是商代用于实战的主要青铜兵器，在商代青铜文化中占有十分重要的地位。因此，新干商墓出土的青铜戈、矛是研究南方青铜文化与中原青铜文化关系弥足珍贵的实物资料。

考古发掘报告《新干商代大墓》^①（以下简称"报告"），对新干商墓出土的遗物作了详尽介绍和系统研究，并推断新干商墓的下葬年代为商代后期早段，即相当于殷墟中期。"报告"将遗物的文化属性划分为殷商式、融合式、先周式和土著式，青铜戈、矛亦分归其列。"报告"的论述虽不乏精辟的见解，但是也有某些欠妥之处。对此，学术界已有所指正。施劲松《读〈新干商代大墓〉——兼谈对新干商墓的再认识》^② 一文，即对"报告"中关于"融合式"和"土著式"的划分发表了不同看法，认为："报告所言的'融合式'和'土著式'器物都是指器物在造型或纹饰上有自身的特点。既然如此，这都说明它们与中原同类器有所不同，它们不是由中原直接流传而来，而是在当地制造或改造的。至于这种特点达到什么样的程度方可称为'融合式'或'土著式'，这之间很难界定。"

笔者认为，就新干商墓出土的青铜戈、矛而言，"报告"对其文化属性的判定，也有所失误。究其偏差产生的原因，关键在于忽视了对青铜戈、矛产生

---

* 该文发表于《考古》2001 年第 5 期，本书略做体例修改。

① 江西省文物考古研究所等：《新干商代大墓》，文物出版社 1997 年版。

② 施劲松：《读〈新干商代大墓〉——兼谈对新干商墓的再认识》，《考古》1998 年第 9 期。

渊源的探讨。"报告"中称"土著式"的标准为,"此类器物的种类和造型乃至装饰纹样都是南方土著民族的独特创造,在中原地区从未见过"。据此,"报告"将1件直内戈（Ⅳ式）和5件曲内戈（Ⅰ、Ⅱ式）归属于土著式。众所周知,中原是青铜戈的发源地。在河南偃师二里头文化三期,直内戈和曲内戈即已出现。[①] 万变不离其宗,即使新干商墓的直内戈和曲内戈具有某些地方作风,但就其种类而言,仍未脱离直内和曲内的范畴,并非南方土著民族的独特创造。"报告"的判定,似失之准确。"报告"对青铜戈形制的划分也存在偏差。直内无胡戈和直内有胡戈是具发展承袭关系但又有明显差异的两种不同形制的青铜戈,"报告"将其统归直内戈,并按Ⅰ、Ⅱ、Ⅳ式直内无胡戈和Ⅲ、Ⅴ式直内有胡戈的顺序排列,致使二者的关系混淆不明。"报告"并未将青铜戈确定类型之后,再划分式别,而是直接划分式别。这种做法,使式别在很大程度上具有类型的意义,不同式别青铜戈的差异自当十分明显。但是,"报告"中直内戈Ⅰ、Ⅱ式的划分标准却几近雷同。Ⅰ式戈,"窄长援,凸脊,长方形内,有上下阑。内中部一穿"。Ⅱ式戈,"窄长援,隆脊,长方形内,有上下阑,或仅有上阑无下阑,内中部一穿"。仅援脊有凸、隆的差异,似不宜划分出不同的式别。"报告"对青铜矛的认识也有可商榷之处。"报告"将青铜矛划分为短骹矛、长骹矛、特短骹矛和异形矛等类型,但忽视了青铜矛骹侧有无勾钮、环耳等重要特征。以笔者多年研究所得,深知是否以骹侧所附环钮系绳固柲,乃是区分青铜矛形制的重要依据。"报告"将长骹叶矛归属于殷商式,则不仅忽视了此类矛有附环钮和不附环钮之分,同样也忽视了对青铜矛产生渊源的探讨。考古资料表明,长江中游流域是骹侧附环钮青铜矛的发源地,湖北黄陂盘龙城二里冈期墓葬已有出土。[②] 中原地区骹侧附环钮青铜矛在南方青铜文化的影响下方始产生。

本文拟对新干商墓青铜戈、矛重新划分类型,进行全面、客观的分析,力求准确把握器物特征,确认地方性作风,探讨其与中原青铜文化的关系,并就此及其相关问题发表看法,不当之处敬希指正。

二 新干商墓青铜戈的类型和文化特征

新干商墓出土青铜戈共28件。可分为有胡和无胡两种类别。

---

① 中国社会科学院考古研究所二里头工作队:《偃师二里头遗址新发现的铜器和玉器》,《考古》1976年第4期。

② a. 湖北省博物馆:《一九六三年湖北黄陂盘龙城商代遗址的发掘》,《文物》1976年第1期。

b. 湖北省博物馆:《盘龙城商代二里冈期的青铜器》,《文物》1976年第2期。

A类戈　无胡，共25件。又可分两型。

Ⅰ型：共20件。长条形援，有上下阑，直内，内中部多有一圆穿。又可分为三式。

1式：共12件。援上刃微弧，下刃略内曲，援上刃多高于内上缘。XDM：122，内上一圆穿，后段双面均铸出四块方形凹面，组成田字形，当为镶嵌绿松石片处，惜已全部缺失（图3－37，6）。XDM：118，内上一圆穿，后段两面均铸阴刻的双人首纹，头上竖立四根外卷的羽翎（图3－37，9）。

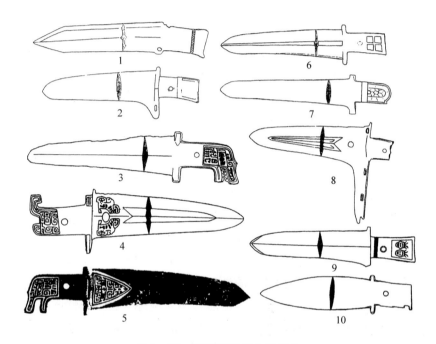

图3－37　新干商墓出土青铜戈

1、7.A类Ⅰ型3式（XDM：117、XDM：124）　2.B类Ⅰ型（XDM：106）3、5.A类Ⅱ型1式（XDM：127、XDM：129）　4.A类Ⅱ型2式（XDM：131）　6、9.A类Ⅰ型1式（XDM：122、XDM：118）8.B类Ⅱ型（XDM：132）　10.A类Ⅰ型2式（XDM：105）

2式：1件（XDM：105）。援上下刃弧度皆明显，援上刃与内上缘略平，内上一圆穿，下端有缺口（图3－37，10）。

3式：共7件。援上刃近斜直或略有弧度，下刃微内曲，援上刃与内上缘多近平，内下端有缺口或倒刺。XDM：117，援上刃内侧微凹成浅血槽，上下阑均残，下阑基处一小穿，通体乌黑闪亮，制作精美（图3－37，1）。XDM：124，内中部一圆穿，其后镶嵌绿松石（图3－37，7）。

Ⅱ型：共5件。长条形援，有上下阑，援上刃微弧，下刃略内凹，曲内，内中部一圆穿。又可分为二式。

1 式：共 3 件。内后端向下弯曲成兽首形。XDM：127，兽首张口圆目，露出三角形利齿，兽面由云雷纹构成，圆睛中镶嵌绿松石（图 3 - 37，3）。XDM：129，援基两面均饰三角形饕餮蕉叶纹（图 3 - 37，5）。

2 式：共 2 件。援脊两侧有箭翼纹式血槽，内后端向上弯曲，状若夔形，饰云雷纹。原报告称此种戈的曲内状若鸟喙。仔细观察，则更似夔状。新干商墓出土的鸟耳圆鼎之扁足造型，即为类此的夔形。XDM：131，援基中部一圆穿，两侧各饰一变体卷尾龙纹（图 3 - 37，4）。

B 类戈　有胡，共 3 件。又可分为两型。

Ⅰ 型：共 2 件。长条形援，上刃微弧，下刃略内曲，有上下阑，短胡一穿，直内。XDM：106，内中部一圆穿（图 3 - 37，2）。

Ⅱ型：1 件（XDM：132）。三角形援，援脊部有箭翼纹式血槽，近援基部一圆穿，有上下阑，下阑残，长胡四穿，直内，内上一圆穿，后端残（图 3 - 37，8）。

长条形援无胡戈是青铜戈的初期型式，以无胡无阑的直内戈和曲内戈出现最早。前者见于河南偃师二里头文化三期地层，援上刃微弧，下刃略内曲，起中脊，直内无阑，内上一方穿，援与内的分界不明显，内后四齿（图 3 - 38，3）。后者见于偃师二里头文化三期葬坑，K3：2，援上刃微弧，下刃内曲，起中脊，援面由脊向刃斜抹而下，到近刃处又凸起增厚，形成一道沟，援内交接处成直角，曲内下弯似兽首，内上一单面钻孔的圆穿，穿之后铸凸起的云纹，纹间凹槽中可能镶嵌过绿松石（图 3 - 38，2）。二里头文化的性质，按"夏商周断代工程"推断，属夏文化。故上述 2 件青铜戈亦当为夏文化的遗物。

长条形援有上下阑的直内无胡戈是夏代无胡无阑直内戈演进的后续型式，始见于商代二里冈期，河南、河北、湖北皆有出土，以河南出土地点为最多。陕西西安老牛坡①、蓝田怀珍坊②等地出土的该类戈时间稍晚，大致在二里冈期向殷墟一期的过渡阶段。河南偃师商城③、郑州铭功路④各出土 1 件，郑州商城出土 2 件⑤，辉县琉璃阁出土 3 件⑥。郑州二里冈上层出土的 1 件戈，援上

---

① 保全：《西安老牛坡出土商代早期文物》，《考古与文物》1981 年第 2 期。

② 蓝田县文化馆等：《陕西蓝田县出土商代青铜器》，《文物资料丛刊》第 3 期。

③ 中国社会科学院考古研究所河南二队：《1983 年秋季河南偃师商城发掘简报》，《考古》1984 年第 10 期。

④ 郑州博物馆：《郑州市铭功路西侧的两座商代墓》，《考古》1965 年第 10 期。

⑤ a. 河南省博物馆等：《郑州商代城遗址发掘报告》，《文物资料丛刊》第 1 期。

b. 唐兰：《从河南郑州出土的商代前期青铜器谈起》，《文物》1973 年第 7 期。

⑥ 中国科学院考古研究所：《辉县发掘报告》，科学出版社 1956 年版。

刃呈弧形，下刃内曲，援上刃高于内上缘，内上一圆穿，其后一面饰漩涡纹，另一面有铭文（图3-38，7）。新干商墓的A类Ⅰ型1式戈形制大体与之相近，其援上刃高于内上缘的特点反映出同类戈二里冈期的作风。新干商墓A类Ⅰ型1式戈的地方性色彩主要体现在装饰纹样的独特风格，如XDM∶118戈，内后段两面阴刻双人首级，头上竖四根外卷的羽翎。

援上下刃弧度皆明显，援上刃与内上缘近平，内下端有缺口的直内有阑无胡戈出现稍晚，是直内无胡戈的新型式，有关资料目前所见尚不多。安阳三家庄东M4∶5戈①（图3-38，6），内后部镶嵌绿松石，时间为殷墟一期偏早阶段。新干商墓A类Ⅰ型2式戈XDM∶105，形制与之近同，并无明显的地方性特色可言。

殷墟文化时期广为流行的直内有阑无胡戈，以援上刃微弧，下刃略内曲者居多，仍沿袭二里冈期的作风。其援上刃多与内上缘近平，则是殷墟时期的新特点。自殷墟二期始，戈内的下端常见缺口或倒刺。此式戈的出土地点遍及河南、河北、陕西、山西、山东、湖北、江西、四川，尤以殷墟附近最为密集。安阳大司空村M539出土的1件②（图3-38，11），内下端有倒刺，时间为殷墟二期。新干商墓A类Ⅰ型3式戈XDM∶124，形制与之接近，唯新干商墓XDM∶117戈，援上刃近斜直。应着重指出的是，内上镶嵌绿松石，是中原长条形援直内无胡戈的传统作风，自二里头文化三期，历经二里冈期文化，至殷墟文化，长盛不衰。新干商墓同类戈多见镶嵌绿松石，显然为中原文化影响所致。

长条形援有上下阑的曲内无胡戈是夏代无胡无阑曲内戈演进的后续型式，始见于商代二里冈期。河南辉县琉璃阁出土1件，湖北黄陂盘龙城楼子湾出土2件。辉县琉璃阁M124∶1戈，有上下阑，曲内下弯若兽首，内上一圆穿，其后饰饕餮纹（图3-38，12）。辉县琉璃阁商代墓葬群，大部分墓葬的年代相当于商代二里冈期，少数墓葬的年代约当殷墟时期，其文化内涵具有明显的连续性。黄陂盘龙城楼子湾M3∶7戈（图3-38，13），与琉璃阁曲内戈形制相近，内上亦饰饕餮纹。盘龙城是长江中游地区一处重要的早商遗址，文化内涵十分丰富，有夯土城垣、宫殿和墓葬。学术界一般认为，盘龙城应是商朝南土封国荆楚的都邑。盘龙城遗址在城垣的营造技术、宫殿建筑手法、埋葬习俗、青铜工艺、制玉风格、陶器特征等诸多方面，与商代二里冈上层文化具有明显的一致性，当属商文化系统。

---

① 中国社会科学院考古研究所安阳工作队：《安阳殷墟三家庄东的发掘》，《考古》1983年第2期。
② 中国社会科学院考古研究所安阳工作队：《1980年河南安阳大司空村M539发掘简报》，《考古》1992年第6期。

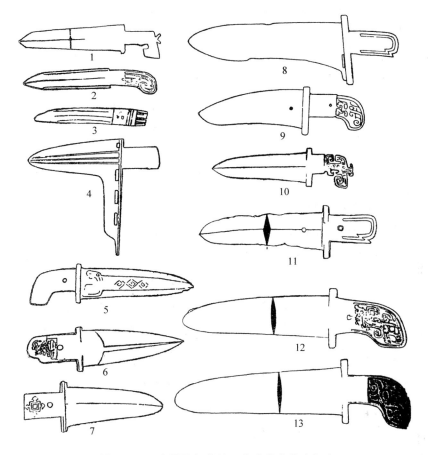

图 3 - 38　中原及相关地区出土的商代青铜戈

1. 安阳梯家口村（M28∶4）　2. 偃师二里头（K3∶2）　3. 偃师二里头三期地层　4. 城固苏村
5. 安阳殷墟（M5∶772）　6. 安阳三家庄东（M4∶5）　7. 郑州二里冈上层　8. 固始葛滕山 M6
9. 安阳小屯 M232　10. 安阳小屯村北（M18∶40）　11. 安阳大司空村 M539　12. 辉县琉璃阁（M124∶1）
13. 黄陂盘龙城楼子湾（M3∶7）

　　有上下阑的曲内无胡戈在殷墟一期所见尚少，自殷墟二期趋于流行，型式
逐渐增多，除延续二里冈期的兽首状曲内戈之外，新出现磬折曲内、鸟喙式曲
内和方钩式曲内。出土地点亦遍及河南、河北、陕西、山西、山东、江西等
地，其范围与殷墟时期直内无胡戈的分布大致相近。殷墟一期，安阳小屯
M232 出土的 1 件曲内无胡戈①，援近侧阑处一圆穿，曲内下弯若兽首，内后段
饰镶嵌绿松石构成的云纹（图 3 - 38，9）。殷墟二期，安阳殷墟 M5∶772 戈②

---

① 李济：《记小屯出土之青铜器》，《中国考古学报》第四册，1949 年。
② 中国社会科学院考古研究所：《殷墟妇好墓》，文物出版社 1980 年版。

（图 3 - 38，5），内作下弯的磬折形；安阳小屯村北 M18：40[①]（图 3 - 38，10），内作下卷的饰云纹镂空鸟喙形（亦称歧冠式）；安阳梯家口村 M28：4[②]（图 3 - 38，1），内作下卷的方钩形。新干商墓的 A 类 I 型 1 式曲内戈 XDM：127 和 XDM：129，与安阳小屯 M232 的曲内戈形制接近，其兽首皆下弯，均镶嵌绿松石，饰云纹。差异在于，新干商墓 A 类 I 型 1 式曲内戈的兽首，口露三角形利齿，形象更为逼真。新干商墓出土的虎形扁足圆鼎之虎耳即有类似的造型。新干商墓 XDM：129 曲内戈，援基两面饰三角形蕉叶纹的作风，于殷墟曲内戈虽尚未见到，但此类纹饰在殷墟青铜容器上属常见，多施于瓿、大口尊及斝、爵。例如，饕餮蕉叶纹饰于妇好墓 729 方尊短边一面的口下，对夔蕉叶纹饰于 857、861 圆斝足部。新干商墓的 A 类 I 型 2 式曲内戈 XDM：131，与安阳小屯村北 M18：40 曲内戈，内均饰云纹。差异在于前者呈夔形上卷，后者呈鸟喙下卷，当为曲内造型衍生的两种变体。新干商墓 XDM：131 曲内戈援穿两侧各饰变体卷尾龙纹。龙纹，又称蟠龙纹或夔龙纹，是兽首蛇身的动物纹，见于殷墟三联甗、盘等青铜器上。小屯村北 M18：14 盘内底上即饰有蟠龙纹。新干商墓曲内戈援上所饰变体卷尾龙纹，是其与中原青铜文化融会交流的表现。

　　长条形援有阑且有胡的直内戈，是在长条形援有阑无胡直内戈的基础上经重要改进而成。援下刃出胡，胡刃可砍伐，从而增强杀伤之功效。胡上的穿用以缚柲，显然较无胡戈仅以阑和内缚柲更为牢固。有胡戈是青铜戈的高级型式，因其利于实战而趋于流行。经不断演进，终于西周以后取代长条形援无胡戈，而成为东周青铜戈的主要型式。短胡一穿戈为有胡戈的初始型式，殷墟二期出现。河南固始葛藤山 M6 出土的 1 件[③]，长条形援，有上下阑，直内，短胡一穿，援中部有凹三角符号，内上铸两道"∪"形纹饰，内下端出刺（图 3 - 38，8）。新干商墓 B 类 I 型戈 XDM：106 形制与之近似，但内下端无刺。

　　三角形援直内无胡戈又称戣，始见于二里冈期向殷墟一期的过渡阶段，安阳小屯、蓝田怀珍坊皆有出土。三角形援直内长胡戈在三角形援直内无胡戈的基础上演进而成。陕西城固苏村出土的三角形援直内戈[④]，在时间上相当于殷墟二期，长胡四穿，援中脊有多道血槽（图 3 - 38，4）。新干商墓 B 类 I 型戈 XDM：132 与之相似，亦长胡四穿，援中脊血槽呈箭翼状。新干商墓仅出土 1

---

　　① 中国社会科学院考古研究所安阳队：《安阳小屯村北的两座殷代墓》，《考古学报》1981 年第 4 期。
　　② 安阳市文物工作队等：《安阳市梯家口村殷墓的发掘》，《华夏考古》1992 年第 1 期。
　　③ 信阳地区文管会等：《固始县葛藤山六号商代墓发掘简报》，《中原文物》1991 年第 1 期。
　　④ 唐金裕等：《陕西省城固县出土殷周铜器整理简报》，《考古》1980 年第 3 期。

件 B 类 Ⅰ 型戈,而城固苏村同类戈却多达 14 件。故此推断,新干商墓的 B 类 Ⅱ 型戈很可能自陕西传入,而非本地自产。

上述分析表明,青铜戈始于夏代,河南是青铜戈的发源地,长条形援直内和曲内无阑无胡戈是青铜戈的雏形,有上下阑的直内和曲内无胡戈为其晚出型式。新干商墓 A 类 Ⅰ 型戈与中原直内无胡戈的形制近同,仅少数戈的纹饰具有一定地方性特征。新干商墓 A 类 Ⅱ 型戈则以其与中原曲内无胡戈曲内造型上的差异,地方性特征较为明显。但就其种类和渊源而言,当视为自中原曲内无胡戈演进而来的地方性变体。至于新干商墓的 B 类 Ⅰ、Ⅱ 型戈,虽然迄今所知,与中原同类戈的始出时间大致相同,但无明显的地方性特点,出土数量亦少,就其种类和渊源分析,自当归属中原青铜戈的范畴。

三 新干商墓青铜矛的类型和文化特征

新干商墓出土青铜矛共 35 件。可分为骹侧有环钮和无环钮的 A、B 两种类别。型式的划分则依据矛身形状和骹长度的差异而定。短骹和长骹的区别仅相对而言。以骹长约占矛通长三分之一左右或不足三分之一者为短骹。

A 类矛 共 8 件。矛身呈柳叶状,骹两侧附对称环钮,又分为两型。

Ⅰ 型:共 5 件。骹特短,两侧附对称钮状环。XDM:95,通体起中脊,脊侧有血槽。通长 11.8 厘米、骹长 1.8 厘米(图 3 - 39,4)。XDM:97,矛身下部及骹中脊饰镂空的燕尾纹,并镶嵌绿松石,脊侧有血槽。通长 14.3 厘米、骹长 1.5 厘米(图 3 - 39,3)。XDM:98,锋残,骹一侧钮状环缺失,骹端箍上饰连珠纹。

Ⅱ 型:共 3 件。长骹,骹下部两侧附对称环耳,骹端有箍。又分二式。

1 式:1 件(XDM:91)。骹下部两侧环耳残缺。通长 19 厘米、骹长 10 厘米(图 3 - 39,5)。

2 式:共 2 件。矛身基部内凹,矛身最宽处较 1 式更偏下,已近矛身基部,XDM:92,矛身脊两侧有血槽。通长 19 厘米、骹长 7.7 厘米(图 3 - 39,2)。

B 类矛 矛身呈叶状或锥状,共 27 件。又可分为四型。

Ⅰ 型:共 15 件,矛身呈柳叶状,短骹。又分三式。

1 式:共 13 件。矛身最宽处近中部。XDM:73,矛身下部及骹中脊两侧有长蕉叶状血槽。通长 15.6 厘米、骹长 5.6 厘米(图 3 - 39,6)。

2 式:1 件(XDM:99)。矛身最宽处近基部,通体起中脊,骹端有箍。通长 14.5 厘米、骹长 4 厘米(图 3 - 39,10)。

　　3 式：1 件（XDM：83）。矛身最宽处近基部，侧刃弧度较小，矛身下部及骹中脊两侧有长蕉叶状血槽。通长 25.2 厘米、骹长 5.3 厘米（图 3 - 39，13）。

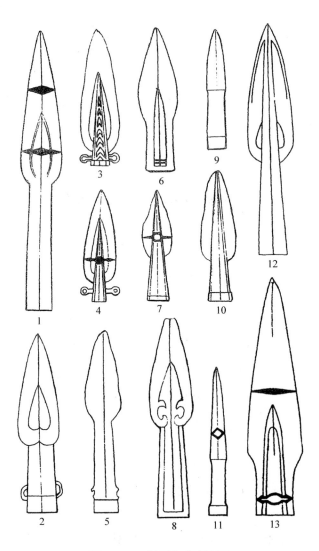

图 3 - 39　新干商墓青铜矛

　　1、12. B 类 Ⅱ 型 1 式（XDM：86、XDM：84）　2. A 类 Ⅱ 型 2 式（XDM：92）　3、4. A 类 Ⅰ 型（XDM：97、XDM：95）　5. A 类 Ⅱ 型 1 式（XDM：91）　6. B 类 Ⅰ 型 1 式（XDM：73）　7. B 类 Ⅲ 型（XDM：100）　8. B 类 Ⅱ 型 2 式（XDM：90）　9. B 类 Ⅳ 型 2 式（XDM：102）　10. B 类 Ⅰ 型 2 式（XDM：99）　11. B 类 Ⅳ 型 1 式（XDM：101）　13. B 类 Ⅰ 型 3 式（XDM：83）

　　Ⅱ 型：共 7 件。矛身呈柳叶状，长骹。又分二式。

　　1 式：6 件。XDM：86，矛身下部中脊两侧有血槽。通长 30.5 厘米、骹长

14 厘米（图 3 - 39，1）。XDM：84，矛身上部及下部各有一对血槽。通长 24.5 厘米、骹长 9.9 厘米（图 3 - 39，12）。

2 式：1 件（XDM：90）。矛基内卷，矛身下部中脊两侧血槽呈凸三角形和花瓣状。通长 21 厘米、骹长 9.5 厘米（图 3 - 39，8）。

Ⅲ 型：1 件（XDM：100）。矛身呈阔叶状，矛身最宽处近中部，骹端有箍（图 3 - 39，7）。原报告数据，矛通长 11.1 厘米、骹长 9.5 厘米，有误；按线图，矛通长与骹长之比为 2.6：1。

Ⅳ 型：共 2 件。矛身呈锥状，骹两侧边略内凹，骹端有箍。分二式。

1 式：1 件（XDM：101）。矛身呈长锥状。通长 16 厘米、骹长 6.1 厘米（图 3 - 39，11）。

2 式：1 件（XDM：102）。矛身呈短锥状。通长 12.5 厘米、骹长 5.9 厘米（图 3 - 39，9）。

此外，两件 B 类短鲛矛 XDM：103、XDM：104，骹两面均饰三角蝉纹及连珠纹，因矛身皆残甚，无法确定其型式。

商代二里冈期是青铜矛的始作期。骹侧附环钮的青铜矛以湖北黄陂盘龙城李家嘴和盘龙城楼子湾出土者最早，均为商代二里冈期。盘龙城李家嘴出土 2 件，形制皆同。M2：56，矛身呈柳叶状，通体起中脊，骹端两侧附环钮呈勾形，骹饰人字形纹（图 3 - 40，5）。盘龙城楼子湾 M3：8，矛身呈柳叶状，中脊凸起，骹稍长，骹下部两侧附半圆形环耳（图 3 - 40，7）。新干商墓 A 类 Ⅰ型矛 XDM：95、XDM：97，矛身呈柳叶状，骹两侧附勾形环钮以及骹饰人字形燕尾纹的作风，与盘龙城李家嘴 M2：56 矛近似。差异在于，李家嘴矛的矛身最宽处近中部，新干矛的矛身最宽处则近基部；李家嘴矛的骹略长，而新干矛的骹甚短。新干商墓 A 类 Ⅱ型 1 式矛 XDM：91，矛身呈柳叶状，骹下部两侧附环耳（残缺），亦与盘龙城楼子湾 M3：8 矛的作风近似，差异在于，楼子湾矛的矛身最宽处近中部，新干矛的矛身最宽处则近基部；新干矛的骹比楼子湾矛的骹更长。新干商墓 A 类 Ⅱ型 2 式矛，矛身中部有血槽，矛身基部内凹，是 A 类 Ⅱ型 1 式矛衍生的新型式。

江西清江吴城是南方重要的殷商时期青铜文化遗址。吴城二期文化的时代相当于中原地区殷墟二期文化。新干商墓位于距吴城遗址 20 余公里的赣江东岸，亦属吴城二期文化的范畴。人字纹是江南地区青铜时代印纹硬陶器皿上常见的纹饰。若联系毗邻的湖北盘龙城李家嘴商代二里冈期 M2 青铜矛上的人字纹，以及新干商墓 XDM：97 青铜矛上的人字形燕尾纹，可知殷商时期该地域传统文化的深厚渊源和一脉相承的密切关系。殷墟二期，中原地区始见骹侧附环耳青铜矛。矛身形状有柳叶状和弧形三角两种。柳叶形矛，安阳大司空村出土 1 件，安阳殷墟西区①和安阳大司空村东南②各出土 2 件。殷墟西区 M265：1 矛（图 3-40，6），与新干商墓 A 类 I 型 1 式矛相近，但矛身最宽处更近基部。安阳大司空村 M539 出土的 1 件，矛身基部内凹，其上有血槽，矛身最宽处近基部（图 3-40，2），与新干商墓 A 类 I 型 2 式矛近似。矛身呈宽大三角形青铜矛是矛身呈叶状青铜矛的变体，殷墟西区出土 1 件，安阳小屯和罗山天湖③各出土 2 件，陕西城固苏村出土 20 件。殷墟西区 M613：5 矛形体较小（图 3-40，3），城固苏村矛形体较大。此外，还有矛身呈亚腰状短骹的青铜矛，矛身基部两侧有穿孔。安阳梅园庄出土 1 件④、罗山天湖出土 3 件、安阳大司空村东南出土 5 件。罗山天湖 M12：1 矛（图 3-40，8），矛身基部两侧穿孔呈环耳状，仍残留自环耳演进而来的痕迹，故仍属骹侧附环钮青铜矛衍生的变体。矛身呈宽大三角形和矛身呈亚腰状青铜矛在柳叶状青铜矛的基础上产生。它吸取南方青铜文化的因素，并融注于中原青铜文化之中，从而形成中原青铜矛的特色。但是，上述两种典型的中原青铜矛为新干商墓所不见。

骹侧无环钮青铜矛，以河北藁城台西出土者⑤最早，时间为商代二里冈期。藁城台西 M112：8，矛身呈柳叶状，骹端有箍，其上一圆穿（图 3-40，4）。但迄今为止，中原地区除藁城台西出土的这件青铜矛之外，其他重要的二里冈期遗址，如偃师商城、郑州商城、辉县琉璃阁等地，无论骹侧附环钮或骹侧不附环钮的青铜矛，均未曾见到。郑州商城始建于二里冈下层时期，以其城垣、宫殿恢弘的气势和丰富的文化内涵，被学术界公认为商早期的都邑。郑州商城及附近的遗址、墓葬中出土许多青铜器，容器有鼎、鬲、盘、罍、斝、爵、尊、瓿，工具有刀、钻，兵器有戈、镞等，虽经历年多次大规模发掘，但仍未见青铜矛出土。可见至少在商代早期，青铜矛尚未作为商王朝军队的主战兵器。殷墟一期始见青铜矛，但目前见于报道的亦仅殷墟三家庄东出土的 1 件，⑥矛身呈柳叶状，与骹分界不明显（图 3-40，9）。迟至殷墟期的青铜矛，其始作之雏形若此，则商王朝早期都邑郑州商城未见青铜矛出土，也就不难理

① 中国社会科学院考古研究所安阳工作队：《1969—1977 年殷墟西区墓葬发掘报告》，《考古学报》1979 年第 1 期。

② 中国社会科学院考古研究所安阳工作队：《安阳大司空村东南的一座殷墓》，《考古》1988 年第 10 期。

③ 河南省信阳地区文管会等：《罗山天湖商周墓地》，《考古学报》1986 年第 2 期。

④ 安阳市博物馆：《殷墟梅园庄几座殉人墓葬的发掘》，《中原文物》1986 年第 3 期。

⑤ 河北省文物研究所：《藁城台西商代遗址》，文物出版社 1985 年版。

⑥ 中国社会科学院考古研究所安阳工作队：《安阳殷墟三家庄东的发掘》，《考古》1983 年第 2 期。

解了。

　　新干商墓出土的骹侧不附环钮青铜矛多达 27 件，形制繁杂，矛身呈柳叶状、阔叶状或锥状，骹则有长短之分。阔叶状和锥状矛均为柳叶状矛衍生的变体。江西清江吴城也曾出土 1 件吴城二期骹侧不附环钮青铜矛①，体特长，矛身最宽处近基部，骹上附四个环状箍，并铸螺旋纹与云雷纹组合纹饰（图 3 - 40，1）。中原地区骹侧不附环耳青铜矛在殷墟二期尚未发现。殷墟三、四期虽有所见，但数量始终不多，未能如骹侧附环耳青铜矛那样成为青铜矛的主体。

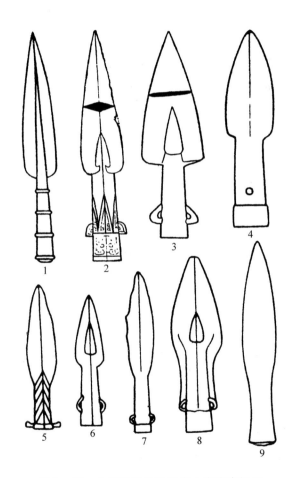

图 3 - 40　中原及相关地区出土商代青铜矛

　　1. 清江吴城　2. 安阳大司空村 M539　3. 殷墟西区（M613：5）　4. 藁城台西（M112：8）

　　5. 盘龙城李家嘴（M2：56）　6. 殷墟西区（M265：1）　7. 盘龙城楼子湾（M3：8）　8. 罗山天湖（M12：1）　9. 殷墟三家庄东

---

　　①　江西省清江县博物馆：《吴城商代遗址新发现的青铜兵器》，《文物》1980 年第 8 期。

概言之，青铜矛始出于商代二里冈期。湖北是骹侧附环钮青铜矛的发源地。矛身呈柳叶状，最宽处近中部，骹端两侧附勾状钮或环耳，骹有长短之分。新干商墓骹侧附环钮青铜矛承袭湖北盘龙城青铜矛的作风，矛身呈柳叶状，骹亦有长短之分；矛身最宽处下移至基部，则是有别于商代二里冈期的时代特征。中原地区迟至殷墟二期始见骹侧附环耳青铜矛，矛身呈柳叶状者并无明显地方特色。矛身呈宽三角形和亚腰三角形青铜矛则不为新干商墓所见。故此，新干商墓骹侧附环钮青铜矛，不论长骹式或短骹式，当皆属传统的南方土著文化型式。至于骹侧不附环钮青铜矛，河北虽是其始作之地，但除殷墟三家庄东出土的1件殷墟一期青铜矛之外，至殷墟二期仍无所见。因此，新干商墓骹侧不附环钮青铜矛不仅难以论及所受中原文化因素的影响，而且更难以跨越久远的时空将其产生的渊源追溯至河北藁城台西的那件青铜矛。由此推断，新干商墓骹侧不附环钮青铜矛，无论长骹式或短骹式，亦皆为土生土长的地方性型式，当在情理之中。

四　余论

对青铜戈、矛有关资料的研究表明，青铜戈是夏代中原地区先民的创造。青铜戈在商代二里冈期的分布向南方扩展到湖北，至殷墟二期更扩展到江西。青铜戈向南方的传播反映出先进的中原青铜文化对边远地区的强烈影响，充分显示了殷商文化所处的中心地位。新干商墓青铜戈鲜明的地方色彩，表明南方土著文化在接受中原先进文化的同时，又融入诸多自身传统的文化因素，从而形成颇具特征的地方文化作风。青铜矛主要是商代二里冈期南方先民的创造。新干商墓出土的青铜矛是承袭南方青铜矛传统作风土生土长的地方性青铜兵器。中原青铜文化吸纳南方的青铜矛，同样也融入自身的文化因素，形成殷商文化的特色。青铜戈、矛各自的南北向传播，从一个重要侧面反映出中国青铜文化一体多元的交流融会的过程。

北京平谷刘家河商墓出土的
铜钺及其相关问题[*]

　　1977 年 8 月，北京市平谷县南独乐河乡刘家河村发现一座商代墓葬，[①] 出土铜、金、玉、陶等类器物共 40 余件。其中铜礼器 16 件，小方鼎和圆鼎、爵、三羊罍、弦纹鬲、弦纹甗、斝、觚、瓿、盉、盘等均具有中商时期的特征。该墓已被破坏，随葬品有所缺失。平谷县刘家河商代中期墓的发现，填补了北京地区商代历史考古的空白，对商文化的分布及其内涵的研究具有十分重要的意义。

　　平谷县刘家河商代中期墓出土 1 件铜钺，这是中国早期青铜兵器弥足珍贵的实物标本。铜钺为陨铁刃，更为研究我国早期铁器的锻造提供了重要的资料。本文就此论及早期铜钺的特征、源流及其相关问题。

　　平谷县刘家河商代中期墓出土的铁刃铜钺（图 3 – 41），刃部已锈蚀残损，残长 8.4 厘米、阑宽 5 厘米。直内，内上有一圆穿孔，孔径 1 厘米。钺身一面扁平，一面微凸。

　　铜钺始见于夏代，主要流行于商、西周时期，东周时期已属少见。铜钺为劈兵。依装柄方法的不同，可划分为无銎和有銎两种。无銎钺以内缚柄，平肩，有内，多为弧刃，肩或内部有穿孔，也有的身部亦穿孔。无銎钺又可分为大小两型。大型钺以通长 30 厘米以上者居多，小型钺通长约在 20 厘米以下。大型钺均出土于较大型的墓葬之中，墓主人皆属高级贵族。大型铜钺是仪仗用具，拥有大型铜钺是其政治和军事地位、权力的象征。《尚书·牧誓》记载武王伐商，誓师于牧野，"左杖黄钺，右秉白旄"。《史记·周本纪》叙武王克商后，至纣死所，"以黄钺斩纣头"，又以玄钺斩纣之嬖妾二女。至"明日祭社"，"周公旦把大钺，毕公把小钺，以夹武王"。小型铜钺多出土于较小型的

---

　　* 该文发表于《北京平谷与华夏文明国际学术研讨会论集》，社会科学文献出版社 2005 年版，本书略做体例修改。

　　① 北京市文物管理处：《北京市平谷县发现商代墓葬》，《文物》1977 年第 11 期。

铜器墓之中，墓主人为级别较低的贵族。小型铜钺一般属实战兵器，但因持钺者身份高于普通士兵，故小型铜钺也当是具有一定权位的象征之物。平谷县刘家河商墓出土的铜钺即属小型钺之列。

有銎铜钺其流行年代大体在商末周初，銎部呈内状，与器身垂直；也有的銎呈管筒状，附着于器身一侧。因目前所见的有銎铜钺多系征集品，数量也不多，本文于此不予详述。

2000 年 6 月，河南省偃师市二里头遗址出土 1 件铜钺 2000YLⅢC∶1[①]（图 3-42）。此钺平面呈长方形，体薄平，刃角外侈，刃部较钝。肩部两侧微起脊，系范线痕。中央有一凸起结构，长约 1.8 厘米，厚度与钺身相等，顶面呈断碴状，似为器体折断的痕迹，据此推测该器可能有内。钺身近肩部饰带状网纹一周，花纹凸起。其下有一圆孔。整器残长 13.5 厘米、宽 6.1 厘米，刃宽 7.6 厘米、厚 0.6 厘米。此钺年代为二里头文化晚期，约当夏代晚期，是迄今所知年代最早的铜钺。二里头遗址出土的铜钺，肩部两侧无栏，这是铜钺初始形制的显著特征。铜钺的出现源于史前时期的玉石钺。大汶口文化晚期至山东龙山文化时期以及陶寺文化时期的许多墓葬中随葬玉石钺，有的属仪仗，有的则用于砍伐或战斗。这些史前时期的玉石钺多为长方形，皆无内无栏。二里头文化晚期铜钺无栏，承袭了史前玉石钺无栏的传统，但肩上出内则是早期铜钺有别于史前玉石钺的时代特征。

商代无銎铜钺有两种型式，一种是无栏铜钺，仍延续二里头文化晚期铜钺的作风；另一种则是商代中期出现的，以平谷县刘家河铜钺为代表的有栏铜钺。

无栏铜钺在商代早中晚期均有使用。河南新郑望京楼出土的 1 件商早期铜钺 M22∶11[②]（图 3-43），体质较薄，呈梯形，方内短小，平肩，两肩各有一长方形小穿，器身两侧斜直，刃部平直，器身饰镂空兽面纹，通长 33 厘米、刃宽 38 厘米、肩宽 31 厘米。河北藁城台西出土的 1 件商代中期铜钺 M22∶1[③]（图 3-44），钺身长方形，长方内，两肩各一小长方穿，器身中部一大圆穿，通长 14.8 厘米。河南安阳殷墟妇好墓出土的 1 件商代晚期铜钺 M5∶799[④]（图 3-45），器身较宽，平肩，弧刃，内较短，两肩有长方形小穿，器身上部饰虎

① 中国社会科学院考古研究所二里头工作队：《河南偃师市二里头遗址发现一件青铜钺》，《考古》2002 年第 11 期。
② 赵文玺：《介绍一件商代青铜钺》，《中原文物》1988 年第 4 期。
③ 河北省文物研究所：《藁城台西商代遗址》，文物出版社 1985 年版。
④ 中国社会科学院考古研究所安阳工作队：《殷墟妇好墓》，文物出版社 1980 年版。

扑人纹，另一面有铭文"妇好"二字，通长 39.5 厘米、刃宽 37.3 厘米。商代无栏铜钺也有区别于二里头文化晚期铜钺的特征，商代无栏铜钺的两肩各有一小长方形的穿孔。西周时期，无栏的铜钺已基本不见。

有栏铜钺始见于商代中期，是无栏铜钺演进的新型式。除北京平谷刘家河出土的 1 件之外，河北省藁城台西也出土 1 件，M112∶1（图 3 - 46），内较短，中部一圆穿，器体长方形，肩两侧有对称的栏，器身上部两面均饰乳钉纹两排，一面每排各 6 枚，另一面两排分别为 7 枚和 8 枚，铁刃夹于器底边，残长 11.1 厘米、阑宽 8.5 厘米。河南安阳郭家庄出土的商代晚期铜钺 M6∶8①，器身近方形，长方形内，平肩，肩两侧有对称的栏，弧形刃，刃角翘起，器身饰乳钉圆圈纹和三角垂叶纹，内后端饰兽面纹，通长 17 厘米。

综观夏商无栏铜钺的演进，大体经历了二里头文化晚期铜钺，无栏；商代早期铜钺，无栏，两肩各有一小长方穿；商代中晚期铜钺，肩两侧有对称的栏，两肩上的小长方穿消失的全过程。需要强调指出的是，商代中期有栏铜钺出现后，无栏铜钺仍然流行于商文化分布的中心区域，截至目前为止，出土数量已逾百件，因而始终是商代铜钺的主要型式，这就从一个侧面反映出商文化的时代特征。而有栏铜钺迟至商代中期才出现，至目前为止出土数量仅 10 余件。但正是这种有栏铜钺于西周时期开始完全取代了无栏铜钺。

缚柄方法的改进，使柄的绑缚更趋牢固，也促成了无栏铜钺形制的演进。此种演进的方式和过程与铜戈十分相似。但是，铜钺在商代于实战中的应用毕竟远逊于铜戈，所以相比之下铜钺的演进有明显的滞后性。铜钺和铜戈均同时始见于二里头文化晚期，且皆无栏，但是偃师商城出土的商代早期铜戈 M1∶3②（图 3 - 47）即有栏，而平谷刘家河与藁城台西出土的商代中期铜钺才开始有栏。有栏铜戈于商代早期始出即取代无栏铜戈，而有栏铜钺迟至西周时期方取代无栏铜钺。

平谷刘家河出土的铁刃铜钺，经北京钢铁学院 X 光透视，铁刃包入铜钺下端根部残存约 1 厘米，尚有少量铁质未氧化。铜钺柄含有夹渣、气泡，经放射性 X 光，荧光鉴定为铜锡合金。铁刃残部锈块有明显分层现象，经光谱定性分析含有镍，未发现钴的谱线。根据已有资料对照，确认为陨铁锻制。钺身一面平，一面微凸，当为单范铸。将铁镍合金的陨铁，锻造成二毫米左右的薄刃，

① 中国社会科学院考古研究所安阳工作队：《1987 年夏安阳郭家庄东南殷墓的发掘》，《考古》1988 年第 10 期。
② 中国社会科学院考古研究所河南二队：《1983 年秋季河南偃师商城发掘简报》，《考古》1984 年第 10 期。

再将薄刃与青铜浇铸成一体，在当时使用原始工具的条件下，充分显示出工匠的聪明才智。河北藁城台西出土的1件铜钺M112：1不仅与平谷刘家河出土的铜钺形状相似，其刃部亦为陨铁锻制。可见铁刃铜钺的发现绝非偶然，陨铁的作用已为人们所认识，这对研究我国早期铁器的锻造提供了重要资料。北京平谷刘家河与河北藁城台西地域邻近，均处商王朝中心统治区的北境，两件当时具先进科技含量的铁刃铜钺的发现，对商文化内涵及商文化分布的认识具有重要意义。

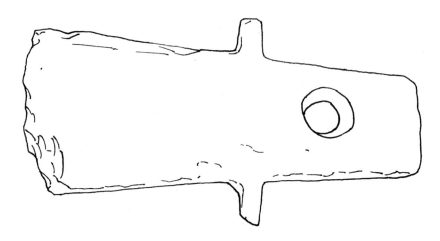

图3-41 平谷县刘家河商代中期墓出土的铁刃铜钺

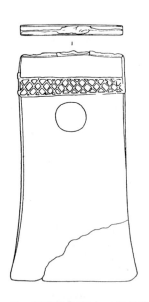

图3-42 河南省偃师市二里头遗址
出土铜钺2000YLⅢC：1

图3-43 河南新郑望京楼出土铜钺
M22：11

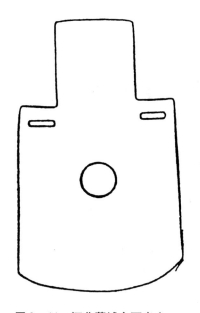

图 3 - 44　河北藁城台西出土
铜钺 M22∶1

图 3 - 45　河南安阳殷墟妇好墓出土
铜钺 M5∶799

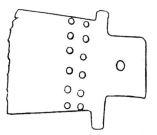

图 3 - 46　河北省藁城台西
出土铜钺 M112∶1

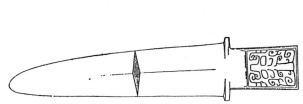

图 3 - 47　河南偃师商城出土铜戈 M1∶3

朱开沟遗址出土的青铜武器及相关问题[*]

一 前言

夏商周是中国的青铜时代。中原是青铜文化的发源地和分布的主要地区。北方草原虽地处偏远，但屡有青铜器出土，因而也是青铜文化分布的重要地区。青铜武器在青铜文化中占有重要的地位。北方草原地区出土的青铜武器多具独特的风格，与中原青铜武器在不同程度上也互有影响，从一个重要的侧面反映出中国古代绚丽多彩的青铜文化多元一体的宏观格局。

据目前所知的考古资料，北方草原及邻近地区所见青铜武器，以内蒙古伊金霍洛旗朱开沟遗址出土的青铜戈、刀与短剑的年代为最早。这些青铜武器见于遗址第五段的墓葬中，[①] 约相当于中原地区商代二里冈文化时期。朱开沟遗址出土的青铜武器为探索北方草原青铜武器的起源及与中原青铜武器的关系，提供了弥足珍贵的实物资料。本文就此及相关问题加以分析。

二 历史地位及与中原青铜武器的关系

朱开沟遗址出土 4 件青铜戈，皆见于墓葬，均为无胡直内戈，援上下刃内弧，相聚成锋，有上下栏。又可分为两式。

Ⅰ式 3 件，M1083：1、M1052：1、M1040：1。M1083：1（图 3 - 48，1），近援基处和内中部各一圆穿。通长 25 厘米。

Ⅱ式 1 件。M2012：1（图 3 - 48，2），内部后缘有倒刺，内部的一个侧面铸虎头形，图案的上下和后侧部位饰连珠纹。通长 28.6 厘米。

---

[*] 该文发表于《鄂尔多斯青铜器国际学术研讨会论集》，科学出版社 2009 年版，本书略做体例修改。

[①] 内蒙古自治区文物考古研究所、鄂尔多斯博物馆：《朱开沟青铜器时代早期遗址发掘报告》，文物出版社 2000 年版。

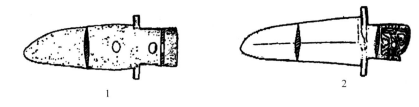

图 3 - 48　朱开沟遗址出土青铜戈

1. Ⅰ式 M1083：1　2. Ⅱ式 M2012：1

　　长条形援、有上下栏的无胡直内戈的渊源，最早可追溯至二里头文化三期。河南偃师二里头文化三期地层出土的 1 件青铜戈①（图 3 - 49，1），援上刃微弧，下刃略内曲，起中脊，直内无栏，内上一方穿，援与内的分界不明显，内后四齿。二里头文化的性质，目前学术界已经公认为夏文化。长条形援、有上下栏的无胡直内戈是夏代无胡无栏直内戈演进的后续形式，始见于商代二里冈期。河南偃师商城 83YSⅢM1：3②（图 3 - 49，3），长条形援、有上下栏，内两面饰饕餮纹。河南安阳殷墟西区 M692：17③（图 3 - 49，2），内下缘后部有倒刺。朱开沟遗址出土的长条形援直内无胡有上下栏的两式戈，与中原地区商代二里冈期流行的同类戈形制大体相同。而朱开沟遗址 M2012：1 戈，内部一个侧面铸虎头形，图案的上下和后侧部位饰连珠纹，具有地区性的装饰风格。尤其是内下缘后部有倒刺，又早于中原地区。

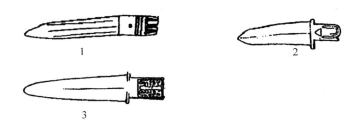

图 3 - 49　长条形援、有上下栏无胡直内戈

1. 偃师二里头出土　2. 殷墟西区 M692：17　3. 偃师商城 83YSⅢM1：3

---

　　① 中国科学院考古研究所二里头工作队：《偃师二里头遗址新发现的铜器和玉器》，《考古》1976年第 4 期。

　　② 中国社会科学院考古研究所河南二队：《1983 年秋季河南偃师商城发掘简报》，《考古》1984 年第 3 期。

　　③ 中国社会科学院考古研究所安阳工作队：《1969—1977 年殷墟西区墓葬发掘报告》，《考古学报》1978 年第 1 期。

朱开沟遗址出土青铜刀 1 件。M1040：3（图 3－50），刀身细长，弧背较厚，尖部上翘，弧刃锋利，柄部略窄，稍向下弯曲，环首，柄部两侧边缘较厚，中部薄，中部有一道细直棱，柄与刃相接的栏部有一齿圆凸突出。通长34.9 厘米。迄今所知年代最早的环首青铜刀，见于河南偃师二里头遗址。ⅢM2：3[①]（图 3－51，1），长身，弧背，曲柄，环首，柄饰圆角方形纹和条纹。通长 26.2 厘米。朱开沟遗址环首刀的形制与二里头遗址环首刀十分相似，而年代又晚于二里头遗址的环首刀，显系受中原青铜文化影响产生。

图 3－50　朱开沟遗址出土青铜刀 M1040：3

殷至周初青铜刀在北方草原及邻近地区多有出土。其基本特征是凸背凹刃，柄与身衔接处的刃部一侧有突齿，柄部或饰羽状纹、星点纹、锯齿纹、方格纹等。青铜刀的柄首有所不同。环首刀，柄首为单环首者，河北青龙抄道沟出土 1 件[②]（图 3－51，2）；三环首者，山西柳林高红出土 1 件[③]（图 3－51，3）；三凸钮环首者，山西石楼二郎坡出土 1 件[④]（图 3－51，4）。铃首刀，柄

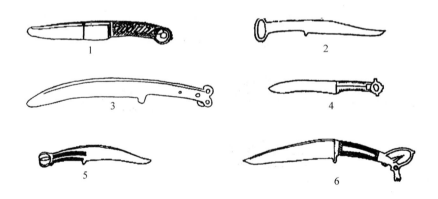

图 3－51　中原北方地区出土青铜刀

1—4. 环首刀　5. 铃首刀　6. 兽首刀　（1. 二里头ⅢM2：3　2、5、6 青龙抄道沟　3. 柳林高红　4. 石楼二郎坡）

　　① 中国社会科学院考古研究所二里头工作队：《1980 年秋河南偃师二里头遗址发掘简报》，《考古》1983 年第 3 期。
　　② 河北省文化局文物工作队：《河北青龙抄道沟发现一批青铜器》，《考古》1962 年第 12 期。
　　③ 杨绍舜：《山西柳林县高红发现商代铜器》，《考古》1981 年第 3 期。
　　④ 山西省文物管理委员会保管组：《山西石楼县二郎坡出土商周青铜器》，《文物参考资料》1958 年第 1 期。

首为透空铃形，青龙抄道沟出土1件（图3-51，5）。兽首刀，柄首为鹿，青龙抄道沟出土1件（图3-51，6），鹿双角卷曲成环，耳竖立，颈下一环扣。

朱开沟遗址出土的青铜环首刀与北方草原及邻近地区出土殷至周初的青铜刀，有明显的渊源关系。朱开沟遗址的环首刀，其柄与身衔接处有一齿圆凸突出，这是北方草原及邻近地区殷至周初青铜刀延续流行的特征。青龙抄道沟遗址的环首刀与朱开沟遗址的环首刀，十分相似。其他柄首多样的铜刀，则是环首刀派生的衍化物。

兽首青铜刀在河南安阳殷墟也有发现。妇好墓出土的1件[1]（图3-52，1），鹿首，单环；安阳侯家庄M1311出土的1件[2]（图3-52，2），兽首。安阳殷墟的这两件兽首刀，皆具北方草原及邻近地区兽首刀的流行风格。

图3-52　殷墟出土兽首青铜刀

1. 妇好墓出土　　2. 侯家庄 M1311 出土

朱开沟遗址出土1件青铜短剑。M1040：2（图3-53），剑身近似柳叶形，厚脊，双面刃，直柄，中间有两道凹槽，柄首略呈环状，柄与剑身衔接处的两侧有突齿，剑身向下斜凸成锋。柄部缠绕麻绳。通长25.4厘米。

直柄匕首式剑，特点是直柄，柄首形式多样，柄与剑身衔接处的两侧有突齿，齿下有凹缺；茎为扁条形，多饰弦纹、几何纹或一面铸出浅凹槽。柄首为马首者，北京昌平白浮出土1件[3]（图3-54，1）；鹰首者，昌平白浮出土1件（图3-54，2）；蘑菇形首者，昌平白浮出土4件（图3-54，3）；环首者，《内蒙古·长城地带》[4]（以下简称《长城》）著录1件（图3-54，4）；铃首者，《长城》著录1件（图3-54，5）。

图3-53　朱开沟遗址出土青铜短剑

M1040：2

①　中国社会科学院考古研究所：《殷墟妇好墓》，文物出版社1980年版。
②　李济：《记小屯出土之青铜器》（中篇），《中国考古学报》第四册，1949年。
③　北京市文物管理处：《北京地区的又一重要考古收获》，《考古》1976年第4期。
④　水野清一、江上波夫：《绥远青铜器》，《内蒙古·长城地带》（东方考古学丛刊乙种第一册），1935年。

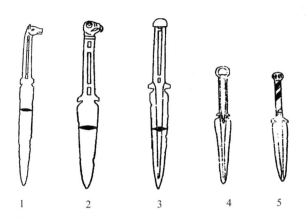

图 3 - 54　直柄匕首式青铜短剑

1—3. 昌平白浮出土　4—5. 采自《长城》

　　曲柄匕首式剑，柄首形式多样，剑身较短，柄与剑身衔接处的两侧有突齿，柄微曲，柄首下或有环扣。环首者，《长城》著录 1 件（图 3 - 55，1）；绵羊首者，青龙抄道沟出土 1 件（图 3 - 55，2）；鹿首者，河北张家口市[①]出土 1 件（图 3 - 55，3）；铃首者，山西保德林遮峪出土 1 件[②]（图 3 - 55，4），内蒙古伊金霍洛旗出土 1 件[③]（图 3 - 55，5）。

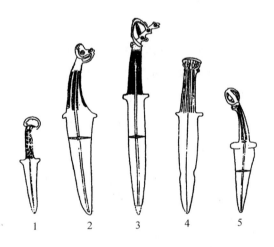

图 3 - 55　曲柄匕首式剑

　　1. 采自《长城》　2. 青龙抄道沟出土　3.　张家口出土　4. 保德林遮峪出土　5. 伊金霍洛旗出土

①　河北省博物馆、文物管理处：《河北省出土文物选集》，文物出版社 1980 年版。
②　吴振录：《保德县新发现的殷代青铜器》，《文物》1972 年第 4 期。
③　田广金：《近年来内蒙古地区的匈奴考古》，《考古学报》1983 年第 1 期。

朱开沟遗址出土的青铜短剑与北方草原及邻近地区的殷至周初直柄匕首式青铜短剑有明显的渊源关系。尤以《长城》著录的直柄匕首式剑与朱开沟短剑更为相似，二者皆为环首。其他柄首多样的短剑当为环首短剑派生的衍化物。而曲柄匕首式剑则是直柄匕首式剑的变体。

中原地区商代晚期青铜短剑也有所发现。《殷代的若干兵器和工具》著录1件[①]（图3-56），绵羊首，下有扣，柄略曲，柄与剑身衔接处的两侧有突齿，其柄首与青龙抄道沟出土曲柄匕首式短剑的绵羊首相近，而整体则与张家口市出土的曲柄匕首式短剑相似。北京昌平白浮地处北方草原南缘，但白浮西周初期墓属燕国贵族墓葬。白浮墓出土蘑菇状首、鹰首及马首直柄匕首式短剑，也反映出北方草原文化对西周文化的强大影响。

图3-56　中原地区商代晚期青铜短剑（采自《殷代的若干兵器和工具》）

三　结语

长期以来，北方草原地区青铜文化的起源一直是学术界探索的重要课题。然而，因为限于报道，北方草原地区出土的青铜器，主要是青铜武器，时间偏早的，年代多为殷至周初，且其形制比较复杂和成熟，已非初始形态。所以，限于资料，追根溯源的寻求，难以取得实质性的进展。内蒙古伊金霍洛旗朱开沟遗址的发掘，使这一学术难题有了重大突破。朱开沟遗址位于北方草原的腹地，遗址文化层大体分为五个阶段，其中第一阶段为新石器时代晚期，第二阶段为新石器时代晚期至夏代的过渡期，第三、四阶段相当于夏代早、晚期，第

---

① KargrenB. Some Weapons and Tools of the Yin Dynasty（高本汉：《殷代的若干兵器和工具》），Bulletin of the Museum of the Far Eastem Antiquities Stockholm，Bull 17. 1945.

五阶段相当于商代二里冈期文化阶段，整个遗存前后延续约 800 年，完整地经历了新石器时代晚期至青铜时代早期的全过程。

青铜器的铸造和使用，既是生产力高度发展的结果，也是社会进入新的历史阶段的重要标志。朱开沟遗址虽然从第三阶段开始，便出现一定数量的耳环、指环、臂钏、针、锥等青铜饰品及小件工具，但迟至相当于中原地区商代二里冈期的第五阶段时，才出现鼎、爵等青铜容器和戈、剑、刀、镞、銎、护牌等青铜武器。而中原地区早在夏代的二里头文化时期，即已出现鼎、盉、斝、爵等成组的青铜礼器，以及戈、刀、戚等青铜武器。《左传》曰："国之大事，在祀与戎。"作祭祀之用的青铜礼器和用于战争的青铜武器，是中国早期青铜文化的精髓，代表了中国早期青铜文化的最高水平。考古发掘的资料表明，中原地区是青铜文化的发源地，经过夏、商之际时空的间隔，先进的青铜文化传播至北方草原地区，而朱开沟遗址正是北方草原最早接受中原青铜文化的地区之一。

从朱开沟遗址目前已发现的资料看，除鼎、爵等青铜礼器具有浓厚的商代二里冈文化特征，应是来自中原地区之外，青铜戈、刀既吸收了中原青铜文化的因素，又融入本地的风格，当为本地铸造。而青铜剑则是北方草原先民的创造。朱开沟遗址的环首刀和环首剑，开创了北方草原及邻近地区青铜刀、青铜剑的先河。殷至周初，在北方草原及邻近地区，进而发展成有环首刀与兽首刀之分，直柄剑与曲柄剑之别，柄首多样，蔚为大观，自成体系的北方草原青铜武器群。目前，朱开沟遗址虽然尚未发现有关冶炼、铸造青铜器方面的遗迹，但是遗址内发现用于铸造青铜工具的石范，青铜制品中合金的成分以及制作工艺等方面，都反映出明显的地域特点。尽管朱开沟遗址发现的青铜器数量还不太多，种类也较单调，无法取代石、骨等工具在社会生产中的主导地位。但是，作为代表先进生产力的一个新型的手工业部门，青铜制造业的出现，无疑对北方草原社会发展进程具有极大的推进作用。此外，鼎、爵等青铜礼器的引进和使用，不但反映中原青铜文明的巨大影响，也从另一个侧面显示出北方草原地区的社会制度较以前开始发生重大的变革。

中原青铜文化对北方草原地区的影响是毋庸置疑的。但是北方草原地区的青铜文化对中原地区的影响，却往往被人们所忽视。实际上，古代各族人民在经济文化上相互影响，是合乎规律的正常现象。如上文所述，安阳殷墟妇好墓出土鹿首单环刀，安阳侯家庄 M1311 出土兽首刀，殷墟还出土绵羊首曲柄匕首式短剑，皆具有典型的北方草原青铜刀、剑的特征，很可能是以北方草原青铜武器为样本，加以仿制的。

　　概言之，朱开沟遗址发掘展现的青铜武器资料，清晰地表明了中原青铜武器与北方草原青铜武器的渊源关系。朱开沟遗址的青铜武器承袭中原青铜武器的文化因素，并融入北方草原文化的风格，而且又有所创造，为北方草原及邻近地区殷至周初青铜武器的发达奠定了坚实的基础。而北方草原青铜武器也为中原商周文化注入新的因素，使多元一体的中国青铜文化更加灿烂辉煌。

论夏商周玉戈及相关问题[*]

摘要：本文通过对夏商周玉戈的全面分析，以及与青铜戈的对比研究，探讨玉戈的时代和地区特征及演进规律。玉戈的发展经历了夏代的初始期，商代前期至殷墟二期的兴盛期和殷墟三期至西周晚期的衰落期。玉戈发展的全过程始终与青铜戈相伴随。二里头文化三期至殷墟二期，玉戈和青铜戈形制的演进大体同步，皆以长条形援直内无胡戈为主流。出于仪仗和实战的需要，又各具一定的特色。自殷墟三期开始，青铜戈逐渐流行长条形援直内有胡戈，至西周中期以后完全取代长条形援直内无胡戈，并于东周时期达到全盛。但是玉戈在殷墟三期以后，其形制的演进却裹足不前，直至西周晚期仍因袭长条形援直内无胡戈的旧有型式。西周时期，仪仗用玉数量显著减少，玉戈的功能逐渐转化为佩饰和明器。春秋时期，周王室衰微，诸侯国林立，礼崩乐坏，仪礼意识淡薄。玉戈形制保守，落后于迅速发展的时代潮流，终至衰微。玉戈已失去作为一种重要玉器品类的地位。

一　前言

中国古代崇尚玉器，是世界上最古老的玉文化中心之一。中国古代玉器品类丰富，按其形制和用途，大致可划分为礼玉、兵器和工具以及装饰品三大类。玉戈是夏商周时期玉器的重要品类，在中国古代玉文化中占有显著地位，为中华文明的宝库增添了灿烂的风采。

夏商周时期的玉戈绝大部分为长条形援无胡戈，又可划分为直内和曲内两种类型，而以直内戈居多。与用于实战的青铜戈不同，玉戈主要作为仪仗用具，通长一般超过 10 厘米，以 20—30 厘米者为常见。此外还有小件玉戈，通长在 10 厘米以下，形制多样，为玩赏或佩戴饰物。与青铜戈出土于各种不同

＊　该文发表于《海峡两岸古玉学会论集》，2001 年，台北，本书略做体例修改。

级别遗址的大、中、小型墓葬有所不同，玉戈多见于都邑性遗址的大、中型墓葬或祭祀坑之中，且多与玉礼器及青铜礼器共出，表明玉戈非常人所用，而为王族和达官显贵所垄断，是权力和地位的象征。"国之大事，在祀与戎。"玉戈作为仪仗用玉的主体，借助玉质通贯天地的灵性，被赋予神威，在庄重的礼仪或圣穆的祭祀活动中，充分显现出王族和权贵的尊严，也深刻寄托了获取战争胜利和驱邪镇魔的祈望。

玉戈始出时间的认定，是深入研究夏商周玉戈时代和地区特征的前提。迄今所知，年代最早的玉戈见于安徽含山凌家滩新石器时代遗址，[①] 距今约5000余年。M29∶80玉戈（图3-57），灰黄色，泛红斑，三角形援，援本宽大，短内，内上一圆穿。通长18.5厘米。

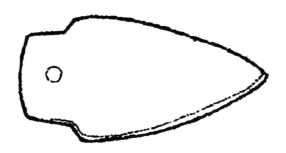

图3-57　凌家滩M29∶80玉戈

陕西神木石峁20世纪70年代征集到一批玉器。[②] 其中，礼器有璧、璜、圭、牙璋，仪仗类有戈、钺、戚、多孔刀，以及人头像、蚕、蝗、螳螂等雕饰。发现者起初将其判定为新石器时代或殷代遗物，后更正为陕西龙山文化，即客省庄二期文化遗存。由于玉器缺乏地层依据，其时代确实难以说清。石峁玉器中的圭、牙璋、戈和戚，其形制与风格都与二里头文化的同类玉器接近。据此，有学者推断这批玉器可能是夏时期居住在我国西北地区某族所创作。[③]应强调指出的是，于凌家滩玉戈之外，截至目前为止，诸多新石器时代遗址，尚罕见有关玉戈出土的新资料。长条形援直内无胡玉戈始见于二里头文化三期。[④] 按"夏商周断代工程"推断，二里头文化的性质属夏文化。二里头文化

①　安徽省文物考古研究所、含山县文物管理所：《安徽含山县凌家滩遗址第三次发掘简报》，《考古》1999年第11期。

②　戴应新：《陕西神木县石峁龙山文化遗址调查》，《考古》1973年第3期；《神木石峁龙山文化玉器》，《考古与文物》1988年第5、6期。

③　陈志达：《夏商玉器综述》，《中国玉器全集2 商·西周》，河北美术出版社1993年版。

④　中国社会科学院考古研究所：《偃师二里头》，中国大百科全书出版社1999年版。

共分四期。二里头文化三期相当于夏代晚期，距今约3600年。长条形援直内无胡玉戈，就其形制演进的渊源而言，很难追溯至1400余年前凌家滩发现的那件三角形援本宽大玉戈。长条形援直内无胡玉戈是夏商周玉戈的主流和基本型式，春秋时期已属少见。

长条形援直内无胡玉戈的出现有着深刻的历史文化背景。青铜戈与长条形援直内无胡玉戈皆始见于二里头文化三期。玉戈与青铜戈的形制也颇多相似之处。本文通过对夏商周玉戈的全面分析，以及与青铜戈的对比研究，探讨玉戈的时代和地区特征及演进规律，希冀就此加深对古代玉文化的认识。

二 夏代玉戈

夏王朝是中国古代历史上第一个奴隶制国家。河南偃师二里头遗址坐落在伊水和洛水交集处附近。丰富的文化内涵，充分显示出二里头遗址恢弘的王都气势。长条形援直内无胡玉戈始出于二里头遗址，绝非偶然，而是具有深刻的历史文化背景。

二里头遗址三期墓葬出土玉戈2件，这是迄今所见年代最早的长条形援直内无胡玉戈。IKM1：2玉戈（图3-58，1），鸡骨白玉。援面微弧，上、下缘有刃，双刃相聚成锋。无栏，窄短内，与援有明显界限，中部一单面穿透的圆孔。在援、内分界处有一道蓝黑细线，可能是在作内时所划。出土时一面印有粗和细两种布纹痕迹。通长21.9厘米、援长20厘米。VIKM3：11玉戈（图3-58，2），青玉。无栏，双重长内，援面中部微内凹，上下缘有刃，刃由两面磨成，刃、援间有一条折棱。上下刃前端磨成斜刃，相聚成锋。内前部较宽，有若干条平行浅刻细线，后部较窄，内末弧形，前后部之间有一单面穿透圆孔。此戈轮廓规整，边棱整齐，刃口锋利，磨制较前戈精细。通长30.2厘米、援长21.8厘米。两戈内部的差异，反映出长条形援直内无胡玉戈初始阶段两种不同的风格。

无独有偶，迄今所见年代最早的长条形援直内无胡青铜戈亦始见于二里头文化三期，清楚地显示出青铜戈与玉戈的密切关系。二里头遗址三期地层出土的1件青铜戈Ⅲ采：60（图3-58，3），援、内无明显分界线。戈身自内向援渐窄，前聚成锋。内较平，中部一方穿，穿后有四道凸起竖线，线后有四个较长横齿。通长27.5厘米、援长19.5厘米。二里头遗址三期墓葬出土的1件青铜戈VIKM3：2（图3-58，4），是迄今所见年代最早的长条形援曲内青铜戈。援、内分界明显。援两面有脊，近刃处凸起增厚，形成一道浅沟。援后部较宽，向前渐窄，至前端内收成锋，锋和刃部均较锋利。内中部有一单面圆穿，穿、援间有安柲痕。曲内下弯若兽首，内后部铸有凸起云纹，纹间凹槽可能曾镶嵌绿松石。通长27.5厘米、援长20.8厘米。

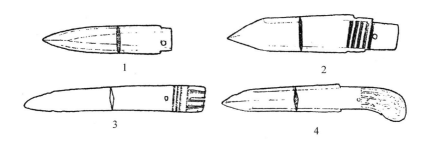

图3-58 夏代玉戈及铜戈

1. 二里头Ⅰ KM1∶2玉戈　2. 二里头 VIKM3∶11玉戈　3. 二里头Ⅲ采∶60铜戈　4. 二里头 VIKM3∶2铜戈

二里头遗址出土的长条形援直内玉戈和长条形援直内青铜戈，体长接近。其援、内间皆无上下阑，是戈初始阶段的典型特征。直内玉戈的援、内间分界明显。直内青铜戈的援、内间则无明显分界。二者相较，直内青铜戈显现出更多的原始性。VIKM3∶11玉戈，其双重内的形制，当属仪仗用玉戈的独特风格。VIM3∶2青铜戈的曲内形制，尚不见于二里头文化玉戈。此后于商代前期，玉援铜曲内戈方始出现。

二里头遗址的发掘在中国早期文明和国家形成这一重要学术课题的探索中，具有十分重要的作用。二里头遗址三期墓葬VIKM3随葬品十分丰富，有长条形援直内玉戈和曲内青铜戈各1件，还有青铜钺、青铜爵、嵌绿松石圆形铜器、玉铲、玉璧、石磬，以及陶盉等共24件，分两层放置。青铜爵为迄今所见年代最早的青铜容器。青铜容器的出现是早期文明和国家形成的重要标志之一。最早的长条形援直内玉戈和曲内青铜戈与之共出，当具有划时代的重要意义。VIKM3长2.3米、宽1.26米，是一座中型墓葬。墓主人当为奴隶主贵族。墓中出土的玉器和青铜器多具有礼器或仪仗性质。这些器物的组合，对研究早期国家的礼制是弥足珍贵的资料。发掘报告将VIKM3∶12认定为玉铲。此器为白玉质料，器表局部呈紫色。扁平长方形，平顶圆角，弧刃，顶部一圆孔。通长13.5厘米。山西襄汾陶寺龙山文化遗址出土多件玉、石钺，[①] 形制与

————————

① 中国社会科学院考古研究所山西工作队、临汾地区文化局：《1978—1980年山西襄汾陶寺墓地发掘简报》，《考古》1983年第1期。

二里头遗址 VIKM3∶12 玉铲近似。陶寺遗址此类器物原均误作铲。因发掘中屡见其在墓中横向放置，尤其 M1364 出土石钺上留有垂直装木柄的涂朱遗痕，故确认为石钺无疑，当属仪仗用具。由此推断二里头遗址 VIKM3∶12 玉铲亦当为玉钺。VIKM3 出土长条形援直内玉戈与玉钺各 1 件，这是经科学发掘所见迄今年代最早的一套戈、钺玉仪仗组合。此外，IKM1 出土长条形援直内玉戈、玉三孔刀和玉钺（亦误为铲）各 1 件，这是另一套玉仪仗组合。惜此墓被盗扰，出土器物系收集所得，其资料完整性受到一定影响。

三　商代玉戈

商王朝是中国奴隶社会的兴盛时期。商王朝国力强大，对外征伐连年不断。商人崇信鬼神，礼仪和祭祀活动频繁。作为仪仗用具主体的玉戈，其作用愈为突出。

商代前期玉戈主要见于河南郑州商城[①]、新郑[②]和湖北黄陂盘龙城[③]等地。商代前期玉戈的形体趋大，选料及制作愈精，除延续二里头文化长条形援直内玉戈之外，又出现铜玉结合的长条形援磬折曲内戈新型式，其仪仗用具的性质更加明显。

郑州商城始建于二里冈文化下层时期，以其城垣、宫殿恢弘的气势和丰富的文化内涵，被学术界公认为商代前期都邑。郑州商城及附近的墓葬中多有玉戈出土。郑州北二七路 M1 出土玉戈 3 件，皆为长条形援直内。M1∶17 玉戈（图 3 - 59，1），灰白色。锋薄而尖，上刃略斜收，下刃稍内凹，上阑微显，内部后缘上下端呈弧形圆角，援基一圆穿。通长 37 厘米、援长 29 厘米。

黄陂盘龙城遗址是商代前期南土封国荆楚的都邑。盘龙城遗址在城垣的营造技术、宫殿建筑手法、埋葬习俗、青铜工艺、制玉风格、陶器特征诸方面，与商前期文化具有明显的一致性，当属商文化系统。此外，也有一定程度的地方色彩。盘龙城附近发现许多同时期的墓葬。李家嘴 M2 规模最大，随葬品也最为丰富，墓内还有 3 个殉葬人，推测墓主人很可能是盘龙城最高级的奴隶主贵族。李家嘴 M2 出土玉戈 6 件。其中 1 件大玉戈（图 3 - 59，2），灰白略呈黄褐色。长条形援，上刃近平，下刃弧形内收明显，呈刀状，起中脊，上下阑

---

① 河南省文物研究所：《郑州北二七路新发现三座商墓》，《文物》1983 年第 3 期。
② 新郑县文化馆：《河南新郑县望京楼出土的铜器和玉器》，《考古》1981 年第 6 期。
③ 湖北省博物馆、北京大学考古专业盘龙城发掘队：《盘龙城一九七四年度田野考古纪要》，《文物》1976 年第 2 期。

微凸，直内，前端一圆穿。通长 94 厘米、最宽 13.5 厘米。

商代前期长条形援直内玉戈大体承袭二里头文化同类型玉戈的作风，其形制又有所变化。双重内的形制已不见，短内趋长，上下阑开始出现。李家嘴 M2 出土的大玉戈，上刃近平，下刃弧形内收若刀状的作风，则是不见于中原地区同类型玉戈的地方特色。二里头三期长条形援直内玉戈和青铜戈，其内上缘与援上刃，内下缘与援下刃在高度上的差距不大，且上下差距略等。商代前期，无论是郑州北二七路 M1，还是黄陂盘龙城李家嘴 M2 所出长条形援直内玉戈均仍沿袭这一作风。但商代前期长条形援直内青铜戈于此却有较大变化。郑州二里冈上层时期的 1 件青铜戈[①]（图 3 - 59，3），上下阑突出。内上缘略低于援上刃，内下缘却位置上移，明显高于援下刃。长条形援直内青铜戈上下阑的突出和内下缘位置的上移，是根据实战需要，增加缚秘力度的举措。而长条形援直内玉戈作为仪仗，其缚秘牢固程度的重要性却并不突出，因此在形制的变化上表现出一定的滞后性。

河南新郑新村出土的 1 件商代前期玉援铜内戈（图 3 - 59，4），是迄今所见年代最早的铜玉结合磬折曲内戈。玉援呈青白色，长条形，上刃弧形，下刃近平，起中脊。内为铜质，有上下阑，阑前呈三角形，饰兽面纹，有一圆穿，后部呈磬折形，饰夔形纹。通长 32 厘米。磬折曲内青铜戈早在二里头文化三期即已出现，但无上下阑。新郑新村出土的铜玉结合磬折曲内戈，有上下阑，

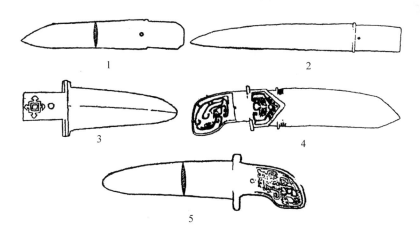

图 3 - 59　商代前期玉戈及铜戈

1. 郑州北二七路 M1：17 玉戈　2. 盘龙城李家嘴 M2 玉戈　3. 郑州二里冈上层铜戈　4. 新郑新村玉援铜内戈　5. 辉县琉璃阁 M124：1 铜戈

---

① 唐兰：《从河南郑州出土的商代前期青铜器谈起》，《文物》1973 年第 7 期。

较二里头三期无上下阑的磬折曲内青铜戈又有所进步。铜玉结合有上下阑的磬折曲内戈，在商代前期青铜戈中也可寻到相对应的形式。河南辉县琉璃阁M124：1青铜戈①（图3－59，5），长条形援，有上下阑，磬折曲内，前部一穿。通长29.5厘米、援长19厘米。

郑州北二七路M1随葬玉戈、玉钺（原简报误作铲）各3件，此种玉仪仗组合与二里头遗址VIK3所出玉仪仗组合相同，但玉戈和玉钺的数量有所增加。黄陂盘龙城李家嘴M2随葬玉戈6件，但未见玉钺，是玉仪仗组合的另一种形式，也可能反映出仪仗用玉组合的地方性特点。

商代后期玉戈主要见于河南安阳殷墟、四川广汉三星堆②和江西新干大洋洲③等地。以安阳殷墟附近出土地点最为密集。商代后期玉戈仍以长条形援直内无胡戈为主，但形制更为繁杂。铜玉结合的曲内戈又出现鸟喙状曲内新型式。边远地区玉戈的地方性特征趋于明显。殷墟玉戈与边远地区玉戈所反映的中国玉文化一体多元的融会交流日益加强。以玉戈为主体的仪仗用玉组合，品类也更加丰富。

殷墟位于河南安阳西郊洹河两岸。自公元前14世纪盘庚迁都于安阳，历时270余年。玉器是殷墟文化的重要组成部分。玉戈是殷墟玉器的大宗。1976年对相当于殷墟二期的商王武丁配偶妇好墓发掘，④所获玉器不乏绝世精品，尤为学术界所瞩目。妇好墓出土仪仗用玉共62件，其中玉戈47件⑤、玉矛3件、玉戚9件、玉钺2件、大刀1件。由此可知以戈为主的殷王室仪仗用玉之完整组合。

殷墟玉戈仍以长条形援直内无胡戈为主。许多长条形援直内戈的内、阑部雕刻齿状饰，少数直内戈上还琢刻或书写纪事性文字。此外，又出现铜玉结合的鸟喙式曲内新型式。凡此，均显示出殷墟玉戈作为仪仗用玉主体的鲜明风格。

殷墟出土的直内玉戈大致可分为三种型式。第一种型式为长条形援。此种型式自二里头文化三期，经商代前期，延续至商代后期，在直内玉戈中所占比例最大。妇好墓长条形援直内玉戈的阑部或内后缘流行雕刻齿状饰、齿状槽口

---

① 中国科学院考古研究所：《辉县发掘报告》，科学出版社1956年版。
② 四川省考古研究所：《三星堆祭祀坑》，文物出版社1999年版。
③ 江西省文物考古研究所等：《新干商代大墓》，文物出版社1997年版。
④ 中国社会科学院考古研究所：《殷墟妇好墓》，文物出版社1980年版。
⑤ 夏鼐：《商代玉器的分类、定名和用途》，《考古》1983年第5期。文中指出："妇好墓出土玉戈共47件（原作39件，应加上实际是戈的所谓'IV式圭'1件，所谓'镰'5件，铜器类中玉援铜内的戈2件)。"

的做法。妇好墓：444 玉戈（图 3 - 60，1），黄绿色，有褐斑。上下阑侧援的边刃上刻齿状饰。通长 27.4 厘米、援长 20 厘米。妇好墓：445 玉戈（图 3 - 60，2），褐色，一面色较浅。上下阑各刻锯齿形缺口三个。援、内间雕出卷云纹，围以双重条纹，内后端饰卷云纹。通长 23.2 厘米、援长 15.2 厘米。妇好墓：476 玉戈（图 3 - 60，3），灰色，有褐斑，上下阑均刻成锯齿形，内后缘上下端凸出，中部内凹，居中雕出锯齿形。通长 29.5 厘米、援长 21.5 厘米。妇好墓：484 玉戈（图 3 - 60，4），灰色，微发黄。内后缘雕出齿状槽口四个，槽前刻平行横线，横线前又刻竖直平行线。通长 28.2 厘米、援长 23 厘米。以齿状为饰的作风不仅见于妇好墓玉戈，妇好墓其他仪仗用玉，如矛形器、玉戚和玉刀上亦有所见。妇好墓：481 矛形玉器，锋两侧有对称的锯牙状扉棱。妇好墓：586 玉戚，两侧缘各有扉棱四齿。妇好墓：501 大玉刀，刀背上雕出锯齿状薄棱。玉器阑部雕刻齿状饰的渊源可追溯至二里头文化三期。二里头遗址墓葬Ⅲ KM6：8 玉璋，身、内间有两道锯齿形阑，两阑之间有锯齿形饰。妇好墓未见玉璋，殷墟出土的玉璋亦属少见。所以，雕刻齿状饰的做法，成为以妇好墓玉兵器为代表的，包括玉戈在内的殷墟玉兵器的鲜明的时代风格。殷墟直内玉戈的第二种型式，援身似窄长刀状，援上下刃急收出折棱。此种型式实为长条形援直内玉戈的变体，不见于殷墟青铜戈，是直内玉戈的特有型式。妇好墓：443 玉戈（图 3 - 60，5），黄灰色。援身窄若长刀，上刃近直，下刃略内曲，援前刃收杀出折棱，上下阑不明显，内上有圆穿。通长 44.2 厘米、援长 33.2 厘米。第三种型式，体略宽，援身似圭状，内部宽短。此种型式的玉戈亦为长条形援直内玉戈的变体，也不见于殷墟青铜戈，是直内玉戈的特有型式。妇好墓：550 玉戈（图 3 - 60，6），墨绿色，有褐斑。援呈圭状，上刃微斜收，下刃略内凹，上下阑处各有平行短刻线六条，短内，援、内间有圆穿。通长 22.4 厘米、援长 18.9 厘米。

　　妇好墓出土的玉援铜内戈有直内和曲内两种类型。第一种类型，妇好墓：23（图 3 - 60，7），玉援淡绿色，有斑。长条形，上刃前端向下倾折，下刃近平，形成前锋，中部偏后有一圆穿。铜内以上下阑分为前、后两段，分别为横长方形和竖长方形，前段顶端有一条竖直小槽，以备插入玉援，后段有圆穿一个。前、后段均饰饕餮纹，并镶嵌绿松石。通长 56.6 厘米、玉援长 45 厘米。第二种类型，妇好墓：438（图 3 - 60，8），玉援呈灰黄色。长条形，援基处一圆穿。铜内有上下阑，阑后有秘槽。内前段为长方形，饰饕餮纹，遍镶绿松石。内后段作鸟喙形，歧冠伸出后缘，鸟头亦遍镶绿松石。通长 27.8 厘米、援长 15.8 厘米。玉援直内铜戈为殷墟二期所始见。玉援鸟喙状曲内铜戈则是玉援兽头状曲内铜戈演进的新型式。鸟喙状曲内青铜戈在殷墟也多有发现。小屯村北 M18∶40 青铜戈①，内即作下卷的饰云纹镂空鸟喙形。妇好墓玉援直内铜戈和玉援曲内铜戈，铜内的下缘位置皆上移，明显高于玉援的下刃，与殷墟青铜戈的作风一致，但与殷墟援、内皆为玉质之戈，内下缘与援下刃在高度上差距较小的作风明显不同。

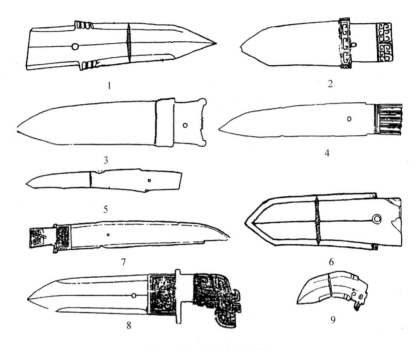

图 3－60　商代后期玉戈

1. 妇好墓∶444　2. 妇好墓∶445　3. 妇好墓∶476　4. 妇好墓∶484　5. 妇好墓∶443　6. 妇好墓∶550　7. 妇好墓∶23　8. 妇好墓∶438　9. M701∶012

安阳殷墟少数玉戈上雕刻或书写有纪事性文字。安阳小屯村北 M18∶46 玉戈，绿色。长条形援，短内，内上两小圆穿。通长 20.5 厘米。援一侧前端用朱砂书写八字铭文，其中第一字漫漶不清，现存"……才在人"几字。据研究，戈文可能是殷王国在"沁"与"夐"战争获胜后所书，也可能专制此戈并书记其事。妇好墓∶580 玉戈，黄褐色，有黑斑。内后端一面刻"卢方皆入戈五"六字。"卢方"当是国名，见于甲骨卜辞。在卜辞中"卢方"亦称"卢方伯"或"卢伯"。"卢方"之下一字当是人名。"入"有贡献之意。"戈五"二字合文。大意是说，"卢方"的某人入贡戈五件。此玉戈记事性文字清楚表

———————————

①　中国社会科学院考古研究所安阳队：《安阳小屯村北的两座殷代墓》，《考古学报》1981 年第 4 期。

明，玉戈乃方国向殷王进贡的贵重之物。据考证，卢方可能是商代位于今湖北省北部一带的方国。从上述铭文分析，在武丁时期，卢方与商王朝保持着较好的贡赋关系。

殷墟出土的玉戈，除主要作为仪仗用具之外，其功用又有所扩大。1969年至1977年，殷墟西区墓葬出土18件小玉戈，[1] 通长3.3—7.8厘米，可能是玩赏或佩戴饰件。灰白色或青灰色，多为长条形援短直内，少数体宽短，援与内分界不明显。另1件玉戈，M701：012（图3-60，9），灰白色。造型独特，曲援，内呈鸟头形，上有圆穿。通长9.5厘米。估计也是玩赏或佩戴之物。

2000年12月至2001年1月，安阳殷墟考古又有重大收获。在殷墟宫殿区附近发现一座未被盗掘的高级贵族墓葬，[2] 编号为花园庄东地M54，年代为殷墟二期偏晚阶段，与妇好墓大体同时。这是继殷墟妇好墓和郭家庄M160之后第三座保存完好、规模较大的贵族墓葬。出土器物十分丰富，共570余件。其中仪仗用玉器18件，包括玉戈、玉钺各7件，玉矛、玉刀各2件。花园庄东地M54的仪仗用玉数量少于妇好墓。尤其是玉戈，较妇好墓少40件。而且没有玉戚。花园庄东地M54出土大量青铜兵器，包括1件大型铜钺和6件小型铜钺。而大型铜钺是军事统率权的象征。据此推测墓主人生前是一位高级军事首领。从随葬的玉仪仗器物组合、数量，以及其他随葬物品分析，墓主人的身份低于武丁配偶妇好。花园庄东地M54随葬1件玉援曲内铜戈，曲内呈兽头状。而妇好墓随葬的玉援曲内铜戈，曲内为新型式的鸟啄状。这也反映出二者在身份、地位上有一定差距。

商代后期边远地区的玉戈也多有发现。四川广汉三星堆1、2号祭祀坑出土玉戈的数量多达39件。三星堆遗址是川西平原上发现的年代最早的一处夏商时期的遗址。城址规模很大，文化内涵丰富，无疑是个方国的中心都邑。三星堆1、2号祭祀坑埋藏的时间，前者在殷墟一期之末与殷墟二期之间，后者在殷墟二期至三、四期之间。祭祀坑内器物种类丰富多样。"倾倒"在两个长方形土坑中的大量金、铜、玉石、陶、象牙等质地的器物多经过有意的焚烧与破坏。出土的器物，除部分具有中原地区的文化因素外，主要反映的是一种土著文化风格。从地域和文化特征分析，三星堆遗址，包括1、2号祭祀坑，与

① 中国社会科学院考古研究所安阳工作队：《1969—1977年殷墟西区墓葬发掘报告》，《考古学报》1979年第1期。
② 中国社会科学院考古研究所安阳工作队：《安阳殷墟又发现一座高级贵族墓葬》，《中国文物报》2001年3月28日。

古蜀国密切相关。1 号祭祀坑出土仪仗用玉共 19 件，其中玉戈 18 件、玉剑 1
件。2 号祭祀坑出土仪仗用玉皆为玉戈，共 21 件。发掘报告对 2 号坑玉戈的埋
藏情况有详细叙述。玉戈均出土于坑东南底部，同一形制的戈重叠堆放，比较
整齐。部分戈的前锋被火烧过，有的呈鸡骨白色，但从总体看，焚烧程度较
轻。器物少数为完整器，多数已残断，但残件大都在一处堆置，不像其他器物
被破坏后残块散乱分布，说明玉戈埋入坑内时除被火烧之外，没有进行人为的
砸击，仍然较为完整地堆放在坑底。由此推测，这批玉戈在当时祭祀仪式中是
作为仪仗使用的，使用后插入火中，仪式完毕后首先放入坑底掩埋。三星堆祭
祀坑玉戈皆为直内，大体可分为两种型式。第一种型式，长条形援。K1：09
（图 3－61，1），墨绿色，间褐色。上刃略斜收，下刃稍内凹，上下阑微凸，
援基两侧均刻等距离的七条平行线，内末端外斜，内前端一圆穿。通长 42.6
厘米、援长 30.5 厘米。此玉戈的形制与商代前期郑州北二七路 M1：17 玉戈相
似。K1：141—1 玉戈（图 3－61，2），黄褐色，局部偏黑，上有流水状纹理。
援上下刃弧形内收，与锋交界处各琢弧形小齿，援、内间有上下阑和齿状饰，
援基处两面刻四重长方形边框，内填交叉双线和菱形纹。内前端一圆穿，内后
缘稍外斜。通长 40 厘米、援长 30 厘米。此玉戈的形制与妇好墓：444 玉戈大
体相近，但其援基处饰交叉双线和菱形纹的作风又具一定特色。三星堆
K1：23—1 玉戈（图 3－61，3），援中部青黄色，前锋及上刃为黑灰色，局部
有青黑色斑纹。锋尖上有一叉口。此种形制为三星堆祭祀坑玉璋所常见。但在
殷墟玉戈中尚未发现。锋尖上有叉口的作风，始见于二里头三期玉璋。IKM6
：8 玉璋，前端有凹形刃。这种作法，虽始出于中原，但应用于玉戈，却仅见
于广汉三星堆，当为蜀文化玉戈的地方特色。三星堆玉戈的第二种型式，援呈
窄长刀状，上刃近直，下刃略内凹，前刃收杀甚急出折棱。K2：314—1 玉戈
（图 3－61，4），青灰色。援基处一圆穿。通长 44.8 厘米、援长 32.6 厘米。
援呈窄长刀状玉戈在三星堆祭祀坑出土数量较多，共 15 件，其中 1 号坑 11
件、2 号坑 4 件。形制基本相同，器物大小略有差异。妇好墓：443 玉戈与之近
似。殷墟此型式玉戈发现甚少，妇好墓亦仅 1 件。故此型式玉戈当为独具蜀文化
地方特色的仪仗用玉。妇好墓：443 玉戈很可能不是本地自产，而是与蜀文化交
流而来。三星堆 1 号祭祀坑还出土 2 件玉戈，援的边刃皆呈三段波折状，颇具特
色。K1：136 玉戈（图 3－61，5），一面为黑色，局部有青黄色花斑，另一面为
青黄色。援较窄，圆穿在援基处。通长 17.8 厘米、援长 14.2 厘米。

江西新干大洋洲也是边远地区出土商代后期玉戈的重要地点。新干大洋洲
商代大墓出土玉戈共 4 件，其中 3 件为长条形援直内，与殷墟流行的同类玉
戈形制接近，但也有一定的地方特色。XDM：663 玉戈（图 3－61，6），淡

绿色。援上刃略拱，下刃近直，上下阑呈浅齿状，长方形内，边缘微内凹，内前端一圆穿，援基饰竖直条纹边框，内填人字形纹。通长42厘米、援长33.5厘米。人字形纹是江南地区青铜时代吴城文化印纹硬陶器皿上常见的纹饰。新干商墓的年代为吴城文化二期，约当中原地区殷墟文化二期。新干商墓位于距吴城遗址20余公里的赣江东岸，其文化内涵亦属吴城二期文化的范畴。新干商墓XDM：665玉戈（图3-61，7），青灰色。援基饰竖直条纹边框，内填菱形图案。通长46.5厘米、援长38厘米。此戈的纹饰与广汉三星堆K1：141—1玉戈的纹饰作风一致。另1件玉戈XDM：664（图3-61，8），淡绿色。无阑，援、内不分，上刃弧形内收，下刃内凹。通长41厘米。此型式玉戈的内部实际已被省略。

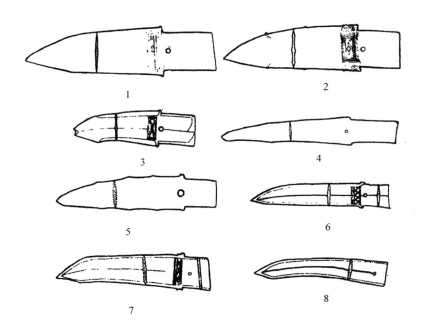

图3-61　商代后期边远地区玉戈

1. 三星堆K1：09　2. 三星堆K1：141—1　3. 三星堆K1：23—1　4. 三星堆K2：314—1

5. 三星堆K1：136　6. 新干大洋州XDM：663　7. 新干大洋州XDM：665　8. 新干大洋州

XDM：664

　　商文明是中原地区高度发达的青铜文明。湖北黄陂盘龙城、四川广汉三星堆祭祀坑和江西新干大洋洲商墓出土的玉戈具有明显的商文化因素。玉戈在商代前期的分布扩展到湖北，至商代后期更扩展到四川、江西。玉戈向南方的传播反映出先进的中原文化对边远地区的影响，充分显示了商文化所处的中心地位。广汉三星堆祭祀坑和新干大洋洲商墓出土玉戈鲜明的地方色彩，表明早期蜀文化和吴城二期文化在接受殷商先进文化的同时，又融入诸多自身的文化因素。同样，殷墟玉戈对南方玉戈也有所吸纳。这就从一个重要侧面反映出中国古代玉文化多元一体的交流融会过程。

玉戈和青铜戈皆始见于二里头文化三期。至殷墟二期为止，玉戈和青铜戈的演进大致同步。二者皆以长条形援为主要型式，无胡，内则有直、曲之分。玉戈和青铜戈分别作为仪仗用具和实战兵器，因功用不同，仅在形制上有所差异。殷墟二期，长条形援直内青铜戈始见有胡戈新类别。河南省固始葛藤山M6出土的1件青铜戈，[①] 长条形援，有上下阑，短胡一穿。殷墟三、四期，更出现中胡二穿、长胡三穿青铜戈，但玉戈却仍沿袭无胡戈的旧有形制。这充分说明，玉戈已脱离青铜戈在形制演进上的时代潮流。此外，殷墟三期以后，石戈的数量激增，且多无上下阑，甚至援、内不分，制作工艺也较粗糙。如1953年发掘的安阳大司空村6座殷墟晚期墓葬，[②] 出土石戈17件，大多残缺，皆无上下阑，援、内分界不甚明显，亦少见有穿者。正如有的学者所指出[③]，殷墟二期玉器的繁盛，乃是仰赖西北地区方国的贡赋或对当地的掠夺。二期以后，殷王朝的势力已不足以拘靡西北民族，于是玉材、玉器就断缺了。另一方面，也反映出以玉戈为主的仪仗用玉制度已由盛转衰。玉、石戈出现专为装饰之物或随葬用的明器功能。

四　西周玉戈

西周是中国奴隶制发展到顶峰的时期。中国古代用玉制度逐渐形成并有所发展。礼玉器数量大增，制作工艺趋于繁复。相比之下，西周时期的玉戈虽不乏精品，个别新型式也有出现，但就整体而言，其器形和制作工艺却呈简单保守，甚至退化、复古之势。这显然与自殷墟三期以来，玉戈形式缺乏新意，已落后于青铜戈演进的时代潮流，其仪仗用玉的功能衰减，逐渐转化为佩饰和明器有直接关系。

西周玉戈的出土地点以周王朝统治的中心地域陕西关中最多，主要有长安沣西[④]，扶风强家庄[⑤]，宝鸡竹园沟、茹家庄[⑥]；此外还有河北邢台南小汪[⑦]、

---

① 信阳地区文管会等：《固始县葛藤山六号商代墓发掘简报》，《中原文物》1991年第1期。

② 马得志等：《一九五三年安阳大司空发掘报告》，《中国考古学报》第九册。

③ 杨美莉：《中国古代的"玉兵"——戈形玉兵系列之四》，《故宫文物月刊》第172期。

④ 中国社会科学院考古研究所：《张家坡西周墓地》，中国大百科全书出版社1999年版。

⑤ 周原扶风文管所：《陕西扶风强家一号西周墓》，《文博》1987年第4期。

⑥ 卢连成、胡智生：《宝鸡强国墓地》，文物出版社1988年版。

⑦ 中国文物精华编辑委员会：《中国文物精华》，文物出版社1997年版。

山西天马—曲村①、河南三门峡②等。

周兴之初，文王作丰，武王作镐。丰镐二京是西周时期周人的都邑所在。1983—1986 年，在长安沣西张家坡墓地发掘 390 座西周墓葬，其年代自西周早期至西周晚期。出土玉戈共 68 件，除 5 件因残不明型式外，其余 63 件按直援和曲援等的差异，可划分为三种型式。第一种型式，长条形援，直内，共 50 件，仍是玉戈传统的主流型式，但造型已趋于简化。无上下阑，有的通体无穿孔，又出现久已绝迹的双重内。M36：7 玉戈（图 3 - 62，1），米黄色。内部宽长，前端一圆穿。通长 31.3 厘米。这是此次发掘所见器形最大的 1 件玉戈。M183：78 玉戈（图 3 - 62，2），灰色。双重内，前后端各一圆穿。通长 22.7 厘米。与玉戈共出的还有 1 件玉钺，这对西周仪仗用玉制度的认识是十分珍贵的资料。M163：22 玉戈（图 3 - 62，3），乳白色。短内无穿，上下刃减薄，但不出锋刃。长 21.8 厘米。该墓出同类玉戈 3 件。因体较长大且无穿，既不宜缚柄，也不适佩戴，显系明器。M42：2 玉戈（图 3 - 62，4），灰白色。宽援短内，无穿，内后缘出扉齿状槽口。通长 7.4 厘米。M50：11：1 玉戈（图 3 - 62，5），青白色。长援短内，内上一圆穿。通长 5.3 厘米。上述两种玉戈还有多件，因体甚小，无穿者当为明器，有穿者当为佩饰。第二种型式，曲援，有内或援、内不分，共 12 件。体小，通长皆在 10 厘米以下，最小者通长仅 4.4 厘米。内部均有穿孔，用以佩系。M116：1 玉戈（图 3 - 62，6），黄绿色，中部有褐斑。体宽而薄，上刃长，下刃短，双重内，内后部穿孔。通长 9.5 厘米。M58：31 玉戈（图 3 - 62，7），褐色。梯形内，援、内交界处一小穿孔。通长 9.3 厘米。此器两面均刻很浅的鱼纹，有头部、圆睛和背鳍。大概是原先打算做成玉鱼，后改作玉戈，而遗留玉鱼的样线。第三种型式，仅 1 件。M170：196 玉戈（图 3 - 62，8），褐色。援呈弧形三角，援本宽大，短胡，长方形内，内后端有突出的三角形，援身两面各有三道双线弧形纹，援基中部和上下端及援锋刃下侧各一圆穿，内部中央一圆穿，内后端刻夔龙纹，尾部刻三角纹。通长 22.9 厘米。此戈是迄今所仅见的三角形援本宽大短胡玉戈，是西周玉戈的新型式。M170 为单墓道大墓，墓主人乃一代井叔，是约当周穆王时期的朝廷重臣。M170：196 玉戈形制特殊，工艺精细，出于一代井叔之墓当非偶然。援呈三角形宽本的青铜戈早在商文化二里冈期至殷墟一期的过渡阶

① 北京大学考古学系、山西省考古研究所：《天马—曲村遗址北赵晋侯墓地第五次发掘》，《文物》1995 年第 7 期。

② 河南省文物考古研究所、三门峡市文物工作队：《三门峡虢国墓》，文物出版社 1999 年版。

段即已出现，陕西蓝田怀珍坊出土。① 此种型式的青铜戈在西周时期的关中地区多有所见。张家坡 M152：44 西周中期青铜戈（图 3-62，9），援呈弧形三角，上刃弧度较小，下刃弧形内收，援本中部一大圆穿，援基上下端各一长方穿，内中部一圆穿。M152：44 青铜戈与 M170：196 玉戈形体近似，唯 M170：196 玉戈胡较明显，内后部突出的三角形装饰，别具特色。

扶风强家西周墓出土玉戈 1 件，M1：58（图 3-63，1），白玉有斑驳，半透明。短直内呈榫头状，三角形前锋，有钝刃，略带弧，上下阑作两鸟首形，鸟长颈圆目，大喙变勾，振翼于其首，似做起飞状。通长 7.5 厘米。此戈构思独特，制作精巧，是佩饰玉戈中鲜见的佳品。

宝鸡附近的纸坊头、竹园沟和茹家庄一带，西周早期曾是周王朝附属国所在。竹园沟墓地出土玉戈 11 件，茹家庄墓地出土玉戈 17 件，大体可分为直援和曲援两种型式。体较大仍作为仪仗用玉的长条形援直内玉戈数量较少，主要见于大型墓葬。茹家庄墓 BRM1 和井姬墓 BRM2 各出土 1 件形状较大的玉戈。BRM1 乙：234 玉戈（图 3-63，2），灰褐色。援、内间一圆穿。通长 30 厘米、援长 25.5 厘米。BRM2：52 玉戈（图 3-63，3），灰绿色，有淡黄色纹理。援双重刃，前端急收成锋，援、内间一圆穿。通长 20.8 厘米、援长 16.3 厘米。此戈双重刃的作风在以往长条形援直内戈中尚未见到。此外，大部分直援戈与全部曲援戈的尺寸均较小，长度皆不超过 10 厘米。上述情况表明，茹家庄墓地出土的玉戈与沣西张家坡墓地出土玉戈的作风大体一致。

河北邢台南小汪出土的 1 件西周玉戈（图 3-63，4），长条形援直内无胡。其形制特殊之处在于援、内间嵌一青铜兽头夹面，双耳后伸呈翼状，起固柲的作用。上下两侧各一小圆穿，内上一大圆穿。通长 23.5 厘米。援、内间施青铜兽头状夹面的做法在西周玉戈虽属罕见，但于西周青铜戈却多有流行。北京昌平白浮西周墓 M3：43 青铜戈②（图 3-63，5），长条形援直内无胡，援饰兽面纹，援、内间施兽头状夹面，后伸若双翼。长安沣西张家坡西周墓 M37：3 青铜戈，长条形援，短胡，援、内间亦施兽头状夹面。

山西曲沃天马—曲村遗址是晋国始封地故绛。此处发现的晋侯墓地是西周至春秋初年晋国的王公贵族墓地。墓葬中出土许多玉、石戈。发表的资料系简报，对玉、石戈的形制、尺寸、数量等缺乏系统的说明。但某些重要的现象还是有所披露。M92 墓主人为晋靖侯夫人。M92：91（图 3-63，6），是一组玉

---

① 西安半坡博物馆等：《陕西蓝田怀珍坊商代遗址试掘简报》，《考古与文物》1981 年第 3 期。

② 北京市文物管理处：《北京地区的又一重要考古收获——昌平白浮西周木椁墓的新启示》，《考古》1976 年第 4 期。

牌、玉戈联珠佩饰，出于墓主左肩胛骨下。原当佩于肩后。整组佩饰由玉牌 1
件，玉蚕 16 件，玉戈 8 件，玛瑙珠、管 181 件，料管 22 件，共计 228 件组
成。玉牌平面呈梯形，上端 4 孔，下端 8 孔，用以维系玛瑙串珠。下端玛瑙珠
以下分里、外两层。里层自上而下依次为 3 组料管、玛瑙管、玛瑙珠，尾端为
料管。外层自上而下为 2 组玉蚕、玉戈。玉戈皆长条形援直内，通长 7.2—8
厘米，佩饰总长约 29.5 厘米。M92 玉牌、玉戈联珠佩饰，清楚地展示出玉戈
与其他玉饰件的完整组合。

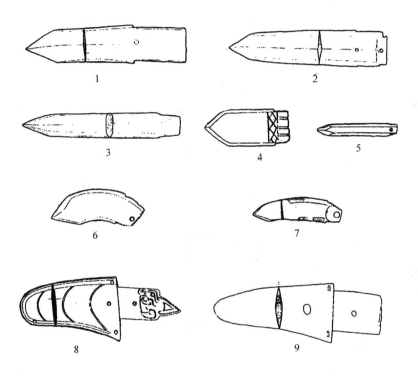

图 3-62 西周玉戈及铜戈之一

1. 张家坡 M36：7 2. 张家坡 M183：78 3. 张家坡 M163：22 4. 张家坡 M42：2 5. 张家坡
M50：11：1 6. 张家坡 M116：1 7. 张家坡 M58：31 8. M170：196 9. 张家坡 M152：44 铜戈

河南三门峡上村岭虢国墓地是西周晚期至春秋早期的虢国贵族墓地。
M2001、M2012 和 M2011 的墓主人分别是国君虢季、夫人梁姬和太子。三座墓
中随葬的玉、石戈组合，反映出不同身份的高级贵族在玉、石戈使用上的区
别。M2001 出土仪仗用玉戈 10 件，其中长条形宽援玉戈 8 件，窄援玉戈 2 件；
长条形直援佩饰玉戈和曲援佩饰玉戈各 1 件；明器用石戈 1 件。M2012 出土仪
仗用玉戈 3 件，皆宽援。其中 M2012：86 玉戈、青玉，一面为墨绿色。内前端
铭文"小臣戈"。通长 28.4 厘米、援长 24.4 厘米。石戈 3 件。M2011 出土仪

仗用玉戈2件，石戈多达44件。上述资料说明，虢国贵族使用戈形玉佩饰的风气不如晋国流行。虢太子因尚未即位而先逝，故仪仗用玉戈数量不多，随葬大量石戈为明器。

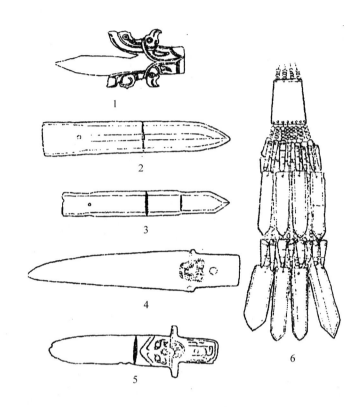

图3-63　西周玉戈及铜戈之二

1. 强家 M1：58　2. 茹家庄 BRM1 乙：234　3. 茹家庄 BRM2：52　4. 南小汪　5. 白浮铜戈
6. 天马—曲村 M92：91

五　结语

玉戈的发展经历了夏代的初始期，商代前期至殷墟二期的兴盛期和殷墟三期至西周晚期的衰落期。玉戈发展的全过程始终与青铜戈相伴同。二里头文化三期至殷墟二期，玉戈和青铜戈形制的演进大体同步，皆以长条形援直内无胡戈为主流。出于仪仗和实战的需要，又各具一定的特色。自殷墟三期开始，青铜戈逐渐流行长条形援直内有胡戈，至西周中期以后完全取代长条形援直内无胡戈，并于东周时期达到全盛。但是玉戈在殷墟三期以后，其形制的演进却裹足不前，直至西周晚期仍因袭长条形援直内无胡戈的旧有型式。西周时期，仪仗用玉数量显著减少，玉戈的功能逐渐转化为佩饰和明器。春秋时期，周王室衰微，诸侯国林立，礼崩乐坏，仪礼意识淡薄。玉戈形制保守，落后于迅速发展的时代潮流，终至衰微。春秋时期玉戈仅有山东沂水刘家店子①等少数出土地点。玉戈已失去作为一种重要玉器品类的地位。

---

① 山东省文物考古研究所等：《山东沂水刘家店子春秋墓发掘简报》，《文物》1984 年第 9 期。

殷商时期玉石仪仗用具所反映的
中原与周边地区的文化交流*

一 前言

殷王朝是中国奴隶社会的兴盛时期，殷商时期的国力尤为强大。殷商王朝对外战争连年不断，与周边地区的文化交流也十分频繁。玉器是殷商文化的重要组成部分，玉石仪仗用具在其中占有显著地位。玉石仪仗用具多见于都邑性遗址的大中型墓葬或祭祀坑之中，且多与玉礼器及青铜礼器共出，表明玉石仪仗用具非常人所用，而是象征权力和地位的专用道具，为王族和达官显贵所垄断。玉石质的仪仗用具借助玉石贯通天地的灵性，被赋予神威，尤具象征意义。配套组合的玉石仪仗，在庄严的仪礼或圣穆的祭祀活动中，尽显王族和权贵的尊严，也深刻寄托了获取战争胜利和驱邪镇魔的祈望。殷商王朝和周边方国的玉石仪仗用具，既显示出各自的时代和地区特色，也在一定程度上反映出殷商王朝与周边地区的文化交流。

二 殷墟妇好墓和花园庄东地 54 号墓出土的玉石仪仗用具

1976 年发掘的河南安阳殷墟二期商王武丁配偶妇好墓①，是商代考古的重大发现。妇好墓出土随葬器物共 1928 件，包括青铜器、玉石器、骨器、象牙器、蚌器、陶器等。玉石质仪仗用具 54 件，其中戈 39 件，矛 3 件，玉戚 9 件，钺 2 件，大刀 1 件。这是迄今所知殷王室玉石仪仗用具最富特色的完整组合，而戈为其主体。

殷墟出土玉石戈大体以长条形援直内无胡戈为主。此种型式始自二里头文

---

* 该文发表于《亚洲文明》（第四集），《何炳棣院士九十华诞祝寿纪念专辑》，三秦出版社 2008 年版，本书略做体例修改。

① 中国社会科学院考古研究所：《殷墟妇好墓》，文物出版社 1980 年版。

化三期，经商代前期，延续至殷商时期。妇好墓出土长条形援直内玉石戈的栏部或内后缘流行雕刻齿状饰、齿状槽口的做法。妇好墓：444 戈（图 3 - 64），上下栏侧援的边刃上刻齿状饰。妇好墓：476 戈（图 3 - 65），内后缘上下端凸出，中部内凹，居中雕出锯齿形。

以齿为饰的作风不仅见于妇好墓玉石戈，妇好墓其他玉石仪仗用具，如矛、戚和大刀上亦有所见。妇好墓：481 矛（图 3 - 66），锋两侧有对称的锯牙状扉棱。妇好墓：586 戚（图 3 - 67），两侧缘各有扉棱四齿。妇好墓：501 大刀（图 3 - 68），刀背上雕出锯齿状薄棱。玉器栏部雕刻齿状饰的渊源可追溯至二里头文化三期。二里头遗址墓葬Ⅲ KM6：8 玉璋[1]，身内间有两道锯齿形栏，两栏之间有锯齿形饰。妇好墓未见玉璋，殷墟出土的玉璋亦属少见。所以，雕刻齿状饰的做法，成为以妇好墓玉石仪仗用具为代表的鲜明的时代风格。

妇好墓：443 戈（图 3 - 69），援身窄若长刀，上刃略弧，下刃内曲，前刃收杀出折棱，上下栏不甚明显，内上有圆穿。此种型式实为长条形援直内玉石戈的变体，在殷墟仅见妇好墓，且只此 1 件。

妇好墓：558 钺（图 3 - 70），横置扁平梯形，侧端略弧，边刃凸出，援、内间宽齿为栏，内中部一圆穿。妇好墓：463（图 3 - 71），弧刃长方体，援、内间有明显分界，无齿，短内。

2000 年 12 月至 2001 年 1 月，安阳殷墟考古又有重大收获。在殷墟宫殿区附近发现一座未被盗掘的高级贵族墓葬，[2] 编号为花园庄东地 M54，年代为殷墟二期偏晚阶段，与妇好墓大体同时。M54 出土器物十分丰富，共 570 余件，其中仪仗玉石器 18 件，包括戈、钺各 7 件，矛、刀各 2 件。

三　广汉三星堆 1、2 号祭祀坑出土的玉石仪仗用具

1986 年，四川广汉三星堆 1、2 号两座祭祀坑发掘出土 1720 件文物，[3] 包括青铜器、金器、玉石器、陶器、象牙器、海贝等，大体有神像、巫祝、祭器、礼器、仪仗和祭品等六类，充分展示了早期蜀文明的灿烂风采。1 号祭祀坑埋藏的时间在殷墟一期之末与殷墟二期之间，2 号祭祀坑埋藏时间在殷墟二

---

①　中国社会科学院考古研究所：《偃师二里头》，中国大百科全书出版社 1999 年版。

②　中国社会科学院考古研究所安阳工作队：《安阳殷墟又发现一座高级贵族墓葬》，《中国文物报》2001 年 3 月 28 日。

③　四川省文物考古研究所：《三星堆祭祀坑》，文物出版社 1999 年版。

期至三、四期之间。仪仗用具是祭祀坑出土物的重要组成部分，总数达141件，包括青铜仪仗用具和玉石仪仗用具。玉石仪仗用具有戈76件，剑1件，矛2件，大刀1件。其中，1号祭祀坑出土戈45件，剑1件，矛2件；2号祭祀坑出土戈31件，大刀1件。

三星堆祭祀坑出土的玉石戈皆为长条形援直内。最多的一种型式，如1号祭祀坑K1∶08（图3−72），援上刃弧形内收，下刃略内凹，上下栏微凸，内前端一圆穿。此种型式，在殷墟妇好墓中亦属常见。三星堆1号祭祀坑出土的K1∶141—1戈（图3−73），援基处上下端有齿状饰。此种作风在妇好墓玉石戈上多有所见。三星堆玉石戈锋尖上或见有叉口，如1号祭祀坑K1∶160（图3−74）。玉石器锋尖上有叉口的做法，始见于二里头文化三期玉璋。此种做法虽始出于中原，但据目前所知，应用在玉石戈上却仅见于以三星堆祭祀坑为代表的早期蜀文化。殷墟玉石戈中尚未发现。三星堆最具特征的玉石戈，援下刃前端收杀出折棱，如1号祭祀坑K1∶136（图3−75）。此种作风与三星堆祭祀坑出土青铜仪仗用戈的刃部多波折的特点大体一致，是早期蜀文化独特的地方色彩。

三星堆1号祭祀坑出土的玉石矛K1∶141（图3−76），矛身呈柳叶形，无骹，最宽处位于中下部。殷墟妇好墓∶829玉石矛，无骹，起中脊，最宽处位于中下部，整体较宽短，末端一圆穿。二者形体相近，差异在于三星堆1号祭祀坑出土的玉石矛体身较长。

三星堆1号祭祀坑出土的玉石剑K1∶280（图3−77），呈长条状，两侧刃略弧形内收，前锋残断，颈扁短。妇好墓未见玉石剑出土。

三星堆2号祭祀坑出土的玉石大刀K2∶3（图3−78），刀身窄长，背微凹，凸刃，柄下端凹收，柄前部两面饰回纹和平行线相间的刻划纹。三星堆祭祀坑出土的玉石大刀与殷墟妇好墓出土的玉石大刀形体近似，差异主要在于三星堆2号祭祀坑出土的玉石大刀柄部稍长。

四　新干大洋洲商墓出土的玉石仪仗用具

江西新干大洋洲商代大墓出土随葬品1374件，[①]包括青铜器、玉器、陶器等。玉石器是随葬品的大宗，有754件，其中作为仪仗用具的玉石戈4件。3

---

① 江西省文物考古研究所等：《新干商代大墓》，文物出版社1997年版。

件玉石戈为长条形援直内，与殷墟妇好墓的同类戈形制相近，但也有一定的地方特色。XDM：633 戈（图 3 - 79），援上刃略拱，下刃微弧收，上下栏呈浅齿状，长方形内，后端稍内凹，内前端一圆穿。援基饰竖直条纹边框，其中填入人字形纹。人字形纹是江南地区青铜时代吴城文化印纹硬陶器皿上常见的纹饰。新干商墓的年代为吴城文化二期，约当中原地区殷墟文化二期。新干商墓 XDM：665 戈（图 3 - 80），援基饰竖直条纹边框，内填菱形图案。此戈的纹饰与四川广汉三星堆 1 号祭祀坑出土的玉石戈 K1：141 - 1 的纹饰作风一致。另一件玉石戈 XDM：664（图 3 - 81），无栏，援、内不分，上刃弧形内收，下刃内凹。此型式戈的内部实际已被省略。

五　结语

迄今所知，配套组合的玉石仪仗用具始见于二里头文化三期墓葬 VIKM3。此墓出土玉石戈、钺各 1 件。戈为长条形援直内，这也是经科学发掘所得的目前所见时代最早的长条形援直内玉石戈。此外，ⅢKM1 出土玉石质长条形援直内戈、三孔刀和钺各 1 件，这是另一套玉石仪仗组合。惜此墓遭盗扰，出土器物系收集所得，其资料的完整性受到一定影响。殷墟妇好墓出土的戈、钺、大刀、矛、戚玉石仪仗用具，在继承了二里头文化三期中型墓葬出土戈、钺和戈、钺、刀玉石仪仗用具组合的基础上，又有所发展，其组合新出现矛、戚。尤为引人注目的是，戈在 54 件玉石仪仗用具中多达 39 件，成为仪仗用具的主体。殷墟花园庄东地 M54 墓主人的身份低于妇好，其随葬玉石仪仗用具的组合为戈、钺、矛、刀，无戚，戈、钺数目皆为 7 件。四川广汉三星堆 1、2 号祭祀坑玉石仪仗用具组合为戈、矛、大刀。其戈、矛、刀的组合皆见于殷墟妇好墓及花园庄东地 M54 的仪仗用具。而新干商代大墓玉石仪仗用具则仅为戈。上述分析表明，以殷墟妇好墓和殷墟花园庄东地 M54 为代表的殷商文化，以四川广汉三星堆 1、2 号祭祀坑为代表的早期蜀文化、以江西新干大洋洲商代大墓为代表的吴城二期文化，其出土的玉石仪仗用具以戈为主体的组合，皆承袭自二里头文化的玉石仪仗组合作风。殷墟文化无论从分布地域，还是文化内涵直接承袭于二里头文化。而以四川广汉三星堆 1、2 号祭祀坑为代表的早期蜀文化和以江西新干大洋洲商代大墓为代表的吴城二期文化，作为商代方国的文明，则在二里头文化影响之下，与殷商文明平行发展。

　　玉石戈作为以殷墟妇好墓、花园庄东地 M54 为代表的殷商文化，以四川广汉三星堆 1、2 号祭祀坑为代表的早期蜀文化和以江西新干商代大墓为代表的吴城二期文化玉石仪仗用具的主体，其长条形援直内的形制，是上述中原殷商文化和周边方国文化玉石仪仗用具的最大共同之处。在此基础上，各地玉石戈又具有一定的地区特色。

　　殷墟妇好墓：580 玉石戈，内后端面刻"卢方皆入戈五"六字。此戈是殷商与周边方国交流的实物见证。"卢方"是国名，见于甲骨卜辞。在卜辞中，"卢方"亦称"卢方伯"或"卢伯"。"卢方"之下一字当是人名。"入"有贡献之意。"戈五"二字合文。大意是说"卢方"的某人入贡戈五件。此玉戈记事文字清楚表明，玉戈乃方国向殷王进贡的贵重之物。据考证，卢方可能是商代位于今湖北省北部一带的方国。从上述铭文分析，在武丁时期，卢方与商王朝之间保持着较好的贡赋关系。

　　安阳殷墟小屯村北发掘的殷商墓葬出土的玉石戈 M18：46[①]，援上一面有用毛笔书写的一组七个文字，另有残字。戈文为记事体，记述殷商王朝在某地，与某方国进行战争获胜后所书。也可能专制此戈，并书记其事。殷商书写在玉器上的朱书文字极少见，此戈是一件难得的珍品。对于研究殷商与方国的关系具有重要的价值。

　　殷墟妇好墓：443 玉石戈，援身窄若长刀，前刃收杀出折棱，此种型式在四川广汉三星堆祭祀坑玉石戈中属常见。于殷墟却仅见于妇好墓，且只 1 件。故这种型式玉石戈当为独具早蜀文化特色的仪仗用具。妇好墓此件玉石戈很可能不是本地自产，而是与早蜀文化交流而来。

　　综上所述，殷商文化、早期蜀文化、吴城二期文化所含玉石仪仗用具显示出的中原与周边地区的文化交流，表明中原文化对周邻地区文化的强大影响，同时中原文化对周邻地区文化也有所吸纳，这就从一个重要侧面反映出中国古代文化多元一体的交流融会过程。

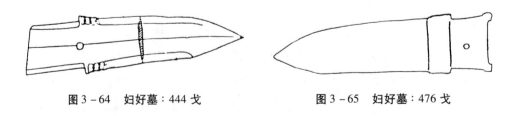

图 3-64　妇好墓：444 戈　　　　　　　图 3-65　妇好墓：476 戈

---

　　① 中国社会科学院考古研究所安阳工作队：《安阳小屯村北的两座殷代墓》，《考古学报》1981 年第 4 期。

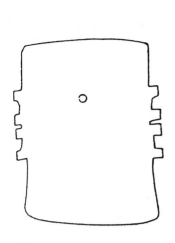

图 3-66　妇好墓：481 矛

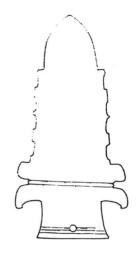

图 3-67　妇好墓：586 戚

图 3-68　妇好墓：501 大刀

图 3-69　妇好墓：443 戈

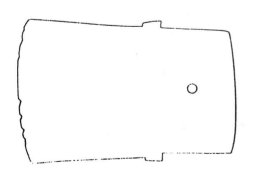

图 3-70　妇好墓：558 钺

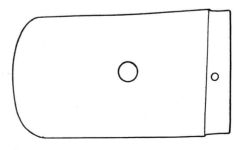

图 3-71　妇好墓：463 钺

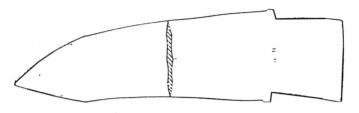

图 3 – 72　1 号祭祀坑 K1：08 戈

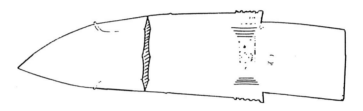

图 3 – 73　1 号祭祀坑 K1：141—1 戈

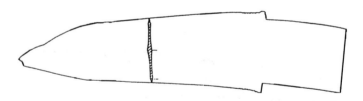

图 3 – 74　1 号祭祀坑 K1：160 戈

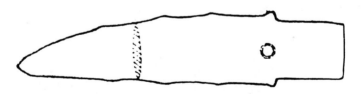

图 3 – 75　1 号祭祀坑 K1：136 戈

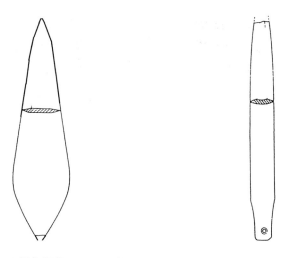

图 3 - 76　1 号祭祀坑 K1：141 矛　　　　图 3 - 77　1 号祭祀坑 K1：280 剑

图 3 - 78　2 号祭祀坑 K2：3 大刀

图 3 - 79　XDM：633 戈

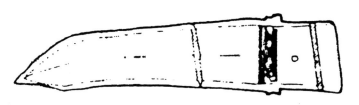

图 3 - 80　XDM：665 戈

图 3 - 81　XDM：664 戈

广汉三星堆早期蜀文化仪仗用具研究[*]

一 前言

四川广汉三星堆遗址是川西平原上发现的年代最早的一处相当于中原地区夏商时期的遗址。城址规模很大，文化内涵丰富，无疑是一座方国的中心都邑。1986 年，广汉三星堆 1、2 号两座祭祀坑发掘出土 1720 件珍贵文物，[①] 包括青铜器、金器、玉石器、陶器、象牙器、海贝等，大体有神像、巫祝、祭器、礼器、仪仗和祭品等六类，全面而深刻地展示出早期蜀文明的灿烂风采。三星堆 1 号祭祀坑埋藏的时间在殷墟一期之末与殷墟二期之间，2 号祭祀坑埋藏的时间在殷墟二期至三、四期之间。仪仗用具是祭祀坑出土物的重要组成部分，总数达 141 件。其中，青铜质的仪仗用具有戈 61 件；玉石质的仪仗用具有剑 1 件，矛 2 件，大刀 1 件，戈 76 件。在古代文明社会中，仪仗用具是象征王族和显贵权利、地位的专用道具。青铜质的仪仗或仍可用于实战。玉石质的仪仗，则借助玉石贯通天地的灵性，被赋予神威，而具象征的意义。"国之大事，在祀与戎。"配套组合的仪仗用具，在庄严的礼仪或圣穆的祭祀活动中，尽显王族和权贵的尊严，也深刻寄托了获取战争胜利和驱邪镇魔的祈望。三星堆祭祀坑出土的仪仗用具既有明显的早期蜀文化特色，又有中原地区商文化因素的强烈影响。有关三星堆祭祀坑出土仪仗用具的研究，将加深对早期蜀文化及其与中原地区商文化交流、融会的认识。

二 三星堆 1、2 号祭祀坑出土的青铜质仪仗用具

三星堆 1、2 号祭祀坑出土的青铜质仪仗用具皆为戈，其中 1 号祭祀坑出

---

[*] 该文发表于《中国社会科学院古代文明研究中心通讯》2004 年第 8 期，本书略做体例修改。

[①] 四川省文物考古研究所：《三星堆祭祀坑》，文物出版社 1999 年版。

土 44 件，2 号祭祀坑出土 17 件。三星堆祭祀坑出土的青铜戈形制特点明显。援呈长等腰三角形，援之宽窄有所差异（图 3–82、图 3–83），上下刃突出对称的波折状子刺，渐内收，前聚成锋，梯形宽栏，中部一圆穿，长方形内。两座祭祀坑中出土的青铜戈均集中放置，经燔燎后卷翘变形或部分溶化。形体完整者，通常约 20 厘米左右。

青铜戈始见于中原地区的夏代二里头遗址三期文化，[1] 分直内和曲内两种型式，援皆呈长条形，上下刃弧形内收，前聚成锋，无上下栏。殷墟青铜戈仍以直内和曲内戈为大宗，多有窄细的上下栏。殷墟曲内戈中之镂空鸟头形曲内戈和磬折形曲内戈，多非实战兵器，而是专用的仪仗道具。三星堆祭祀坑出土的青铜戈与殷墟出土的青铜戈风格迥异，颇具浓厚的早期蜀文化特色。巴蜀文化流行援呈上下刃内凹的等腰三角形青铜戈，当是早期蜀文化青铜戈作风的延续和发展。殷墟妇好墓[2]出土的青铜质仪仗专用道具不仅有曲内戈 40 件，还有大小型青铜钺各两件。而三星堆祭祀坑中却未见青铜钺。青铜质仪仗用具组合的不同，也当是早期蜀文化与殷商文化差异的一种表现。

三　三星堆 1、2 号祭祀坑出土的玉石质仪仗用具

三星堆 1、2 号祭祀坑出土的玉石质仪仗用具为剑、矛和戈。其中 1 号祭祀坑出土矛 2 件，剑 1 件，戈 45 件；2 号祭祀坑出土大刀 1 件，戈 31 件。三星堆祭祀坑出土的玉石矛（图 3–84），矛身呈柳叶形，无骹，最宽处位于中下部。殷墟妇好墓出土的 1 件玉石矛，矛身亦呈柳叶形，无骹，起中脊，最宽处位于中下部，末端有一圆穿。二者形体相似，唯三星堆祭祀坑出土的玉石矛略显瘦长。

三星堆 1 号祭祀坑出土的玉石剑呈长条状（图 3–85），两侧刃略呈弧形内收，前锋残断，茎扁短。现已发掘的妇好墓等殷墟墓葬中尚未有玉石剑出土。

三星堆 2 号祭祀坑出土的玉石质大刀（图 3–86），刀身窄长，刃略内凹，下刃弧形上收；柄下端凹收，柄前部两面饰回纹和平行线相间的刻划纹。玉石刀通长 27 厘米。殷墟妇好墓出土的玉石质大刀，刀身窄长，凹背凸刃，刀背雕出锯齿状扉棱，短柄，刀身后端有一圆孔，刀身近背处两面雕龙纹、菱形纹和三角纹。玉石刀通长 33.5 厘米。三星堆祭祀坑出土的玉石大刀与妇好墓出土的玉石大刀形体近似，差异主要在于三星堆祭祀坑出土的玉石大刀柄部稍长。

---

① 中国社会科学院考古研究所：《偃师二里头》，中国大百科全书出版社 1999 年版。
② 中国社会科学院考古研究所：《殷墟妇好墓》，文物出版社 1980 年版。

三星堆祭祀坑出土的玉石戈是玉石质仪仗用具的主体，其中 1 号祭祀坑出土 45 件，2 号祭祀坑出土 31 件。发掘报告对 2 号坑玉石戈的埋藏情况有详细叙述。玉石戈出土于坑东南底部，同形制的戈重叠堆放，比较整齐。部分戈的前锋被火烧过，有的呈鸡骨白色，但从总体看，焚烧程度较轻。器物少数为完整器，多数已残断，但残件大都在一处堆置，不像其他器物被破坏后残块散乱分布，说明玉戈埋入坑内时除被火烧之外，没有进行人为的砸击，仍然较为完整地堆放在坑底。由此推测，这批玉戈在当时祭祀仪式中是作为仪仗使用的，使用后插入火中，仪式完毕后首先放入坑底掩埋。三星堆祭祀坑出土的玉石戈皆为直内，大体可分为两种型式。第一种型式，长条形援（图 3 - 87），上刃弧形内收，下刃略内凹，上下栏微凸，内末端外斜，内前端一圆穿。此种玉石戈在 1 号祭祀坑中最多，其形制与郑州北二七路一座商代前期墓①中出土的玉石戈相似。1 号祭祀坑出土的 1 件玉石戈（图 3 - 88），援基处上下端有齿状饰。此种作风在妇好墓玉石戈上亦有所见。此外，三星堆玉石戈锋尖上或见有叉口（图 3 - 89）。玉石器锋尖上有叉口的做法，始见于二里头文化三期玉璋。此种做法虽始出于中原，但据目前所知，应用在玉石戈上却仅见于以三星堆祭祀坑为代表的早期蜀文化。殷墟玉石戈中迄今尚未发现。三星堆祭祀坑出土的玉石戈的第二种型式，援呈窄长刀状（图 3 - 90），上刃微弧收，下刃略内凹，前刃收杀成折棱。妇好墓此种型式玉石戈虽有发现，却仅 1 件。故这种型式玉石戈当为独具早蜀文化特色的玉石质仪仗用具。妇好墓此件玉石戈很可能不是本地自产，而是与早蜀文化交流而来。三星堆 1 号祭祀坑还出土 2 件玉戈，援的上下边刃皆呈三段波折状（图 3 - 91），与三星堆祭祀坑出土的青铜质仪仗用戈的作风一致，亦当属早期蜀文化独特的地方色彩。

四 结语

对三星堆祭祀坑出土仪仗用具的分析表明，青铜质仪仗用戈的地方色彩最为鲜明，而玉石质仪仗用戈所含中原文化的因素则十分突出。三星堆祭祀坑出土仪仗青铜戈的独特地方色彩绝非偶然，与之共出的青铜立人像、跪坐人像、人头像、人面具、兽面具、挂饰、太阳形器、眼形器、神树，以及金铜头像、金面罩、金杖等，都具有典型的地方文化特征。这批具有早期蜀文化风格的器物，反映出以三星堆遗址为代表的早期蜀文明，是一个具有高度发展水平，地方特征鲜明的古代青铜文明，它代表了早期蜀文明的最高成就。

---

① 河南省文物研究所：《郑州北二七路新发现三座商墓》，《文物》1983 年第 3 期。

　　夏王朝是中国古代历史上第一个奴隶制国家。长条形援直内无胡玉戈始出于二里头遗址，具有深刻的历史文化背景。商王朝是中国奴隶社会的鼎盛时期。商王朝国力强大，对外征伐连年不断。商人崇信鬼神，礼仪和祭祀活动频繁。作为玉石质仪仗用具主体的玉石戈，其作用愈为突出。三星堆祭祀坑出土的玉石质仪仗用戈第一种型式具有商代前期的风格，其始出时间当早于具有地方色彩明显的第二种型式。表明早期蜀文化在接受先进商文化的同时，又逐渐融入诸多自身的文化因素。同时，殷墟玉石戈对以三星堆祭祀坑为代表的早蜀文化因素也有所吸纳，这就从一个重要侧面反映出中国古代文化多元一体的交流融会过程。

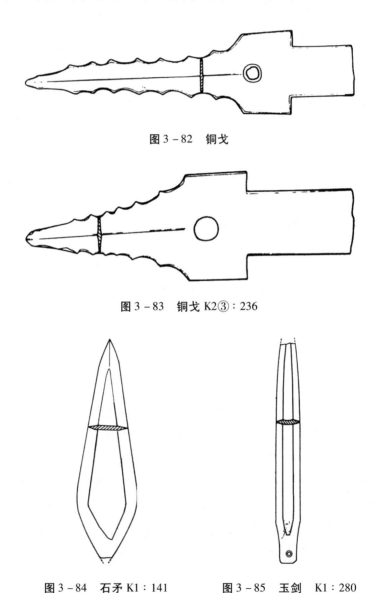

图 3 - 82　铜戈

图 3 - 83　铜戈 K2③：236

图 3 - 84　石矛 K1：141　　　　图 3 - 85　玉剑　K1：280

图 3 – 86　玉刀 K2②：3

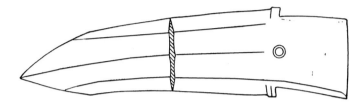

图 3 – 87　玉戈 K1：08

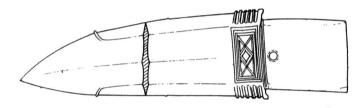

图 3 – 88　玉戈 K1：141—1

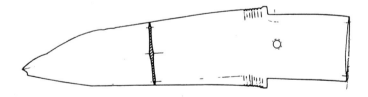

图 3 – 89　玉戈 K1：160

图 3 – 90　玉戈 K2③：157

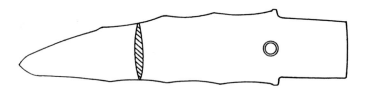

图 3 – 91　玉戈 K1：136

四

社　评

中国文物流失海外与国宝回归热的反思[*]

　　中国是具有悠久历史的文明古国。亘古至今的历史长河中，中华民族的灿烂文明持续发展从未间断，并为后世传留下丰富多彩的历史文化遗存。文物是历史文化的载体，是中华民族传统文化的积淀和化身，也是中国历史文化的再现和见证。弘扬中华民族优秀的传统文化，在贯彻"三个代表"重要思想和建设社会主义物质文明、社会主义精神文明以及社会主义政治文明的过程中具有重大的现实意义。

　　历史造就了中华民族的崇高荣誉，中华民族也曾一度蒙受难以言述的屈辱。中国近代史就是一部中华民族的屈辱史。自清朝末年，尤其是鸦片战争以来，由于帝国主义列强的不断入侵和清廷的日益腐败，中国逐渐沦为半封建半殖民地社会。国力衰微，民生凋敝，国家的主权和民族的尊严荡然无存。大量珍贵文物被外国侵略者野蛮掠夺，祖宗基业遭受劫难，令国人痛心疾首。

　　盗掘走私是中国内地文物流失海外的另一条晦暗途径。盗卖文物，古已有之。内忧外患的近代中国，此风尤甚。新中国成立后，党和政府重视并加强对文物工作的领导与管理，不仅彻底结束了中国内地文物被外国列强劫掠的屈辱历史，而且有效地实施了对文物的保护以及科学发掘和研究。尽管在"文化大革命"期间，由于众所周知的"破旧立新"运动，文物毁损现象曾有所发生，但是文物走私现象尚不严重。令人焦虑的局面出现在 20 世纪 80 年代以来。随着中国文物价格在海外市场的大幅度飙升，为巨额暴利驱动的犯罪分子不惜以身试法，置政府的严厉打击于不顾，与境外黑社会相勾结，盗掘走私文物达到疯狂的程度。中国内地文物流失海外的现象又趋于严重。仅就目前粗略统计，世界上 40 余个国家的 200 多座著名博物馆收藏的中国文物见于著录者已逾百万件。其中相当部分为近 20 年来自中国内地流失而得。面对触目惊心的现实，中国内地警方和海关加大打击力度，使盗掘走私犯罪活动受到一定程度的遏

---

　　* 该文发表于《中国社会科学院报》2000 年 3 月 9 日、11 日连载，本书略做体例修改。

341

制。据统计，1984—1986 年间，警方在广东、福建、上海等 7 个省市，缴获走私文物 5.5 万件；1991—1994 年间，各海关查获的走私文物达 4.6 万多件；1997 年查获走私文物 600 多起，缴获文物 1.12 万件。

改革开放以来，中国的综合实力与日俱增，人民生活开始步入小康。政通人和，百废俱兴。许多流失海外的珍贵文物以不同方式和途径陆续回归，从一个重要侧面反映出中国的国际威望明显提高。为了维护中国的主权和中华民族的尊严，促进流失海外珍贵文物的回归，作为政府文物主管部门的国家文物局，做了大量积极而又卓有成效的工作。中国政府于 1989 年签署了《关于禁止和防止非法进出口文化财产和非法转让其所有权的方法的公约》，1996 年签署了《国际统一私法协会关于被盗或者非法出口文物转让其所有权的方法的公约》，1997 年签署了《国际统一私法协会关于被盗或者非法出口文物的公约》。中国政府郑重声明，我国保留对历史上被掠夺及走私出境文物追索的权利。

我国政府通过法律和道义等多种渠道追索被掠夺及走私流失海外的文物，取得很大成功，新闻媒体对此广有报道。1988 年 11 月，中国有关方面发现纽约苏富比拍卖行公开拍卖的东周青铜敦系湖北秭归县屈原纪念馆当年 6 月所失，遂以完备的证明资料向美方索回。1998 年 5 月，从英国一次追索回 3000 多件（套）文物，是依据法律，辅以外交手段与国际走私团伙斗争取得的重大胜利。1998 年 6 月末，又通过国际刑警组织从美国追回河南巩义宋永泰陵前的客使头像。2000 年 9 月 20 日，珍藏在中国历史博物馆的 60 余件（组）海外流失文物精品在这里开始展出。观众得以亲见，被掠夺或走私出境的国宝，经过我国政府的不懈努力和各界友人的无私奉献而回归祖国。这些展品上自远古，历经新石器时代、周秦汉唐、宋元明清，直至近代，包括青铜器、石器、陶瓷器、绘画等多种质地的珍品，蔚为大观。展品中包括 1987 年、1990 年香港海关截获的走私文物，宋代钧窑天青釉瓷盖罐、明代青花松鼠纹多棱瓷罐、清代白釉观音瓷像等。在这些精美瑰丽的文物珍品中，有一件最为引人注目，它就是由美国纽约收藏家安思远先生无偿捐赠的彩绘浮雕武士石刻。这件五代时期的文物虽已有一千余年的历史，但其色彩依然艳丽如新。

追索被掠夺和盗掘走私海外文物的工作并非始终艳阳高照，一帆风顺。在国宝回归热逐渐兴起之时，困难和挫折也随之出现。2000 年 4 月，香港苏富比拍卖行和佳士德拍卖行宣布即将在香港公开拍卖 1860 年被英法联军掠夺出境的圆明园文物。圆明园始建于清康熙四十八年（1709 年），总体布局和主要建筑景观在康、雍、乾三朝形成，包括圆明园、长春园和万春园，占地面积约 352 公顷。1860 年，被英法联军烧毁。1873 年，同治重修。1900 年，八国联军入侵北京，圆明园再遭劫难。香港苏富比和佳士德拍卖行此次公开拍卖的四件圆明园文物，其中三件为西洋楼前大水法的遗物——乾隆御制錾花铜虎首、猴首和牛首，另一件乾隆款酱地描金粉彩镂空六方套瓶，原是圆明园的陈设品。2000年4月20日，中国国家文物局正式致函香港苏富比拍卖行和香港佳士德拍卖行，要求他们停止在香港公开拍卖1860年被掠夺出境的圆明园文物。国家文物局认为，这些文物在法律上的性质是"战争期间被掠夺的文物"。关于这一类文物的归还，国际法上的先例在20世纪就已出现。任何因战争原因而被掠夺或丢失的文物都应该归还，没有任何时间限制。这里所说的"没有任何时间限制"，一是不论战争何时发生，二是可以在任何时候提出归还要求。这个原则已得到国际社会的普遍赞同。香港苏富比、佳士德拍卖行的此次拍卖，明显是对该原则的蔑视。

然而两家拍卖行置国家文物局的严正立场和海内外舆论界的反对之声于不顾，坚持如期拍卖。保利集团和北京市文物公司等企业遂参与竞拍，并最终购回上述四件圆明园遗物，4月30日，保利集团麾下的保利艺术博物馆分别以818.5万港元和774.5万港元在佳士德拍卖行举办的拍卖会上竞得两件圆明园西洋楼海晏堂前大水法的遗物——乾隆御制錾花铜猴首和牛首。5月2日，在苏富比拍卖会上，保利艺术博物馆又以1400万港元购得乾隆御制錾花铜虎首，北京市文物公司则以1900万港元购得乾隆款酱地描金粉彩镂空六方套瓶。佳士德拍卖行在其拍卖会后曾发表声明，表示该公司是国际性商业机构，有责任"履行专业职责及和约守则"。佳士德香港有限公司主席林华田表示，这次拍卖是按公司的业务责任进行的。香港《大公报》和《文汇报》发表社评对这一事件表示关注。《文汇报》在题为《国宝必须重返祖国怀抱》的社论中说，这些文物见证了中国屈辱的历史，拍卖行的行为损害了中国人民的尊严，拍卖行以商业行为来做解释，难以令人接受。社论引述多项国际法例和公约认为，国家文物局要求停止拍卖这些文物是合情合理合法的。《大公报》在社论中认为，两家拍卖行的行为严重伤害了中国人民的感情，对此表示失望和愤慨。社论说，对此次拍交，不仅国家文物局已经及时提出停止拍卖的要求，而且国际上对处理此类战争中被掠夺文物也已制定了守则或公约，并非无法可依，拍卖行不应该熟视无睹。

北京市文物公司总经理秦公则表示，文物公司和保利集团的行动出自同一情感、同一责任、同一目标，即坚决参与、不惜重金、积极努力将几件被掠夺的圆明园国宝竞回大陆，使之得到更好的保护和利用。

被劫掠的圆明园国宝回归，就事情本身而言，无疑是值得庆贺的。但是若明眼人稍加分析，就会感到这种回归的方式或途径，无异于在丰盛的筵席上吃进苍蝇一样的令人尴尬万分。1860年，英法联军劫掠圆明园，使中华民族蒙受巨大的屈辱与痛苦。140年后的今天，中国人又在自己的领土香港，以4893万元的天价购回被劫掠的四件圆明园文物。这难道不是自己向尚未愈合的心灵的创口上再撒一把盐吗？此种不光彩的回归，绝不是"使之得到更好的保护和利用"所能解释得了的。只有无偿的追索回归，才能真正维护国家的尊严，洗雪民族的耻辱。当凝目注视陈列在展柜中的乾隆御制錾花铜虎首、猴首、牛首和乾隆款酱地描金粉彩镂空六方套瓶时，我们每一个有血性的中华儿女，不知当作何感想？

2003年9月，香港信德集团董事局主席何鸿燊先生斥资700万元，以物业发展项目名义，购入圆明园乾隆御制錾花铜猪首并将其赠送保利艺术博物馆。对于何鸿燊先生的义举，海内外华人无不由衷敬佩。但是在欣喜之余，人们又不禁顿生疑窦：圆明园余下的八个乾隆御制錾花铜肖首和园内数以千万计的大量被掠夺文物，今后又将如何收回。难道也都按此先例，以巨款赎购吗？

无独有偶。近二十年来许多自大陆盗掘走私海外文物的回归，也是耗巨款赎购的。其中价额较大的一案，为1992年山西省曲沃县天马—曲村西周晋侯墓地被盗掘的一组十四件晋侯苏铜编钟，由上海博物馆以数百万元自香港购回。前有车，后有辙。随着大笔金钱不断注入海外发文物财的拍卖行和犯罪团伙的囊中，盗掘走私之风也就愈加猖獗而难以根治。此种愈演愈烈的恶性循环何时可了。其国内外复杂幽暗的社会背景，当引起善良的人们深思，切不可书生气十足。

对非法出境的文物，世界各国少有重金赎回的先例。普遍的做法是依据法律和道义的原则，锲而不舍地竭力追索。为了维护国家的主权和民族的尊严，甚至不惜采用强硬的外交手段。2000年6月，在英国访问的希腊外长乔治·帕潘德里欧正式要求英国归还现存于大英博物馆中的希腊著名历史文物——巴特农神庙像。帕潘德里欧在英国议会下院发表讲话时说，这些雕像是巴特农神庙的代表性作品，是神庙不可分割的重要组成部分，而巴特农神庙作为希腊古代文明的杰出代表，在国际上享有很高的知名度。希腊政府决心追回这批文物，让它们物归原处，并准备在2004年希腊雅典举办奥运会期间进行展览。他呼吁英国政府将这些原本属于希腊的文物尽快归还。据历史资料记载，巴特农神庙曾是雅典最重要的建筑，也是古希腊神庙文明的重要标志。19世纪30年代，巴特农神庙中的相当一部分雕像被英国人切割下来并运到伦敦，保存在大英博物馆内。希腊一直表示这些神像是被非法掠夺到英国的，而英国则坚持认为是通过"合法途径"得到的。这一因追索被掠夺文物而引起的外交纠纷已引起国际社会的广泛关注。

为促进流失海外的中国内地文物回归祖国，目前最急迫的任务是对流失海外的文物进行系统的调查和研究，大体弄清流失海外文物的概况。调查编辑出版有关海外中国文物的书刊是现实而理智的选择。早在20世纪50年代，陈梦家先生就编著了《美帝国主义掠夺我国殷商铜器集录》。台北故宫博物院于1986年出版大型图录《海外遗珍》。敦煌文书和黑水城文献被誉为中国古代文化的"双子星座"，为世人所关注。1990年，四川人民出版社编辑出版15卷的《英藏敦煌文献》。1997年，上海古籍出版社和俄国圣彼得堡东方研究所共同出版20余卷的《俄藏黑水城文献》。中国历代名画流失海外，被580余家博物馆及私人收藏。江苏南京艺术学院教授林树中历尽艰辛，耗时10年，搜寻中国艺术创作23000件，集成《海外藏中国历代名画》。

判明文物流失海外的性质，即文物是历史上一般交易出境，还是被掠夺或盗掘走私出境，当属调查研究的一项重要内容。通过详尽的总结和记录，真实再现文物流失的过程，以此唤起历史的回忆，昭示国际，教育世人，进而确定文物回归的途径和方式，对于历史上一般交易出境的文物，可择其历史和科学、艺术价值重大者，由政府酌情出资购回。新中国成立之初，周总理即批准从香港购回著名的王献之《中秋帖》和王珣《伯远帖》。1998年，上海图书馆从嘉德拍卖公司购回流散海外的《翁氏藏书》。2002年国家又从中贸圣佳拍卖公司购回流失在日本的米芾《研山铭》。值得警惕的是，近年国际文物市场在拍卖中国文物时屡有欺诈之举，或卖方雇托，或海外文物贩子相互勾结，哄抬爆炒文物价格，使买方最终蒙受重大损失。故此，在购买文物时，切忌浮躁，务须斟酌再三，出资有度，以免陷入卖方设置的圈套。鼓励和表彰海外社会团体和个人，尤其是华侨、旅居海外华人、外籍华人无偿捐赠，也是一条促进流散海外文物回归祖国的重要途径。为此，须加大舆论宣传力度，广泛弘扬中华民族文化的优秀传统，激励海外炎黄子孙赞襄国宝回归的义举，促使国际文化事业的友好交流。我们有充分的信心期待更加美好的前景。

促使非法出境的文物，尤其是被帝国主义列强掠夺的文物无偿返回祖国，是中国政府面临的艰巨任务，也是中国人民的殷切企盼。我们已经取得显著的成绩，许多非法出境的文物确是理直气壮地被追索而回。但是不可否认的是，也有某些非法出境文物的回归途径或方式实在不尽如人意。"三个代表"重要思想是新世纪社会主义中国的国魂和行动指南。国宝回归的前提是必须维护国家和民族的尊严。被掠夺或盗掘走私出境的文物，按照国际公约，于情于理、无可辩驳的是属于中国人民的财富。若"不惜重金"赎回，确有损于中国人民的颜面和自尊，有伤中华人民共和国的国格。"三个代表"重要思想之一的"代表中国先进文化的前进方向"，就是要继续和发扬中华民族文化的优秀传统，使中华民族昂首屹立于世界民族之林。中国人民是宽容的，但宽容绝不意味着懦弱。"忘记过去就意味着背叛。"中国尚属发展中国家，还有三千万人生活比较贫困。各种自然灾害也屡有发生，灾民急需救济。即使将来中国步入发达国家的行列，广大人民群众辛苦劳作获得的金钱，也不能用以赎回原应属于自己的东西。若此，则岂不是再次被掠，二次被盗吗？对于一时追索不回的非法出境文物，当在倚托外交途径，坚持不懈据理力争的同时，发动新闻媒体，公布有关被掠被盗文物的事实真相，声明此类文物的收藏者无论以何种途径或方式所获，客观上皆属窝藏性质。若拒不归还，无异于将自己钉置在耻辱柱上，永世遭人唾骂。

追索非法出境文物，应事先做好详细的资料准备。尤其是对于打击盗掘走私古墓文物的犯罪团伙，尽管各国均有相应法律，国际社会也制定了大量公约，但真正执行起来却异常困难。由于古墓深埋地下，其随葬品的数量、位置、形状、质地，尺寸根本无从知晓。犯罪团伙采用秘密手段盗墓后，将随葬品文物经非法途径走私出境，各国政府基本不能掌握被盗文物情况。因此，在追索时难以拿出强有力的证据表明文物属于本国政府，文物返回基本无望。而1994年被盗的河北省曲阳县唐末五代后梁时期的义武军节度使王处直墓武士浮雕的成功追索，却为包括我国在内所有国家追索墓葬文物树立了榜样。2000年2月23日，河北省文物局获悉，克里斯蒂（佳士德）拍卖行将于3月21日在美国纽约举行"中国陶瓷、绘画、艺术品拍卖会"，其中拍卖品209号为一件武士浮雕，似与河北省曲阳县被盗的王处直墓有关。国家文物局遂于3月2日就克里斯蒂拍卖行在纽约拍卖中国古墓被盗文物一事照会美国驻华使馆，希望在友好的基础上，根据国际公约，采取必要的手段，阻止克里斯蒂拍卖行对209号拍卖品的拍卖活动，并将文物返还中国。3月8日和11日，美国驻华使馆海关处及美国海关纽约中心局分别致电国家文物局和中国驻美使馆，表示为协调阻止拍卖中国文物，他们将根据联合国教科文组织的规定办理，希望中方提供必要的法律文件和证据。纽约州南区美国地方法院在收到中国方面提供的证据后，于3月21日通知克里斯蒂拍卖行停止对拍卖品209号的拍卖，并下达民事查扣令，授权美国海关总署纽约中心局查扣武士像。3月28日，几位美国海关官员突然来到纽约克里斯蒂拍卖行，在出示有关证件后，他们查扣了这件中国文物。拍卖在中美两国有关部门的共同努力下被成功阻止。此后，美国政府最终得以按照司法程序将这件文物没收为国家财产，然后再根据联合国教科文组织有关公约的规定，无偿归还给中国政府。武士浮雕像的胜利追索，开创了中美两国政府共同合作，打击非法出口文化财产，返还被盗文物的先河。王处直墓武士浮雕的成功追索为世界各国追索墓葬文物提供了极其宝贵的经验。这些经验包括，文物部门对待被盗窃的古墓必须进行仔细的现场勘察，认真做好记录、照相、录像，建立专门的档案；其次要运用现代科学手段辅助追索。一般情况下，被盗古墓中总将会留有少量文物，利用这些文物与被盗文物进行对比研究，将得到颇具说服力的证据。这种比较，可利用现代科技成果，如对被盗物品上的残留物和文物本身取样，开展化学和微量元素分析，然后与古墓葬的遗留物进行对比。当然，更重要的是综合运用国际公约、国际法及本国的法律，广泛开展国际合作，携手保护人类共同的文化遗产。

在结束本文的叙述时，一条近日的新闻信息颇为发人深思。大英博物馆现收藏700万件珍贵文物，除少数为文物爱好者捐赠外，绝大部分为大英帝国全盛时期在世界各地大肆掠夺而来。近年许多国家纷纷向英国政府交涉，希望能够取回属于他们的展品。希腊为争取古巴特农神庙埃尔金大理石雕的归还，至今仍在进行不屈不挠的斗争。希腊方面的谈判代表说："连香港都可以归还中国，为什么古希腊文物就不能物归原主？"多么精辟有力的比喻啊！

理智与正义的胜利*
——被劫掠的圆明园铜鼠首、兔首即将无偿回归中国

据新闻媒体报道，2013 年 4 月 26 日上午 11 时，国家文物局副局长宋新潮、博物馆与社会文物司司长段勇在北京会晤了法国 PPR 集团董事长兼首席执行官弗朗索瓦一亨利·皮诺先生。皮诺先生代表皮诺家族表示，将向中国政府捐赠流失海外的圆明园十二大水法中的青铜鼠首和兔首。宋新潮向皮诺先生及其父亲致谢。皮诺先生称将在九、十月份完成两件圆明园兽首的回归。宋新潮表示，中方希望提前至七月份。宋新潮说鼠首和兔首可能入藏中国国家博物馆，文物回归的"所有渠道都是敞开的"。

多年来，如何促使被劫掠至海外的圆明园铜兽首回归祖国，始终如梦魇般的牵动着亿万中国人的心弦。在历经高价回购、拒绝回购，到如今铜鼠首和兔首即将无偿回归的三部曲之后，人们对追索铜兽首回归的途径或方法的认知，也从迷茫趋于理智。正义终于取得了令人欣慰的胜利。

回溯迄今追索圆明园铜兽首的历程，总结并汲取挫折与成功的教训和经验，对于今后的工作具有长远而深刻的指导意义。因为毕竟还有多件圆明园的铜兽首尚未回归，而更多的被劫掠至海外的中国文物的回归也仍有待我们锲而不舍的继续努力。

追索被劫掠至海外的圆明园铜兽首，并非不分青红皂白，无论以何种途径或方式追回即可。其前提是必须明辨是非，郑重维护国家和民族崇高的尊严。然而这看似简单的常理，最初在中国民间的追索行动中却并未形成共识。

2000 年 4 月，香港苏富比拍卖行和佳士德拍卖行宣布即将在香港公开拍卖1860 年被英法联军掠夺出境的圆明园文物。其中三件为西洋楼前大水法的遗物——乾隆御制錾花铜虎首、猴首和牛首，另一件乾隆款酱地描金粉彩镂空六方套瓶，原是圆明园的陈设品。2000 年 4 月 20 日，中国国家文物局正式致函

---

* 该文发表于《中国考古网》2013 年 5 月 5 日，本书略做体例修改。

香港苏富比拍卖行和佳士德拍卖行，要求他们停止在香港公开拍卖 1860 年被掠夺出境的圆明园文物。国家文物局认为，这些文物在法律上的性质是"战争期间被掠夺的文物"。关于这一类文物的归还，国际法上的先例在 20 世纪就已出现。任何因战争原因而被掠夺或丢失的文物都应该归还，没有任何时间限制。然而香港苏富比拍卖行和佳士德拍卖行置国家文物局的严正立场和海外舆论界的反对之声于不顾，坚持如期拍卖。保利集团和北京市文物公司等企业遂参与竞拍，并最终购回上述四件圆明园遗物。4 月 30 日，保利集团麾下的保利艺术博物馆分别以 818.5 万港币和 774.5 万港币在佳士德拍卖行举办的拍卖会上竞得圆明园遗物铜猴首和牛首。5 月 2 日，在苏富比拍卖会上保利艺术博物馆又以 1544.5 万港币购得铜虎首，北京市文物公司则以 1900 万港币购得乾隆款酱地描金粉彩镂空六方套瓶。北京市文物公司总经理秦公表示，北京市文物公司和保利集团的行动出自同一情感、同一责任、同一目标，即坚决参与，不惜重金，积极努力将几件被掠夺的圆明园国宝竞回大陆，使之得到更好的保护和利用。2003 年 9 月，香港信德集团董事局主席何鸿燊斥资 700 万港元，以物业发展项目名义，购入圆明园铜猪首，2007 年 9 月又以 6910 万港币购入圆明园铜马首，并将两件铜兽首赠送保利艺术博物馆。

促使非法出境的文物，尤其是被帝国主义列强掠夺的文物无偿返回祖国，是中国政府面临的艰巨任务，也是中国人民的殷切期盼。国宝回归的前提是必须维护国家和民族的尊严。1860 年英法联军劫掠圆明园，使中华民族蒙受巨大的屈辱和痛苦。140 多年后，中国人又以 1 亿 2000 余万元的天价回购被劫掠的六件圆明园文物。这难道不是自己向中华民族尚未愈合的创口上再撒一把盐吗？被掠夺出境的文物，按照国际公约，于情于理，无可辩驳的是属于中国人民的财富。若"不惜重金"赎回，确有损于中国和中华民族的尊严。中国人民是宽容的，但宽容绝不意味着懦弱。"忘记过去就意味着背叛。"中国尚属发展中国家，还有相当数量的人民生活比较贫困。各种自然灾害也屡有发生，灾民急需救济。即使将来中国步入发达国家的行列，广大人民群众辛苦劳作获得的金钱，不管最终归属于任何团体或个人，都是中国人民的资财，绝不能用以赎回原应该属于自己的东西。若此，则岂不是再次被掠，二次被盗吗？被战争劫掠的文物，如中国这样，以团体或个人的名义，采取赎购的方式回收，迄今为止，在全世界范围之内都是罕见的。不管如何以爱国的动机加以解释，也是匪夷所思，不可理喻。

2009 年 2 月，佳士德集团在法国巴黎以 2 亿元人民币的高价拍卖圆明园铜鼠首和兔首。几年前不堪回首的一幕历史闹剧大有重新上演之势。对佳士德集团的倒行逆施，中国国家文物局和社会各界异口同声地一致表示坚决反对和严厉谴责。时任国家文物局博物馆司司长宋新潮在接受媒体采访时表示，对由于战争原因被掠夺到海外的文物，国家文物局可以通过许多形式使其回归，但绝不会采取"回购"的方式，这是一个基本原则。中华抢救流失海外文物专项基金也提出，坚决反对拍卖圆明园鼠首和兔首铜像，"圆明园"绝对不能变成一个商标，要避免鼠首和兔首铜像在商业拍卖的层面上进行过多的炒作和渲染，导致流失文物的拍卖成为普遍认可的商业惯例。佳士德拍卖行置中国国家文物局和社会各界的强烈反对于不顾，坚持竞拍。然而事态的发展出现了戏剧性的一幕。中华抢救流失海外文物专项基金收藏顾问蔡铭超宣布拍得两件铜兽首，其后却拒绝付款，从而导致最终流拍。有法国企业表示，如持宝人同意，愿意集资购买后归还中国。随后，皮诺家族从原持有人手中买下这两件铜兽首。

对于最终促成皮诺家族正式宣布向中国政府捐赠圆明园铜鼠首和兔首的动机与原因，归结起来，无疑主要在于现今中国的强大，以及中国政府和社会各界团结一致理智而坚持不懈的坚决斗争。此外，据国际新闻媒体的解读，与国际社会，尤其是法国，对中国政治、经济以及文化等领域巨大的利益追求也不无重要关系。法新社称，鼠首和兔首两件文物是清朝乾隆时期的青铜雕塑作品，在1860年英法联军火烧圆明园时失落。后世收藏者圣罗兰去世后，其伴侣贝杰拒绝以捐赠的方式将两件文物归还中国。法国《西南报》认为，此次文物归还解决了法中之间在这两件文物方面的纠结态度。法国文化部一位官员说，法方认为皮诺先生的举动是他本人与集团对中国的友好表示。进而指出，就拍卖中国文物而言，此事涉及的是司法领域里的事务，但法国当局对此事有助于法中友谊表示欣慰。该官员就中国人民对当年英法联军侵略一事记忆犹新表示十分理解。法国著名政治评论家，前《解放报》驻京记者哈斯基4月26日以《皮诺家族送给中国的神秘礼物》为题撰文称，皮诺家族在中国市场有巨额经济利益，面对中国这个当今世界奢侈品"天堂国度"，他表现得更加大度，尊重历史并把文物还给中国。《费加罗报》4月26日称，本次归还兽首可能是由皮诺家族控股、当年执行拍卖的佳士德拍卖行面对北京做出的某种"让步"。佳士德一直想开设自己在中国的分行，可它之前在上海只有一个办事处，"游离"于中国火暴的艺术品市场之外。就在皮诺先生决定归还兽首两周前，佳士德总裁墨菲表示自己终于可以像在伦敦、巴黎或纽约那样自由地在上海和客户谈判。对于皮诺集团向中国捐赠两尊兽首的新闻，法国民众普遍反应淡定，认为"它们应该回到该去的地方，才更有价值和意义"。

被劫掠的圆明园铜兽首回归的三部曲值得国人深刻反思。世界上是有正义的，尽管对正义的理解有所不同。但是须知正义的实现也是有条件的。圆明园铜鼠首和兔首得以无偿回归，依托的是强大的中国，以及中国政府和中国人民理智而卓绝的不懈斗争。正义是不能用高价回购的，否则高价回购的依旧是耻辱。

在结束本文论述时，最后需指出，文物大体有历史、艺术和科学三方面的价值。圆明园大水法前的十二兽首皆为铜制水龙头，因冠以圆明园的名号，才身份陡增，实际上艺术和科学价值有限。在被英法联军劫掠，尤其是历经艰辛回归中国之后，其历史价值却不可估量。当被认定为国宝级的"勿忘国耻"典型文物标本，与圆明园遗址一样，收藏圆明园铜猴首、牛首、虎首、猪首和马首的保利艺术博物馆以及即将收藏铜鼠首和兔首的中国国家博物馆，也理应被确定为"青少年爱国主义教育基地"。

后　记

　　出版个人学术论文集，是我长期以来的心愿。近年，中国社会科学院考古研究所几位老先生陆续公费资助出版了个人学术论文集，使我的愿望愈加迫切。但是经深入了解，得知由于相关章程的改变，目前公费赞助退休科研人员出版的主要是议题相对集中的学术专著。而我的学术论文，议题比较宽泛，如出版专著，许多心血之作不能包含其中，而这正是我难以割舍的。所以，此事也就耽搁下来。

　　儿子李翔十分尊崇我所从事的考古事业。小学时他曾随我去考古队在山西的驻地体验生活，深知考古工作的艰辛。他认为我应当为社会和家人存留一些值得传承的精神财富，乃力主自费出版个人学术论文集。我属做学问的工薪阶层，退休后自费出版学术著作，并非易事。但是考虑到于公于私都是有意义的事，遂将其付诸实施。中国社会科学出版社郭鹏先生的精心运作，使我的夙愿终于成为现实。谨在此向他表示衷心的感谢！

　　谨以此书敬献给年近百岁的母亲金丽媛老夫人。她老人家不仅养育了我，而且以实际行动，支持我的科研工作。母亲曾亲笔誊写我长达5万字的《中国古代青铜戈》文稿。那隽秀的字迹，是浓厚的母子亲情的崇高体现，使我终生感到温暖如春。

　　我要郑重地强调指出，在我直接参与陶寺遗址的发掘期间，考古工地实际负责人是高天麟先生。高天麟先生忘我的工作精神，高超的田野发掘技术，以及对科学认知的执著追求，为陶寺文化的确立，做出重大贡献，因而在考古界久负盛名。借此机会，我向高天麟先生表达衷心的敬意和良好的祝愿！

　　最后，我向所有的亲人和众多的朋友对自己一贯的支持和帮助表示衷心的感谢！亲情和友谊长存，这是我生活和工作中永远前进动力的源泉！

李健民

2020 年 1 月